INHALTSVERZEICHNIS

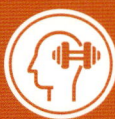

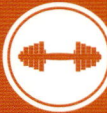

VORWORT

Du hast Dir dieses Buch gekauft, weil Du einen starken und attraktiven Körper willst. Und Du bist bereit, dafür etwas zu tun. Also, auf geht's! Du wirst überrascht sein, wie schnell sich Deine ersten Erfolge einstellen, wenn Du einige bewährte Trainingsregeln beachtest.

Erfolgreiches Fitnesstraining setzt voraus, dass Du mit klaren Zielen trainierst, dass Du Dein Training protokollierst und dass Du Deine Muskeln pflegst. Dabei kannst Du von den Erfahrungen profitieren, die ich als langjähriger erfolgreicher Kampf- und Fitnesssportler gemacht habe. Ich habe einige Wettkampfsiege gegen professionelle Thai-Boxer erzielen können und war Darsteller von Fitness-Fotoshootings; mittlerweile bin ich in Bangkok als Trainer für Functional Fitness und Kampfsport aktiv sowie Fitness- und Kampfsportautor für internationale Verlage. Effektives Fitnesstraining war und ist grundlegend bei meinen Arbeiten.

Egal, ob Du Deine Workouts im Fitness-Studio, zu Hause oder auch draußen im Freien machst: Funktionelle Übungen und ein leistungsgerechtes Programm mit nach und nach gesteigerten Anforderungen solltest Du durch eine angepasste Ernährung ergänzen. »Wundermittel«, wie sie von mancher Seite empfohlen werden, brauchst Du dabei nicht.

Achte darauf, kurzfristige deutliche Überlastungen des Körpers zu vermeiden: Auch wenn es vielleicht cool aussieht – kopiere keine außergewöhnlichen Übungen aus Youtube-Clips, wenn Dein Körper noch nicht die dazu notwendigen Fähigkeiten entwickelt hat! Möglicherweise hast Du damit zwar kurzfristig ein Erfolgserlebnis – aber leicht verletzt Du Deinen Körper mit so einem Verhalten und langfristig verursachst Du vorzeitigen Verschleiß.

Ich wünsche Dir viel Erfolg und Spaß bei Deinem Training!
Dein *Christoph Delp*

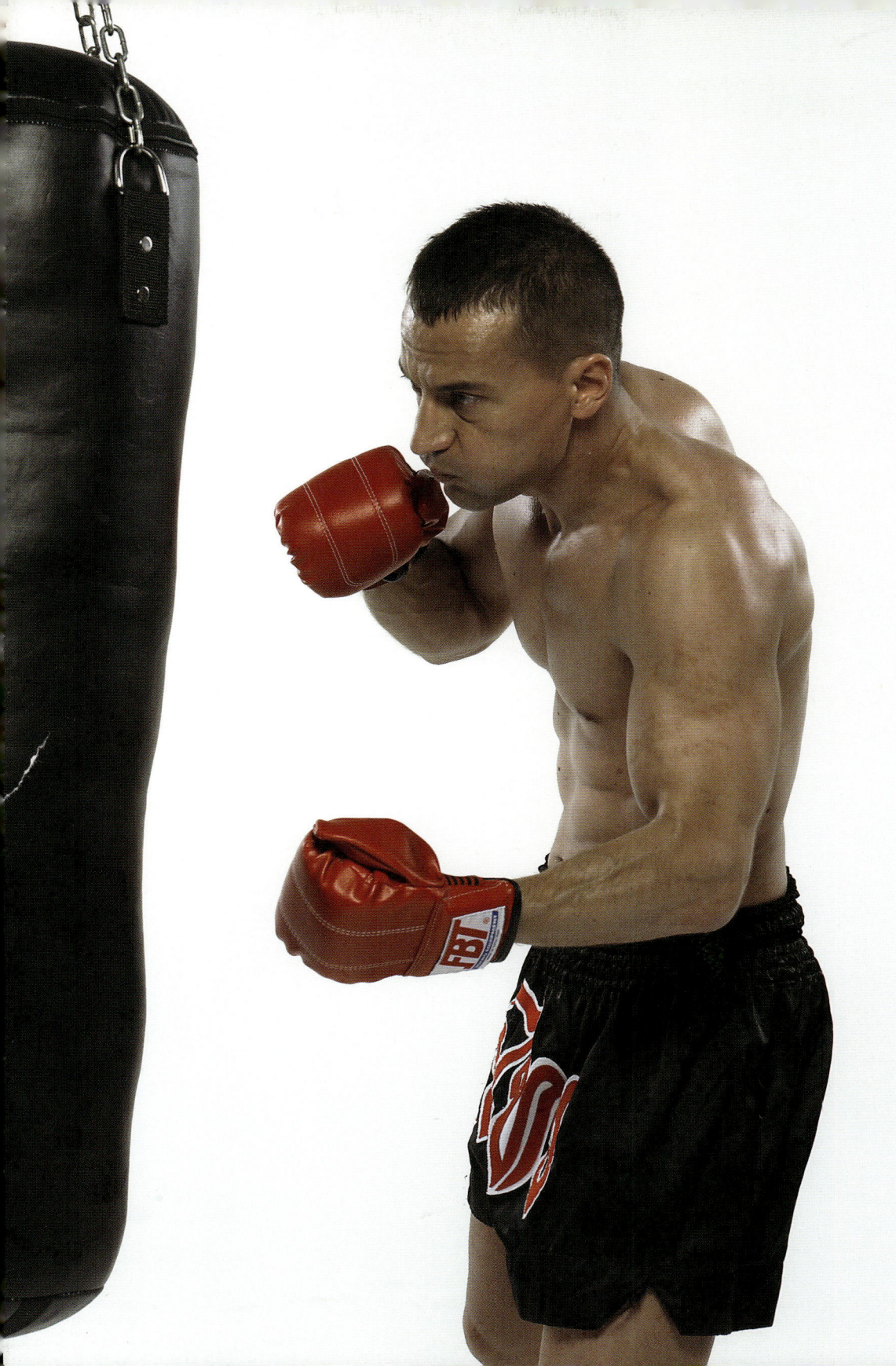

Für schnelle und nachhaltige Trainingserfolge musst Du mit klar definierter Zielsetzung nach einem Programm trainieren, das Deinem Leistungsniveau entspricht. Die Grundlagen zum Training sowie zur Trainingsplanung erfährst Du hier; ebenso lernst Du die Ausrüstung kennen, die sich für das Training eignet.

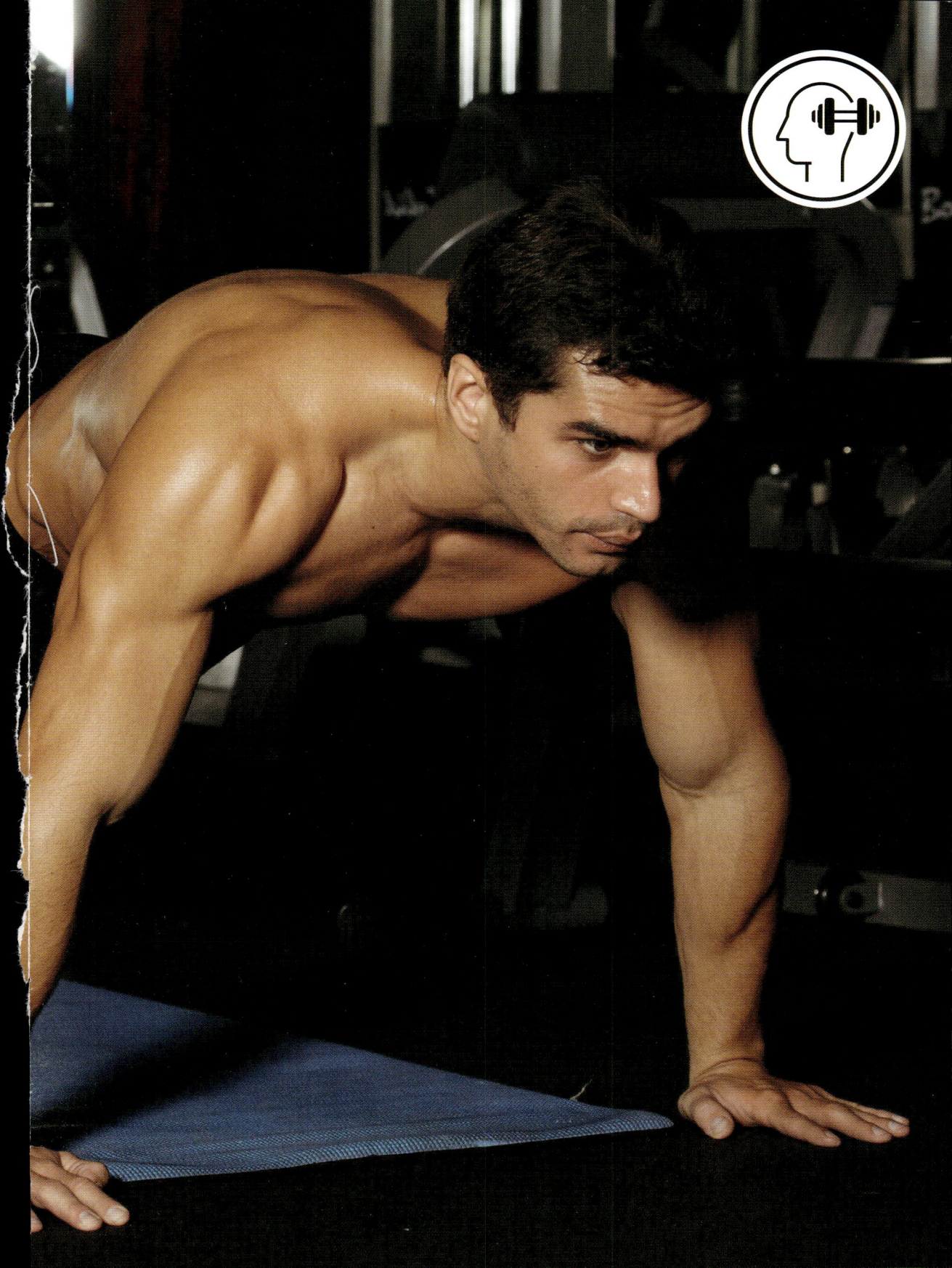

1 WISSENSWERTES ZUM FITNESSTRAINING

Über Fitnesstraining und Ernährung werden immer wieder neue Theorien verbreitet. Oft versprechen diese, den gewünschten Körper innerhalb kürzester Zeit mit nur minimalem Aufwand zu erreichen. Solche Programme führen aber, wenn überhaupt, nur zu kurzfristigem Erfolg.

Die besten Effekte im Fitnesstraining erreichst Du, **wenn Du den Körper mit funktionellen Übungen, also mit alltagsüblichen Bewegungen, ausgeglichen trainierst.** Dazu werden Übungen mit dem eigenen Körpergewicht eingesetzt sowie Geräte, die sich in möglichst freien und komplexen Bewegungen heben, werfen, halten und ziehen lassen. Auch Gewichte kannst Du im Training nutzen, und zwar bei solchen Übungen, die möglichst frei durchführbar sind, damit der Körper die Bewegung stabilisieren muss. Die früher beliebten Maschinenübungen dagegen werden nur noch wenig im Training eingesetzt, da sich bei solchen Übungen der

Körper in einer durch Stützpolster stabilisierten Position befindet und die Positionen kaum den sportlichen und täglichen Anforderungen ähneln.

Verzichte in Deinem Training auf zweifelhafte Fitnesstheorien und Ernährungstipps, und nutz lieber die erwiesenen wissenschaftlichen Erkenntnisse. Wichtig ist es dazu, bewusst zu trainieren. Du musst die Bewegungsabläufe der Übungen exakt beherrschen. Mach Dir Notizen zur Entwicklung Deiner Leistungen und Körperproportionen. Umso so besser es Dir gelingt, die Reaktionen Deines Körpers auf Trainingsreize

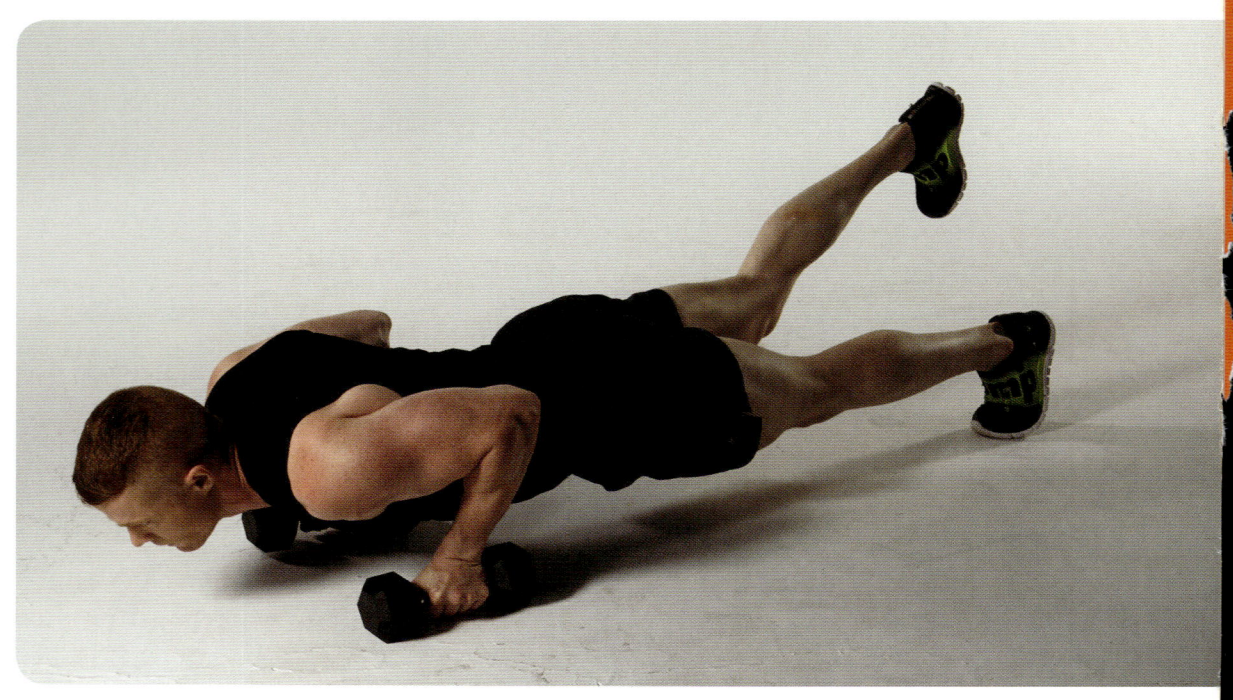

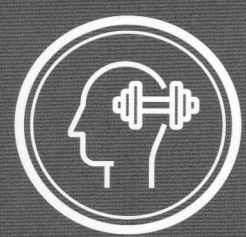

EINSTIEG

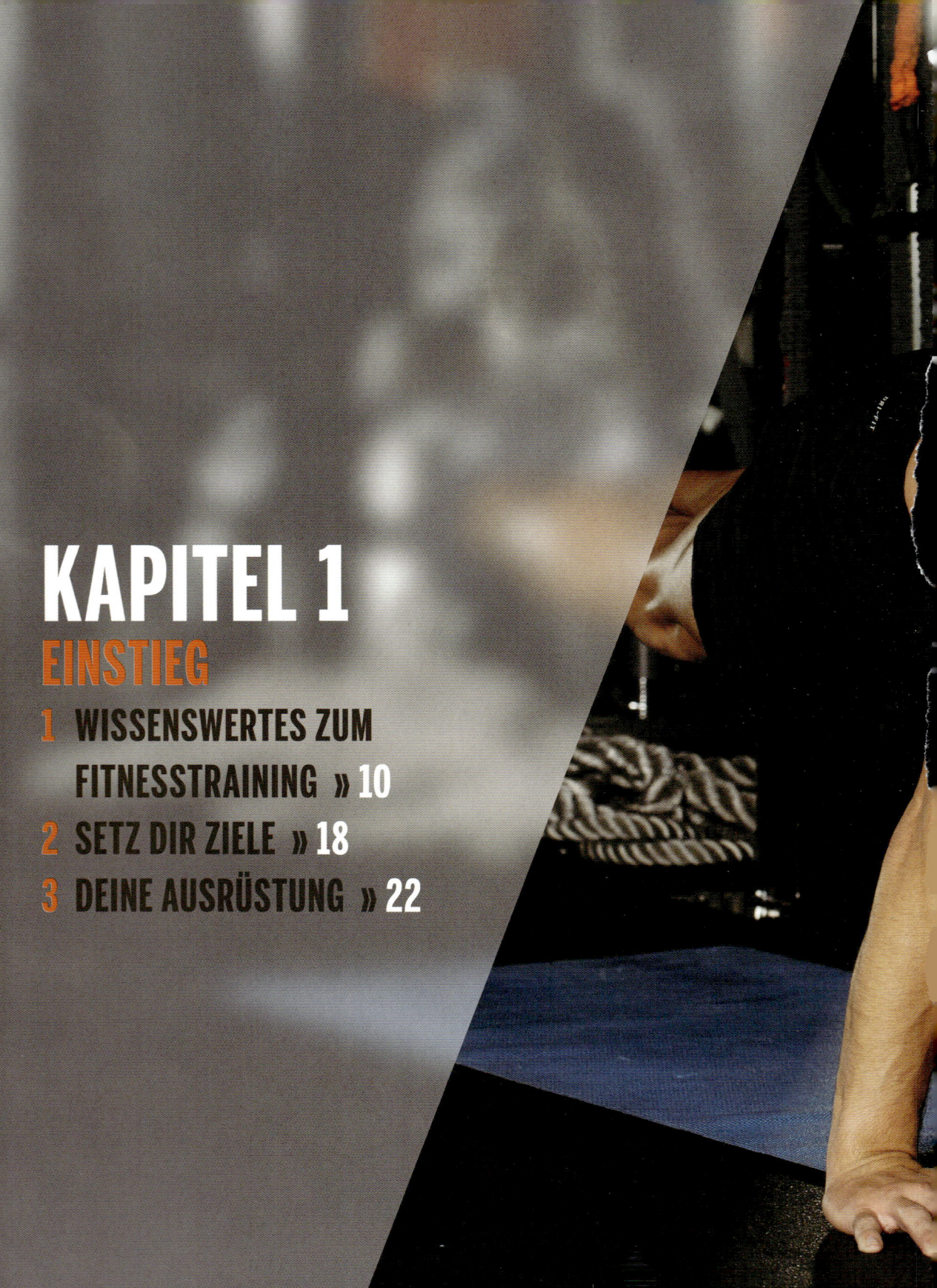

KAPITEL 1
EINSTIEG

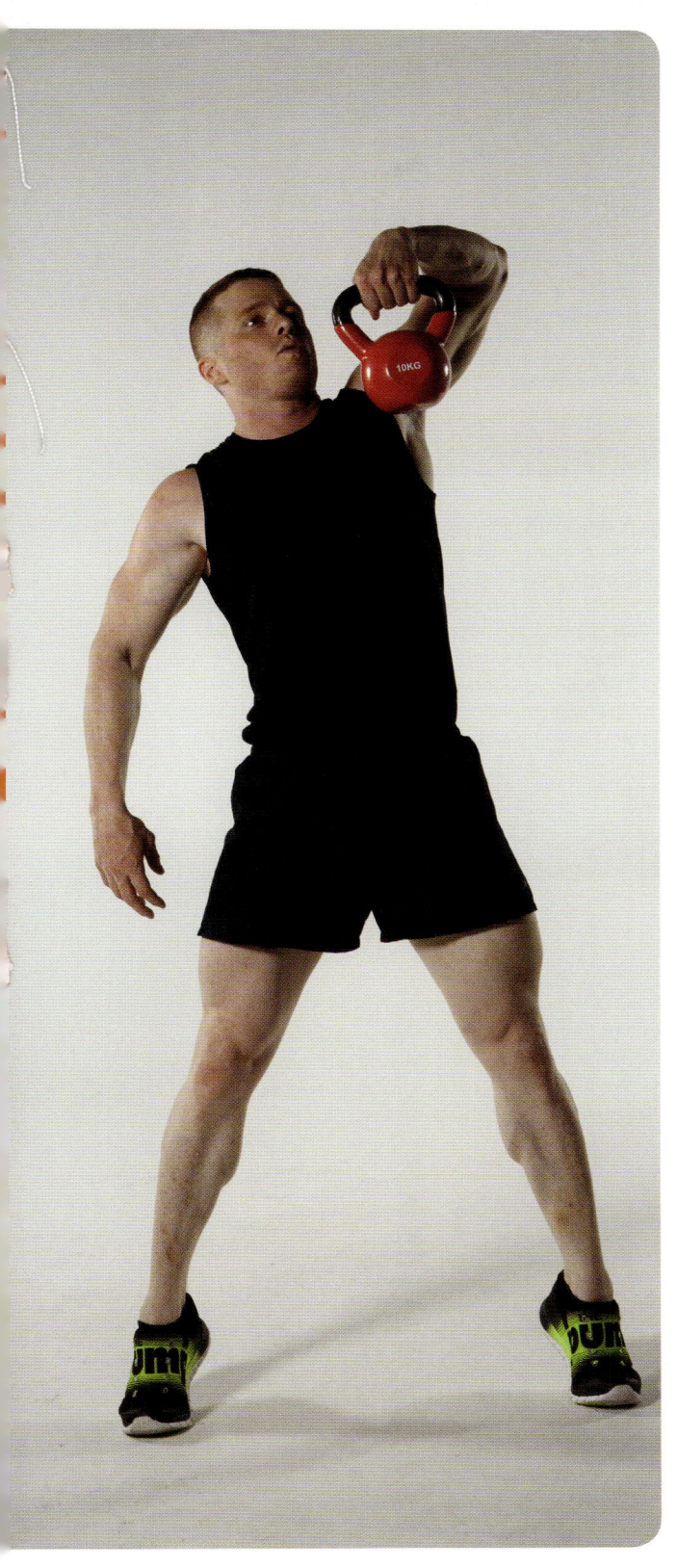

nachzuvollziehen, desto effektiver kannst Du zukünftige Trainingseinheiten gestalten. Die richtige Ernährung ist die Grundvoraussetzung, damit sich die gewünschten Erfolge einstellen. Muskeln kannst Du nur aufbauen, wenn Du dem Körper genügend Eiweiß zuführst, und eine Körperfettreduktion erreichst Du über eine negative Tageskalorienbilanz.

DIE ERNÄHRUNG MUSS STIMMEN

Dieses Buch informiert Dich ausführlich über effektives Training mit funktionellen Übungen. Es zeigt Dir die Grundlagen zum Training und wie Du die geeigneten Trainingsgeräte auswählst. Du lernst die wichtigsten Kraftübungen kennen, ebenso wie Übungen, mit denen Du Deine Muskulatur beweglich und elastisch halten kannst. Auch erfährst Du, wie Du das Ausdauertraining effektiv durchführst und wie Du Dich richtig ernährst. Trainingspläne und Workouts helfen Dir, das Training entsprechend Deinem Leistungsniveau zu gestalten, oder Du nutzt diese als Anregung für den eigenständigen Trainingsaufbau.

VORAUSSETZUNGEN FÜR ERFOLGREICHES FITNESSTRAINING

Jeder körperlich gesunde Kerl kann mit dem richtigen Trainingplan und darauf abgestimmter Ernährung einen leistungsstarken und attraktiven Körper entwickeln. Dazu brauchst Du keine immer neuen, angeblich noch effektiveren Trainings- und Ernährungsempfehlungen, wie diese oft in den Medien propagiert werden. Nutz die Erkenntnisse, die sich mittlerweile vielfach bewährt haben, und trainier bewusst danach. Plan Dein Trainingsprogramm entsprechend Deiner Zielsetzung, setz funktionelle Kraftübungen ein, pfleg Deinen Körper mit Dehn- und Massageübungen und ernähr Dich angemessen. Wenn Du verstehst, was gut für Deinen Körper ist, wirst Du schnell Erfolge im Fitnesstraining erreichen und diese auch langfristig sicherstellen können.

DARAUF KOMMT ES AN:

- **Klare Zielsetzung:** Mach Dir zuerst cen Istzustand Deines Körpers und Deiner Leistungsfähigkeit bewusst. Verdeutliche Dir, was Du mit dem Training erreichen willst und kannst. Darauf aufbauend bestimmst Du die Trainingsziele. Eine klare Zielsetzung ist die Voraussetzung, um mit dem Training zu starten und es kontinuierlich fortzuführen. Wenn Du Dir der Ziele bewusst bist und Dich auf die Umsetzung konzentrierst, wirst Du bald deutliche Erfolge erreichen. Du kannst beispielsweise innerhalb von drei Monaten Deine Leistungsfähigkeit und Dein Aussehen deutlich verbessern.

- **Leistungsgerechtes Trainingsprogramm:** Es gibt die verschiedensten Trainingsprogramme, die zum Erfolg führen können. Grundlegend wichtig ist, dass Du mit einem Wochenplan und Intensitäten trainierst, die zu Deinem Leistungsstand passen. Geplantes Training führt zu den besten Ergebnissen. Du kannst beispielsweise festlegen, wie oft Du wöchentlich Krafttraining und wie oft zusätzliche Ausdauereinheiten machen willst. In Kapitel 4 werden Trainingsprogramme nach erwiesenen Methoden für unterschiedliche Leistungsniveaus vorgestellt. Nutz die Programme und pass sie mit fortschreitender Trainingserfahrung an Deine individuellen Bedürfnisse an.

- **Trainingsprotokollierung:** Für das Fitnesstraining ist es wichtig, dass Du die Trainingsergebnisse in Deinem Trainingsbuch notierst. Du kannst auch die Entwicklung von Gewicht und Körperproportionen festhalten. So kannst Du den Erfolg des Fitnesstrainings überwachen und nachvollziehen und erkennen, ob die Trainingsgestaltung erfolgreich ist oder ob Du Umstellungen an Training und Ernährung vornehmen musst. Ohne Trainingsnotizen ist das schwieriger, da man seine körperliche Entwicklung leicht falsch einschätzt.

- **Genügend Regeneration:** Du erreichst Leistungsfortschritte, indem Du den Körper mit steigenden Trainingsreizen forderst. Nach einer Belastung benötigst Du eine Pause, damit sich der Körper regenerieren und in der nächsten Trainingseinheit eine größere Leistung bereitstellen kann. Für eine zügige Regeneration ist auch genügend Schlaf notwendig. Als Faustregel gilt, dass man eine Stunde mehr schlafen soll als man ohne Training benötigt.

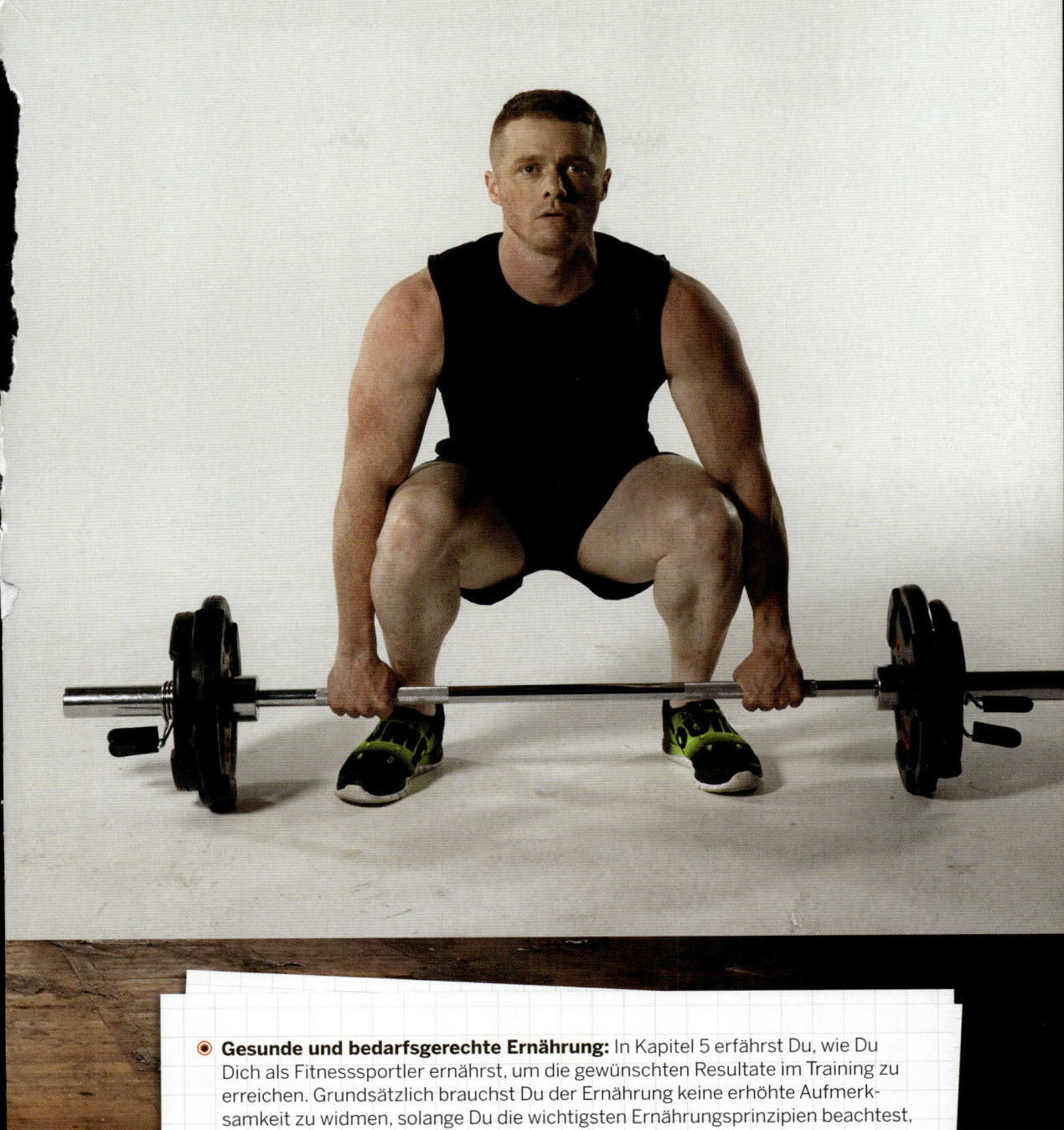

● **Gesunde und bedarfsgerechte Ernährung:** In Kapitel 5 erfährst Du, wie Du Dich als Fitnesssportler ernährst, um die gewünschten Resultate im Training zu erreichen. Grundsätzlich brauchst Du der Ernährung keine erhöhte Aufmerksamkeit zu widmen, solange Du die wichtigsten Ernährungsprinzipien beachtest, beispielsweise sicherstellst, dass Du Deinen Körper nicht übersäuerst. Wenn Du hingegen Mängel in der Ernährung hast, wirst Du verletzungsanfällig und kannst nicht Dein optimales Leistungsvermögen abrufen. Du solltest Dir Deine Ernährung zwar korrekt, aber mit möglichst wenig Aufwand zusammenstellen, denn umso größer der Aufwand ist, umso wahrscheinlicher verlierst Du die Motivation.

TRAININGSLEHRE: DAS PRINZIP DER SUPERKOMPENSATION

Leistungsverbesserungen im Fitnesstraining erreichst Du, indem Du Deinen Körper intensiver als in der vorherigen Trainingseinheit forderst. Damit sich optimale Ergebnisse einstellen, musst Du allerdings das richtige Verhältnis zwischen Trainingsintensität und Regeneration finden.

ÜBERSCHWELLIGER TRAININGSREIZ

Auf eine körperliche Belastung reagiert Dein Körper mit Anpassungsvorgängen. Wenn Du in einer Trainingseinheit eine größere Leistung erbringst als in der vorherigen, dann stellt Dein Organismus nach einer Regenerationsphase ein größeres Leistungsniveau her. Dieser Vorgang, der zur Verbesserung des Ausgangsniveaus führt, wird **Superkompensation** genannt. Dabei gilt zu beachten, dass die möglichen Leistungsverbesserungen immer geringer werden, umso besser Dein Körper trainiert ist.

Wenn Du im Training nur eine geringe Belastung abrufst, erfolgt dagegen keine Anpassung, sondern maximal ein Erhalt des Leistungsniveaus. Bietest Du Deinem Körper über eine längere Zeitspanne keinen Trainingsreiz, dann baut sich seine Leistungsfähigkeit wieder ab. Das Tragen eines Gipsverbandes führt beispielsweise dazu, dass sich die Muskulatur des geschützten Körperbereichs innerhalb weniger Tage deutlich verringert.

REGENERATIONSPHASE

Dein Organismus benötigt nach dem Trainingsreiz eine Regenerationsphase. In dieser stellt sich Dein Körper auf den Trainingsreiz ein. Nach einem überschwelligen Trainingsreiz verbessert er dann das Ausgangsniveau. Wie lange der Körper zur Regeneration und für Anpassungsprozesse benötigt, hängt von der Trainingsintensität, Deinem Leistungsstand und der verwendeten Trainingsmethode ab. Durch eine sinnvolle Regenerationsgestaltung, z. B. Auslaufen, Massage und ausreichend Schlaf, kannst Du Deine Erholungsdauer beschleunigen; ebenso wichtig ist eine gesunde, bedarfsgerechte Ernährung.

OPTIMALER TRAININGSEFFEKT

Der Effekt des Trainings ist dann optimal, wenn Du die Zeitdauer zwischen zwei Trainingseinheiten richtig planst. Pausierst Du zu lange, dann baut der Körper seine Leistungsfähigkeit wieder ab. Gewährst Du hingegen dem Körper nicht genug Zeit zur Regeneration, kann dies zu einem

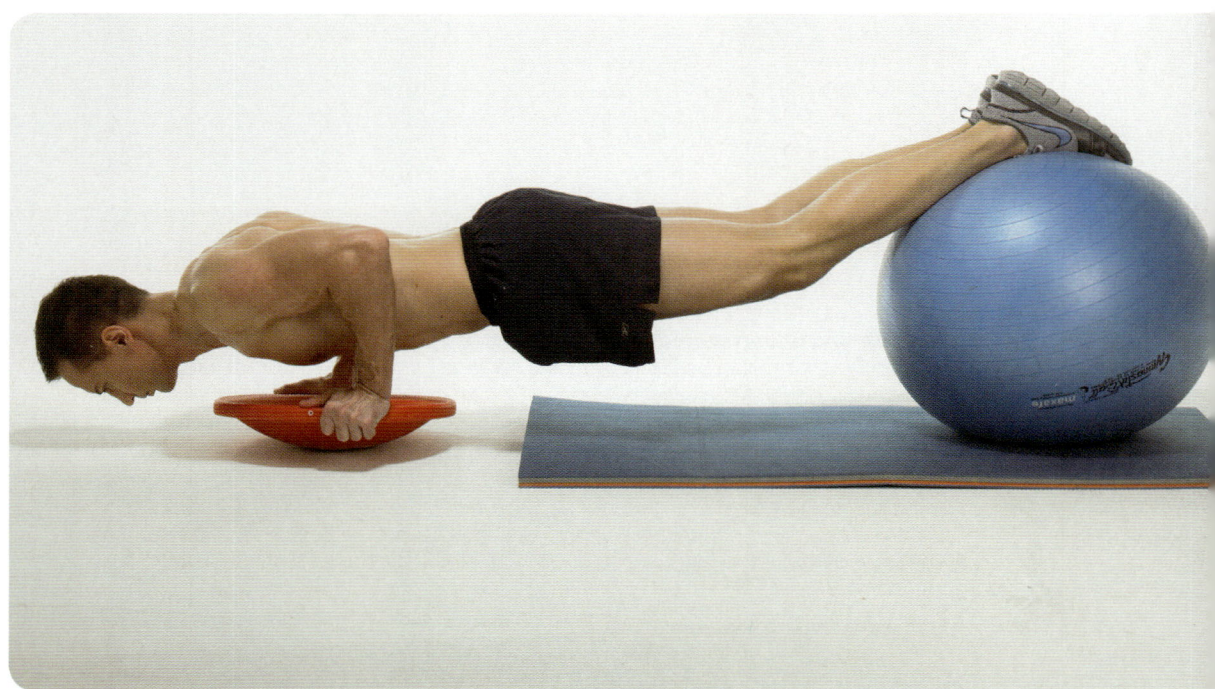

Zustand von Übertraining führen. Da viele Komponenten auf die Dauer der Regenerationsphase einwirken, lässt sich diese nicht exakt bestimmen. Dein Ziel muss es sein, Deinen Körper immer besser zu verstehen, damit Du das **Training optimal planen** kannst. Als Orientierung für Einsteiger kann gelten, dass diese zwischen zwei gleichen Trainingseinheiten ein bis drei Tage pausieren sollten, je nachdem wie intensiv sie die erste Einheit wahrgenommen haben. Damit ambitionierte Sportler häufig ihre Muskelgruppen trainieren können, splitten sie ihr Krafttrainingsprogramm nach Bewegungsrichtungen beziehungsweise Muskelgruppen auf.

HÄUFIGE FRAGEN ZUM FITNESSTRAINING

WAS IST EFFEKTIVES TRAINING?

Effektives Training bedeutet, den Körper mit Bewegungen zu kräftigen, die möglichst alltagskonform sind; dieses Trainingskonzept ist unter der Bezeichnung **»Funktionelles/ Functional Training«** bekannt. Wenn Du eine bestimmte Sportart betreibst und speziell für diese Anforderungen Deine Leistungsfähigkeit verbessern möchtest, dann heißt effektives Training, dass die Bewegungen im Fitnesstraining den sportartspezifischen Bewegungen ähneln sollten. Wichtig ist bei allen Übungen – gleich ob Du Deine Leistungsfähigkeit für den Alltag oder für den Sport verbessern willst – dass Du die Übungsbewegung komplett stabilisierst und jede Form von Ausweichbewegungen vermeidest. Außerdem gilt es, zu einer Bewegung auch immer die Gegenbewegung zu kräftigen, so dass sich kein Muskelungleichgewicht bildet, was die Leistungsfähigkeit einschränkt und anfällig für Verletzungen macht. Das Verhindern von Verletzungen ist besonders wichtig! Es kann hingegen nicht darum gehen, hohe Kraftleistungen und komplexe Bewegungen mit Hilfe von Fehlstellungen zu bewerkstelligen; so überforderst Du Deinen Körper.

Falls bei Dir Muskelungleichgewichte bestehen, dann solltest Du Dich diesen im Krafttraining widmen. Außerdem solltest Du die Rumpfmuskulatur ausgewogen kräftigen. Eine gut entwickelte Körpermitte verhindert viele körperliche Beschwerden, beispielsweise des Rückens; außerdem ist sie grundlegend beim Kraft- und Energietransfer von Bewegungen in Alltag und Sport. Ein weiterer wichtiger Aspekt ist die Kräftigung der gelenkstabilisierenden Muskulatur, beispielsweise von Fuß-, Knie-, Schulter- und Handgelenken. Dazu werden häufig Übungen auf instabilem Untergrund ausgeführt.

WERDE ICH MIT DEM TRAINING KRÄFTIGE MUSKELN AUFBAUEN?

Die vorgestellten funktionellen Übungen ermöglichen ein sehr effektives Training der Muskeln. Es werden vorrangig komplexe Übungen ausgeführt, d. h. Übungen, die gleichzeitig mehrere Muskelgruppen aktivieren und somit ein besseres Muskelzusammenspiel bewirken. Dies ermöglicht Dir, bei körperlichen Anforderungen in Alltag und Sport mehr Muskelkraft freizusetzen und somit kraftvoller zu agieren. Das funktionelle Krafttraining bewirkt auch Muskelwachstum, wobei sich dieser Effekt durch Übungsauswahl, Intensität und Ernährung beeinflussen lässt. Beispielsweise kannst Du mit Hantelübungen leicht deutliches Muskelwachstum erreichen, indem Du die Gewichte kontinuierlich steigerst. Muskelwachstum setzt allerdings auch voraus, dass Du genügend Eiweiß aufnimmst; für einen Fitnesssportler sind 1,5–2 g pro Kilo Körpergewicht empfehlenswert. Einen ungewollten Gewichtsanstieg kannst Du ebenso verhindern, wenn Du das Training entsprechend dosierst und die Intensität durch Erschweren der Übungsbewegungen steigerst. Beispielsweise kannst Du einen instabilen Untergrund einsetzen.

BEDEUTET EFFEKTIVES TRAINING, MIT SCHMERZEN ZU TRAINIEREN?

Vielfach heißt es, dass mit Schmerzen und den letzten Kraftreserven trainiert werden muss, um optimale Ergebnisse zu erzielen. **Schmerzen im Training sind jedoch grundsätzlich falsch!** Beim Dehnen musst Du vorsichtig vorgehen und den Körper entspannen, da Schmerzen und Anstrengungen zu Verspannungen führen. Im Krafttraining ist es durchaus sinnvoll, intensiv zu trainieren. Es ist okay, wenn du ein Brennen im Muskel spürst und die Übungsbelastung als schwer bis sehr schwer wahrnimmst. Es dürfen aber keine Schmerzen auftreten. Du musst alle Bewegungen in gleichmäßiger Geschwindigkeit und ohne Ausweichbewegungen ausführen können. Auch das Ausdauertraining kann intensiv gestaltet sein. Dies hängt jedoch davon ab, welches Niveau Du bereits erreicht hast und nach welcher Methode Du die Ausdauer trainierst. Zuerst gilt es, sich eine gute Grundlagenausdauer anzutrainieren, bevor Du intensive Ausdauertrainingseinheiten ausführst.

WAS FÜR EINE AUSSTATTUNG BENÖTIGE ICH FÜR DAS TRAINING?

In dem Buch findest Du Übungen, mit denen Du Dein Krafttraining zuhause genauso effektiv wie outdoor oder in einem modern ausgerüsteten Fitnessstudio gestalten kannst. Für die Workouts ist nicht entscheidend, dass Du möglichst viele Trainings-Tools zur Verfügung hast. Es kommt vielmehr darauf an, dass Du Dir überlegst, was Du trainieren musst, um den Körper leistungsfähiger zu machen. Empfehlenswert ist eine Faszienrolle, um die Muskulatur zu pflegen. Voraussetzung ist eine Möglichkeit sich hochzuziehen, beispielsweise an einer Klimmzugstange. Hast Du diese nicht verfügbar, dann kannst Du ein Handtuch um ein Treppengeländer legen, um Dich gerade oder aus der Schräglage hochzuziehen. Ist auch das nicht möglich, dann kannst Du die Zugübungen beim Training draußen an einer Stange, z. B. auf einem Trimm-Dich-Pfad, ausführen. Mach das Beste aus den vorhandenen Trainingsmöglichkeiten. Die im Buch vorgestellten Trainingsgeräte kannst Du nach und nach erwerben, um dem Körper neue Anforderungen zu stellen. Es ist jedoch unnötig, gleich zu Beginn zahlreiche Anschaffungen zu tätigen, denn für alle Geräteübungen findest Du Alternativen mit Deinem **Körpergewicht**, welche die wichtigsten Bewegungsrichtungen kräftigen.

WIE KANN ICH FITNESSTRAINING MIT EINER ANDEREN SPORTART KOMBINIEREN?

Die Trainingsgestaltung ist abhängig von Deinen Trainingszielen sowie dem bereits erreichten Leistungsvermögen. Überlege, was den Schwerpunkt des Trainings darstellen soll. Willst Du durch Fitnesstraining einen leistungsfähigen Körper erreichen, oder liegt Dein Trainingsschwerpunkt auf einer anderen Sportart – das Fitnesstraining dient dann dazu, das sportartspezifische Leistungsvermögen zu verbessern. In Deine Überlegungen musst Du natürlich auch mit einbeziehen, wie stressig Deine aktuelle

Lebensphase ist, wie viel Zeit Du beispielsweise für die Regeneration hast. Lege zuerst die Einheiten des Trainingsschwerpunkts im Wochenplan fest und plane dann die anderen Trainingseinheiten an den freien Tagen. Überfordere den Körper nicht mit zu viel Training, da sich ansonsten die gewünschten Ergebnisse nicht einstellen können.

Als Freizeitsportler erreichst Du gute Fortschritte, wenn Du dreimal wöchentlich die Hauptsportart trainierst; mindestens zweimal ist grundlegend. Halte möglichst einen Tag Abstand zwischen zwei

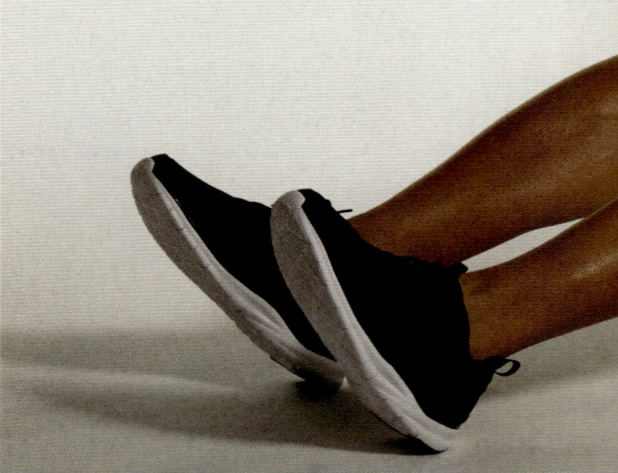

Einheiten; an zwei bis drei dieser freien Tage bietet es sich an, die andere Sportart zu machen.

WIE INTENSIV SOLL ICH DIE TRAININGS-EINHEIT GESTALTEN?

Die Trainingseinheiten im Krafttraining ebenso wie im ergänzenden Ausdauertraining sollen nicht so intensiv sein, dass die Muskulatur danach eine lange Regenerationszeit benötigt und Du auf die nächste geplante Trainingseinheit verzichten musst. Die Kraft-Workouts sollen eher kurz gehalten sein. Als Trainingszeit im Hauptteil sind 30 bis maximal 60 Minuten zu wählen, zuzüglich Aufwärmphase und Abwärmphase. Insbesondere für Einsteiger darf die Belastungsintensität nicht zu groß sein, denn ansonsten ist das Risiko zu groß, sich zu überlasten und zu verletzen. Die Übungen müssen technisch perfekt in korrekter Körperhaltung möglich sein; Ausweichbewegungen zur Bewältigung einer Anforderung solltest Du vermeiden. Wichtig ist es, die Anforderungen kontinuierlich zu steigern.

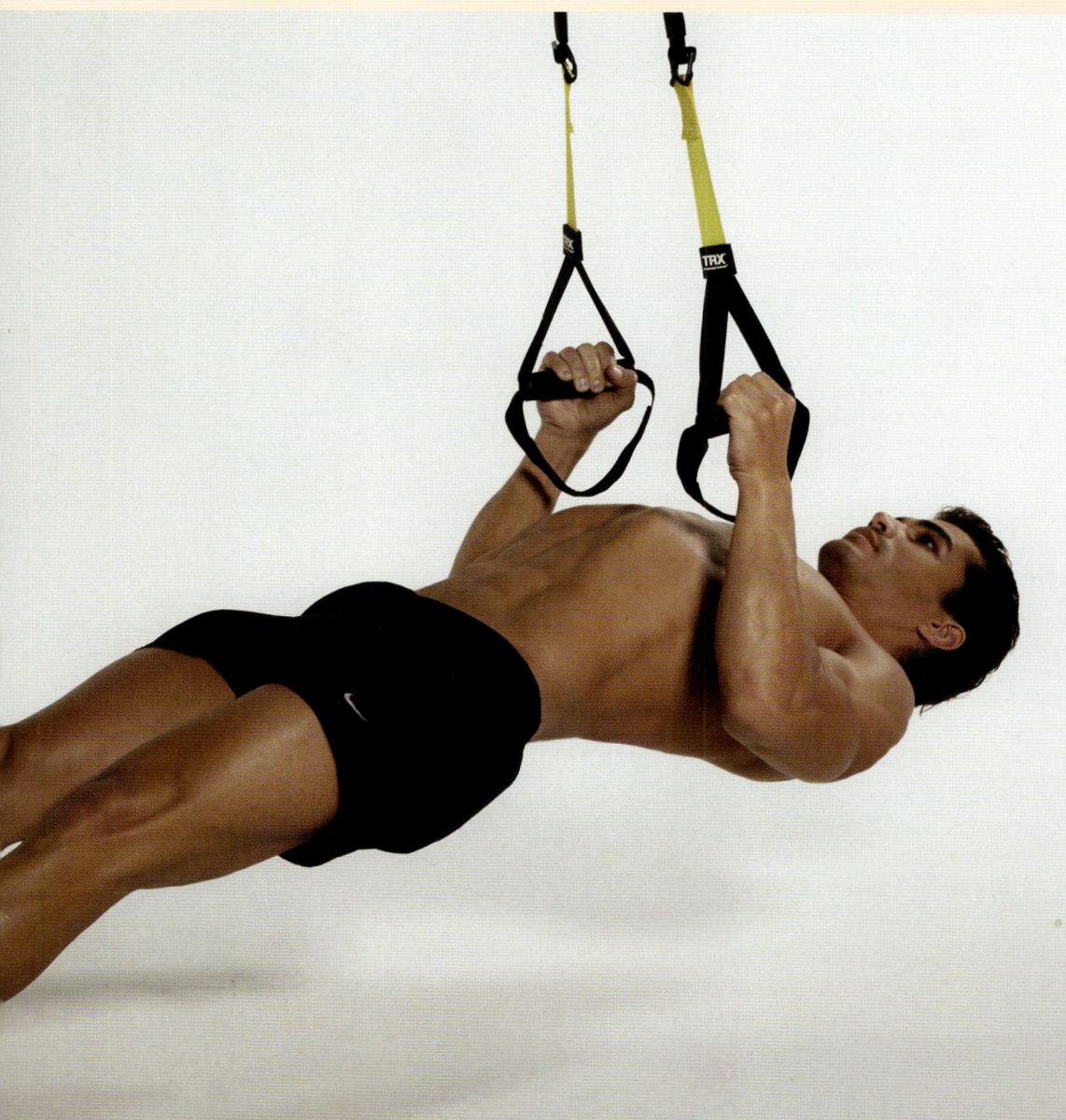

2. SETZ DIR ZIELE

Damit Du mit dem Fitnesstraining langfristig erfolgreich bist, ist es wichtig, dass Du Dein Training planst. Nimm Dir für die Trainingsplanung Zeit. Bewusstes Training nach einem sinnvollen Programm führt zu den besten Ergebnissen.

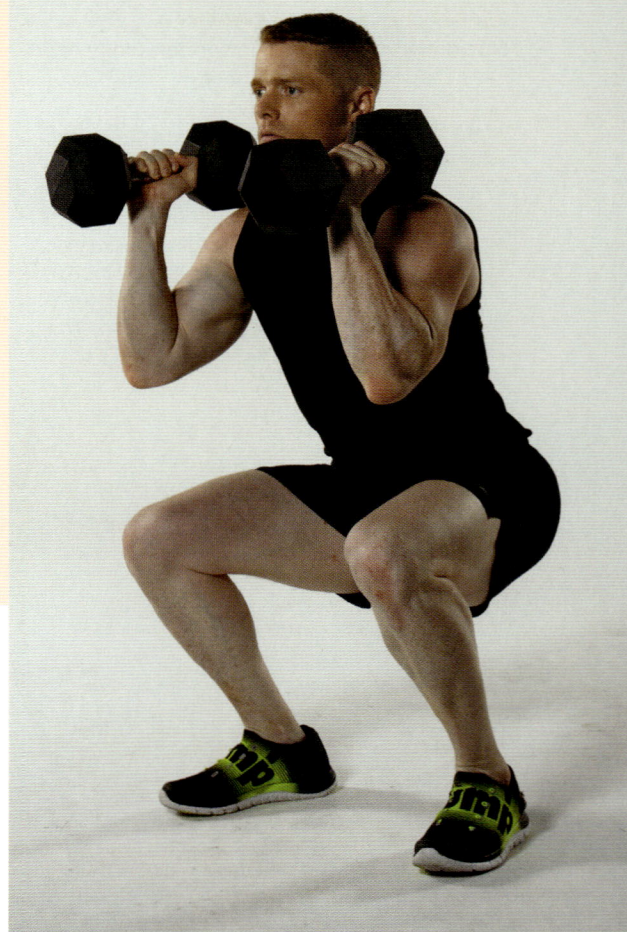

Für die effektive **Gestaltung eines Trainingszyklus** empfiehlt es sich, nach den folgenden fünf Schritten vorzugehen.

- Istzustand bestimmen
- Ziele definieren
- Trainingsprogramm festlegen
- Trainingsperiode
- Abschlusstest.

SCHRITT 1: ISTZUSTAND BESTIMMEN

Bevor Du das Trainingsprogramm aufnimmst, solltest Du Dir klarmachen, ob bei Dir Verletzungen und Risikofaktoren vorliegen, die eine ärztliche Untersuchung erforderlich machen. Risikofaktoren können z. B. sein: Bluthochdruck, deutliches Übergewicht, hoher Alkoholkonsum und Nikotinkonsum. Auch wird allgemein empfohlen, dass ein Trainingseinsteiger mit über 35 Jahren, der lange Zeit überhaupt nicht sportlich aktiv war, vor dem Start des Trainingsprogramms einen Gesundheitstest bei einem Arzt machen sollte.

Mach Dir als Grundlage für die Trainingsplanung zuerst Deine **körperliche Ausgangssituation** bewusst. Dazu empfiehlt es sich, dass Du Gewicht, Körperfett und Körpermaße ermittelst und diese Ergebnisse im Trainingsbuch notierst.

Außerdem kannst Du Deinen Körper von vorne und hinten fotografieren lassen. Stell Dich dazu in Unterhose vor eine weiße Wand und achte auf einen geraden Stand. Das Gewicht ist gleichmäßig auf beide Füße verteilt, die Schultern sind gerade, und die Arme hängen neben dem Körper nach unten. Mach Dir auch Notizen zu Deinem Fitnesszustand, wie Beweglichkeit, Ausdauer und Kraft. Ebenso kannst Du schmerzende Körperpartien notieren, um zu überwachen, ob sich der Zustand durch regelmäßiges Abrollen mit der Hartschaumrolle verbessert. Falls Du in einer bestimmten Sportart aktiv bist, dann empfiehlt es sich, auch Informationen zu Deinem Leistungsvermögen in dieser Sportart festzuhalten. Notiere alles, was Du für Dein Training als wichtig erachtest. Diese Aufzeichnungen sind die Grundlage für die Erfolgskontrolle des Trainingsprogramms.

SCHRITT 2: ZIELE DEFINIEREN

Nun definierst Du die Trainingsziele, denn eine klare Zielsetzung ist die Voraussetzung für ein effektives Training. Beachte bei der Zielbestimmung die Ausgangssituation ebenso wie die vorhandenen Trainingsmöglichkeiten und Trainingszeit. Bestimme realistische Trainingsziele, die Du auch umsetzen kannst. Die Ziele werden in kurz-, mittel- und langfristige gegliedert; das Erreichen eines jeden Ziels wird Dich dazu motivieren, das Training fortzusetzen. Notiere die Ziele in dem Trainingsbuch.

Wähle ein kurzfristiges Trainingsziel aus, auf dessen Erreichen Du Dich in dem nächsten Trainingszyklus konzentrierst. Kurzfristige Ziele beziehen sich üblicherweise auf einen Trainingszyklus von 6–12 Wochen. Ein solches Ziel kann beispielsweise eine Leistungsverbesserung bei bestimmten Kraftübungen wie Klimmzügen sein oder eine Körperfettreduktion um einen bestimmten Prozentsatz. Im Verlauf Deines Trainings musst Du immer wieder neue kurzfristige Ziele festlegen und anhand von diesen das jeweilige Trainingsprogramm ausarbeiten.

SCHRITT 3: TRAININGSPROGRAMM FESTLEGEN

Auf Grundlage des kurzfristigen Trainingsziels legst Du ein Trainingsprogramm fest, mit dem Du dieses Ziel bestmöglich erreichen kannst. In diesem Programm müssen die wöchentlichen Fitnesseinheiten enthalten sein und gegebenenfalls auch andere Sportarten, die Du ausführst.

Gestalte ein Trainingsprogramm für eine Dauer von sechs bis zwölf Wochen. Eine Trainingszeit von sechs Wochen ermöglicht, deutliche Ergebnisse festzustellen. Du solltest aber **nicht länger als zwölf Wochen nach dem gleichen Programm trainieren**, um Deinem Körper immer neue Trainingsreize zu setzen und eine Leistungsstagnation zu vermeiden. Im Ausnahmefall kannst Du einen Zyklus über zwei bis vier Wochen ausführen, beispielsweise um Dich kurzzeitig einer bestimmten Leistungsfähigkeit intensiv zu widmen, beispielsweise der Anzahl von möglichen Liegestützen oder Klimmzügen. Üblicherweise verwenden aber nur Fortgeschrittene Trainingszyklen, die eine Dauer von 6 Wochen unterschreiten.

Im Trainingsprogramm musst Du festlegen, wie Du den Wochentrainingsplan gestaltest, d. h., an welchen Tagen Du Krafttraining und andere Sporteinheiten betreibst. Für das Krafttraining sind die Übungen, die Satzzahlen und Intervalldauern beziehungsweise Wiederholungszahlen festzulegen. Wenn Du eine deutliche Körperfettreduktion planst, musst Du auch Deine Ernährung umstellen.

SCHRITT 4: TRAININGSPERIODE

In der Trainingsperiode führst Du die geplanten Trainingseinheiten aus. Mach in den ersten Wochen die Kraftübungen mit eher wenig Gewicht/Intensität, denn der Körper muss sich erst an die neuen Bewegungsabläufe gewöhnen. Zuerst steigerst Du die Intervalldauer/Wiederholungszahl, bevor Du das Gewicht/die Intensität erhöhst, um eine Überlastung der Sehnen zu vermeiden. Achte bei den Dehnübungen darauf, dass Du die Positionen vorsichtig einnimmst. Vermeide Überlastungen im Ausdauertraining, steigere vielmehr langsam, aber kontinuierlich die Anforderungen. Versuch, die Trainingstage möglichst einzuhalten; bei Krankheit musst Du jedoch das Training unterbrechen. Wenn Dir die Entwicklung der Körperproportionen wichtig ist, kannst Du einmal wöchentlich die Körperproportionen vermessen.

Nach jeder Trainingseinheit machst Du Notizen im Trainingsbuch. Halte die ausgeführten Übungen, die Intervalldauern/Wiederholungszahlen und die Intensitäten/Gewichte für jede Trainingseinheit fest. Auch empfiehlt es sich, Informationen zu den Rahmenbedingungen des Trainings zu notieren. Anhand dieser Notizen kannst Du langfristig die Entwicklung Deiner körperlichen Leistungsfähigkeit nachvollziehen.

SCHRITT 5: ABSCHLUSSTEST

Am Ende der Trainingsperiode ermittelst Du in einem Abschlusstest, ob Du das Trainingsziel erreicht hast. Anhand der Trainingsergebnisse und unter Berücksichtigung der langfristigen Trainingsziele bestimmst Du ein neues kurzfristiges Trainingsziel und legst einen neuen Trainingszyklus fest. Nutz dazu die Informationen aus dem Trainingsbuch, wie Dein Körper auf unterschiedliche Trainingsreize reagiert. Schließlich beginnst Du mit der neuen Trainingsperiode.

Führe dieses Vorgehen für die Trainingsplanung fort, um sicherzustellen, dass Du fortlaufend Deine Leistungsfähigkeit verbesserst. Außerdem kannst Du so die Fortschritte in der sportlichen und körperlichen Leistungsfähigkeit leicht nachvollziehen.

TIPP: VERMESSUNG DER KÖRPERPROPORTIONEN

Wenn Dir die Entwicklung der Körperproportionen wichtig ist, dann solltest Du ihren Umfang regelmäßig überprüfen. Miss den Umfang von Oberarmen, Brust, Taille, Bauch, Hüfte, Oberschenkeln und Waden, da an diesen Stellen die deutlichsten Veränderungen feststellbar sind. Ziel ist es, an der Taille und am Bauch möglichst wenig Umfang zu haben und an den anderen Stellen möglichst viel. Dementsprechend werden die Taille und der Bauch an der schmalsten und alle anderen Bereiche an der breitesten Stelle gemessen. Die Ergebnisse notierst Du im Trainingsbuch.

Ir regelmäßigen Zeitabständen, beispielsweise alle ein bis vier Wochen, kannst Du diese Messungen wiederholen. Du musst die Messungen immer zur gleichen Tageszeit vornehmen, am besten morgens direkt nach dem Aufstehen. Wenn Du dabei feststellst, dass Du die Ziele nicht erreichst, dann muss Du entweder das Programm umstellen oder die Ziele unter realistischeren Gesichtspunkten neu festsetzen. Du solltest aber die Proportionen nicht zu oft vermessen, um Dich nicht einem Leistungsdruck auszusetzen, der Dir den Spaß am Training nimmt.

BEISPIEL EINES TRAININGSTAGEBUCHS

		31.07.	12.08.			
Gewicht/Maße		78,5 kg KF 18,0 Prozent	78,0 kg KF 16,8 Prozent			
		Datum	01.08.2016	02.08.2016	03.08.2016	05.08.2016
			Sätze à Dauer	Ausdauertraining: 40 Min. lockeres Joggen	Sätze à Dauer	Sätze à Dauer
1. Druckbewegung nach vorne	P 1: Liegestütz		2/40 Sek.		3/40 Sek.	3/44 Sek.
2. Zugbewegung nach hinten	P 11: Ruderzug vom Boden		2/40 Sek.		3/40 Sek	3/44 Sek.
3. Kniebeuge-Übung	P 31: Beidbeinige Kniebeuge		2/40 Sek.		Übung nicht gemacht wegen Schmerzen im Knie	Wiedereinstieg mit 2/40 Sek.
4. Hüftdominante Übung angewinkelt	P 36: Beckenlift beidbeinig		2/40 Sek.		3/40 Sek.	3/44 Sek.
5. Hüftdominante Übung fast gestreckt	P 37: T-Stand		2/40 Sek.		3/40 Sek.	3/44 Sek.
6. Druckbewegung nach oben	P 8: Handstand-Liegestütz mit reduzierter Bewegung		2/40 Sek.		3/40 Sek.	Übung ersetzt durch P9 Schulterpresse : 3/44 Sek.
7. Zugbewegung nach unten	P 15: Klimmzug vereinfacht		2/40 Sek.		3/40 Sek.	3/44 Sek.
8. Ergänzende Oberkörper-Übung	P 18: V-, U-, T-Haltung am Boden		2/40 Sek.		3/40 Sek.	3/44 Sek.
9. Vorrangig vordere Rumpfmuskulatur	P 19: Knieheben im Hang		2/40 Sek.		3/40 Sek.	3/44 Sek.
10. Vorrangig seitliche Rumpfmuskulatur	P 26: Seitlicher Unterarmstütz		2/40 Sek.		3/40 Sek.	3/44 Sek.
11. Vorrangig hintere Rumpfmuskulatur	P 29: Körperanheben		2/40 Sek.		3/40 Sek.	3/44 Sek.
Besonderheiten			Heute vormittags statt abends trainiert, fühlt sich gut an			Heute nach dem Training sehr erschöpft, könnte aber auf Schlafmangel zurückzuführen sein

TRAININGSBUCH

Jeder Sportler – gleich in welcher Sportart – sollte ein Trainingsbuch anlegen, um sicherzustellen, dass sein Training erfolgreich verläuft. In dem Buch machst Du regelmäßig Notizen zu den Fortschritten im Fitnesstraining und, falls Du eine weitere Sportart intensiv betreibst, auch dazu. Eine Trainingsdokumentation ist zwar bei Fitnesssportlern nicht unbedingt üblich, doch solltest Du alle Möglichkeiten nutzen, um die besten Ergebnisse zu erzielen.

Durch die Aufzeichnungen bekommst Du einen guten Überblick über die Entwicklung

Deines Körpers. Du wirst feststellen, wie sich Deine Leistungsfähigkeit und Körperkonturen positiv verändern. Auch kannst Du erkennen, wie der Körper auf Trainingsreize reagiert, und somit geeignete individuelle Trainingspläne gestalten. Wenn Du deutlich Körperfett reduzieren willst, dann sind auch kurze Notizen zur Ernährung empfehlenswert; aber eine detaillierte Nahrungsauflistung ist im Normalfall überzogen.

Am besten beginnst Du mit den Aufzeichnungen, sobald Du das Trainingsprogramm aufnimmst. Nach jeder Trainingseinheit notierst Du Informationen über die erbrachte Leistung. Außerdem sind Anmerkungen über die Rahmenbedingungen des Trainings sinnvoll, da die sportliche Leistungsfähigkeit von Faktoren wie Stress, Ernährung und Schlaf beeinflusst wird.

Wenn Du den Eindruck hast, dass Deine Leistung stagniert, kannst Du anhand der Aufzeichnungen überprüfen, ob das wirklich der Fall ist. Die Aufzeichnungen zeigen mögliche Gründe für eine Stagnation und ermöglichen es, das Programm so umzustellen, dass sich wieder Trainingserfolge einstellen. Auch wenn du gerade mal weniger motiviert bist, helfen die Aufzeichnungen im Trainingsbuch. Überzeuge Dich, wie sich Deine Kraftleistungen und Körperproportionen über die Trainingsmonate hinweg zum Besseren verändert haben. Denn schon nach wenigen Trainingsmonaten werden sich deutlich erkennbare Leistungsverbesserungen einstellen.

Du kannst ein Ringbuch als Trainingsbuch nutzen, da sich so Blätter zuheften lassen, oder Du notierst alle Information auf dem Computer. Es ist nicht entscheidend, ob Du die Informationen in Stichpunkten oder als ausführliche Aufzeichnungen sammelst. Wichtig ist, dass Du Dich mit dem Training intensiv befasst und dass Du Dir immer wieder Ziele und Programme bewusst machst sowie diese überprüfst.

Du kannst bei den Aufzeichnungen aus den folgenden Optionen wählen:
- Vor dem Training: Datum, Uhrzeit, körperliche Verfassung, Gewicht, Ernährung
- Zur Krafttrainingseinheit: Übungen, Intensität/Gewicht, Intervalldauer/Wiederholungszahlen, Sätze, Pausen, Gesamtdauer
- Zur Ausdauereinheit: Trainingsmethode, Entfernung, Dauer und Intensitäten
- Nach dem Training: Regenerationsgestaltung, Ernährung, körperlicher Zustand nach der Trainingseinheit, Schlaf, körperlicher Zustand am Folgetag.

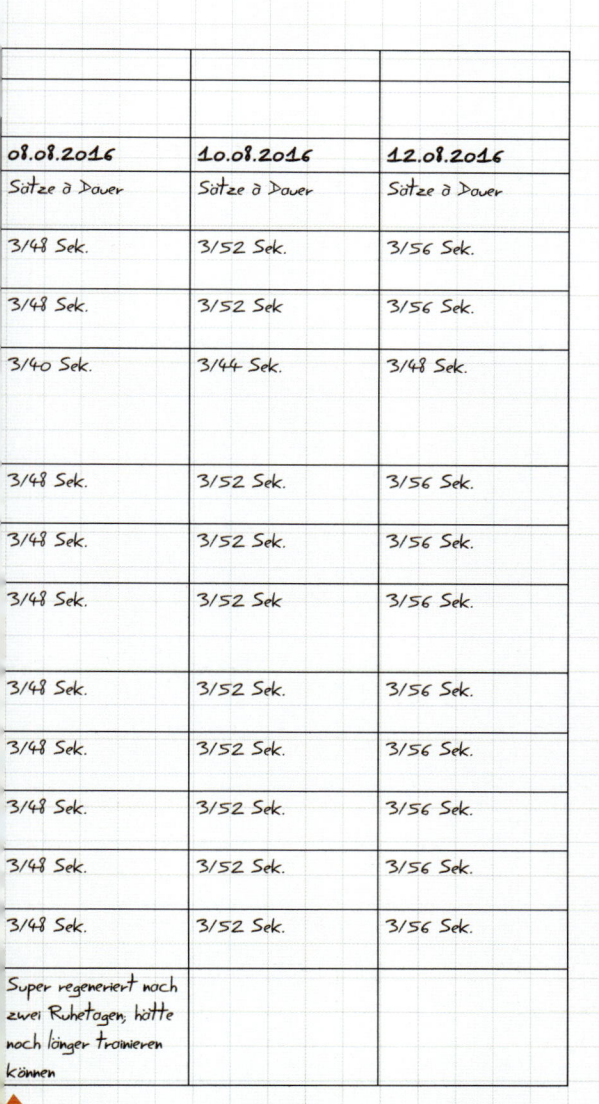

08.08.2016	10.08.2016	12.08.2016
Sätze à Dauer	Sätze à Dauer	Sätze à Dauer
3/48 Sek.	3/52 Sek.	3/56 Sek.
3/48 Sek.	3/52 Sek.	3/56 Sek.
3/40 Sek.	3/44 Sek.	3/48 Sek.
3/48 Sek.	3/52 Sek.	3/56 Sek.
3/48 Sek.	3/52 Sek.	3/56 Sek.
3/48 Sek.	3/52 Sek	3/56 Sek.
3/48 Sek.	3/52 Sek.	3/56 Sek.
3/48 Sek.	3/52 Sek.	3/56 Sek.
3/48 Sek.	3/52 Sek.	3/56 Sek.
3/48 Sek.	3/52 Sek.	3/56 Sek.
3/48 Sek.	3/52 Sek.	3/56 Sek.
3/48 Sek.	3/52 Sek.	3/56 Sek.
Super regeneriert nach zwei Ruhetagen, hätte noch länger trainieren können		

Ein Trainingstagebuch hilft beim Planen und dokumentiert Erfolge.

3 DEINE AUSRÜSTUNG

Du kannst mit dem eigenen Körpergewicht alle wichtigen Bewegungs-richtungen beziehungsweise Muskelgruppen kräftigen. Deshalb ist **der eigene Körper** im funktionell ausgerichteten Krafttraining, wie es dieses Buch zum Ziel hat, **das wichtigste »Trainingsgerät«**.

Zusätzlich können eine Vielzahl von Trainings-geräten genutzt werden, und es werden auch immer neue Geräte entwickelt. Dies bedeutet nicht, dass ohne viele Geräte kein effektives Training möglich ist. Die Gerä-te dienen aber dazu, unter-schiedliche Aspekte hervorzu-heben, und helfen, Eintönigkeit zu vermeiden.

GERÄTE SCHAFFEN ABWECHSLUNG

In Fitnessstudios sind die hier vorgestellten Trainingsgeräte oftmals vorhanden. Wenn Du zuhause trainierst, dann können sich einige An-schaffungen lohnen – die meisten Geräte sind relativ kostengünstig. Du kannst aber bereits mit den im Buch vorgestellten Workouts loslegen, ohne Dir Geräte anzuschaffen, denn es werden Übungen für alle wichtigen Bewegungsrichtun-gen vorgestellt, die mit dem eigenen Körperge-wicht möglich sind.

Mit dem Slam-Ball kannst Du Kraft und Ausdauer effektiv trainieren, auch im Keller oder auf der Terrasse. Und das Wichtigste: Es macht richtig Spaß, den Ball auf den Boden zu knallen.

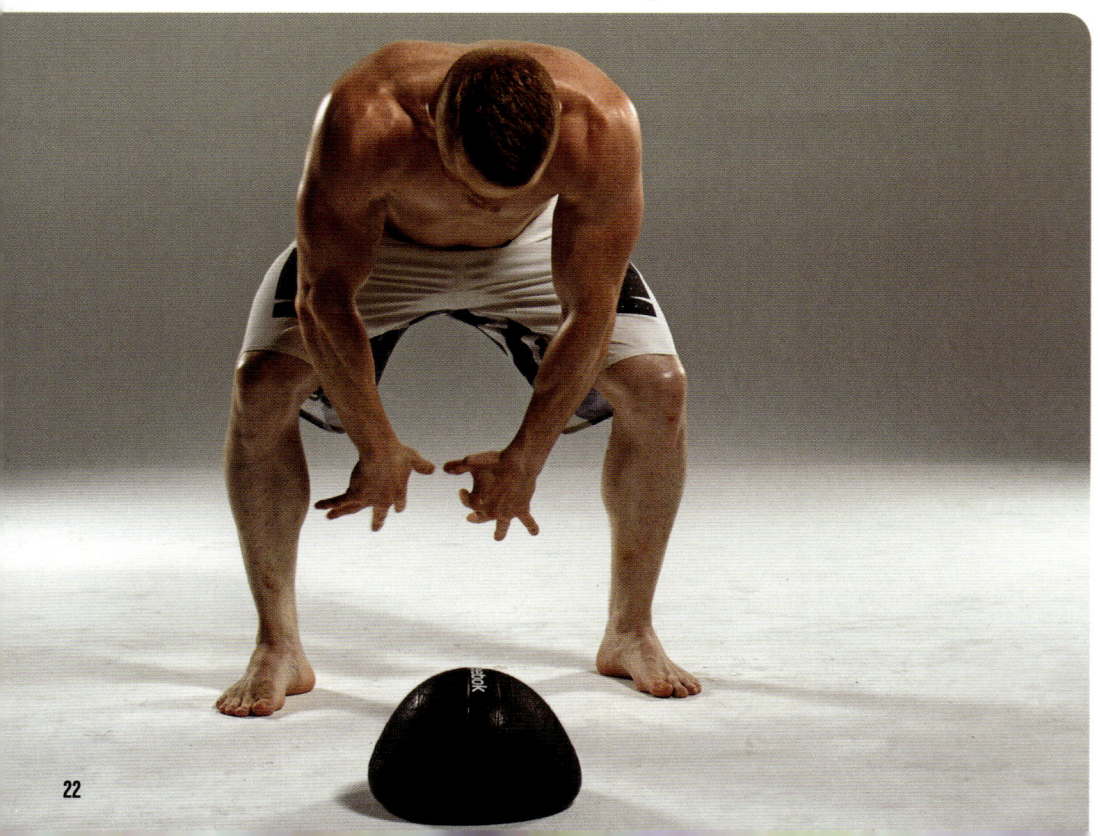

EMPFEHLENSWERTE TRAININGSGERÄTE FÜR DAS TRAINING ZUHAUSE

Die Voraussetzung für ein ausgewogenes Körpertraining ist, dass Du eine Möglichkeit hast, um Dich hochzuziehen. Dies kannst Du beispielsweise an einer Stange oder einem Seil machen. Auch an einer Treppe ist das Hochziehen möglich, wozu Du ein Handtuch um das Geländer legen und so die gewünschte Höhe bestimmen kannst. Wenn Du keine Möglichkeit für Zugübungen hast, dann empfiehlt sich der Kauf einer Klimmzug-Stange oder eines Schlingentrainers – oder aber Du musst die Zugübungen an einem anderen Ort machen und die Workouts dementsprechend aufteilen.

Die **Faszienrolle**, z. B. Blackroll® oder Grid®, ist ein Trainingsgerät, dessen Anschaffung sehr lohnend ist, denn die Rolle hilft ungemein gegen Verspannungen und Verhärtungen und kann die Regenerationszeit verkürzen. Ebenso bietet sich die Nutzung eines kleinen Massageballs an.

Intervall-Timer und Trainingsmatte brauchst Du nicht zwingend für das Training, doch erhöhen sie den Trainingskomfort. Die Anschaffung eines Sprungseils ist für das Training daheim empfehlenswert, wenn man nicht regelmäßig die Ausdauer mit Outdoor-Training fördert;

Das Training an der Klimmzugstange kannst Du an jedem stabilen Türrahmen ausführen. Durch Einsatz eines Handtuchs lässt sich leicht die gewünschte Höhe erzielen. So kann man die Zugübung auch nach hinten gerichtet ausführen.

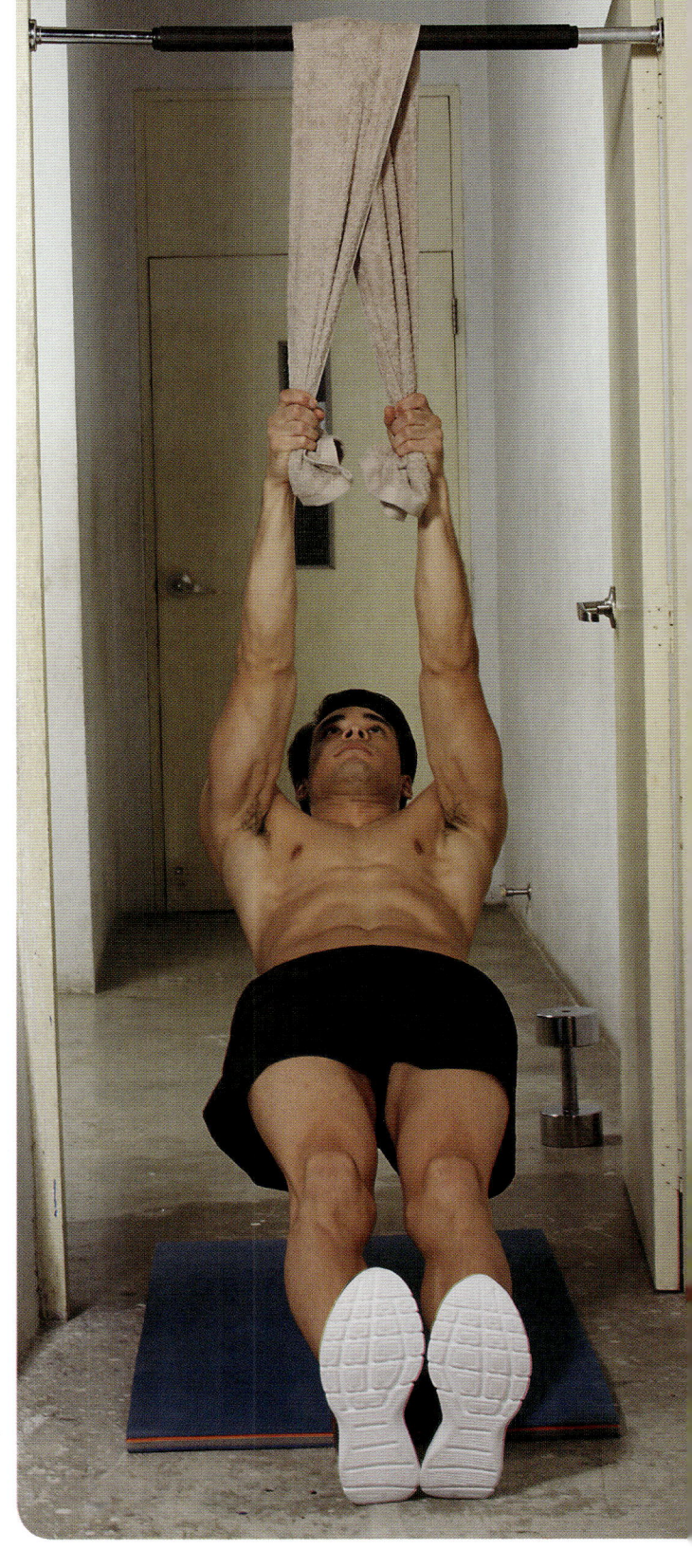

außerdem ist das Seil gut zum Aufwärmen geeignet.

- ⦿ **Klimmzug-Stange:** Für die Zugbewegung von oben nach unten kannst Du eine Klimmzug-Stange einsetzen. Daran ist auch die Zugbewegung von vorne nach hinten möglich, wenn Du die Stange in mittlerer Position befestigst oder aber Dich aus der Rückenlage am Seil oder Handtuch vom Boden hochziehst. Die einfachsten Modelle einer Klimmzug-Stange werden in den Türrahmen gedreht und kosten ab zirka 20 EUR. Es sind auch weitaus aufwendigere Vorrichtungen mit Wand- oder Deckenbefestigung ab zirka 100 EUR erhältlich.

- ⦿ **Faszienrolle und Massageball:** Mit einer Hartschaumrolle, oft als Faszienrolle bezeichnet, kannst Du aktiv gegen Verspannungen vorgehen und die Regeneration beschleunigen. Diese Rollen werden meistens mit einem Durchmesser von etwa 15 cm und einer Länge von etwa 30 cm angeboten, erhältlich ab zirka 30 EUR. Du kannst auch eine Trigger-Point-Massagerolle (The Grid®) nutzen, die im Handel für zirka 40 EUR angeboten wird. Auch mit Massageball, Lacrosse-Ball und Tennisball kannst Du wirkungsvoll schmerzende Körperstellen und Triggerpunkte behandeln. Der Massageball wird im kleinen Durchmesser von 8 cm ab zirka 10 EUR verkauft, in der größeren Ausführung von 12 cm ab zirka 15 EUR.

- ⦿ **Intervall-Timer:** Das Training mit Zeitintervallen erfordert einen Timer. Du kannst einen Online-Timer nutzen, von denen zahlreiche im Internet kostenlos angeboten werden. Ein solcher Timer lässt sich leicht finden, indem Du in eine Suchmaschine »Online Intervall Timer« oder »Online Tabata Clock« eingibst (z. B. www.tabatatimer.com und www.beach-fitness.com/tabata). Außerdem sind kostenfreie Apps verfügbar. Du kannst aber auch einen Timer kaufen, wie dieser beispielsweise von der Firma Gymboss ab zirka 20 EUR angeboten wird.

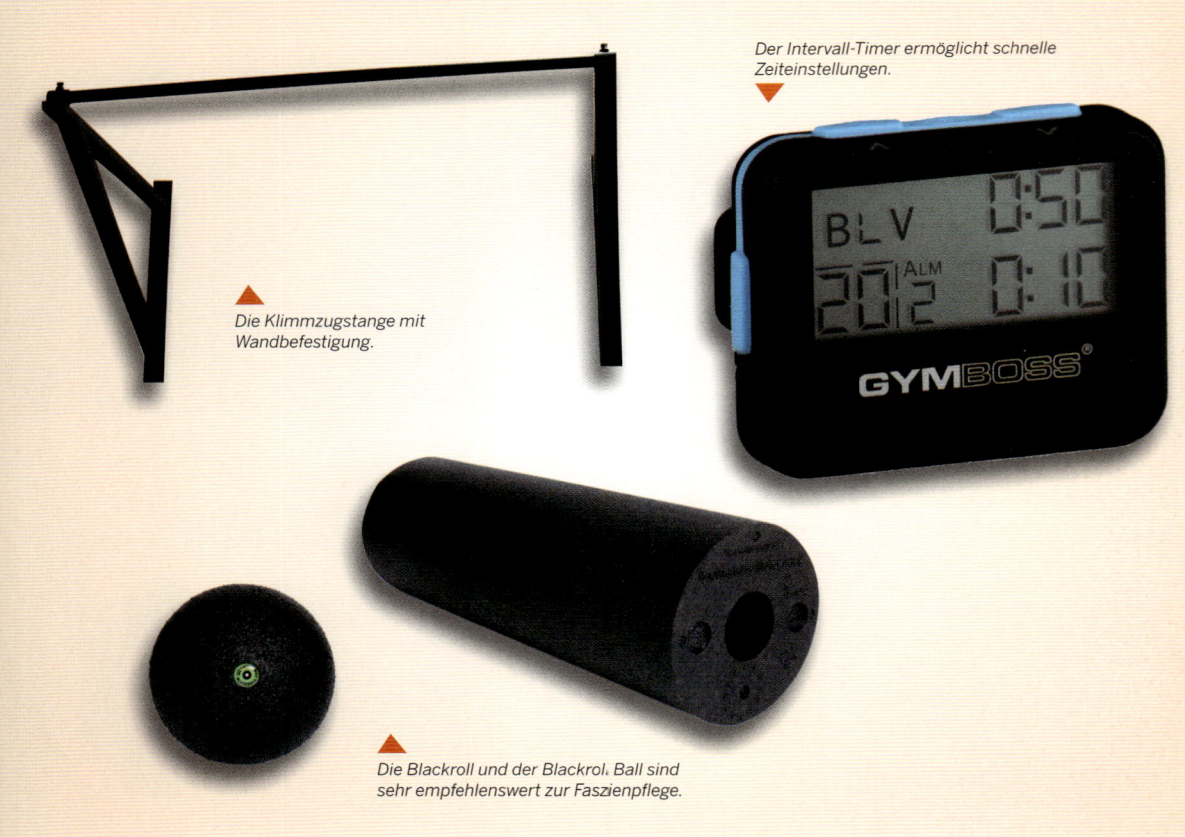

Der Intervall-Timer ermöglicht schnelle Zeiteinstellungen.

Die Klimmzugstange mit Wandbefestigung.

Die Blackroll und der Blackroll Ball sind sehr empfehlenswert zur Faszienpflege.

- **Sprungseil:** Um Dich vor dem Training aufzuwärmen oder im Anschluss an das Krafttraining noch die Ausdauer zu fördern, kannst
Du ein Sprungseil nutzen. Die einfachsten
Modelle werden bereits ab zirka 10 EUR verkauft. Es gibt aber auch aufwendigere Modelle, die jeden ausgeführten Sprung mitzählen
und erheblich teurer sind.

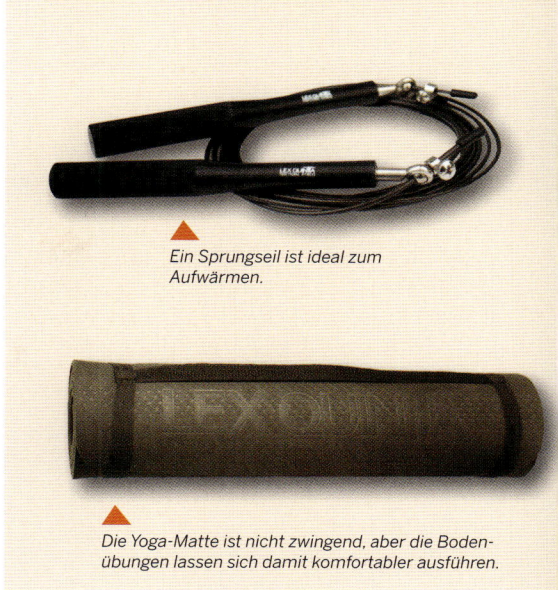

▲ Ein Sprungseil ist ideal zum
Aufwärmen.

- **Trainingsmatte:** Du kannst eine Trainingsmatte, beispielsweise eine Yoga-Matte, für
die Übungen in Bodenlage und im Kniestand
einsetzen. Die Matte ist zusammengerollt
auch als instabiler Untergrund nutzbar.
Alternativ kannst Du zwar auf einem Teppich
oder einem großen Handtuch üben, eine
Matte bietet jedoch mehr Trainingskomfort
und ist bereits ab zirka 15 EUR im Handel zu
erwerben.

▲ Die Yoga-Matte ist nicht zwingend, aber die Bodenübungen lassen sich damit komfortabler ausführen.

ERGÄNZENDE TRAININGSGERÄTE

Die folgenden Geräte lassen sich sinnvoll im
funktionellen Krafttraining von Fitnesssportlern
einsetzen und sind zumeist recht kostengünstig
zu erwerben. So kannst Du fortlaufend neue
Übungen integrieren, um den Körper mit neuen
Trainingsreizen zu fordern. Überleg Dir aber, ob
Du diese Geräte wirklich benötigst. Beispielswei-

**GERÄTE NÜTZEN,
ABER ES GEHT
AUCH OHNE**

se kannst Du ein oder zwei Kissen als instabilen Untergrund
nutzen, ein Therapiekreisel
ist aber besser kontrollierbar.
Auf keinen Fall solltest Du das
Fehlen von Trainingsgeräten
als Ausrede benutzen, um mit dem Krafttraining
auszusetzen oder sogar ganz darauf zu verzichten. Wähle dann eben solche Übungsalternativen,
mit denen Du das Training ausführen kannst.

Wenn Du ein umfassendes Home-Gym aufbauen
willst, dann können noch weitere Trainingsgeräte
ergänzt werden, wie eine Hantelbank, ein dickes
Seil (Tau) zum Hochziehen und ein dicker Reifen
für Schlagübungen mit einem großen Hammer.

- **Fußgewichte:** Um die Fußgelenke kannst
Du Gewichtsmanschetten anbringen und
so Beinhebeübungen intensivieren. Die
Manschetten werden im Handel paarweise
angeboten, zumeist mit 0,5–4 kg zu einem
Preis von zirka 6–20 EUR.

- **Gewichtsweste:** Bei einigen Übungen wie
P 15: Klimmzüge kannst Du eine Gewichtsweste einsetzen. In den Westen sind Ge-
wichttaschen eingearbeitet, so dass Du das
Gewicht anpassen kannst. Die Westen gibt
es mit 5–50 kg zu einem Preis von zirka
20–100 EUR.

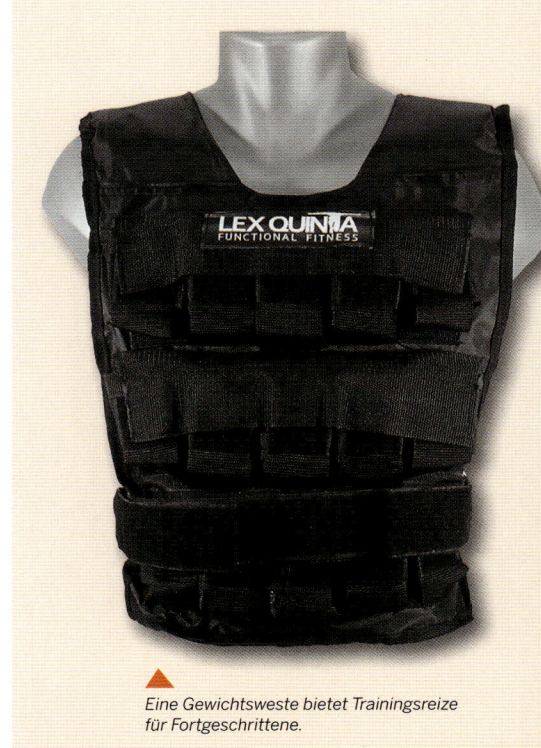

▲ Eine Gewichtsweste bietet Trainingsreize
für Fortgeschrittene.

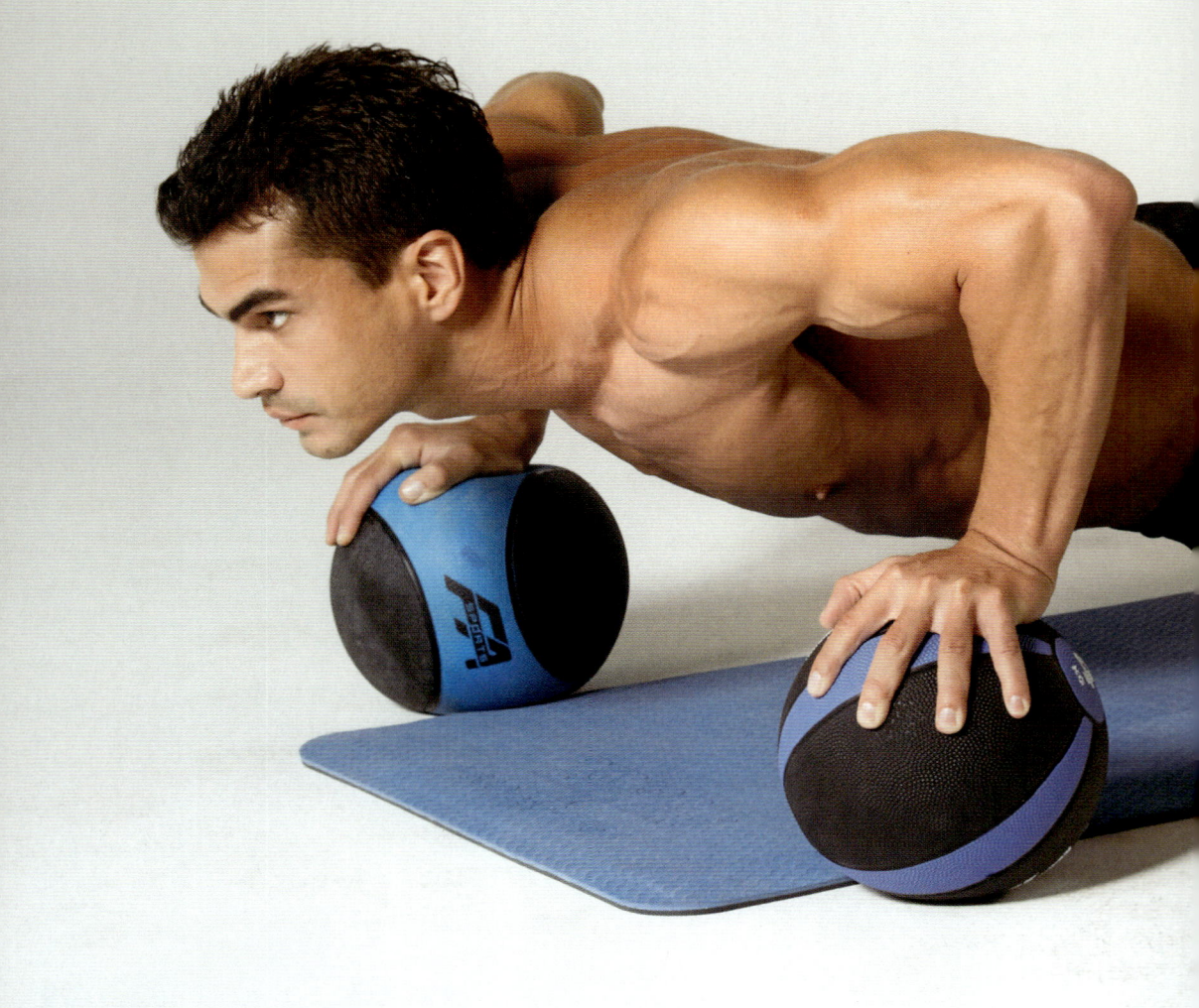

Gymnastikball: Der Gymnastikball, auch Fitnessball, Stability-Ball oder Physio-Ball genannt, kann im funktionellen Krafttraining vielfältig eingesetzt werden. Du kannst den Ball als instabilen Untergrund nutzen, indem Du Dich mit Händen oder Füßen darauf abstützt, ebenso kannst Du Rumpf oder Gesäß darauf positionieren. Der Körper muss die Übungsbewegung auf dem Ball ausbalancieren, wodurch die stützenden Muskulatur und die Core-Muskulatur intensiv gekräftigt werden. Nutz eine Ballgröße, bei der im Sitz die Kniegelenkswinkel etwas mehr als 90 Grad betragen. Für Übungen, bei denen Du die Füße darauf positionierst, kannst Du eine kleinere Größe wählen. Ein Gymnastikball ist ab zirka 15 EUR erhältlich.

Kettlebell (Kugelhantel): Die Kettlebell, auch als Kugelhantel bezeichnet, eignet sich besonders gut für Schwungübungen, wobei eine Vielzahl von Muskeln zusammen agieren und die Griffkraft gefördert wird. Du kannst die Kettlebell auch alternativ bei vielen Kurzhantelübungen einsetzen. Die Preise sind abhängig von Verarbeitung und Gewicht; die günstigsten ordentlich verarbeiteten Modelle sind ab zirka 20 EUR erhältlich; es gibt aber auch deutlich teurere.

Kurzhanteln: Empfehlenswert sind Kurzhanteln mit Sternverschluss und unterschiedlichen Gewichtsscheiben, damit sich das Hantelgewicht schnell verändern lässt. Für einen männlichen Fitnesssportler mittlerer Statur sollten zumindest zwei Kurzhanteln

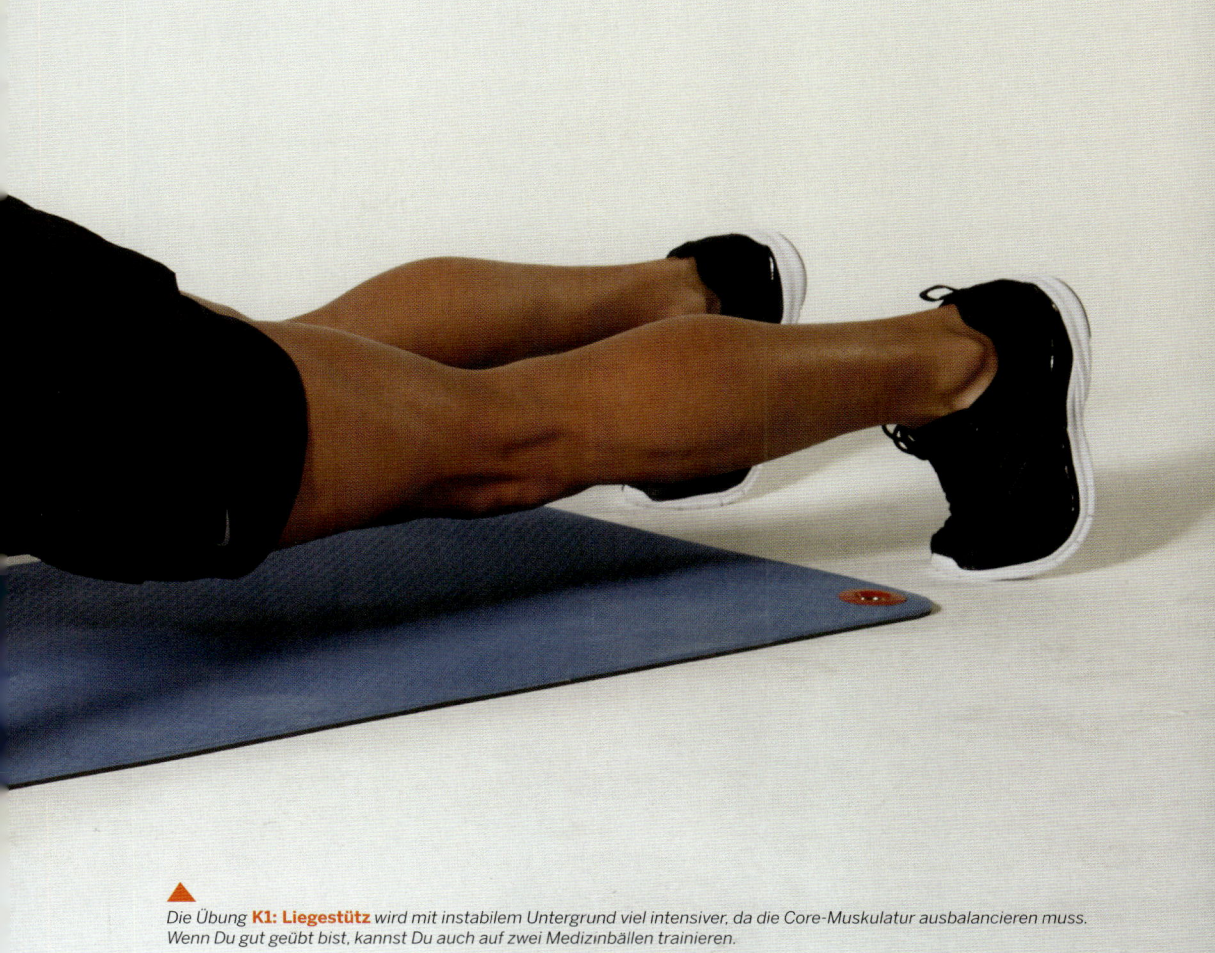

*Die Übung **K1: Liegestütz** wird mit instabilem Untergrund viel intensiver, da die Core-Muskulatur ausbalancieren muss. Wenn Du gut geübt bist, kannst Du auch auf zwei Medizinbällen trainieren.*

inklusive Gewichtsscheiben von jeweils 15 kg Gewicht verfügbar sein. Wenn Du langfristig trainierst und eher kräftig bist, dann emp-

DER KLASSIKER: KURZHANTELN

fehlen sich zwei Kurzhanteln inklusive Gewichtsscheiben von jeweils 30 kg. Die Preise sind abhängig von Hersteller und Verarbeitung sehr unterschiedlich; ein Set aus zwei Kurzhanteln mit insgesamt 30 kg Gewicht kostet etwa 20–40 EUR. Das Sortiment kannst Du mit Hantelbank und Langhantel erweitern.

● **Medizinball:** Der Medizinball ist nicht nur ein hervorragendes Trainingsgerät zum Werfen und Stoßen, sondern eignet sich auch als Zusatzgewicht und instabiler Untergrund. Es sind mittlerweile viele Bälle verfügbar, die un-

terschiedliche Trainingsaspekte hervorheben: klassische Bälle aus Leder oder Kunstleder, Bälle aus Gummi oder Rutton (Wall Balls), große weiche Bälle (Soft Balls), Schleuder- bälle für das Bodenwerfen (Slam Balls), Bälle mit Griffen (Grip Balls) und Medizinbälle mit Schlaufe. Für das Training daheim eignen sich insbesondere die Gummibälle, die bereits ab 20 EUR erhältlich sind, aber auch deutlich teurer angeboten werden, sowie die klassi- schen Bälle, die 30–100 EUR kosten. Willst Du beim Training daheim Wurfübungen gegen eine Wand und auf den Boden ausführen, ist ein Gummiball vorzuziehen, da dieser seine runde Form behält. Ansonsten kannst Du frei zwischen Gummiball und Lederball wählen. Wenn Du häufig trainierst, dann können sich auch die anderen Modelle lohnen, beispielsweise ein großer Soft Ball, der sich besonders für das Partnertraining eignet, aber in der Anschaffung recht teuer ist.

- ● **Schlingentrainer:** Der Schlingentrainer ist ein hervorragendes Trainingsgerät, um die Muskulatur des ganzen Körpers zu trainieren. Er lässt sich leicht handhaben und auch auf Reisen mitnehmen, da er wenig Gewicht hat. Der populärste Schlingentrainer ist der TRX®, den es ab zirka 180 EUR zu erwerben gibt.

Es gibt deutlich günstigere Geräte, die den Anforderungen zumindest bei den meisten Übungen genügen.

- ● **Slide-Trainer:** Für Gleitübungen mit Füßen und Händen kannst Du einen Slide-Trainer einsetzen, beispielsweise um im Ausfallschritt nach hinten zu gleiten; ebenso kannst Du im Liegestütz mit den Händen nach oben oder zur Seite rutschen. Der Slide-Trainer ermöglicht dynamische Übungsbewegungen, wo-

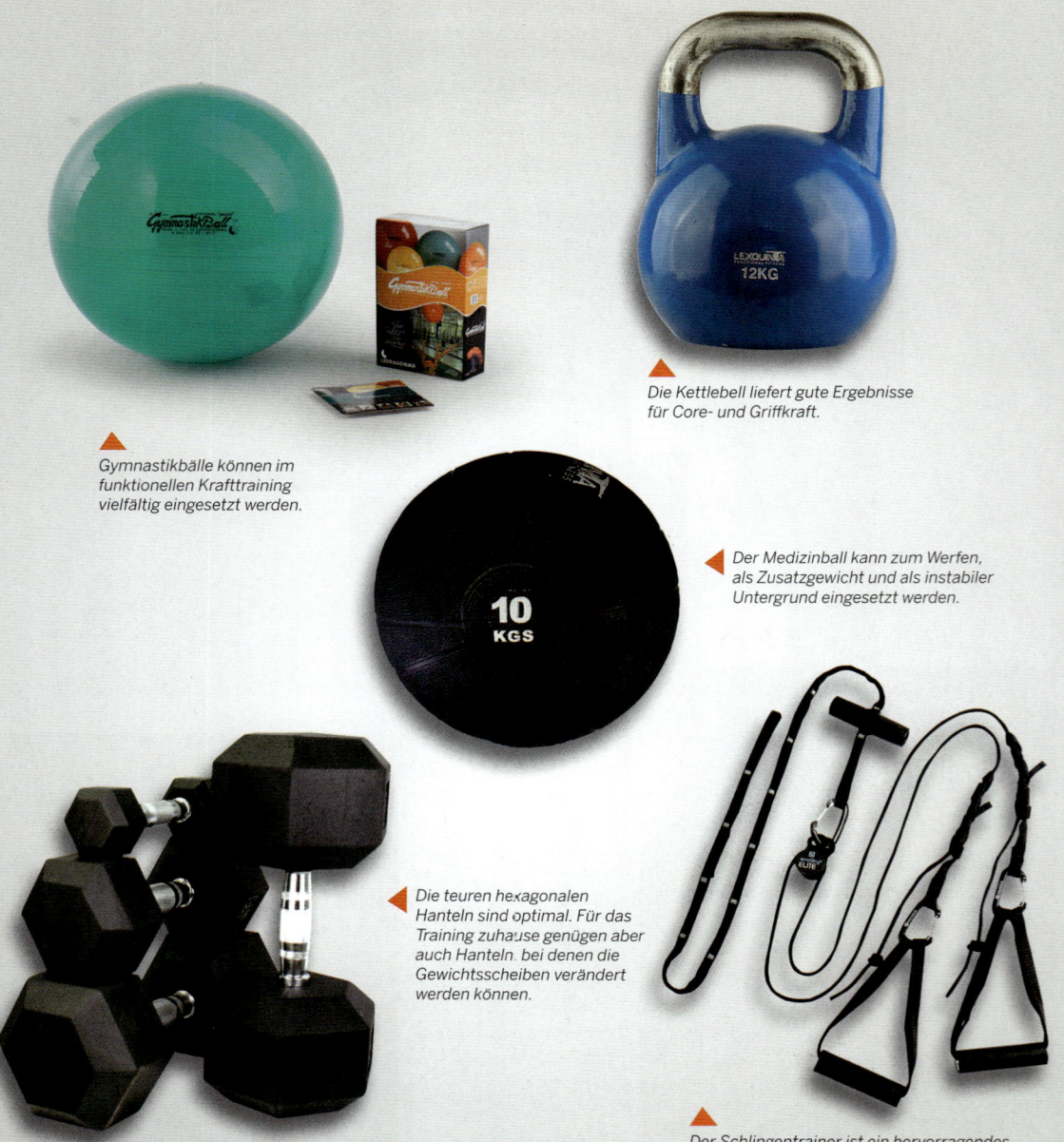

Gymnastikbälle können im funktionellen Krafttraining vielfältig eingesetzt werden.

Die Kettlebell liefert gute Ergebnisse für Core- und Griffkraft.

Der Medizinball kann zum Werfen, als Zusatzgewicht und als instabiler Untergrund eingesetzt werden.

Die teuren hexagonalen Hanteln sind optimal. Für das Training zuhause genügen aber auch Hanteln, bei denen die Gewichtsscheiben verändert werden können.

Der Schlingentrainer ist ein hervorragendes Ganzkörper-Trainingsgerät.

durch eine intensivere Aktivierung der stabilisierenden Muskulatur erzielt wird. Häufig wird der Valslide® genutzt, der als Paar im Handel ab zirka 35 EUR verfügbar ist. Du kannst auch günstigere Slide-Trainer nutzen oder aber ein beziehungsweise zwei zusammengefaltete Handtücher.

● **Stretchband:** Ein Stretchband ist ein elastisches Band, das als Widerstand eingesetzt wird. Es gibt Bänder mit verschiedenen Härtegraden (durch unterschiedliche Farben gekennzeichnet), die Du entsprechend Deiner Kraftentwicklung nutzen kannst. Die Bänder können überall mitgeführt werden; somit kannst Du auch auf einer Urlaubsreise die entsprechenden Übungen ausführen. Ein Stretchband, beispielsweise ein Theraband®, kannst Du in den großen Kaufhäusern und im Sanitätsfachhandel ab zirka 7 EUR erwerben.

● **Therapiekreisel:** Ein Therapiekreisel dient als instabiler Untergrund, um die stabilisierenden Muskeln zu kräftigen. Du kannst Dich mit einem oder beiden Füßen oder mit den Händen auf dem Kreisel abstützen, während Du eine Übung ausführst, wodurch die Position ausbalanciert werden muss. Auch kannst Du den Kreisel kombiniert mit einem anderen Gerät einsetzen, indem Du beispielsweise die Hände auf einem Medizinball aufstützt und die Füße auf einem Therapiekreisel oder umgekehrt. Ein Therapiekreisel wird im Fachhandel ab zirka 25 EUR verkauft.

● **Trainingsbank:** Als Einsteiger benötigst Du keine Trainingsbank. Die Übungen im Sitz kannst Du auf einem Stuhl machen, und die Übungen in Bauch- oder Rückenlage kannst Du auch am Boden ausführen. Wenn Du bereits eine Weile trainierst und die Gewichte deutlich steigerst, dann ist eine Hantelbank bei einigen Übungen wie **K 4: Brustdrücken** hilfreich. Da kannst Du dann mit größerem Bewegungsspielraum üben und musst die Hanteln nicht auf dem Boden bewegen. Als Fortgeschrittener kannst Du diese Problematik kompensieren, indem Du auf einem Gymnastikball übst, was allerdings eine kräftige Core-Muskulatur voraussetzt, um die Position stabilisieren zu können – für Einsteiger ist das zu intensiv. Beim Kauf einer Hantelbank musst Du den stabilen Stand und die Verarbeitung prüfen, am besten testest Du die Bank durch Probeliegen in einem Fachge-

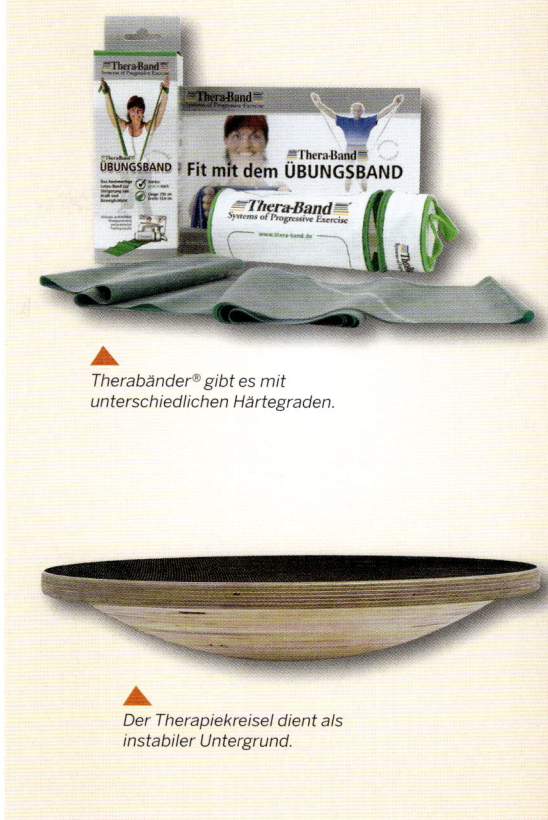

Therabänder® gibt es mit unterschiedlichen Härtegraden.

Der Therapiekreisel dient als instabiler Untergrund.

schäft. Eine einfache Hantelbank ist ab zirka 50 EUR erhältlich; Trainingsbänke sind aber auch erheblich teurer verfügbar. Wenn Du eine Bank mit verstellbarer Rückenlehne kaufst, dann solltest Du darauf achten, dass sich die Umstellung der Lehne leicht und schnell tätigen lässt und die Lehne in jeder Position stabil ist. Eine Hantelbank mit Schrägeinstellung kannst Du ab zirka 55 EUR erwerben. Wenn Du viel mit Langhanteln trainierst, kann die Anschaffung einer Bank mit Langhantelablage lohnend sein. Die Workouts in diesem Buch sind jedoch alle mit Kurzhanteln möglich, eine Bank mit Langhantelablage ist also nicht erforderlich. Eine Hantelbank mit Langhantelablage kannst Du in akzeptabler Verarbeitung ab zirka 70 EUR erwerben; eine reine Ablage für die Langhantelstange ohne Bank ab zirka 50 EUR.

FÜR FORTGESCHRITTENE: HANTELBANK

Wenn Du einen leistungsfähigen Körper entwickeln willst, musst Du auch Deine Ausdauer und die Beweglichkeit trainieren. Pfleg Deine Muskulatur und das Bindegewebe und beseitige schmerzende Problemstellen durch regelmäßige Selbstmassage mit Faszienrolle und Faszienkugel.

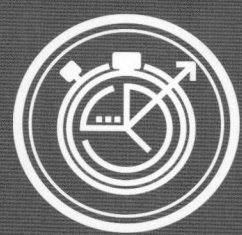

TRAININGS-GESTALTUNG

KAPITEL 2
TRAININGSGESTALTUNG

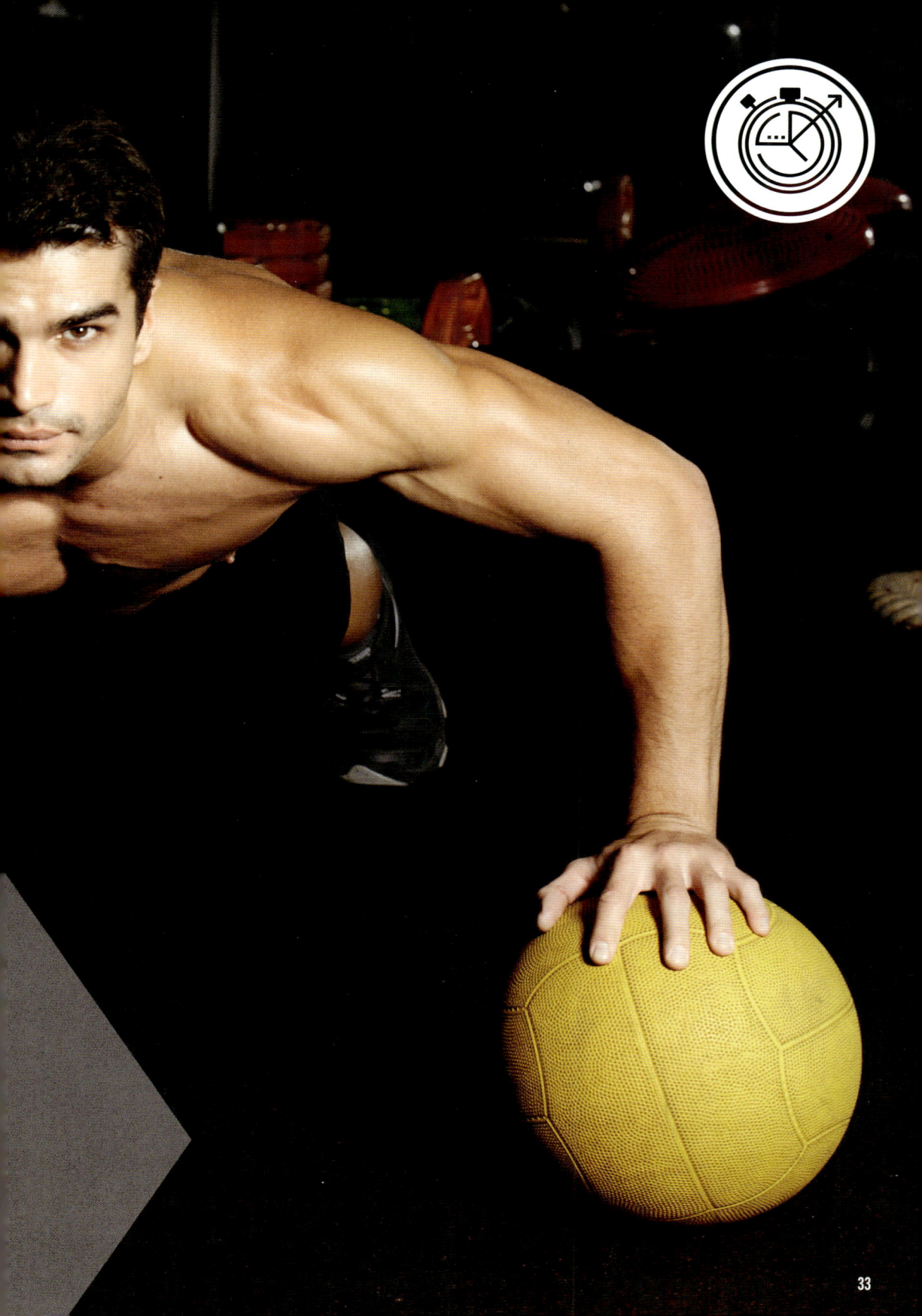

1 GRUNDLAGEN

Damit Dein Körper optimal leistungsfähig ist, muss er nicht nur kräftig, sondern auch beweglich, ausdauernd und schmerzfrei sein.

Nutz alle Möglichkeiten, um den Körper im Training zu fördern.

- **Dehnübungen** gehören zum Fitness-Workout dazu, gleich in welcher Trainingsphase Du diese einsetzt. Mit den Übungen vergrößerst Du Deine Beweglichkeit, schulst die Körperwahrnehmung und verbesserst die Fähigkeit zu entspannen.
- Eine gute **Ausdauer** ermöglicht es Dir, körperliche Leistungen im Sport ebenso wie im Alltag länger durchzuhalten. Wichtig ist beim Ausdauertraining, dass Du mit der für Dich geeigneten Intensität übst.
- Eine **Massage** löst Verspannungen und fördert die Durchblutung des Körpers. Du erreichst diese positiven Effekte auch durch eine Selbstmassage mit der Hartschaumrolle, ohne dafür hohe Kosten in Kauf nehmen zu müssen. Nach einigen Wochen der Anwendung wird sich die Elastizität Deines Bindegewebes deutlich verbessern und schmerzende Körperstellen verschwinden.

Es ist wichtig, das richtige Maß zwischen Anspannung und Entspannung zu finden. Niemand kann immer nur Leistung erbringen – gleich ob im Alltag, Berufsleben oder Sport. Wenn Du Dir zu wenig Möglichkeit zur Regeneration gibst, wird sich Deine Leistungsfähigkeit reduzieren. Eine anregende Freizeitgestaltung ist hier die beste Empfehlung. Fällt es Dir generell schwer, von Belastungen abzuschalten, dann kannst Du dies mit Atemübungen oder Entspannungstechniken erreichen, beispielsweise mit der progressiven Muskelentspannung. Ebenso kannst Du bewusstes Entspannen mit Meditation und Yoga bewirken.

LEISTUNG BRAUCHT REGENERATION

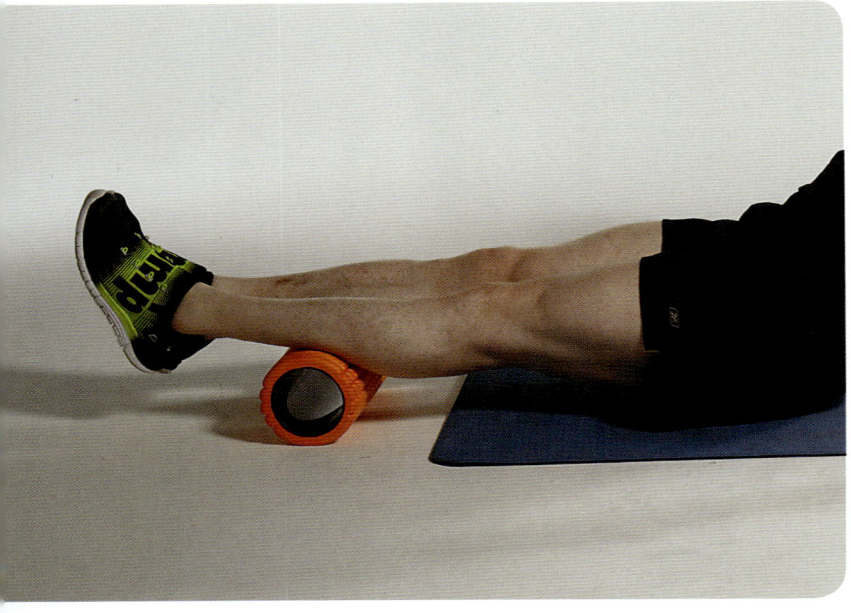

Trainingserfolg setzt auch genügend Erholung und Entspannung voraus.

2. TRAININGSPHASEN

Jedes Training, gleich ob Du Fitness oder einen anderen Sport betreibst, ist in drei Phasen einzuteilen: Zuerst erfolgt das Vorbereiten des Körpers (Aufwärmphase), dann der Hauptteil und schließlich der Trainingsabschluss (Abwärmphase). Gestalte auch Dein Training entsprechend.

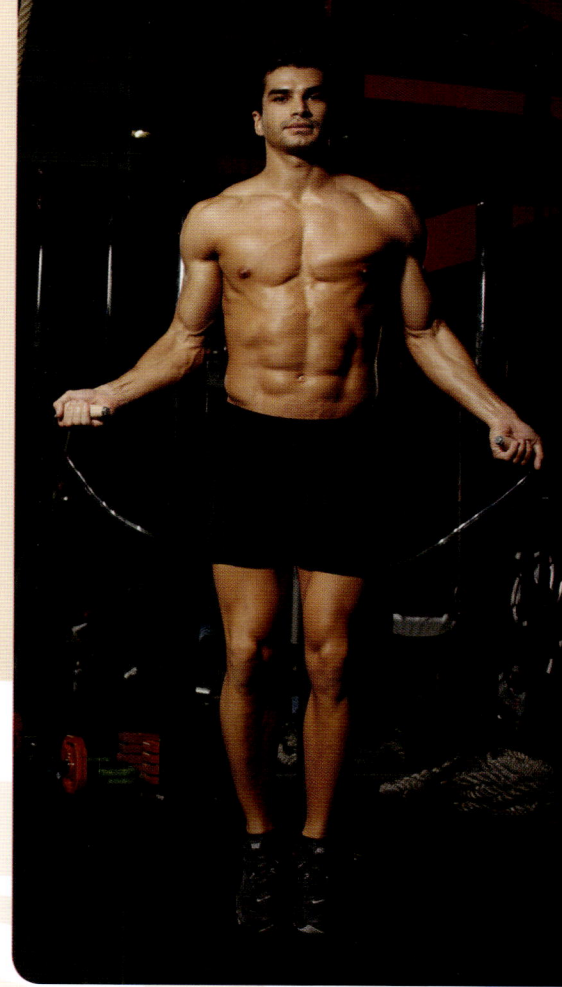

AUFWÄRMPHASE

In der Aufwärmphase **bereitest Du Deinen Körper auf die Beanspruchung vor**, um optimale Leistungsfähigkeit abrufen zu können und die Verletzungsgefahr zu minimieren. Es gibt verschiedene Möglichkeiten zur Trainingsvorbereitung. Wähl das Vorgehen abhängig von Deinen Erfahrungen und davon, wie sich Dein Körper vor der jeweiligen Trainingseinheit anfühlt.

Du kannst mit einer Aufwärmübung wie langsamem Laufen oder Seilspringen starten, die Du für fünf bis zehn Minuten ausführst. Dies hilft Dir, Dich mental auf das Training einzustellen, und außerdem bildet sich mehr Gelenkflüssigkeit, wodurch die Gelenke besser aufeinander gleiten und die Knorpel geschützt sind. Einige Fitnesssportler verzichten zur Zeitersparnis auf ein solches allgemeines Erwärmen des Körpers, wenn sie nur ein kurzes Kraft-Workout zu Hause ausführen.

Fühlst Du vor dem Training verspannte Muskeln und verklebtes Bindegewebe, dann empfiehlt es sich, die entsprechenden Körperpartien abzurollen. Mach dazu gleichmäßige Rollbewegungen; von einem intensiven Abrollen mit Triggerpunkt-Behandlung in der Aufwärmphase ist dagegen abzuraten. Intensiv abrollen kannst Du nach dem Krafttraining, oder aber Du machst

eigenständige Einheiten zur gezielten Schmerzbehandlung.

Du kannst verspannte Muskeln andehnen, d. h. statische Dehnübungen mit einer Haltedauer von maximal zehn Sekunden ausführen. Dies hat zum Ziel, dass die Kraftübungen im vollständigen Bewegungsrahmen möglich sind, es soll also verhindert werden, dass Verspannungen zu Ausweichbewegungen führen. Von einem intensiven Dehnprogramm mit statischem Halten der Positionen von 20 Sekunden und länger ist nach dem aktuellen Stand der Trainingslehre abzuraten. Intensives Dehnen zur Verbesserung der Beweglichkeit machst Du nach dem Trainingshauptteil, oder Du führst eigenständige Dehneinheiten aus. Alternativ kannst Du dynamisch dehnen oder Schwungbewegungen einsetzen; weitere Information zu den Dehnmethoden findest Du in meinem Buch *Dehnen für Kampfsportler*.

Bevor Du intensive Kraftübungen ausführst, solltest Du zuerst einige Wiederholungen mit geringer Intensität beziehungsweise eine einfache Variante ausführen. Körpergewichtsübungen eignen sich gut, um den Körper in Leistungsbereitschaft zu versetzen, beispielsweise Ausfallschritte in alle Richtungen und einfache Liegestütz-Varianten.

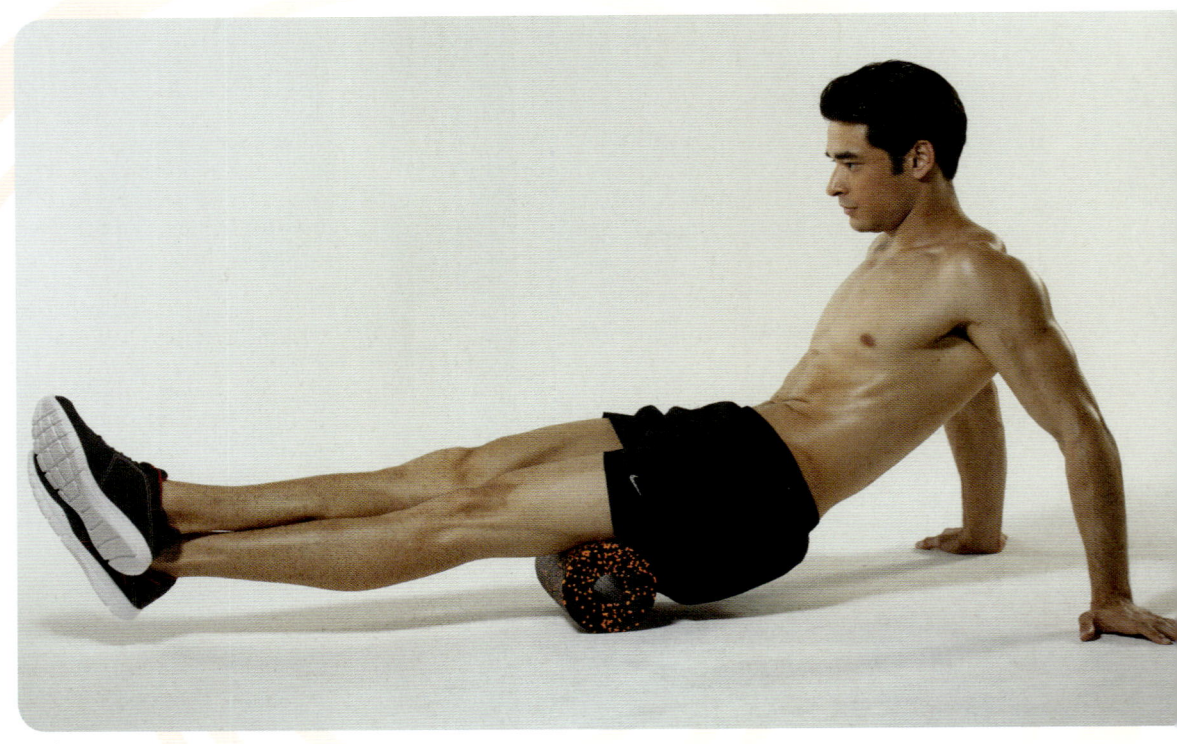

▲
Abrollen ist beim Aufwärmen zwar nicht zwingend, doch schnelles Abrollen löst Verklebungen und reduziert somit die Verletzungsgefahr.

HAUPTTEIL

Auf die Aufwärmphase folgt der Trainingshauptteil. In diesem Buch werden vorrangig Workouts zur Steigerung der funktionellen Kraft ausgeführt. An den anderen Wochentagen kannst Du eine weitere Sportart ausführen, die Ausdauer oder die Beweglichkeit fördern, oder Du widmest Dich der Muskulatur mit Abrollen und der Behandlung von Triggerpunkten.

TECHNISCH KORREKT MUSS ES SEIN

Für die Workouts sind Übungen und **Intervalldauer beziehungsweise Wiederholungszahlen** angegeben. Wähl hier abhängig von Deinem Leistungsstand. Als Einsteiger nutzt Du Übungsvarianten mit geringer Intensität, um den Körper an die neuen Anforderungen zu gewöhnen. Kalkulier als Einstiegszeit mit einer Dauer von mindestens sechs Wochen. Als Fortgeschrittener steigerst Du fortlaufend die Intensitäten und wählst intensivere Übungsvarianten.

Achte immer darauf, dass Du auch am Ende eines Satzes die Übung noch technisch korrekt ausführst. Keinesfalls solltest Du Wiederholungen durch Fehlstellungen des Körpers bewältigen; ansonsten riskierst Du, den Körper zu verletzen, beispielsweise an Sehnen und Bändern. Trainier explosive Übungen zuerst vorsichtig und lern, dabei den Körper, insbesondere den Rumpf, durchgehend in Spannung zu halten. Weitere Informationen zu den Trainingsmethoden findest Du in Kapitel 3.

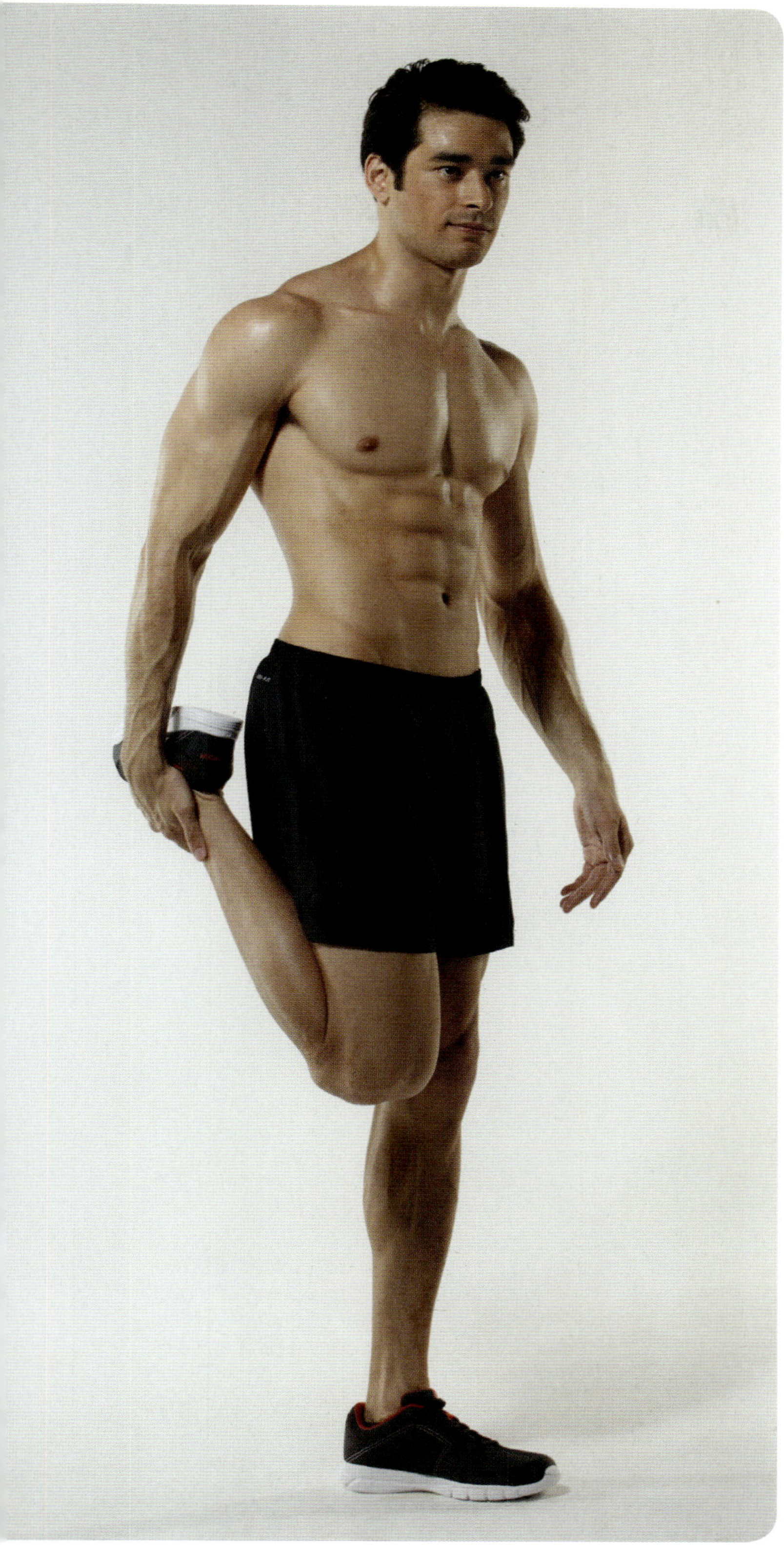

ABWÄRMPHASE

Die Abwärmphase dient dazu, die **Regenerationsprozesse** einzuleiten und sicherzustellen, dass die Muskulatur elastisch und beweglich bleibt. Einige Fitnesssportler verzichten zur Zeitersparnis auf die Maßnahmen in der Abwärmphase; dies kann dazu führen, dass sich die Muskulatur einige Stunden nach dem Training deutlich verspannt anfühlt.

Du kannst Deine Muskulatur mit der Faszienrolle abrollen, um Verspannungen zu lösen und die Regeneration zu beschleunigen. Insbesondere nach einer intensiven Trainingseinheit ist dies hilfreich und bewirkt ein deutlich angenehmeres Körpergefühl.

Führ zum Abschluss einige Dehnübungen für die beanspruchte Muskulatur aus, um zu verhindern, dass sich die Muskulatur zusammenzieht und langfristig Muskelverkürzungen entstehen. Nutz eine statische Dehnmethode und mach die Übungen sowie Haltedauer der Positionen davon abhängig, wie intensiv Du im Hauptteil trainiert hast. Wenn Du bereits sehr müde bist, dann solltest Du extreme Dehnpositionen und langes Halten vermeiden, da die Muskulatur zu Krämpfen neigt. Ansonsten kannst Du Dich umfangreich dehnen.

Dehnübungen sollten in der Abwärmphase enthalten sein.

3 BEWEGLICHKEITS-TRAINING

Das regelmäßige Ausführen von Dehnübungen ist grundlegend für alle Fitnesssportler, um die Anforderungen im gewünschten Bewegungsumfang auszuführen zu können. Auch verbessern Dehnübungen die Körperhaltung und fördern die Entspannung. Du lernst, Deine Muskulatur besser wahrzunehmen, und kannst Körpersignale wie Überlastungsanzeichen frühzeitig erkennen. Deshalb gehören Dehnübungen zum Workout, gleich in welcher Trainingsphase Du diese einsetzt.

Auf den folgenden Seiten sind die Grundlagen zum Dehnen vorgestellt; wenn Du weiterführende Informationen und eine größere Übungsauswahl benötigst, findest Du diese in meinem Buch *Best Stretching*.

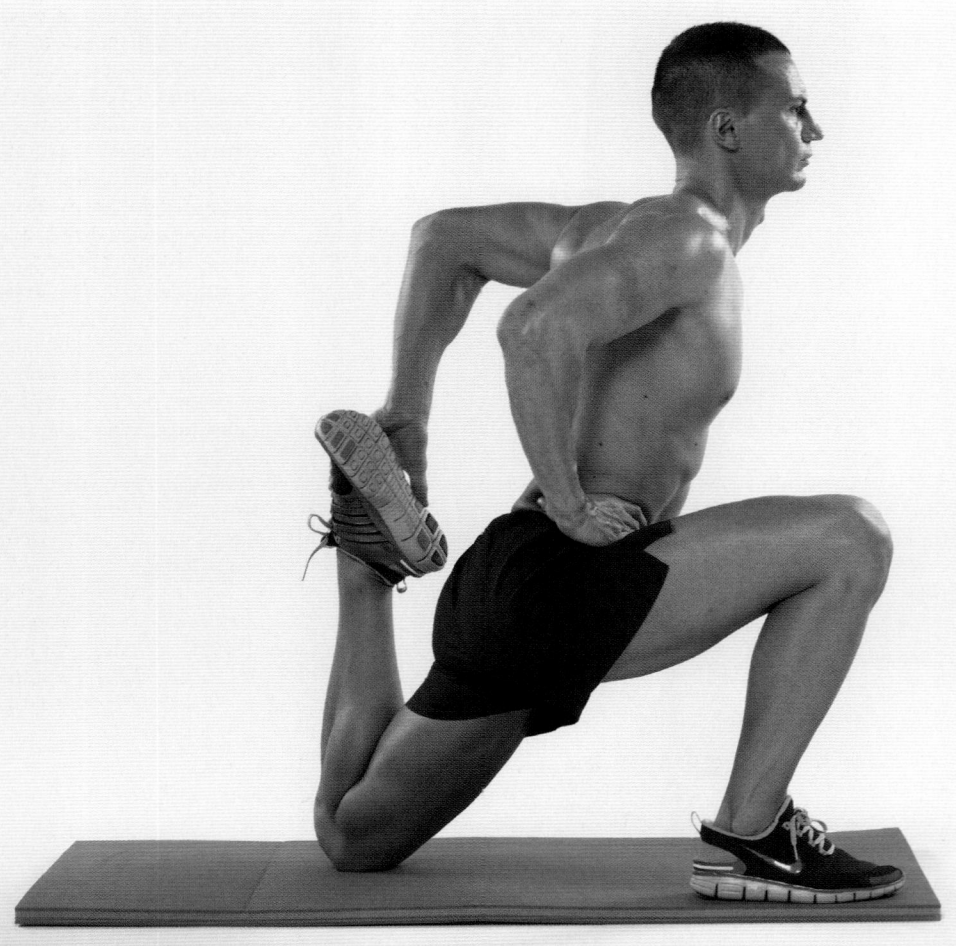

HÄUFIGE FRAGEN
ZUM DEHNEN

GIBT ES EIN OPTIMALES DEHNPROGRAMM?

Jeder Fitnesssportler hat unterschiedliche Anforderungen an die Beweglichkeit, was Du bei der Zusammenstellung Deines Dehnprogramms berücksichtigen musst. Ebenso sind Deine körperlichen Voraussetzungen zu beachten. Das Dehnprogramm ist außerdem davon abhängig, ob Du in der Aufwärmphase oder Abwärmphase dehnst oder aber ein gezieltes Beweglichkeitstraining ausführst. Es kann also nicht **ein** optimales Dehnprogramm geben, sondern es gilt, das Programm an Deine jeweiligen Erfordernisse anzupassen. Dieses Buch stellt ein Grundlagenprogramm vor, das Du an Deine individuellen Bedürfnisse anpassen kannst.

Wichtig ist es, dass Du Dich bei dem Dehnprogramm wohlfühlst. Es gibt viele Methoden und Handlungsempfehlungen, deren Vorteile sich zum Teil nicht objektiv nachweisen lassen. Teste die verschiedenen Möglichkeiten und nutz die Methoden und Übungen, die sich für Deine momentane körperliche Verfassung und Deine Trainingsziele am besten eignen.

WELCHE MUSKELGRUPPEN SOLL ICH DEHNEN?

Die Auswahl der zu dehnenden Muskelgruppen ist abhängig von der Zielsetzung des Dehnens sowie davon, in welcher Trainingsphase Du Dich dehnst. In der Aufwärmphase und in der Abwärmphase solltest Du Deine Schwachstellen und die Muskelgruppen dehnen, die im Trainingshauptteil vorrangig beansprucht werden. Grundsätzlich ist es empfehlenswert, dass Du mindestens einmal pro Woche ein Ganzkörperdehnprogramm ausführst. So bewahrst Du ein gutes Muskelgefühl und verhinderst, dass sich Muskelverkürzungen entwickeln.

WELCHE IST DIE OPTIMALE DEHNPOSITION?

Du musst ein leichtes Ziehen im Muskel, eine so genannte Dehnspannung spüren. Es darf aber nicht schmerzen, da Du ansonsten die Muskulatur nicht entspannst, sondern verspannst. Beim Aufwärmen und Abwärmen solltest Du sehr intensive Dehnpositionen vermeiden. Beim Dehntraining, wenn also Dehnübungen den Trainingshauptteil darstellen, musst Du eine deutliche Spannung spüren, denn nur mit Dehnreizen kannst Du Deine Beweglichkeit gezielt verbessern. Mit regelmäßigem Training wirst Du recht schnell lernen, welche Dehnspannung die richtige ist. Wenn Du am nächsten Tag in den gedehnten Muskelgruppen Schmerzen verspürst, dann hast Du eine zu intensive Dehnposition eingenommen.

WIE LANGE DAUERT ES, BIS DEHNEFFEKTE DEUTLICH WERDEN?

Innerhalb von ein bis zwei Monaten ist eine deutliche Verbesserung der Beweglichkeit erkennbar, vorausgesetzt, dass Du mindestens zweimal pro Woche Dehntraining machst. Die Erfolge sind umso größer, desto intensivere Dehnpositionen Du einnehmen und halten kannst. Du musst aber in jeder Dehnposition die Muskulatur entspannen können und darfst weder Schmerzen verspüren noch Ausweichbewegungen ausführen. Ansonsten wirst Du keine Dehnerfolge erreichen, sondern Deine Muskulatur verhärtet sich.

WIE VIELE WIEDERHOLUNGEN DER DEHNÜBUNGEN SOLL ICH AUSFÜHREN?

Sowohl beim Aufwärmen als auch beim Abwärmen genügt es, für jede Dehnübung einen Durchgang auszuführen. Die Dehnposition kann einmal erweitert werden, was jedoch nicht zwingend erforderlich ist. Im Dehntraining mit dem Ziel, die Beweglichkeit deutlich zu verbessern, kannst Du zwei bis drei Durchgänge für jede Übung ausführen. Jeder Durchgang wird dabei so lange fortgeführt, bis keine Erweiterung der Dehnposition mehr erkennbar ist.

ANWENDUNGSMÖGLICHKEITEN

Bei der Gestaltung des Dehnens im Fitnesstraining ist zu unterscheiden, wann gedehnt wird: in der Aufwärmphase, in der Abwärmphase oder beim Dehnen als Haupttrainingsteil zur gezielten Verbesserung der Beweglichkeit.

◉ In der **Aufwärmphase** bereitest Du den Körper auf das Training vor. Dehnübungen haben dann den Zweck, lokale Verspannungen zu beseitigen und somit sicherzustellen, dass Du im Haupttrainingsteil bei den Übungen nicht eingeschränkt bist. Die Positionen werden nur jeweils maximal zehn Sekunden gehalten, was auch als »Andehnen« bezeichnet wird.

◉ In der **Abwärmphase** dehnst Du die Muskeln, die sich deutlich gespannt anfühlen, da sie beim Fitnesstraining intensiv belastet wurden. Dies verhindert, dass Muskelverkürzungen entstehen, und hilft auch, vom Training abzuschalten.

◉ Beabsichtigst Du, die Beweglichkeit Deiner Muskulatur schnell und umfangreich zu verbessern, dann sind **eigenständige Dehneinheiten** notwendig (Dehnen als Haupttrainingszweck).

INFO: DEHNEN ALS HAUPTTRAININGSZWECK (DEHNTRAINING)

Du kannst eigenständige Trainingseinheiten zur gezielten Verbesserung der Beweglichkeit ausführen. Das bedeutet, dass Du Dich im Hauptteil des Trainings dem Dehnen widmest. Mit dem Dehntraining entwickelst Du bereits nach wenigen Trainingswochen eine deutlich bessere Beweglichkeit und kannst Muskelverkürzungen beseitigen, die sich beispielsweise durch einseitige Tätigkeiten oder nach Verletzungen entwickelt haben. Du musst jedoch keine extremen Dehnpositionen einnehmen können, denn eine zu große Beweglichkeit erhöht sogar die Verletzungsanfälligkeit.

Beginn das gezielte Beweglichkeitstraining mit einer Aufwärmübung, die Du für fünf bis zehn Minuten mit gemäßigter Intensität ausführst. Nur mit einem aufgewärmten Körper lassen sich intensive Dehnpositionen einnehmen. Im Hauptteil des Trainings widmest Du Dich dem Dehnen, wozu Du alle Muskelgruppen dehnst, die Schwachstellen besonders intensiv. Nutz eine der beiden unten genannten Dehnmethoden zur Verwirklichung der Trainingsziele. Dehn die Muskelgruppen intensiv und halt dazu Dehnpositionen für 20 Sekunden oder etwas länger. (Fortgeschrittene können das Dehntraining intensivieren, indem sie die Dehnungen, insbesondere für die großen Muskelgruppen, bis zu 60 Sekunden halten.) Vermeide es aber, im Schmerzbereich zu trainieren. Plan für das vollständige Dehntraining einschließlich Auf- und Abwärmphase 60–90 Minuten ein. Du erreichst schnell deutliche Erfolge in Deinem Beweglichkeitstraining, wenn Du Dich mindestens zweimal wöchentlich intensiv dehnst.

DEHNPROGRAMM

Wenn Du ein Dehnprogramm zusammenstellst, musst Du überlegen, ob Du es zum Aufwärmen, Abwärmen oder für ein spezielles Dehntraining nutzen willst. Die Anforderungen an das Dehnprogramm sind jedes Mal unterschiedlich, da die Muskelspannung tagtäglich unterschiedlich ist; ebenso gilt es, das jeweilige Trainingsziel zu berücksichtigen.

Als erfahrener Fitnesssportler kannst Du für jede Übungseinheit ein auf die spezifischen Anforderungen abgestimmtes Programm nutzen. Für Einsteiger empfiehlt sich ein **Ganzkörperprogramm**, bei dem Du gegebenenfalls Übungen für persönliche Schwachstellen ergänzen kannst. Auf der Seite 51 ist ein solches Ganzkörperprogramm vorgestellt, das Du als Grundlage nutzen und an Deine Bedürfnisse anpassen kannst.

DEHNMETHODEN

Die beiden folgenden Methoden werden von vielen Fitnesssportlern erfolgreich eingesetzt.

METHODE »ENTSPANNEN – ERWEITERN«

Nimm zuerst vorsichtig eine Position ein, in der Du den Dehnreiz leicht spürst. Halt nun diese Position, entspann bewusst die Muskeln und atme gleichmäßig weiter. Nach einigen Sekunden wird die Dehnspannung etwas nachlassen, und Du kannst dann die Position erweitern, bis Du einen erneuten Dehnreiz spürst. Dieses Vorgehen kannst Du wiederholen, wobei die mögliche Dehnerweiterung immer geringer wird, bis nahezu keine mehr erkennbar ist. Nach der Dehnung bewegst Du Dich vorsichtig wieder aus der Dehnposition heraus.

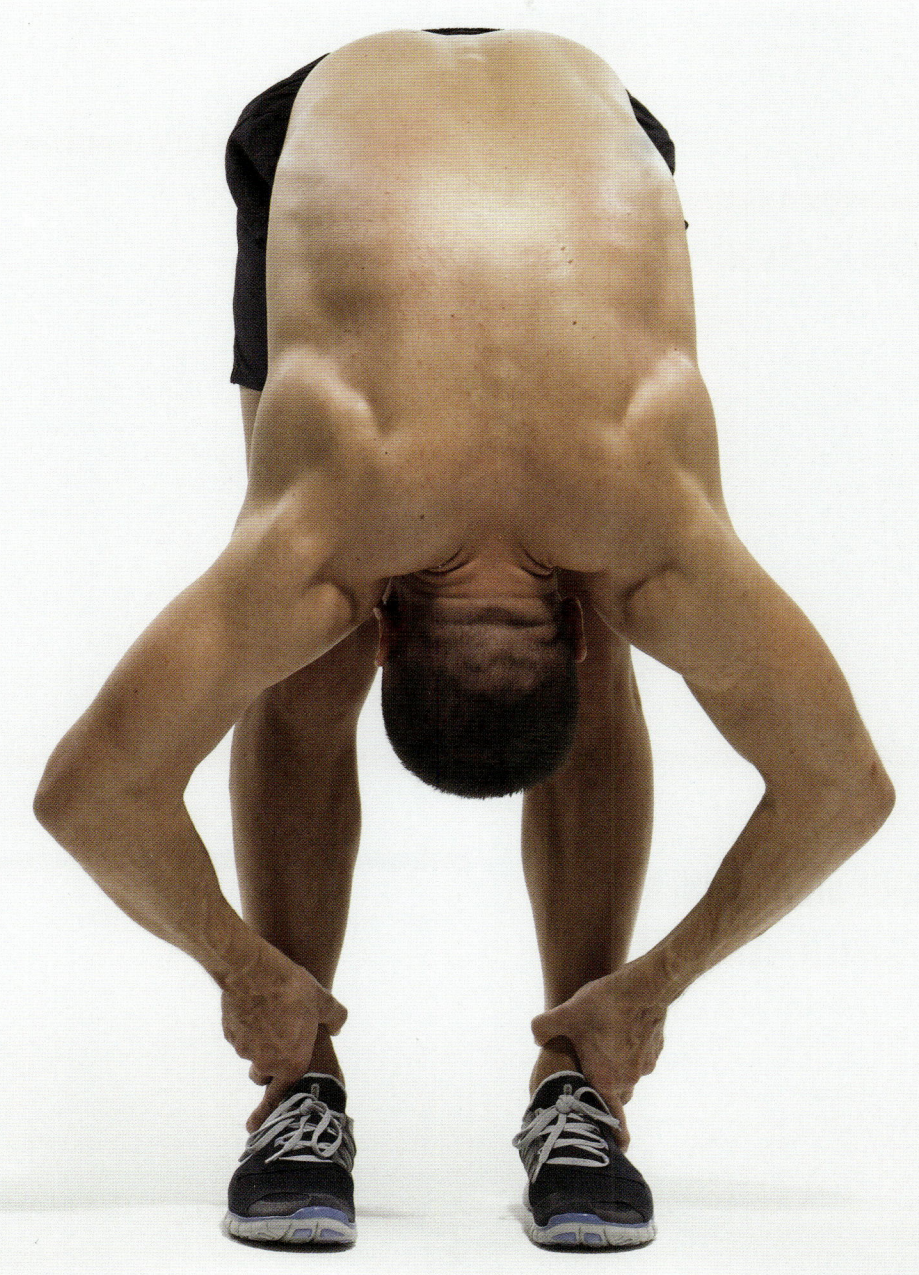

Wenn Du die Dehnmethode in einer eigenständigen Trainingseinheit zur Verbesserung der Beweglichkeit nutzt, dann halt die Dehnpositionen wie beschrieben und erweiter diese mehrfach; bei großen Muskeln kann die Position auch bis zu einer Minute gehalten werden. Auch beim Dehnen nach dem Krafttraining kannst Du die Dehnpositionen erweitern, vorausgesetzt, das Krafttraining war nicht so intensiv, dass die Muskulatur bereits sehr müde ist und zu Krämpfen neigt. Dehnst Du Dich allerdings beim Aufwärmen, dann halt die Dehnposition nur etwa zehn Sekunden (Andehnen) und erweiter die Position nicht mehr, um eine Verringerung des Muskeltonus und somit eine Reduktion der Leistungsfähigkeit zu vermeiden.

Sekunden. Von kürzeren Anspannungen mit voller Intensität ist abzuraten, da dies zu erhöhter Verletzungsgefahr führt. Nun entspann den aktivierten Muskel für zwei bis drei Sekunden, ohne die Dehnposition zu verlassen. Danach intensivierst Du die Position, bis Du wieder einen leichten Dehnreiz spürst, und wiederholst das Anspannen, Entspannen und Erweitern. Beim Aufwärmen kannst Du die Dehnposition einmal intensivieren; in der Abwärmphase sowie im Dehntraining kannst Du dies häufiger ausführen. Bei jedem Durchgang wird die mögliche Erweiterung der Position geringer, bis nahezu keine mehr erkennbar ist.

METHODE »ANSPANNEN – ENTSPANNEN – ERWEITERN«

Beweg Dich zuerst langsam in eine Position, in der Du den leichten Dehnreiz spürst. Dann spannst Du den zu dehnenden Muskel mit mittlerer Intensität gegen einen Widerstand, ohne aber dabei die Dehnposition zu verändern. Als Widerstand kannst Du eine Wand, eine Stange, den Boden oder Deinen Trainingspartner nutzen. Alternativ kannst Du die Spannung gegen einen imaginären Widerstand aufbauen. Halt die Spannung mit mittlerer Intensität für etwa fünf

Dehnregel 1: Stabile Ausgangsposition und langsame Bewegungen

Beim Dehnen ist es wichtig, dass Du in einer stabilen Ausgangsposition beginnst, damit Du Dich vollständig auf die Dehnung konzentrieren kannst. Besonders bei einer hohen Dehnintensität kann ein unsicherer Stand dazu führen, dass Du die optimale Position überschreitest und Dich verletzt. Beweg Dich langsam, um die richtige Dehnposition zu finden. Ruckartige Bewegungen können zu Verletzungen führen. Lös Dich anschließend ebenso vorsichtig wieder aus der Dehnposition.

Dehnregel 2: Korrekte Dehnposition

Dein persönliches Leistungsvermögen entscheidet über die Dehnposition. Versuch nicht, die gleiche Position wie der Darsteller auf dem Bild einzunehmen, denn jeder hat andere körperliche Voraussetzungen. Außerdem stellt sich die Muskelspannung von Tag zu Tag unterschiedlich dar; es kann also auch sein, dass Du in einer vorherigen Trainingseinheit bereits eine intensivere Position erreicht hast. Nutz die für Dich momentan geeignete Dehnposition. Stellen sich Schmerzen ein, dann musst Du umgehend die Dehnposition verringern, da sich der Muskel ansonsten verhärtet. Die Beweglichkeit der Muskulatur verbessert sich, indem Du den entspannten Muskel langsam an die neue Position gewöhnst und dies regelmäßig übst.

Dehnregel 3: Gleichmäßig atmen

Nachdem Du die richtige Dehnposition gefunden hast, konzentrierst Du Dich auf den zu dehnenden Muskel. Atme gleichmäßig und nimm wahr, wie die Muskelspannung nachlässt. Die Dehnposition erweiterst Du bei einer Ausatmung.

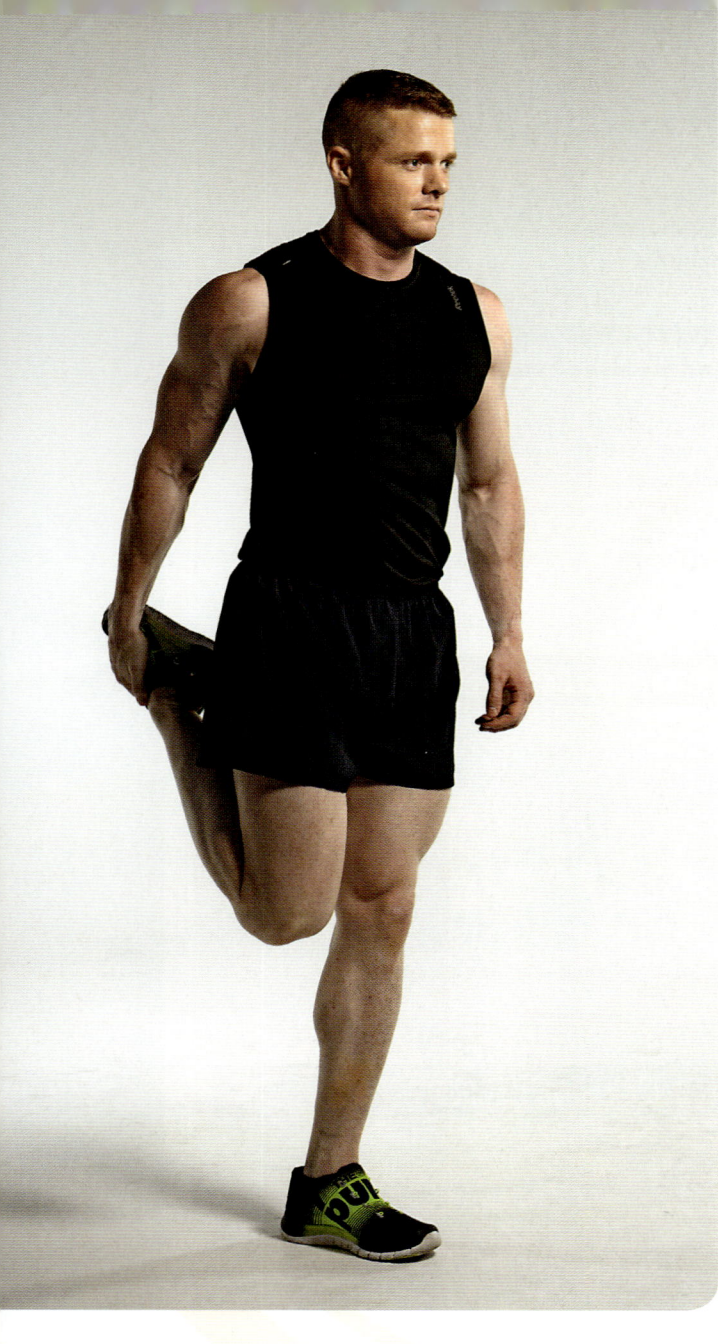

DEHNÜBUNGEN

Auf den folgenden Seiten findest Du wichtige Übungen für das Beweglichkeitstraining als Fitnesssportler. Du kannst einzelne Übungen nutzen, um eine Verspannung zu beseitigen, oder Du führst ein Ganzkörperprogramm aus.

SO WIRD'S GEMACHT: ANSPANNEN DER MUSKELGRUPPE

Nimm eine Ausgangsposition ein, in der Du einen leichten Dehnreiz spürst. Die Pfeile auf den Übungsbildern zeigen die Bewegungsrichtung an. Dehn Dich nach der Methode »Entspannen – Erweitern« oder nach der Methode »Anspannen – Entspannen – Erweitern«. Auch wenn eine Übung nur zu einer Seite beschrieben ist, musst Du immer beide Körperseiten dehnen.

D1 KOPF ZUR SEITE NEIGEN

Um die Hals- und die Nackenmuskulatur zu dehnen, stellst Du Dich gerade hin und lehnst den Kopf zur linken Seite. Schieb langsam den rechten Arm eng am Körper nach unten, bis Du einen leichten Dehnreiz in der Nackenmuskulatur spürst. Wenn die Dehnspannung nach einigen Sekunden nachlässt, greifst Du mit dem linken Arm über den Kopf und ziehst ihn weiter nach unten, bis Du einen erneuten Reiz spürst. Anschließend dehnst Du die andere Seite.

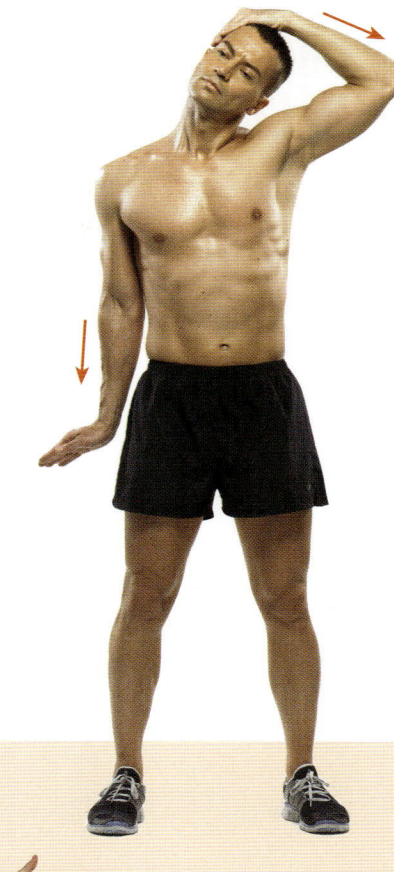

D2 ARME ABSPREIZEN

Du dehnst die Brust- und die vordere Schultermuskulatur, indem Du im Stand die Arme nach außen spreizt. Du kannst die Arme u-förmig halten oder aber gestreckt, um den Bizeps mitzudehnen. Schieb den Brustkorb vor und beweg die Arme nach hinten, bis Du einen leichten Dehnreiz spürst.

D3 ARM AM KOPF VORBEI SEITLICH NACH HINTEN SCHIEBEN

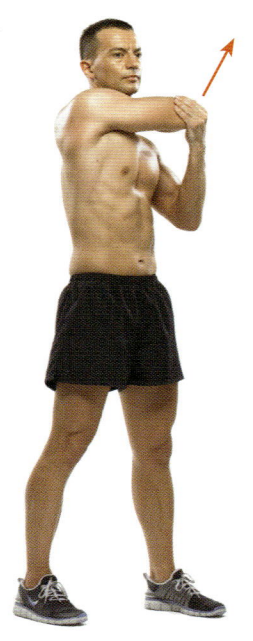

Die Schulter- und die obere Rückenmuskulatur dehnst Du, indem Du im aufrechten Stand einen Arm am Kopf vorbei seitlich nach hinten schiebst. Der Arm bleibt dabei in waagrechter Position. Verstärke mit der Hand des anderen Armes den Druck, bis Du eine leichte Dehnspannung spürst. Danach dehnst Du die andere Seite.

D4 HÄNDE GREIFEN HINTER DEM RÜCKEN

Diese Übung dehnt die Schulter-, die Arm-, die Brust- und die obere Rückenmuskulatur. Stell Dich aufrecht hin und lass den rechten Unterarm hinter dem Kopf nach unten hängen. Nun schieb mit der linken Hand den rechten Ellbogen gerade nach unten, bis Du einen Dehnreiz spürst. Nachdem Du in der ersten Position gedehnt hast, bleibst Du mit dem rechten Arm in dieser Stellung. Die linke Hand führst Du nun hinter dem Rücken von unten nach oben, bis Du einen erneuten Dehnreiz spürst. Fortgeschrittenen gelingt es, dass sich beide Hände greifen. Gelingt Dir das noch nicht, dann kannst Du die Hände an einem Handtuch entlang aufeinander zubewegen. Danach führst Du die erste und zweite Dehnposition für die andere Seite aus.

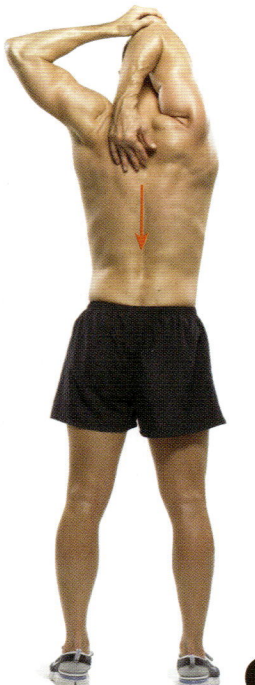

1

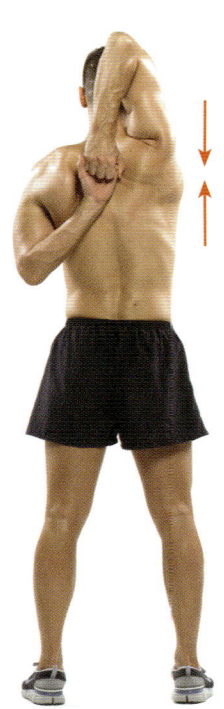

2

D5 BEIN ANHEBEN IN RÜCKENLAGE

Diese Übung dehnt sehr wirkungsvoll die hintere Oberschenkel-, die Waden-, die Rücken- und auch die Gesäßmuskulatur. Zuerst ziehst Du in Rückenlage ein Knie zum Körper und bleibst in dieser ersten Dehnposition. Danach gibst Du etwas nach, fasst um die Beinrückseite und streckst das Bein. Nun ziehst Du das gestreckte Bein mit den Händen (oder alternativ mit einem Handtuch oder Seil) in Richtung Oberkörper, bis Du eine erneute Dehnspannung spürst (zweite Dehnposition). Danach kannst Du noch die Zehen des gestreckten Beines anziehen, wodurch sich die Dehnung der Wadenmuskulatur intensiviert.

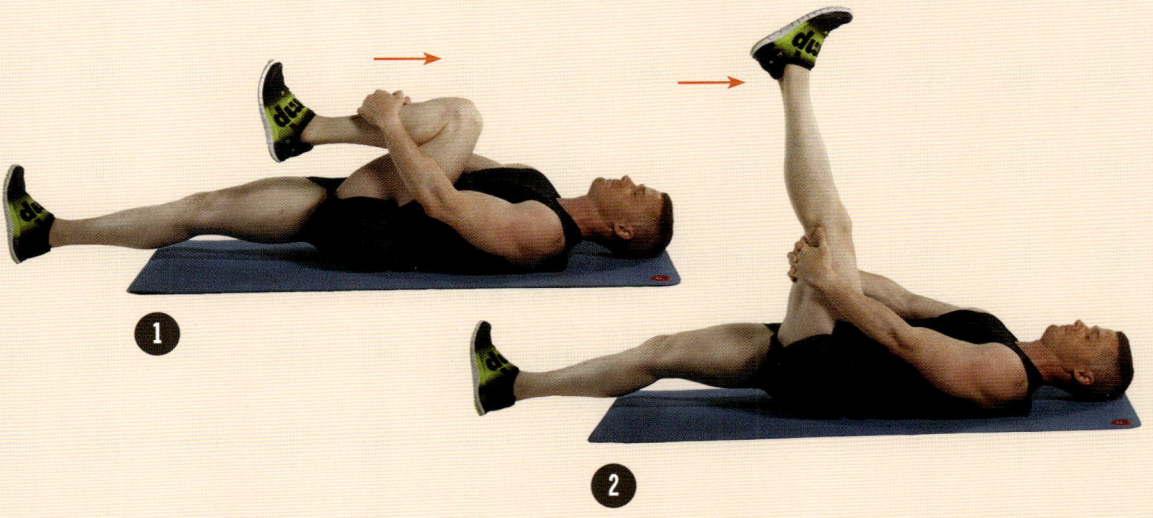

Einige Fitnesssportler haben ein deutliches Beweglichkeitsdefizit der hinteren Beinmuskulatur. Hast Du dieses Problem, dann kannst Du über einige Wochen hinweg alle zwei bis drei Tage wie folgt vorgehen, bis Du das Defizit beseitigt hast: Leg Dich vor einen Türrahmen und positionier das gebeugte Übungsbein mit der Ferse am Rahmen, so dass die Oberschenkelrückseite zum Rahmen weist. Das andere Bein ist zwischen dem Türrahmen gestreckt am Boden. Rutsch mit der Ferse am Rahmen entlang nach oben, bis sich die Dehnspannung einstellt.

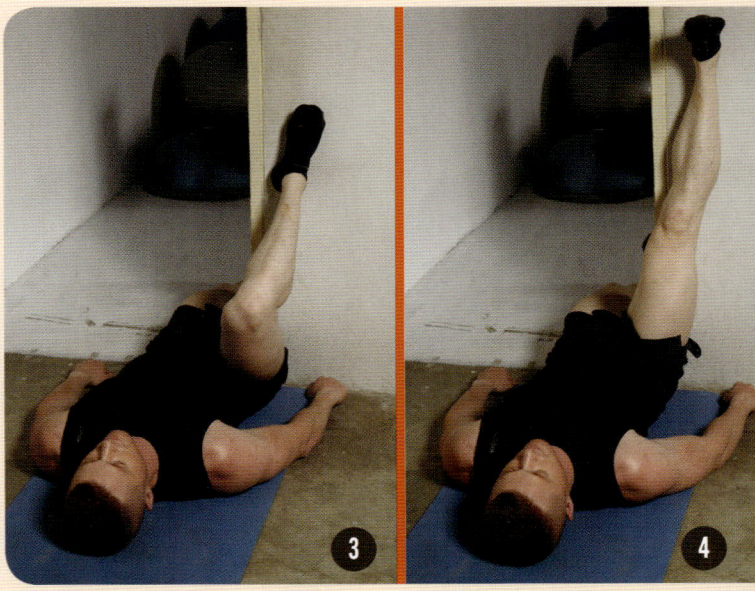

D6 OBERKÖRPER VORBEUGEN

Zur Dehnung der hinteren Oberschenkel-, der Waden- und der unteren Rückenmuskulatur nimmst Du einen geraden Stand ein. Die Füße stehen nahe beieinander, und die Knie sind durchgedrückt. Beweg langsam die Hüfte und gleichzeitig den Oberkörper in Richtung Boden, bis Du einen leichten Dehnreiz spürst. Schieb dazu die Hüften vor und vermeide es, den Oberkörper durch Abknicken nach unten zu bringen.

Alternativ kannst Du die Übung mit gestreckten Beinen auf dem Boden ausführen.

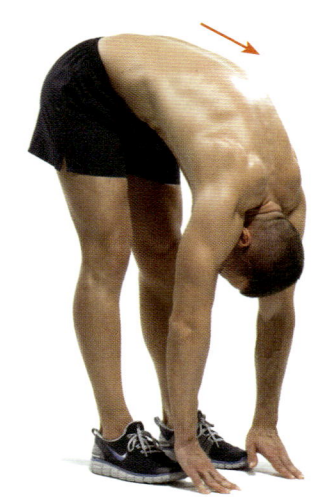

D7 HÜFTE VORBEUGEN IM AUSFALLSCHRITT

Diese Übung dehnt die Hüft- und die vordere Oberschenkelmuskulatur. Beginn mit einem großen Ausfallschritt und leg das hintere Bein auf dem Boden ab. Entspann die Hüfte und lass sie nach vorne unten sinken, bis Du die Dehnspannung fühlst. Zur Stabilisierung kannst Du Dich mit den Händen innen auf dem Boden abstützen. Nach der Dehnung in der ersten Position gibst Du etwas nach und ziehst dann den Unterschenkel in Richtung Gesäß.

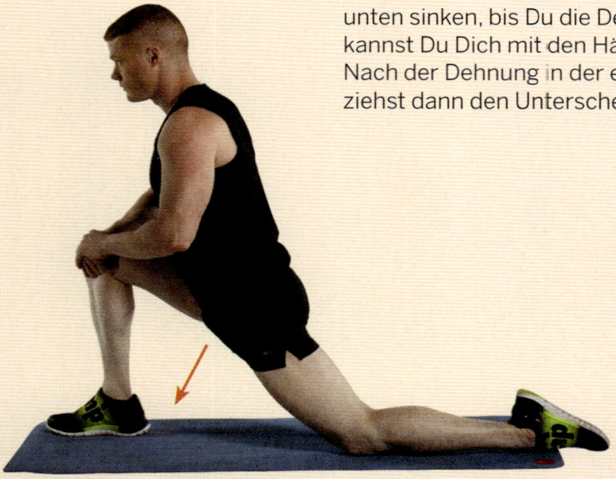

①

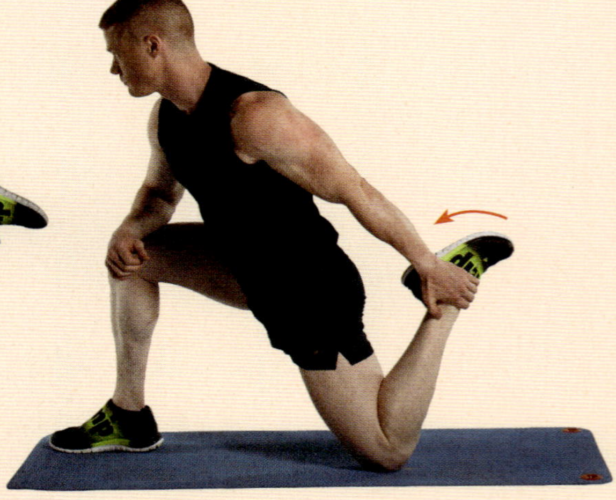

②

D8 UNTERSCHENKEL ANZIEHEN

Auch mit dieser Übung dehnst Du die Ober-
schenkel- und die Hüftmuskulatur. Bring im
Stand einen Fuß so weit wie möglich zum Gesäß.
Greif den Fuß mit einer Hand und zieh den Fuß
weiter zum Gesäß, dabei drückst Du bewusst
die Hüfte vor. Einsteiger können sich mit der
freien Hand an einer Stuhllehne oder einer Wand
festhalten. Du kannst die Muskulatur auch in
Bauch- oder in Seitenlage dehnen.

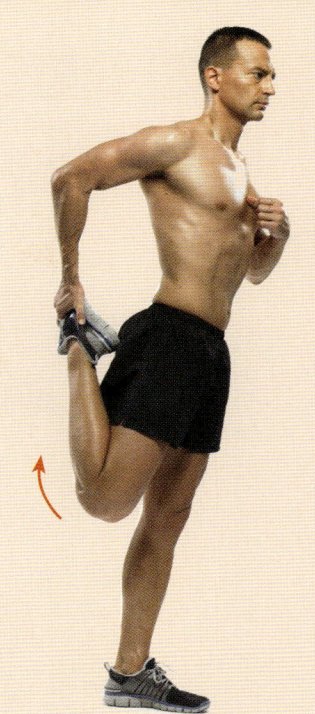

D9 KÖRPERDREHUNG

Diese Übung dehnt die Rumpf-, die Brust-, die
vordere Schulter und die vordere Oberarmmuskulatur. Leg Dich in Seitenlage auf den Boden,
das obere Bein ist angezogen und das untere
Bein gestreckt abgelegt. Fixiere das obere Bein
mit der unteren Hand am Boden. Nun dreh den
Rumpf zur anderen Seite, der obere Arm und
der Kopf bewegen sich mit. Geübte können die
obere Schulter und den oberen Arm auf dem
Boden ablegen. Anschließend führst Du die Drehung zur anderen Seite aus.

Alternativ begibst Du
Dich in Rückenlage mit
angezogenen Beinen. Lass
die Beine so weit zur Seite
sinken, bis Du eine leichte
Dehnspannung spürst.

1

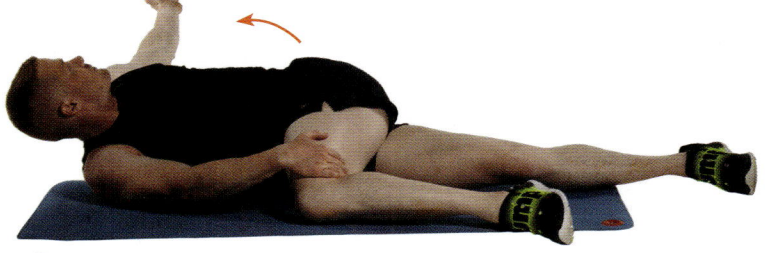

2

D10 FÜSSE HINTER DEM RÜCKEN ZU DEN HÄNDEN BEWEGEN (SKORPION)

Diese Übung dehnt die Rumpf-, die Rücken-, die Oberschenkel- und die Hüftmuskulatur. Du liegst auf dem Bauch, mit seitlich gestreckten Armen. Nun bewegst Du abwechselnd über den Rücken hinweg den rechten Fuß zur linken Hand und umgekehrt. Führ die Bewegungen langsam und kontrolliert aus, ohne dabei abzustoppen.

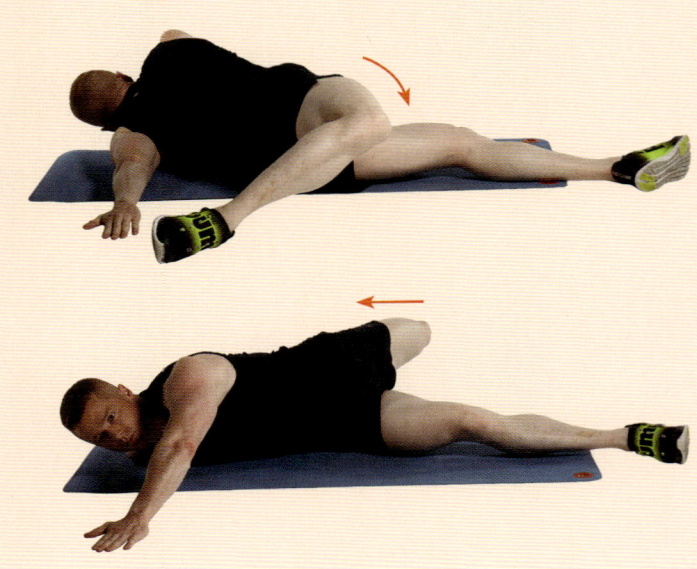

D11 BEINE SPREIZEN

Diese Übung dehnt vorrangig die innere Oberschenkelmuskulatur. Dazu spreizt Du im aufrechten Stand die Beine auseinander, bis Du eine leichte Dehnspannung spürst. Wenn die Dehnspannung nach einigen Sekunden nachlässt beugst Du ein Bein, bis Du eine erneute Dehnung spürst. Danach streckst Du das Bein und führst die Übung zur anderen Seite aus. Anschließend kannst Du Dich etwas tiefer in den Grätschstand begeben.

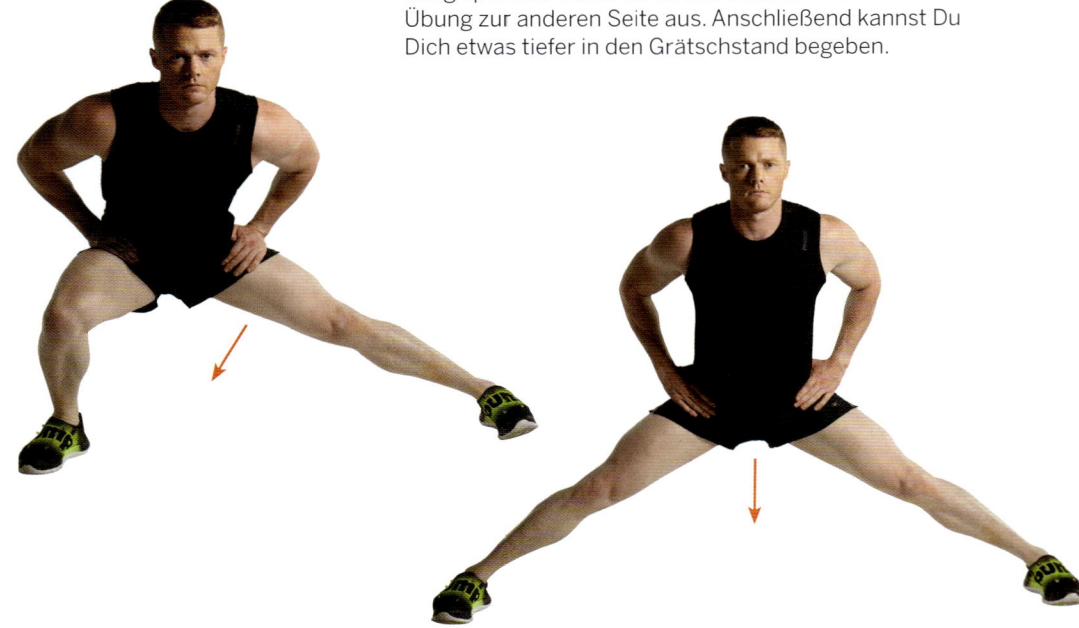

WORKOUT DEHNEN: GANZKÖRPER

Dieses Programm dehnt mit einer möglichst geringen Übungszahl den ganzen Körper. Du kannst die Übungen gemäß den Methoden »Entspannen – Erweitern« und »Anspannen – Entspannen – Erweitern« ausführen. Empfehlenswert, jedoch nicht zwingend, ist es, den Körper vor den Dehnübungen aufzuwärmen, auch kannst Du den Körper vor dem Dehnen abrollen. Alle Übungen werden im Stand ausgeführt; bei Bedarf lassen sich am Ende die Bodenübungen **D 9: Körperdrehung** oder **D 10: Skorpion** ergänzen.

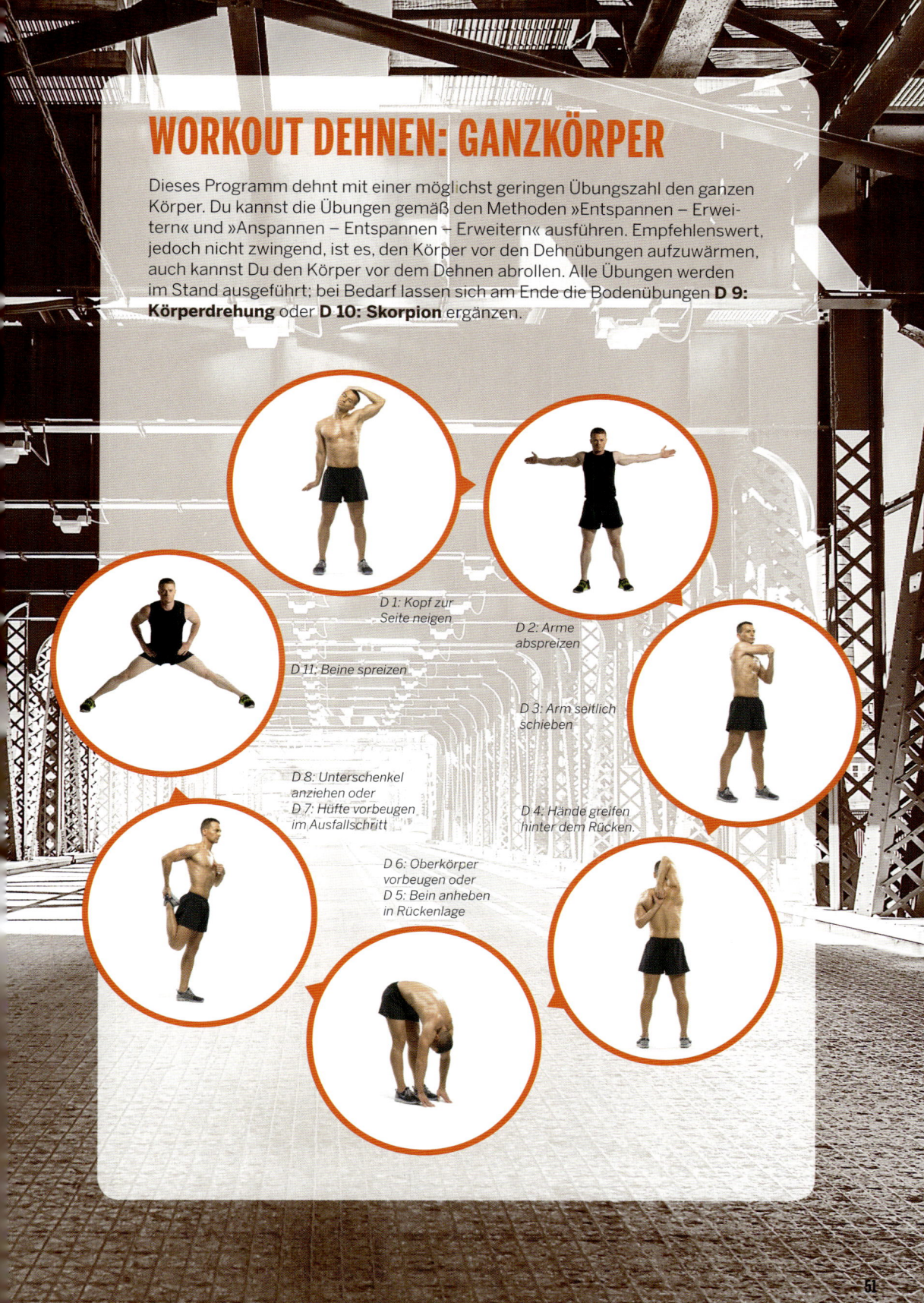

D 1: Kopf zur Seite neigen

D 2: Arme abspreizen

D 11: Beine spreizen

D 3: Arm seitlich schieben

D 8: Unterschenkel anziehen oder
D 7: Hüfte vorbeugen im Ausfallschritt

D 4: Hände greifen hinter dem Rücken.

D 6: Oberkörper vorbeugen oder
D 5: Bein anheben in Rückenlage

4 AUSDAUER

Regelmäßiges Ausdauertraining bewirkt, dass Du die körperlichen Belastungen in Sport und Alltag lange aufrechterhalten kannst. Du stärkst Dein Immunsystem, wirst besser schlafen und fühlst Dich somit besser – immer vorausgesetzt, Du trainierst Deinem Leitungsvermögen angemessen. Außerdem sind zum Krafttraining ergänzende Ausdauereinheiten sinnvoll, um Gewicht und Körperfett zu reduzieren.

Die Ausdauer wird bei vielen Sportarten, z. B. Ballsportarten oder Kampfsport, zumindest mittrainiert, ebenso bei intensivem und zügig ausgeführtem Krafttraining. Möglicherweise hast Du bereits eine gute Ausdauerfähigkeit entwickelt. Ist dies nicht der Fall, dann beginn Dein Ausdauertraining mit gemäßigter Intensität, um **zuerst die Grundlagenausdauer aufzubauen**, bevor Du Trainingseinheiten mit intensiven Belastungen ausführst. Eine gute Grundlagenausdauer bewirkt, dass sich Ruhepuls und Belastungspuls senken; auch normalisiert sich der Puls nach einer Belastung schnell wieder,

weshalb Dir körperliche Aktivitäten weniger anstrengend vorkommen.

Allerdings trainieren viele Fitnesseinsteiger die Ausdauer mit zu hoher Intensität, indem sie beispielsweise direkt mit intensivem Tabata-Training starten. Dies stellt für den Körper eine zusätzliche Belastung dar und führt dazu, dass er infekt- und verletzungsanfällig wird. Stell deshalb zuerst sicher, dass Du eine gute Grundlagenausdauer besitzt, und steiger dann kontinuierlich die Anforderungen entsprechend Deinem Leistungsvermögen.

AUSDAUER

Unter Ausdauer versteht man die Fähigkeit, eine Belastung möglichst lange aufrechtzuerhalten, ohne dabei vorzeitig körperlich und geistig zu ermüden, sowie die Fähigkeit, sich nach der Belastung möglichst schnell wieder zu regenerieren.

Ausdauer = Ermüdungswiderstandsfähigkeit + schnelle Erholungsfähigkeit

*Abhängig von der Energiegewinnung wird zwischen **aerober** und **anaerober Ausdauer** unterschieden.*

– Aerobe Ausdauer ist die Fähigkeit, die Energie, die zur Aufrechterhaltung einer bestimmten Belastung notwendig ist, zum großen Teil durch die Oxidation von Sauerstoff bereitzustellen. Ist die Belastung hingegen zu groß, dann kann der Körper nicht mehr genügend Sauerstoff zur Energiegewinnung bereitstellen.

– Unter anaerober Ausdauer versteht man die Fähigkeit, eine solche Sauerstoffschuld einzugehen. Aerobe und anaerobe Ausdauer lassen sich mit Training verbessern, wozu es zahlreiche Methoden gibt. Welche sich am besten für Dich eignet, lässt sich nicht allgemein sagen, das hängt ganz von Deinen Anforderungen, Deinem persönlichen Leistungsvermögen sowie Deiner Trainingsplanung ab. Integriere unterschiedliche Trainingsformen in Deinen Trainingsplan, um die besten Ergebnisse zu erzielen.

HÄUFIGE FRAGEN
ZUM AUSDAUERTRAINING

WAS IST AUSDAUERTRAINING UND WAS BEWIRKT ES?

Im Ausdauertraining machst Du Übungen, die Deine Fähigkeit verbessern sollen, eine Leistung über eine bestimmte Zeit zu erbringen.

Das Training der aeroben Ausdauer führt dazu, dass der Belastungspuls sinkt, d. h., Du kannst eine höhere Intensität bei einer Belastung eingehen, ohne zu ermüden. Auch sinkt nach der Anstrengung Dein Belastungspuls schneller wieder, was dazu führt, dass Du im Training oder Wettkampf weniger Energie verbrauchst und somit länger konzentriert und mit vollständigem Leistungsvermögen agieren kannst. Unter anderem verringert sich somit die Fehlerquote im technischen Bereich sowie die Verletzungsanfälligkeit durch Ermüdung. Außerdem führt das aerobe Ausdauertraining zum Sinken des Ruhepulses, was die benötigte Regenerationszeit zwischen den Trainingstagen etwas reduziert.

Das Training der anaeroben Ausdauer ermöglicht es, kurzzeitige intensive Belastungen länger durchzuhalten, wie einen Sprint oder intensiven Schlagwechsel beim Boxen.

MUSS ICH ÜBERHAUPT SPEZIELLES AUSDAUERTRAINING MACHEN?

Die aerobe und die anaerobe Ausdauer werden bei jeder Sportart mittrainiert, die mit unterschiedlichen Intensitäten ausgeführt wird, bei Ballsportarten und Kampfsport ebenso wie bei den in diesem Buch vorgestellten Krafttrainingszirkeln. Wenn Du die geforderten Leistungen nicht in der gewünschten Form anhaltend erbringen kannst, brauchst Du ein zusätzliches Ausdauertraining. Stellst Du fest – gleich in welcher Sportart –, dass Deine Übungspartner länger fit bleiben, oder fühlst Du Dich nach dem Training übermäßig erschöpft, dann lohnen sich eigenständige Ausdauereinheiten. Außerdem sind regelmäßige Ausdauereinheiten sinnvoll, wenn Du einen relativ hohen Ruhepuls hast. Dann kannst Du regelmäßig Ausdauereinheiten für 30–60 Minuten mit gemäßigter Intensität ausführen, bis sich der Ruhepuls gesenkt hat.

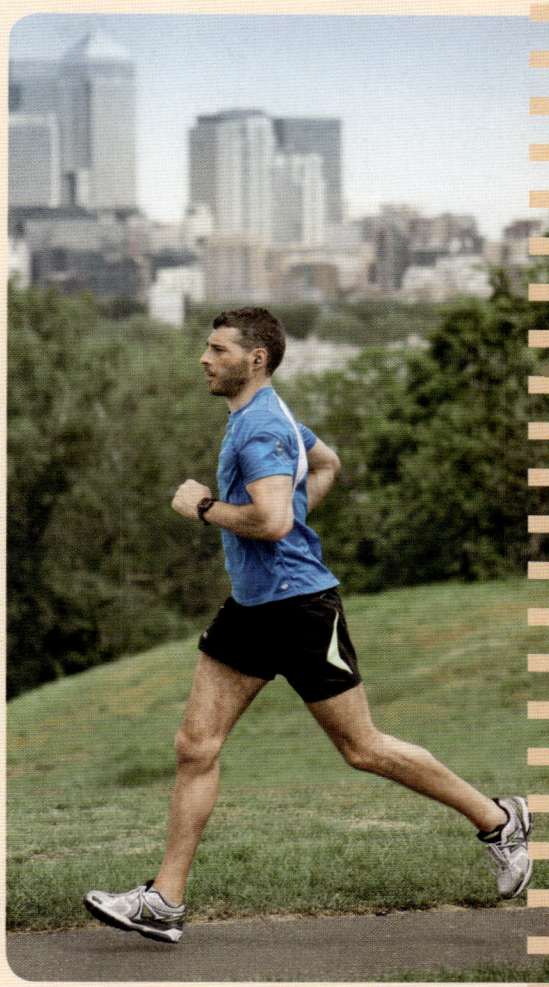

▲ Lockeres Laufen trainiert Deine aerobe Ausdauer, wodurch sich Dein Belastungspuls senkt.

Hast Du jedoch generell für alle körperlichen Anforderungen die notwendige Ausdauer und einen eher geringen Ruhepuls, dann solltest Du nicht zuviel Zeit Deines Trainingsprogramms für spezielle Ausdauereinheiten verwenden. Wenn Krafttraining und gegebenenfalls zusätzlich eine andere Sportart Dein primäres Trainingsziel darstellen, dann brauchst Du Deinen Körper in Deinem Wochentrainingsplan nicht mit vielen Ausdauereinheiten zusätzlich belasten.

WIE LANGE UND NACH WELCHER METHODE SOLLTE ICH DIE AUSDAUER TRAINIEREN?

Eine Ausdauereinheit sollte abhängig von der Trainingsform etwa 30–60 Minuten dauern. Dazu kommen noch Aufwärmen und Abwärmen. Laufeinheiten von bis zu zwei Stunden sind hingegen für das in diesem Buch empfohlene Training nicht effektiv, sondern führen zu unnötiger Belastung, die die benötigte Regenerationszeit verlängert.

Um die geeignete Methode festzulegen, musst Du zuerst überlegen, wann Ausdauerdefizite bei Dir auftreten und in welchem Bereich Du Dich vorrangig verbessern möchtest. Daraus kannst Du dann das Workout und die Intensität festlegen. Auch ist zu überlegen, wie Du dies in den Wochentrainingsplan integrieren kannst, und ob Du zusätzlich noch andere Fitnesskomponenten wie die Schnelligkeit fördern willst. Auf diesen Überlegungen aufbauend bestimmst Du die Methode und kannst ein entsprechendes Workout nutzen.

WAS IST DIE OPTIMALE INTENSITÄT FÜR DAS AUSDAUERTRAINING?

Dein Trainingsziel ist es, einen kräftigen, leistungsfähigen Körper zu entwickeln. Eigenständiges Ausdauertraining ist dabei eine unterstützende Trainingsform, die Dir ermöglicht, ein besseres Leistungsvermögen abzurufen beziehungsweise dieses länger aufrechtzuerhalten. Du musst das Ausdauertraining dem Trainingsplan angemessen gestalten. Eine gemäßigte Trainingsintensität bietet sich beispielsweise an, wenn Du Defizite in der Grundlagenausdauer hast, also darauf abzielst, den Ruhepuls und den Belastungspuls zu senken.

Ein sehr intensives Ausdauertraining erfordert eine längere Regenerationszeit und kann dazu führen, dass Du auf eine Krafttrainingseinheit verzichten musst. Eine solche Ausdauereinheit kann sinnvoll sein, um die eigene Willenskraft auszutesten sowie um den Körper bei einem Leistungsplateau anders zu fordern. Auch eine Phase von bis zu drei Wochen mit intensiven Einheiten kann helfen, die Ausdauerfähigkeit deutlich zu erhöhen, wenn dies den Schwerpunkt des Trainingszyklus darstellt und genügend Regenerationszeit vorgesehen ist.

WIE KANN ICH AM BESTEN KÖRPERFETT REDUZIEREN?

Um das Körperfett zu verringern, musst Du eine negative Kalorienbilanz erreichen, d. h., Du musst innerhalb eines Tages weniger Kalorien aufnehmen als Du verbrauchst. Durch Krafttraining vergrößerst Du die Muskelmasse, und somit erhöht sich der Grundumsatz des Körpers. Ebenso verbrennst Du viele Kalorien während und nach der Krafttrainingseinheit, insbesondere nach intensivem Zirkeltraining. Zusätzlich kannst Du noch Ausdauertraining wie Laufen ergänzen, um den Kalorienverbrauch pro Tag zu erhöhen. Wenn Du Ausdauertraining und Krafttraining kombinieren willst, gilt es, zuerst das Krafttraining auszuführen und dann die Ausdauerbelastung anzuhängen.

Je nach Leistungsstand und Trainingsplan musst Du überlegen, mit welcher Intensität Du das Ausdauertraining gestaltest. Beim Training mit der Grundlagenausdauer-Intensität wird ein großer Anteil der Energie aus dem Körperfett gewonnen. Deshalb heißt es oft, dass dies die optimale Intensität sei, um Körperfett zu reduzieren. Allerdings werden mit der Fitnessausdauer-Intensität und intensivem Intervalltraining, also wechselnden Intensitäten, innerhalb eines gleichen Zeitraums deutlich mehr Kalorien verbraucht. Somit ist dann die absolut verbrauchte Fettmenge höher. Dies heißt aber nicht zwangsläufig, dass intensive Belastungen besser geeignet sind, um Körperfett zu reduzieren, denn Du musst nicht nur den Kalorienverbrauch, sondern auch die Kalorienaufnahme berücksichtigen. Nach einer intensiven Trainingseinheit hast Du das Bedürfnis, die entleerten Kohlenhydratspeicher schnell wieder aufzufüllen. Wenn Du in den folgenden Stunden mehr Kalorien aufnimmst, als Du verbrauchst, ist der Trainingseffekt verpufft. Nach einem Training der Grundlagenausdauer hat man weniger Hunger als nach einem Training der Fitnessausdauer oder gar nach intensivem Intervalltraining, es fällt also leichter, sich auf die geeignete Nahrungsmenge zu beschränken. Auch benötigt der Körper nach einer intensiven Belastung eine längere Regenerationszeit. Als Folge eines sehr intensiven Ausdauertrainings kann der Körper am nächsten Tag zu müde für ein Krafttraining sein.

Fazit: Es hängt von Leistungsstand und Trainingsziel ab, welche Intensität sich am besten für die Körperfettreduktion eignet. Einsteiger sollten die ersten Einheiten mit gemäßigter

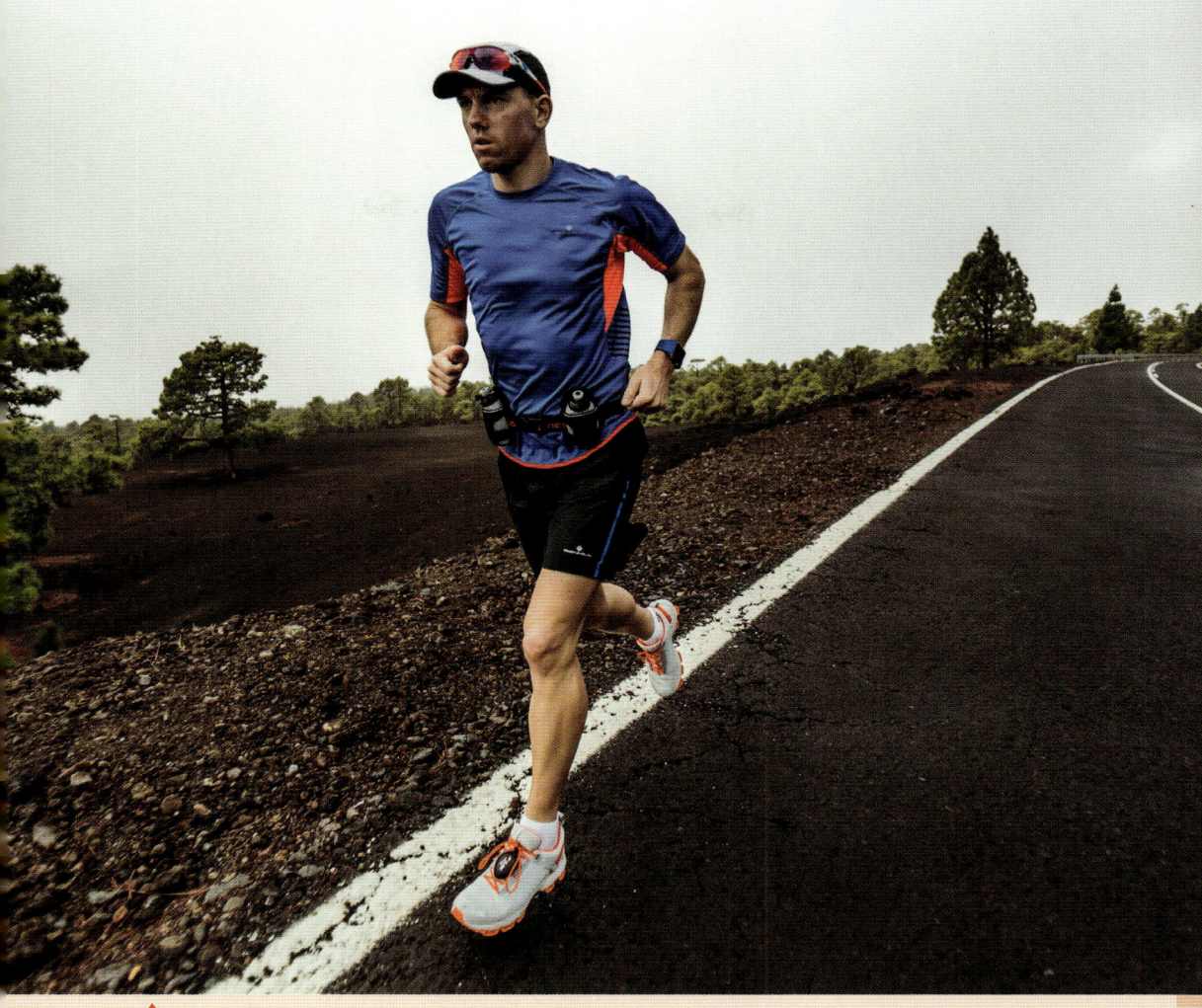

Für das Ausdauertraining solltest Du auf einen Pulsfrequenzmesser zurückgreifen.

Intensität absolvieren, da diese Trainingsform weniger belastend für den Körper ist. Fortgeschrittene können zwischen den Intensitäten wählen und Kalorienaufnahme und Regenerationsplanung mit ihren individuellen Bedürfnissen abstimmen.

WIE LANGE DAUERT ES, BIS TRAININGS-EFFEKTE DEUTLICH WERDEN?

Wenn Du zwei bis drei zusätzliche Ausdauereinheiten pro Woche machst, ist davon auszugehen, dass nach vier bis sechs Wochen eine verbesserte Leistungsfähigkeit deutlich erkennbar ist. Achte dabei darauf, dass Du mindestens einen Tag Abstand zwischen den Ausdauer-

einheiten hältst, damit Dein Körper genügend Regenerationszeit bekommt und ein größeres Leistungsvermögen entwickeln kann.

Untersuchungen haben ergeben, dass insbesondere in den ersten drei Wochen eine deutliche Steigerung erfolgt. Ist es Dein Ziel, schnellstmöglich Verbesserungen im Ausdauerbereich zu erreichen, dann füg eine dreiwöchige Zeitspanne mit intensiven Ausdauereinheiten in Deinen Trainingsplan ein. Achte besonders darauf, dass Du dem Körper genügend Zeit zur Regeneration gibst. Nach der intensiven Ausdauerphase kannst Du die Häufigkeit wieder auf eine Einheit pro Woche reduzieren, wozu Du am besten Intervalltraining wählst, um die entwickelte Fitness aufrechtzuerhalten.

WAS MACHE ICH BEI EINEM LEISTUNGSPLATEAU?

Wenn Du beim Training feststellst, dass sich die Ausdauerleistungsfähigkeit nicht wie gewünscht verbessert, dann überprüf, ob Du dem Körper genügend Regenerationszeit bietest und ob sich Merkmale für ein Übertraining zeigen. Ist dies nicht der Fall, dann kannst Du für einige Wochen nach ganz anderen Methoden trainieren. Wenn Du beispielsweise vorwiegend mit Ausdauerzirkeln gearbeitet hast, dann probier nun das Tabata-Training oder wechsle von Lauf- zu Schwimm-Einheiten. Beachte aber weiterhin bei allen Überlegungen zum Ausdauertraining, dass dies Deinem vorrangigen Trainingsziel, beispielsweise der Entwicklung eines kräftigen Körpers, nicht entgegenstehen darf.

Auch mit »Medizinball-Schleudern« kannst Du Deine Ausdauer fördern.
▼

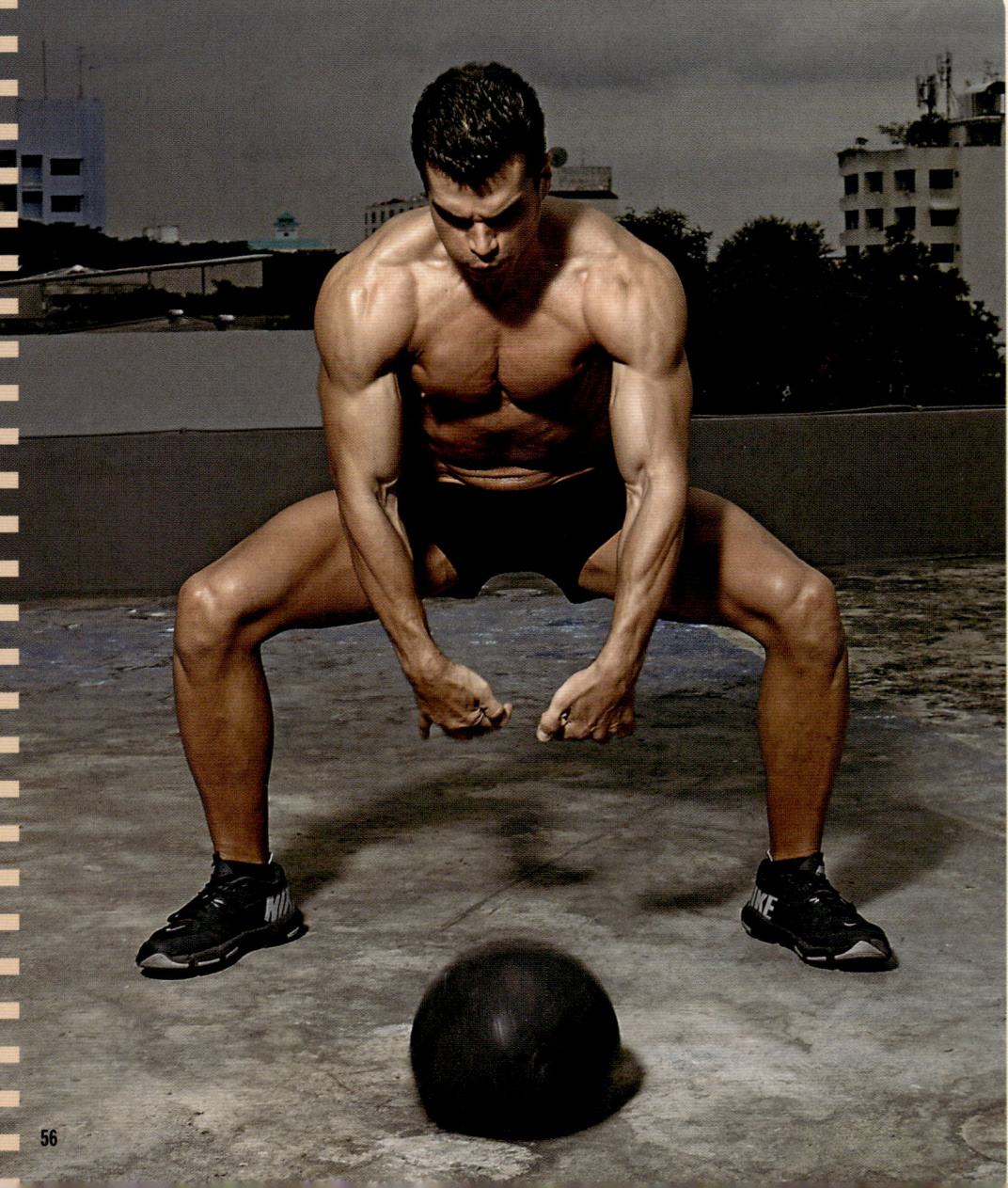

TRAININGSINTENSITÄTEN

Mit welcher Intensität Du am besten trainierst, hängt von Deiner körperlichen Verfassung und den Trainingszielen ab. Für Fitnesseinsteiger ist es wichtig, die Grundlagenausdauer-Intensität zu fördern. Fortgeschrittene sollten mit wechselnden Intensitäten trainieren. Die folgenden Intensitätsbereiche werden in diesem Buch unterschieden.

REGENERATIVER TRAININGS-BEREICH

Das regenerative Training wird mit sehr geringer Intensität ausgeführt. Dies kann beispielsweise sehr langsames Laufen, Radfahren oder Schwimmen sein. In diesem Trainingsbereich befindest Du Dich so lange, wie Du **die Intensität als angenehm empfindest**. Beginnst Du Dich hingegen anzustrengen, ist die Intensität überschritten. Die Intensität entspricht einer Herzfrequenz von zirka 65 Prozent der maximalen Herzfrequenz.

Eine solche Intensität eignet sich nach einer anstrengenden sportlichen Betätigung, um die Regenerationsprozesse zu verkürzen. Direkt nach dem Training kannst Du noch fünf bis zehn Minuten auslaufen. Du kannst in diesem Intensitätsbereich auch eine eigenständige Trainingseinheit gestalten. Wenn Du beispielsweise am Vortag sehr intensiv trainiert hast oder einen Wettkampf hattest und der Körper deshalb müde ist und die Muskulatur sich verspannt anfühlt, dann kannst Du durch ein Training mit regenerativer Intensität die Erholungsphase beschleunigen.

GRUNDLAGENAUSDAUER-INTENSITÄT

Die Grundlagenausdauer wird mit gemäßigter Belastung trainiert. Du musst während der Anstrengung noch sprechen können. Fühlst Du Dich hingegen während des Trainings müde und erschöpft, ist die Intensität zu hoch. Die Grundlagenausdauer-Intensität kannst Du mit einer Pulsuhr ermitteln. Die Intensität entspricht einer Herzfrequenz von zirka 75 Prozent der maximalen Herzfrequenz.

Das Training in diesem Bereich ist aus gesundheitlichen Aspekten wichtig. Mit der Intensität wird das **Herzkreislaufsystem trainiert** und das **Immunsystem gestärkt**. Als Sportarten bieten sich langsames Laufen, Radfahren, Schwimmen sowie das Kardio-Training an. Generell senkt das regelmäßige Training mit dieser Intensität den Ruhepuls. Eine gut trainierte Grundlagenausdauer wirkt sich positiv in allen Sportarten mit verschiedenen Belastungszonen aus, beispielsweise bei Ballsportarten und Kampfsport, denn der Puls senkt sich nach einer kurzen Anstrengung schnell wieder. Dies ermöglicht, dass Du während des Trainings beziehungsweise Wettkampfs länger fit und konzentriert bleibst. Regelmäßiges Training in diesem Bereich senkt den Ruhepuls. Bereits nach wenigen Wochen kannst Du bei gleichem Puls eine größere Leistung erzielen, beispielsweise länger und schneller laufen.

DIE RICHTIGE INTENSITÄT WÄHLEN

FITNESSAUSDAUER-INTENSITÄT

Du befindest Dich beim Training in diesem Intensitätsbereich, wenn Du Dich zwar deutlich anstrengst, aber die Belastung über mehrere Minuten hinweg ausführen kannst. Zu hoch ist die Intensität, wenn Du die Belastung bereits nach wenigen Sekunden aufgrund einer Übersäuerung der Muskulatur abbrechen musst. Die Fitnessausdauer-Intensität kannst Du mit einer Pulsuhr ermitteln. Die Intensität entspricht einer Herzfrequenz von zirka 85 Prozent der maximalen Herzfrequenz.

Mit dieser Belastungsintensität werden **die Muskulatur und die allgemeine Körperfitness trainiert**. Du fühlst Dich während des Trainings angestrengt, und nach der Trainingseinheit fühlt sich die Muskulatur deutlich beansprucht an. Das Laufen eignet sich als Trainingsform, ebenso wie alle Ausdauersportarten, bei denen die Intensität gesteuert werden kann. Dieses Training ist für fortgeschrittene Sportler und Wettkampfsportler in Spiel- und Kampfsportarten wichtig, um Leistungssteigerungen zu erzielen. Bevor Du mit dem Training beginnst, musst Du eine gute Grundlagenausdauer entwickelt haben. Das Ausdauertraining im Fitnessbereich macht dann mehr Spaß, da Du beispielsweise schneller laufen kannst, ohne den Intensitätsbereich zu überschreiten; auch regeneriert sich der Körper schnell und ist nach der Trainingseinheit bald wieder fit.

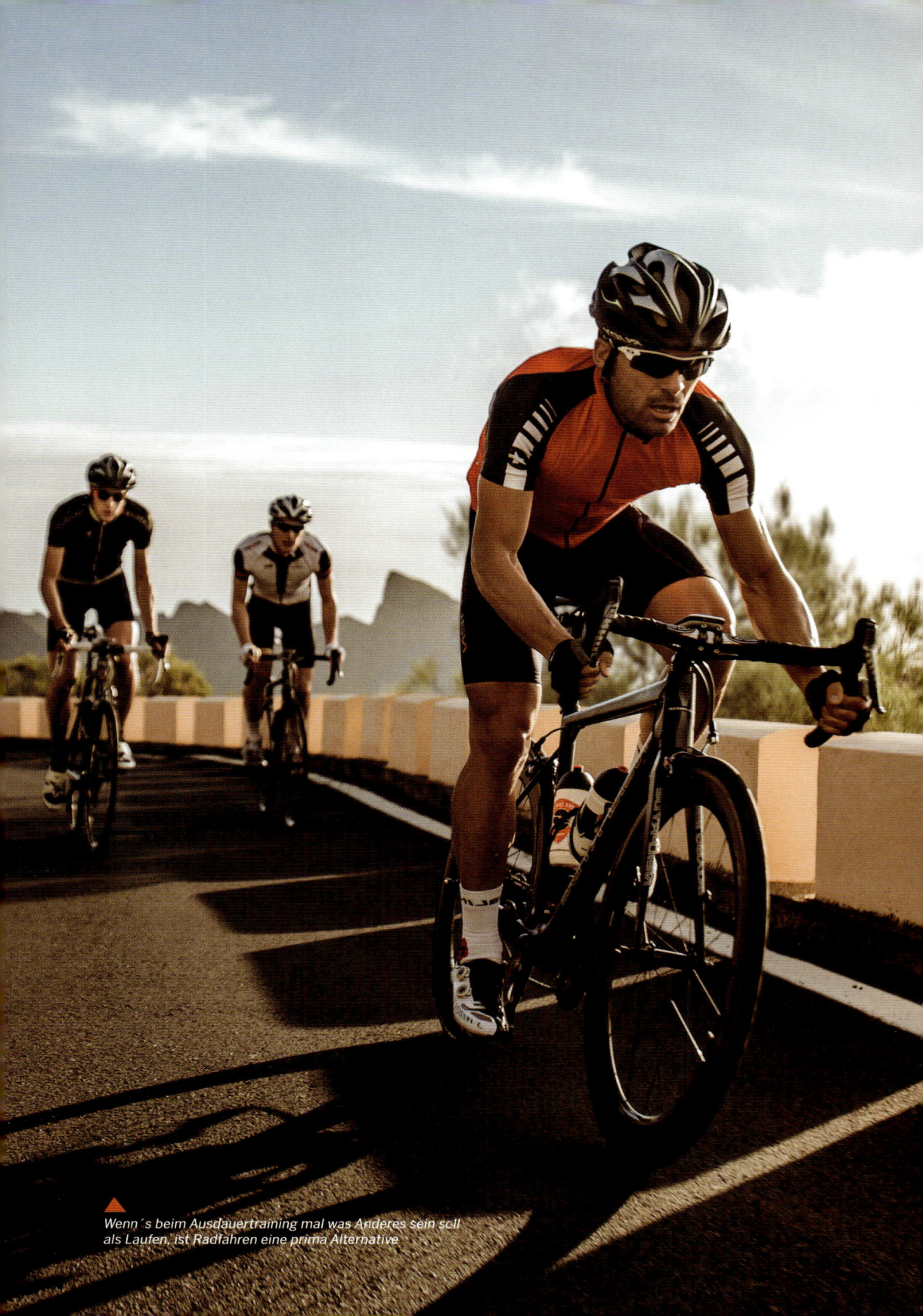

Wenn´s beim Ausdauertraining mal was Anderes sein soll als Laufen, ist Radfahren eine prima Alternative

ANAEROBER BEREICH

In der Schwellenzone zwischen aerober und anaerober Energiegewinnung wird der Körper trainiert, hohe Belastungen länger durchzuhalten. Dein Körper gewinnt dabei seine Energie teilweise anaerob, d. h., der Körper kann nicht mehr ausreichend Sauerstoff aufnehmen und zur Energiegewinnung einsetzen. Der Körper »vergärt« nun überwiegend Kohlenhydrate, wobei als Abfallstoff Laktat, das Salz der Milchsäure, entsteht. Das Laktat kann vom Körper nicht schnell abgebaut werden. Wird der Schwellpunkt zwischen aerober und anaerober Energiegewinnung überschritten, z.B. bei einem Sprint oder einem harten Schlagwechsel im Boxen, steigt die Milchsäureproduktion überproportional an. In Folge dessen übersäuert der Körper schnell, und Du musst die Leistung bereits nach kurzer Zeit abbrechen.

Fortgeschrittene Sportler und Leistungssportler können Übungseinheiten in diesem Bereich ausführen. **Fitnesseinsteiger sollten darauf verzichten, da das Training den Körper stark belastet**. Für das Training mit dieser Intensität ist es besonders wichtig, dass Du eine gute Grundlagenausdauer entwickelt hast, damit sich der Puls nach einer Übung schnell wieder senkt und Du das Training fortführen kannst.

FESTLEGUNG UND KONTROLLE DER TRAININGSINTENSITÄT

Um den für das Ausdauertraining geeigneten Trainingspuls zu bestimmen, ermittelst Du zuerst die maximale Herzfrequenz. Auf dieser Grundlage kannst Du die Trainingsintensitäten errechnen.

Am einfachsten ist die Bestimmung der maximalen Herzfrequenz über die Formel:
Maximale Herzfrequenz (MHF) = 220–Alter
Diese Methode hat sich bei einer Vielzahl von Tests bewährt. Es kann jedoch bei einzelnen Personen zu Unterschieden kommen.

Leistungssportler greifen häufig auf den Maximalherzfrequenz-Test zurück, bei dem der Puls durch eine Belastung auf die maximale Höhe getrieben wird, beispielsweise durch einen Sprint bis an die persönliche Leistungsgrenze. Freizeitsportlern ist jedoch von diesem Test abzuraten, da für sie durch die ungewohnt intensive Belastung eine hohe Überlastungsgefahr entsteht.

Beispiel: 30-jähriger Fitnesssportler
Maximale Herzfrequenz nach vereinfachter
Formel: $220-30 = 190$ MHF
Regenerative Intensität:
$190 \times 0,65 = 124$ HF
Grundlagenausdauer-Intensität:
$190 \times 0,75 = 143$ HF
Fitnessausdauer-Intensität:
$190 \times 0,85 = 162$ HF

MESSUNG DER INTENSITÄT

Du kannst den Puls messen, indem Du um Dein Handgelenk greifst und Zeige- und Mittelfinger unterhalb des Daumengelenks auflegst. Zähl über 20 Sekunden hinweg die Pulsschläge und multiplizier dann das Ergebnis mit dem Faktor 3; oder Du zählst über 60 Sekunden hinweg die Pulsschläge. So kannst Du den Ruhepuls und den Puls nach dem Training messen. Während einer Belastung kannst Du den Puls natürlich nicht auf diese Weise ermitteln, da Du dazu ständig Deine Aktivität unterbrechen müsstest.

Für das Ausdauertraining solltest Du deshalb auf einen Pulsfrequenzmesser zurückgreifen. Bei dieser Messtechnik wird ein Gurt um den Brustkorb gelegt, der die Herzschläge misst. Die Werte können dann auf einer Uhr am Handgelenk abgelesen werden. In aller Regel gestatten diese Messgeräte die Einstellung der individuellen Pulszone für das Training. Ein akustisches Signal macht Dich darauf aufmerksam, wenn Du den beabsichtigten Wert überschreitest. Gute Modelle sind im Fachhandel ab zirka 80 EUR erhältlich.

Maximale Herzfrequenz (MHF)	**220 – Alter**
Regenerative Intensität:	**ca. 65 % der maximalen Herzfrequenz (MHF)**
Grundlagenausdauer-Intensität:	**ca. 75 % der MHF**
Fitnessausdauer-Intensität:	**ca. 85 % der MHF**

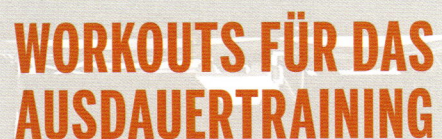

WORKOUTS FÜR DAS AUSDAUERTRAINING

Auf den folgenden Seiten findest Du Workouts, die Du zum selbstständigen Ausdauertraining einsetzen kannst. Jedes dieser Workouts setzt andere Schwerpunkte und bewirkt unterschiedliche Leistungssteigerungen. Überleg Dir, in welchem Bereich Du die Ausdauerfähigkeit verbessern willst und welches Workout zu diesem Ziel passt. Beachte dabei, dass sich die Regenerationszeit verlängert, je intensiver Du das Training gestaltest.

Bei der Zusammenstellung eines Wochentrainingsplans musst Du überlegen, wie viel Regenerationszeit Dir bis zum nächsten Training zur Verfügung steht. Mach nicht an zwei Tagen hintereinander das gleiche Workout. Auch empfiehlt es sich, an einem Tag pro Woche vollständig vom Training zu pausieren. Dies gilt insbesondere dann, wenn Du an den anderen Wochentagen intensiv trainierst (egal welches Training Du durchführst). Weitere Informationen zur Trainingsplanung findest Du in Kapitel 4.

ZU DEN WORKOUTS

Die Workouts sind relativ kurz gehalten, damit Du den Körper nicht so intensiv belastest, dass er eine lange Regenerationspause benötigt. Sie beinhalten Aufwärmphase, Hauptteil und Abwärmphase. Wärm Dich gemäß Deinen Trainingserfahrungen auf (siehe Seiten 35–37). Vor intensiven, schnellen Belastungen ist ein intensives Aufwärmen ratsam. Im Hauptteil widmest Du Dich dem eigentlichen Ziel der Trainingseinheit. Pass die Übungen, Belastungen und Intensitäten an Deine Bedürfnisse an. Anschließend beendest Du das Training mit einer Abwärmphase.

WORKOUT A: AUFBAU DER GRUNDLAGEN- ODER FITNESSAUSDAUER

Als **Fitnesseinsteiger** oder wenn Du generell länger keinen Sport gemacht hast, hast Du vielleicht Defizite in der Grundlagenausdauer. Es empfehlen sich zwei Einheiten pro Woche für einen Zeitraum von vier bis acht Wochen.

Als **Fortgeschrittener** brauchst Du eigentlich kein Training mit Grundlagenausdauer-Intensität. Du kannst ein solches Training aber einsetzen, um nach einer Verletzung wieder einzusteigen, wenn Du Dich in der vorherigen Trainingseinheit sehr intensiv belastet hast oder in den ersten Tagen nach einem Wettkampf.

Das Training mit Fitnessausdauer-Intensität ist für Dich sinnvoll, wenn Du Schwierigkeiten hast, Trainingsintensitäten zu bewältigen, gleich ob beim Zirkeltraining oder anderen Sportarten. Nutz eine Geschwindigkeit, mit der Du eine Herzfrequenz von etwa 85 Prozent erreichst. Nach einigen Trainingswochen kannst Du zum Intervalltraining mit unterschiedlichen Geschwindigkeiten übergehen.

TRAININGSFORMEN

- Für das Training der Grundlagenausdauer wählst Du eine Sportart, bei der Du über den Trainingszeitraum von 30–40 Minuten eine nahezu gleichmäßige Geschwindigkeit beibehalten kannst, damit der Puls stets in der beabsichtigten Intensitätszone bleibt. Dazu bieten sich insbesondere langsames Laufen und Radfahren an. Auch Schwimmen ist geeignet, bei dem zum Einstieg eine Belastungsdauer von etwa 20–30 Minuten genügt, da es für den ganzen Körper intensiver ist.

- Für das Training der Fitnessausdauer eignen sich Laufen und schnelles Radfahren für eine Dauer von 40 Minuten, sowie Schwimmen für 30–40 Minuten oder Seilspringen für 30 Minuten.

AUFBAU DER TRAININGSEINHEIT

Wärm zuerst den Körper auf. Du kannst den Weg zur Trainingsstrecke gehen oder sehr langsam joggen. Dann empfiehlt es sich, verspannte Muskelgruppen kurz anzudehnen. Nun erfolgt der Hauptteil mit gleichmäßiger Geschwindigkeit für 30–40 Minuten. Danach gehst oder läufst Du sehr langsam noch einige Minuten. Zum Abschluss solltest Du die belasteten Muskelgruppen kurz dehnen.

Aufwärmübung, beispielsweise sehr langsames Laufen fünf bis zehn Minuten
Andehnen (optional)
Hauptteil, z. B. Laufen, 30–40 Minuten - Einsteiger: ca. 75 % der MHF - Fortgeschrittene: ca. 85 % der MHF
Lockere Abwärmübung wie Auslaufen fünf Minuten
Dehnen

WORKOUT B: LAUFEN

Mit diesem Workout trainierst Du die Ausdauer in allen Bereichen sowie die Schnelligkeit durch Laufen mit wechselnden Geschwindigkeiten. Du kannst das Training auf einer Bahn im Stadion oder auf einem Laufweg ausführen. Es bietet sich auch ein Ergometer an, allerdings dürfen darauf die Sprints nicht abrupt beendet werden, um keine Verletzung zu riskieren. Am besten nutzt Du für das Workout einen Pulsfrequenzmesser, um so das Training zu kontrollieren. Überschätze nicht Deinen Leistungsstand, ansonsten wirst Du Dich beim nächsten Krafttraining sehr müde fühlen.

Das Programm dient als Anregung, wie Du ein Lauftraining gestalten kannst. **Pass es an Deine Bedürfnisse an.** Starte mit Level 1, in dem Du vorrangig die Grundlagen- und Fitnessausdauer förderst. Ist dies erreicht, kannst Du zum nächsten Level übergehen und Sprints im Training einbauen.

AUFBAU DER TRAININGSEINHEIT

Zuerst wärmst Du Dich mit einem langsamen Lauf auf. Dann kannst Du Dehn- und Lockerungsübungen wie Gelenkkreisen machen. Nachdem der Körper allgemein aufgewärmt ist, machst Du Steigerungsläufe. Ab dem Level 2 (Leicht-Fortgeschrittene) ergänzt Du Sprints und 400-m-Läufe. Zwischen den Sprints läufst Du ganz langsam ein bis zwei Minuten weiter und zwischen den 400-m-Läufen zwei bis drei Minuten.

Schließlich wird noch mit Fitnessausdauer-Intensität und dann mit Grundlagenausdauer-Intensität weitergelaufen. Beende die Trainingseinheit mit ganz langsamem Auslaufen sowie einigen Dehnübungen.

	LEVEL 1	LEVEL 2	LEVEL 3
Aufwärmen mit lockerem Laufen	5–10 min	5–10 min	5–10 min
Andehnen (optional)	5 min	5 min	5 min
Steigerungsläufe	5 min	5 min	5 min
60-m- oder 100-m-Sprints	/	2–5 Wdh.	5–10 Wdh.
400-m-Läufe	/	2 Wdh.	2–5 Wdh.
Laufen mit Fitnessausdauer-Intensität	10 min	15 min	10 min
Laufen mit Grundlagenausdauer-Intensität	15 min	10 min	10 min
Lockeres Auslaufen	5 min	5 min	5 min
Abrollen (optional) und Dehnen	5 min	5 min	5 min

WORKOUT C: INTERVALLTRAINING

Beim Intervalltraining (IV) trainierst Du die Ausdauer durch den **Wechsel zwischen schnell und langsam ausgeführten Anstrengungen**. So gewöhnt sich der Körper an Belastungen mit unterschiedlicher Intensität und lernt, den Puls nach der Anstrengung schnell wieder zu regulieren. Auch wenn sich Laufen, Radfahren und Schwimmen dafür besonders gut eignen, sind prinzipiell alle Übungsformen möglich, die mit wechselnden Geschwindigkeiten ausgeführt werden können.

Mittlerweile ist intensives Intervalltraining, auch bekannt als High Intensity Intervall Training (HIIT), sehr beliebt. Beim HIIT-Training wird mit kurzen, intensiven Einheiten die Ausdauer gefördert. Die Intervalllängen sind nicht einheitlich festgelegt, sondern es gibt unterschiedliche Empfehlungen. Grundsätzlich solltest Du die Belastung über Wochen hinweg steigern, bevor Du hochintensive Maximalbelastungen ausführst.

Auch wenn es oft anderes angeboten wird, empfiehlt sich ein gründliches Aufwärmen, insbesondere vor Sprints. Sonst kann man sich schnell einen Muskelfaserriss in Waden oder Oberschenkel zuziehen.

AUFBAU DER TRAININGSEINHEIT

Zuerst wärmst Du Dich mit einer langsamen Durchführung der ausgewählten Sportart auf. Dann kannst Du Dehn- und Lockerungsübungen machen, wenn Du dies im Training so gewohnt bist. Im Hauptteil legst Du abwechselnd schnelle und langsame Abschnitte zurück. Wähl eine Deinem Leistungsvermögen angemessene Intensität. Als Fortgeschrittener kannst Du das Programm HIIT Level 1 oder 2 steigern, indem Du um zwei bis drei Intervall- und Erholungsphasen erweiterst. Beende das Training mit einer für Dich geeigneten Abwärmphase.

	INTERVALLTRAINING	HIIT LEVEL 1	HIIT LEVEL 2
Aufwärmphase	5–10 min	5–10 min	5–10 min
Intervall 1	3 min 90 % MHF	30 sek Sprint	30 sek Sprint
Langsame Aktivität	5 min 60–65 % MHF	3 min 60–65 % MHF	1 min 60–65 % MHF
Intervall 2	3 min 90% MHF	30 sek Sprint	30 sek Sprint
Langsame Aktivität	5 min 60–65 % MHF	3 min 60–65 % MHF	1 min 60–65 % MHF
Intervall 3	3 min 90% MHF	30 sek Sprint	30 sek Sprint
Langsame Aktivität	5 min 60–65 % MHF	3 min 60–65 % MHF	1 min 60–65 % MHF
Abwärmphase	5–10 min	5–10 min	5–10 min

WORKOUT D: TABATA-TRAINING

In den letzten Jahren wurde das Tabata-Training als Form des sehr intensiven Ausdauertrainings populär, da man mit den **intensiven Trainingseinheiten von geringer Länge** die Ausdauerfähigkeit umfangreich verbessern kann. Das Tabata-Training setzt allerdings voraus, dass man mit voller Belastung trainiert und nach der Trainingszeit von vier Minuten vollständig ausgelastet ist.

Probier diese Methode aus, und wenn sie Dir Spaß macht, dann integriere Tabata-Einheiten in Dein Programm. (Für Fitnesseinsteiger ist diese intensive Trainingsform allerdings nicht geeignet, diese sollten zuerst mit gemäßigten Intensitäten über einige Wochen hinweg ihre Ausdauer aufbauen.) Wenn es Dir hingegen schwer fällt, beim Tabata-Training den Belastungspuls innerhalb kurzer Zeit auf so hohe Intensität hochzutreiben oder wenn Du im selbstständigen Training nicht die notwendige Motivation hast, dann nutz weiterhin die anderen Trainingsformen.

Manche Fitnesssportler nehmen weitreichende Anpassungen und Veränderungen am ursprünglichen Tabata-Training vor, beispielsweise werden mehrere Tabata-Intervalle hintereinander mit Körpergewichtsübungen ausgeführt. Bedenk dabei, dass sich bei großen Veränderungen nicht mehr dieselben Ergebnisse einstellen.

EINBAU IM TRAININGSPROGRAMM

Das Tabata-Training darf nicht dazu führen, dass Du den Körper zu intensiv belastest und dann in der folgenden Trainingseinheit keine optimale Leistung mehr abrufen kannst. Teste die Methode und achte darauf, wie Dein Köper reagiert und wie viel Regenerationszeit Du benötigst. Mach maximal eine Tabata-Einheit am Tag. Wenn Du mehrere Trainingseinheiten an einem Tag ausführst, dann stellt das Tabata-Training die letzte Einheit dar. Willst Du das Tabata-Training nutzen, um schnell eine deutliche Verbesserung der Ausdauerfähigkeit zu erreichen, dann bieten sich drei Tabata-Einheiten pro Woche zusätzlich zu den drei Krafteinheiten an. Dies kannst Du drei Wochen lang machen und danach den Trainingsplan wieder umstellen.

HÄUFIGE FRAGE: WAS IST TABATA-TRAINING?

Das Tabata-Training basiert auf einer Untersuchung des japanischen Wissenschaftlers Dr. Tabata und seiner Kollegen, die sechs Wochen lang Tests mit zwei Gruppen auf Radergometern durchführten.
— Die erste Testgruppe führte über sechs Wochen hinweg jeweils an fünf Tagen moderates Ausdauertraining für 60 Minuten aus. Die Teilnehmer der Gruppe konnten eine Steigerung der aeroben Kapazität um zirka neun Prozent erreichen.
— Die zweite Testgruppe machte auch sechs Wochen lang an fünf Tagen pro Woche Ausdauertraining. An vier Testtagen wurden jeweils sieben bis acht Intervalle ausgeführt, wobei jedes Intervall 20 Sekunden dauerte und danach zehn Sekunden Pause erfolgten. Jedes Intervall wurde im »Sprint« durchgeführt, um die Herzfrequenz hochzutreiben. Am jeweils fünften Testtag erfolgte dann ein moderates Ausdauertraining. Die Ergebnisse der zweite Testgruppe waren außergewöhnlich: Die aerobe Kapazität konnte um 14 Prozent und die anaerobe Kapazität um 28 Prozent gesteigert werden. Außerdem zeigte dieses hochintensive Ausdauertraining deutliche Wirkung bei der Körperfettreduktion.

Zum Test ist anzumerken, dass die größten Steigerungen in den ersten drei Wochen erreicht wurden und dass die Testpersonen Sportler waren, was einen so intensiven Belastungszyklus ermöglichte. Außerdem hatten sich die Sportler vor den Tabata-Intervallen mit lockerem Fahren für zehn Minuten aufgewärmt.

AUFBAU DER TRAININGSEINHEIT

Jedes Tabata-Training wird mit einer fünf bis zehn Minuten langen Aufwärmübung begonnen. Auch kannst Du verspannte Muskulatur abrollen und leicht andehnen. Das eigentliche Training wird so gestaltet, dass Du Dich 20 Sekunden lang maximal belastest und dann zehn Sekunden pausierst. Insgesamt werden so bis zu acht Runden durchgeführt. Du musst am Ende vollständig ausgelastet sein und das Gefühl haben, Du kannst keine weitere Runde mehr durchführen. Geh nach dem Training langsam umher, bis sich der Puls etwas gesenkt hat. Danach kannst Du die Muskulatur abrollen und dehnen.

Wenn Du einen Pulsmesser hast, kannst Du überprüfen, ob Du Dich am Ende des Trainings nahe an der maximalen Herzfrequenz (MHF) befindest. Für einen 30-jährigen Fitnesssportler liegt die MHF z. B. bei 190 (nach vereinfachter Formel: 220–Alter). Du solltest am Ende des Training mindestens 90 Prozent der MHF erreichen.

Aufwärmübung 5–10 min
Abrollen und Andehnen (optional)
Acht Tabata-Intervalle mit jeweils 20 Sekunden Belastung und zehn Sekunden Pause
Lockeres Umhergehen, bis sich der Puls wieder senkt
Abwärmphase 5–10 min

TRAININGSFORMEN

Die folgenden Trainingsformen werden häufig für das Tabata-Training eingesetzt. Teste die Varianten und wähl eine, die Dir Spaß macht und mit der Du die erforderliche Herzfrequenz erreichst.

Für das Tabata-Training brauchst Du einen Timer. Du kannst einen Online-Timer oder eine App nutzen (zahlreiche werden im Internet kostenlos angeboten), oder Du kaufst Dir einen Timer.

— **Radergometer:** Das Training auf dem Radergometer entspricht dem ursprünglichen Test. Es ist gut geeignet, da sich die Trainingsintensität einfach regulieren lässt und keine Verletzungsgefahr beim Abstoppen besteht. Achte darauf, dass Du in den Belastungsphasen so schnell wie möglich fährst, um Dich vollständig zu verausgaben.

— **Sprints (auch Bergsprints):** Mit Sprints gelingt es leicht, die persönliche Belastungsgrenze und somit eine hohe Herzfrequenz zu erreichen. Allerdings ist es schwierig und belastend für die Kniegelenke, nach 20 Sekunden direkt abzustoppen. Einfacher ist es, einige Meter auszulaufen, wodurch aber die geplante Pausenzeit nicht eingehalten werden kann. Es bietet sich deshalb an, die Sprints auf einem Weg mit Steigung zu machen.
Manche Fitnesssportler führen die Tabata-Sprints auf einem Laufband aus. Das Laufband läuft durchgehend mit sehr hoher Geschwindigkeit, der Sportler springt drauf und sprintet. Nach dem 20-Sekunden-Intervall springt er vom Band auf die Seite des Geräts, um kurz zu pausieren. Dieses Vorgehen ist jedoch kritisch zu sehen: Es ist sehr belastend für die Fußgelenke, und bei steigender Müdigkeit besteht auch eine große Verletzungsgefahr durch Fehltritte. Von anderen Autoren werden mittlerweile noch gesteigerte Laufband-Intervalle empfohlen, bei denen man vom Laufband runterspringt, einige hochintensive Kraftübungen ausführt und dann wieder auf das weiterlaufende Laufband aufspringt und mit maximaler Geschwindigkeit sprintet. Von diesem Vorgehen ist aufgrund der hohen Verletzungsgefahr abzuraten.

— **Seilspringen:** Auch das Seilspringen wird für das Tabata-Training eingesetzt. Allerdings bleiben wenig geübte Fitnesssportler bei den maximal schnellen Sprüngen häufig am Seil hängen, insbesondere in den letzten Runden, wenn man sehr müde ist.
Empfehlenswert ist es, bei den Sprüngen die Knie hochzuziehen, um besonders am Anfang schnell die Herzfrequenz zu erhöhen. Wärm Dich vor den acht Intervallen mit langsamem Seilspringen auf.

— **Sandsack:** Für das Tabata-Training an einem Sandsack benötigst Du einen schweren Sack, der sich kaum bewegt. Du kannst einzelne Kampfsporttechniken oder Kombinationen einsetzen. Du kannst beispielsweise ununterbrochen gerade Schläge ausführen. Auch runde Kicks bieten sich an, wobei nach jedem Durch-

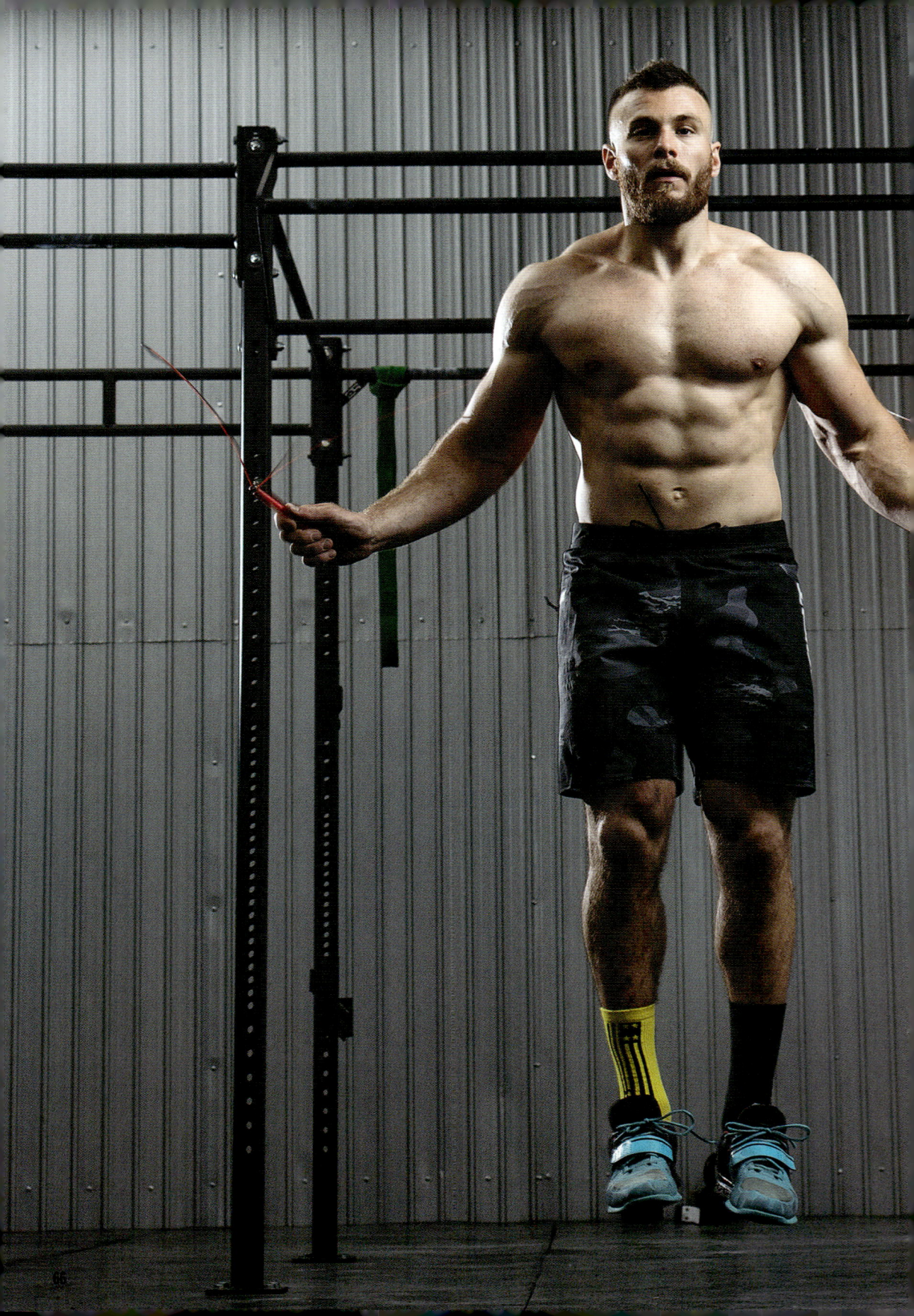

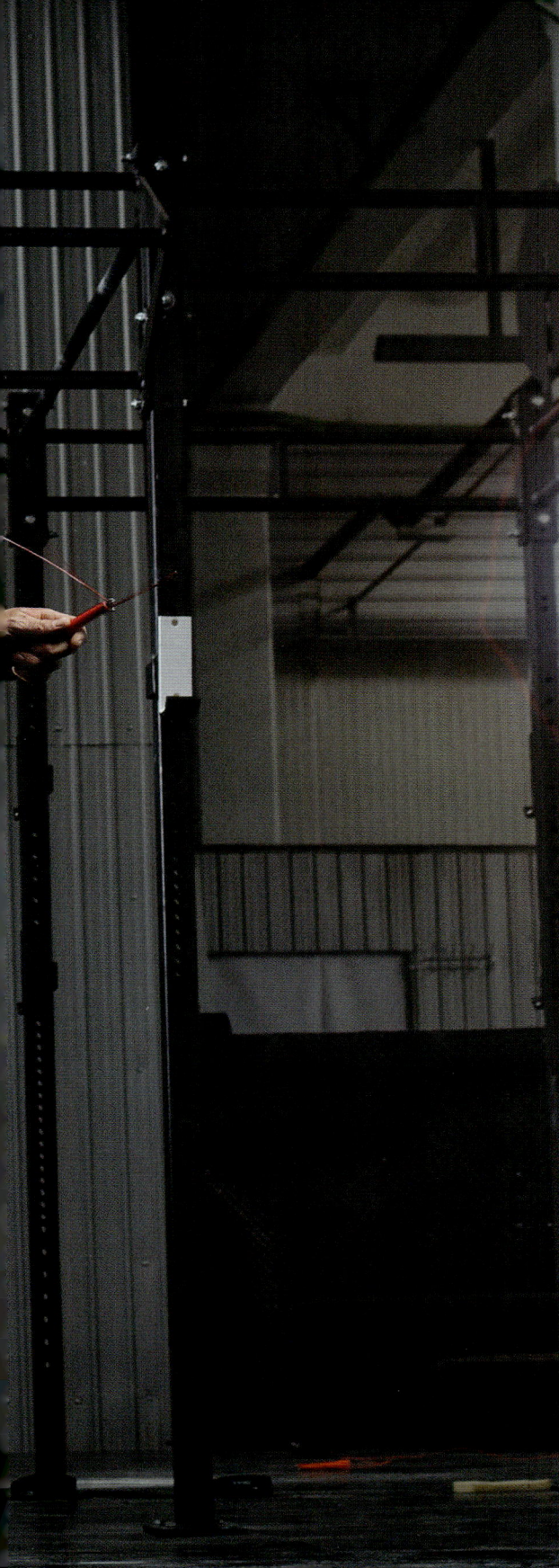

gang das Bein gewechselt wird. Grundsätzlich kannst Du jede mögliche Technik oder Kombinationsfolge nutzen. Wichtig ist es, dass Du diese mit größtmöglicher Intensität ausführst. Aufwärmen kannst Du Dich mit langsamem Seilspringen, Joggen auf der Stelle und lockerem Schattenboxen.

— **Burpees:** Als Burpee wird eine kombinierte Übungsfolge bezeichnet **(siehe P 40: Burpees)**. Aus dem Stand springst Du in die Kniebeuge und stellst die Hände auf dem Boden ab. Von dort springst Du mit den Füßen nach hinten in die Liegestütz-Position und führst einen Liegestütz aus. Nun springst Du mit den Füßen wieder nach vorne und dann vom Boden nach oben ab. Danach kommst Du zuerst im Stand wieder auf, bevor Du wieder nach unten springst und die Übung wiederholst. Üblicherweise schafft man in einem 20 Sekunden langen Durchgang acht bis zehn Burpees. In den letzten Durchgängen sollten zumindest noch sieben Burpees möglich sein. Zur Intensivierung kannst Du einen Medizinball einsetzen oder ein Bein durchgehend in der Luft angehoben halten.

— **Mischformen:** Wenn Du das Tabata-Training bereits einige Male ausgeführt hast, kannst Du Mischformen nutzen. Spürst Du dabei, dass eine Muskelgruppe zu müde wird und verhindert, dass Du die Intensität und somit die Herzfrequenz weiter erhöhst, dann wähl im nächsten Durchgang eine Übung, die vorrangig eine andere Muskelgruppe aktiviert.
Du kannst beispielsweise mit Sprints oder Seilspringen beginnen und dann zu Burpees, einzelnen Liegestütze oder Kniebeugen übergehen. Teste und nutz die Varianten, die sich für Dein Training eignen. Um jedoch die Effekte des Tabata-Trainings sicherzustellen, musst Du darauf achten, dass Du nach den acht Intervallen wirklich vollständig ausgelastet bist.

Fortgeschrittene Fitnesssportler können auch Seilspringen für das Tabata-Training einsetzen, wozu einfache Sprünge genutzt werden. Einsteiger bleiben jedoch bei Müdigkeit zu oft am Seil hängen.

WORKOUT E: SEILSPRINGEN

Seilspringen ist eine gute Trainingsform für das Fitnesstraining, da es Ausdauer, Kraft, Koordination und Schnelligkeit fördert. Du wirst beispielsweise schnell feststellen, dass Dir die unterschiedlichen Sprünge leichter fallen. Um die Wirkung auf die Kraftausdauer zu intensivieren, empfiehlt es sich, schwere Plastikseile beziehungsweise Seile mit Füllung zu verwenden. Bei dem Training mit diesen Seilen werden die Arm- und Schultermuskulatur intensiv mittrainiert.

Das Seilspringen bietet sich gut zum Aufwärmen beim selbstständigen Fitnesstraining an. Du kannst auch eigenständige Ausdauereinheiten machen, in denen das Seilspringen den Hauptteil des Workouts darstellt.

DIE RICHTIGE SEILLÄNGE

Um die richtige Seillänge zu ermitteln, nimmst Du die Seilenden in die Hände und stellst Dich mit den Füßen auf die Mitte des Seils. Streck die Arme seitlich weg, so dass sie sich dann etwa im 45-Grad-Winkel zu den Rippen befinden. Das ist die richtige Seillänge für das Springen. Verkürze das Seil, bis die Griffe in der benötigten Position sind. Wenn Du ein Sprungseil ohne Griffe benutzt, kannst Du die Seilenden bis zur optimalen Länge um die Hände wickeln.

DIE BELIEBTESTEN SPRÜNGE

Versuch, möglichst viele verschiedene Sprünge in das Training zu integrieren. Achte darauf, dass Du locker springst, mit geradem Oberkörper und entspannten Schultern. Stoß Dich über die Zehen und Fußballen ab und komm auf diesen wieder auf.

- Der Standard-Sprung: Schwing das Seil von hinten nach vorne über den Kopf. Spring gleichzeitig mit beiden Füßen über das schwingende Seil und komm dann gleichzeitig mit beiden Füßen auf. Spring locker auf den Fußballen.

- Der Laufsprung: Spring so, wie Du Dich beim Laufen fortbewegst. Von einem Fuß springst Du über das schwingende Seil auf den anderen Fuß. Mit dieser Sprungvariante kannst Du Dich am schnellsten über das Seil bewegen.

- Der Ein-Bein-Sprung: Spring mehrfach auf einem Fuß über das schwingende Seil, bevor Du das Sprungbein wechselst. Einsteiger werden schon nach wenigen Sprüngen deutlich die Intensität spüren. Fortgeschrittene können leicht über 20 Sprünge hintereinander auf dem gleichen Bein ausführen.

- Der Sprung mit Anziehen der Knie: Reiß ein Knie hoch zum Oberkörper, während Du mit dem anderen Bein über das Seil springst. Führ immer Wechselsprünge vom rechten zum linken Fuß aus und reiß das Knie des anderen Beines hoch.

- Der Sprung mit gekreuzten Armen: Spring hoch vom Boden ab und kreuz die Arme vor dem Körper, kurz bevor das Seil unter den Füßen durchrutscht. Die Arme entkreuzt Du, wenn das Seil erneut unter den Füßen ist.

- Der Sprung mit doppelter Umdrehung: Spring mit beiden Füßen hoch vom Boden ab und reiß die Knie zum Oberkörper. Schwing das Seil zweimal um Dich, bevor Du wieder auf dem Boden aufkommst.

AUFBAU DER TRAININGSEINHEIT

In diesem Workout trainierst Du die Ausdauer mit einer etwa 50–60 Minuten langen Trainingseinheit. Zuerst wärmst Du Dich mit lockerem Seilspringen auf. Davor oder danach kannst Du Dich abrollen. Auch kannst Du verspannte Muskeln andehnen; dann lässt Du einige schnelle Lockerungsbewegungen wie Gelenkkreisen folgen, um voll leistungsbereit zu sein.

Den Hauptteil beginnst Du, indem Du fünf bis zehn Sekunden lang schnellstmöglich springst. Hier geht es um Schnelligkeitstraining durch schnelle Sprünge, nicht jedoch darum, schon den Puls hochzutreiben. Dazwischen springst Du 30–60 Sekunden ganz langsam, bis sich der Puls wieder gesenkt hat. Dann beginnst Du mit dem nächsten Satz.

Im folgenden Trainingsteil machst Du Intervall-training. Spring zwei bis drei Minuten lang relativ schnell und dann eine Minute langsam, um den Puls wieder zu senken. So wechselst Du zwischen den Intensitäten für drei bis fünf Runden.

Im Anschluss daran empfehlen sich einige Körpergewichtsübungen, bei denen Du Dich insbesondere auf die Rumpfmuskulatur konzentrierst. Beende das Workout mit lockerem Seilspringen, auch kannst Du abrollen und einige statische Dehnübungen für die beanspruchte Muskulatur machen.

	LEVEL 1	LEVEL 2	LEVEL 3
Aufwärmen mit lockerem Seilspringen	5–10 min	5–10 min	5–10 min
Abrollen (optional) und Andehnen	5 min	5 min	5 min
Schnelligkeitstraining, dazwischen ganz langsam springen	3 x 10 sek	3–5 x 5–10 sek	5–10 x 5–10 sek
Seilspringen mit Intervallen, dazwischen locker springen	3 x 2 min	3–5 x 2-3 min	5 x 3 min
Körpergewichtsübungen, insbesondere Rumpf (optional)	5–10 min	5–15 min	10–15 min
Lockeres Seilspringen	5 min	5 min	5 min
Abrollen (optional) und Dehnen	3–5 min	3–5 min	3–5 min

5 REGENERATION

Unsere Muskulatur kann auf das Krafttraining, wie auf jede andere intensiv ausgeführte Sportart, mit Verhärtungen und Verspannungen reagieren. Diese Problematik tritt bei hoher Trainingsintensität sowie mit fortschreitendem Alter vermehrt auf. Eine stark belastete Muskulatur verringert auch die Leistungsfähigkeit und erhöht das Verletzungsrisiko, denn sie verhindert, dass man die Übungen optimal über den vollständigen Bewegungsumfang macht. Mit der Faszienrolle und der Faszienkugel lässt sich die Muskulatur hervorragend behandeln, und die Geräte ermöglichen auch, die Regeneration nach dem Training zu beschleunigen.

FASZIEN

Unter der Haut ist ein Netz aus Bindegewebe, als Faszien bezeichnet, das die Muskeln, Knochen und Organe umschließt und den Körper schützt. Die miteinander verbundenen Faszien umfassen die Muskeln wie Hüllen und ermöglichen, dass die Muskeln zusammen agieren. Die Faszien sind entscheidend bei der Ausführung von Kraftübungen wie bei allen anderen körperlichen Aktivitäten, denn sie wirken als Energiespeicher und leiten Kräfte im Körper weiter. Dies gelingt umso besser, je elastischer die Faszien sind. Sie reagieren auf körperliche Überlastung, schlechte Körperhaltung, Verletzung, einseitige Belastung sowie auf Stress, indem sie sich zusammenziehen und miteinander verkleben. In den Faszien befinden sich zahlreiche Nervenzellen und Rezeptoren, die Empfindungen an das Gehirn weiterleiten, weshalb Du Schmerzen bei Verspannungen und Verklebungen fühlst. Für eine optimale Leistungsfähigkeit musst Du verklebte Strukturen lösen, was durch eine Selbstmassage mit Faszienrolle und Faszienkugel gut gelingt.

MASSAGE MIT FASZIENROLLE UND FASZIENKUGEL

Mit diesen Hartschaumgeräten kannst Du Deine Muskulatur selbstständig und sehr wirkungsvoll massieren, mit dem Vorteil, dass Du die Druckintensität regulieren kannst. Du förderst intensiv die Durchblutung des Körpers, kannst Verspannungen lösen und die Regeneration nach einer körperlichen Belastung beschleunigen.

Probier die Massage mit der Faszienrolle und der Faszienkugel zuerst mit geringer Druckintensität aus. Du wirst die folgenden Übungen und das Gefühl für den geeigneten Druck leicht erlernen und bereits nach wenigen Anwendungen deutlich weniger Schmerzen und Verhärtungen fühlen. Dein Bindegewebe wird weicher und elastischer, und mit der Zeit wird sich das Abrollen angenehm anfühlen und Dir wohltun. Du kannst die Massage als Diagnoseinstrument zur Einschätzung Deines Muskelzustandes ansehen: Je weniger Schmerz Du beim Rollen fühlst, in umso besserer Verfassung ist das Bindegewebe.

Bei den ersten Anwendungen wirst Du möglicherweise spüren, dass sich eine Körperseite deutlich verspannter als die andere Seite anfühlt. Ist beispielsweise die rechte Oberkörperseite sehr verspannt, kann dies zu Stechen im rechten Arm führen und das Auftreten einer Ellbogenentzündung fördern. Mach dort die Massage langsam und vorsichtig und achte auf die Reaktion Deines Körpers. Bei der nächsten Massage wirst Du schon eine leichte Verbesserung feststellen.

HINWEISE ZUR DURCHFÜHRUNG

Führ pro Körperpartie 5–10 Rollbewegungen über eine Dauer von 30–60 Sekunden durch. Du beginnst am Muskelansatz und rollst bis zum Ende des Muskels. Mach langsame Rollbewegungen vor und zurück. Manche Muskelgruppen wie die Rumpfseite musst Du in mehreren Schritten abrollen und dazu die Rolle etwas umlegen.

Vermeide es möglichst, über Knochen und Gelenke zu rollen. Roll beispielsweise nicht über Kniegelenke und über die Wirbelsäule von einer zur anderen Seite. Auch ein Hohlkreuz sollst Du nicht einnehmen, achte deshalb auf eine angespannte Bauch- und Gesäßmuskulatur.

Gewöhn Dich langsam an die Härte der Massage, indem Du die Druckintensität mit der Zeit intensivierst. Roll immer über beide Körperseiten, auch wenn hier die Massage nur für eine Körperseite beschrieben ist.

Führst Du Abrollen und Dehnübungen in einer Trainingsphase aus, dann mach das Abrollen vor dem Dehnen, da die Muskeln durch die Massage weicher werden und danach besser gedehnt werden können.

Vor dem Krafttraining ist es das Ziel, leichte Verklebungen zu lösen und die Durchblutung der Muskulatur zu steigern. Dazu rollst Du gleichmäßig und nicht zu druckintensiv; eine Dauer von maximal fünf Minuten genügt. In der Aufwärmphase sollst Du nicht intensiv gegen stark schmerzende Körperstellen beziehungsweise Triggerpunkte vorgehen, da dies zu Schwellungen im Bindegewebe führen kann.

Nach dem Training sowie in einer eigenständigen Rolleinheit ist ein intensives Abrollen sinnvoll. Es empfiehlt sich, nach dem Training fünf bis zehn Minuten zu rollen und in der Freizeit fünf bis zwanzig Minuten, abhängig vom Körperempfinden. Du kannst dann auch eine intensive Schmerzbehandlung vornehmen.

Liegt eine kleine Schmerzfläche oder ein tiefliegender ausstrahlender Triggerpunkt vor, dann benutzt Du die kleine Kugel, z.B. am Gesäß, oder drückst mit dem Daumen fest auf den Triggerpunkt; auch ein Thai-Massagestäbchen lässt sich gut einsetzen. Nach 30 Sekunden lässt der Schmerz etwas nach, und Du kannst den Druck intensivieren.

Schmerzende Körperstellen kannst Du täglich abrollen. Dies ist auch zweimal täglich möglich, beispielsweise morgens und abends, vorausgesetzt, es entsteht keine Schwellung an dieser Körperstelle; ansonsten musst Du warten, bis diese abgeklungen ist (das dauert meistens zwei bis drei Tage).

ÜBUNGEN

Auf den folgenden Seiten geht es um die Massage von Körperregionen, die oft deutlich verspannt sind und die Leistungsfähigkeit von Fitnesssportlern einschränken. Grundsätzlich kannst Du die Massage für alle Körperbereiche einsetzen; das Prinzip des langsamen Rollens ist dasselbe.

Für die Übungen benötigst Du eine große Hartschaumrolle und zumindest eine kleine Hartschaumkugel; alternativ zu der kleinen Kugel kannst Du einen Tennisball oder einen Lacrosse-Ball einsetzen. Die große Kugel wäre auch s nnvoll, falls Du diese mit der kleinen Kugel zusammen im Paket erwerben kannst.

ANWENDUNG DES ABROLLENS

Du kannst das Abrollen einsetzen, um Dein Bindegewebe zu pflegen und Verspannungen und Verklebungen zu beseitigen. Bei einer ernsthaften Verletzung musst Du Dich jedoch vor dem Abrollen **mit einem Orthopäden absprechen**.

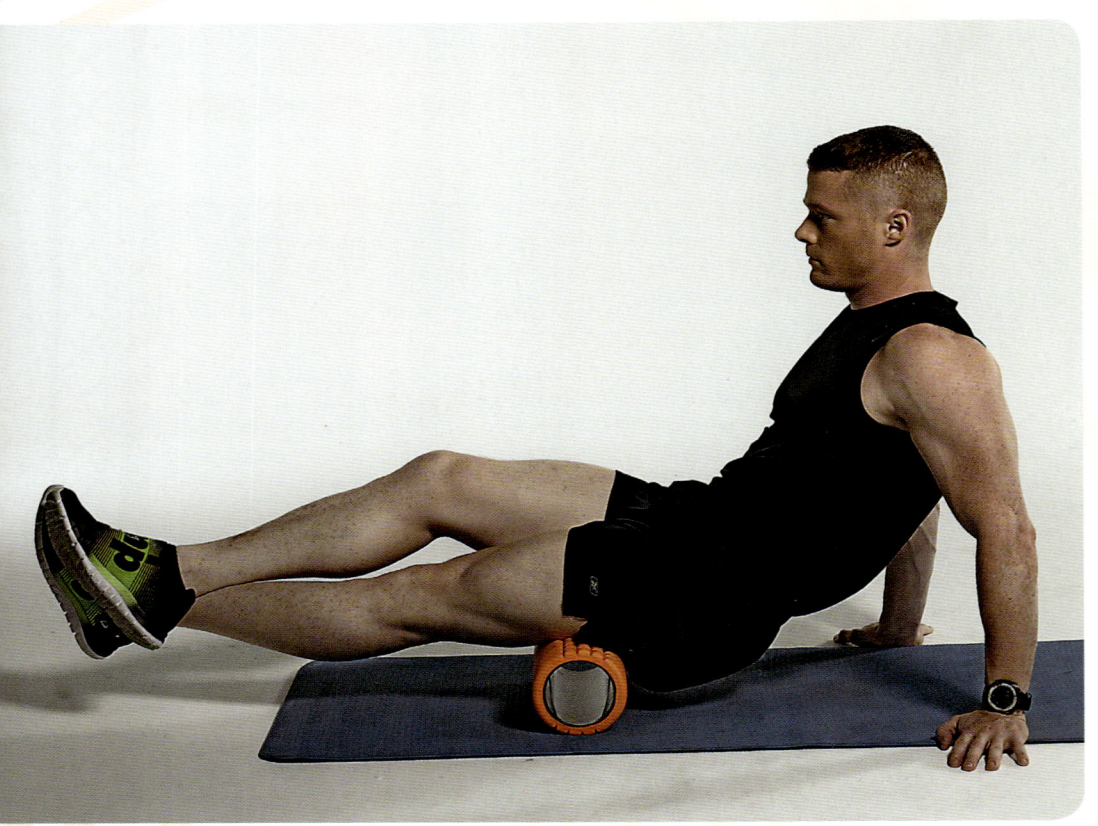

R1 ROLLEN ÜBER DIE FUSSSOHLEN

Nutz diese Übung, um die Muskulatur der Fußsohlen zu massieren. Du kannst im Stand (Bild A) oder im Sitzen üben. Stell den Fuß auf die Kugel, erzeug die gewünschte Druckintensität und roll dann vor und zurück. Bearbeite das ganze Fußgewölbe und auch die Innenseite. Um an der Innenseite Druck aufzubauen, kannst Du mit der anderen Fußinnenseite oder mit der Hand gegen den Ball drücken (Bild B).

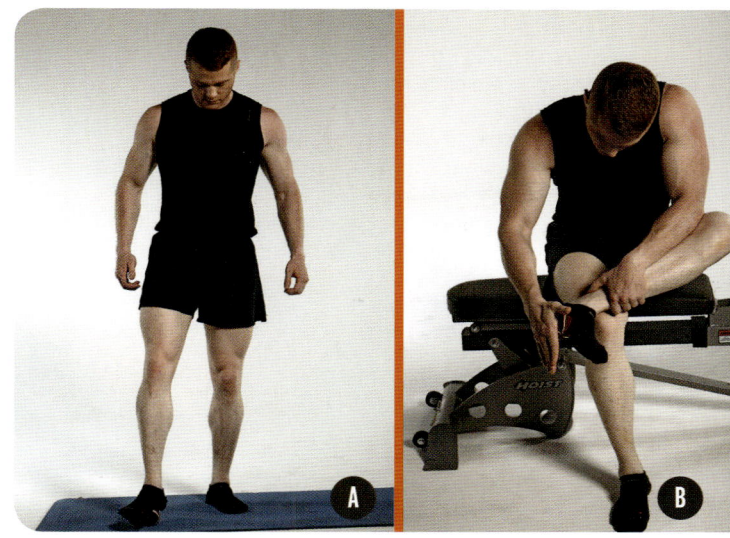

R2 ROLLEN ÜBER DIE WADENMUSKULATUR

Setz Dich auf den Boden mit gestrecktem Übungsbein und platzier den Unterschenkel auf der querliegenden Rolle. Stütz Dich mit den Händen und dem Fuß der anderen Seite ab oder positionier beide Beine auf der Rolle. Einsteiger lassen das Gesäß am Boden; Fortgeschrittene heben es an. Du kannst den Druck intensivieren, indem Du die Beine übereinander legst (siehe Bild). Nach dem Rollen über den einen Unterschenkel wechselst Du die Übungsseiten.

Falls Du Schmerzpunkte spürst, beispielsweise am Schienbeinansatz oder an der Außenseite des Unterschenkels, dann drehst Du Dich etwas und richtest die Rolle entsprechend aus. Alternativ kannst Du schmerzende Bereiche des Unterschenkels im Sitz mit der Kugel abrollen.

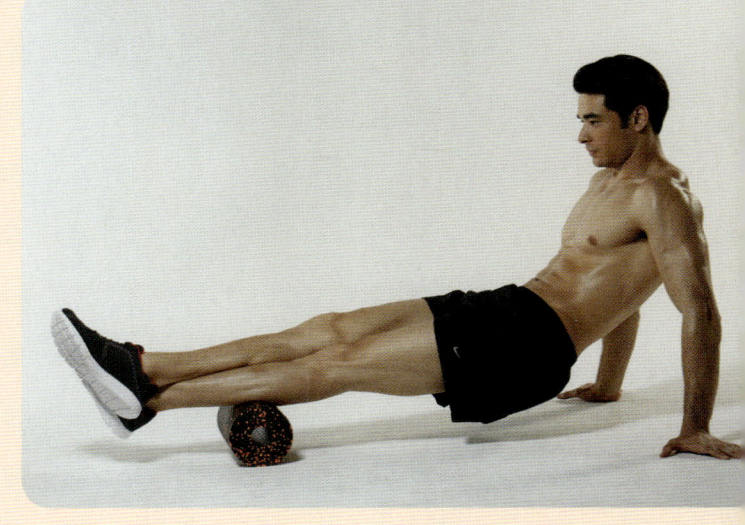

R3 ROLLEN ÜBER DIE OBER-SCHENKELRÜCKSEITEN

Setz Dich mit den Oberschen- kelrückseiten auf die Rolle und stütz Dein Körpergewicht mit den Händen ab. Du kannst gleichzeitig über beide Ober- schenkel rollen oder aber die Beine übereinander legen, um den Druck zu erhöhen, und dann die Beine nacheinander abrollen. Falls der Druck zu hoch sein sollte, kannst Du den freien Fuß auf den Boden aufstellen.

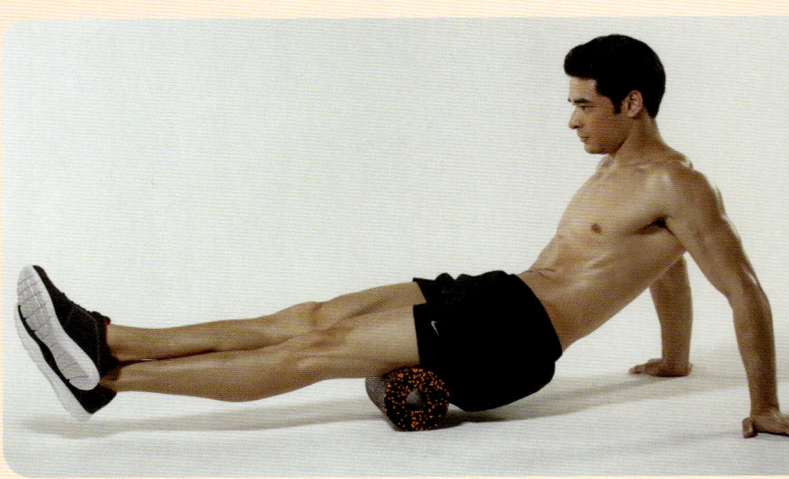

R4 ROLLEN ÜBER DIE OBER-SCHENKELAUSSENSEITEN

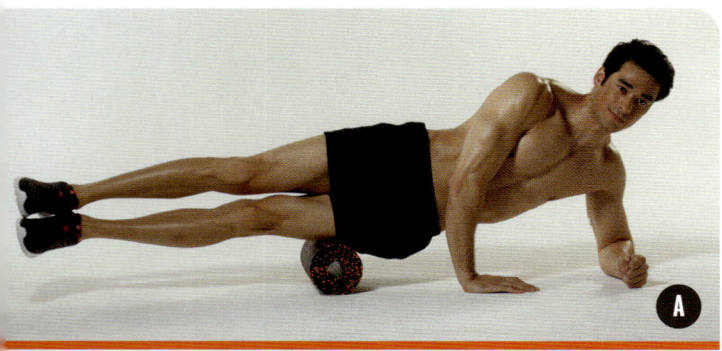

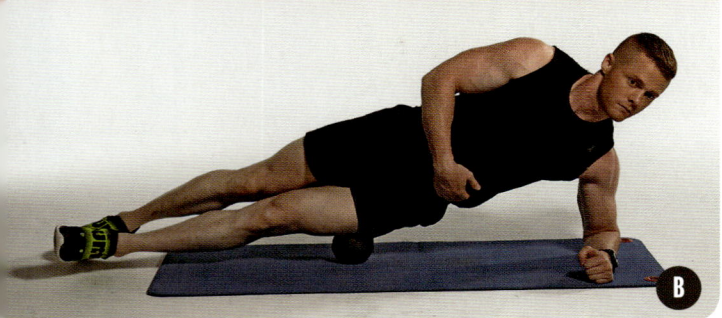

Für diese Übung begibst Du Dich in Seitenlage, das untere Bein ist gestreckt abgelegt. Mit der oberen Hand und dem obe- ren Fuß stützt Du Dich vor dem Körper ab. Als Fortgeschrittener kannst Du den Druck erhöhen, indem Du beide Beine gestreckt in die Luft hebst (Bild A).

Manchmal bestehen kleine schmerzende Stellen am Hüft- ansatz, in mittlerer Höhe der äußeren Oberschenkelmusku- latur oder an Muskelansätzen nahe zum Knie. Solche Stellen kannst Du in Seitenlage mit der Kugel abrollen (Bild B). Ist der Druckschmerz zu intensiv, dann kannst Du den Druck im Sitz mit der kleinen Kugel, dem Daumen oder dem Thai-Massagestäb- chen ausführen.

R5 ROLLEN ÜBER DIE OBER-SCHENKELVORDERSEITEN

Bei dieser Übung nimmst Du den Unterarmstütz ein, um über die Oberschenkel zu rollen. Wenn Du den Druck als sehr hart empfindest, dann kannst Du die Fußspitzen am Boden lassen; ansonsten halt die Beine in der Luft (siehe Bild).

Schmerzende Stellen an den Hüften lassen sich gut mit der Kugel bearbeiten. Dies kannst Du in Bauchlage machen oder im Stand durch Druck mit der Hand.

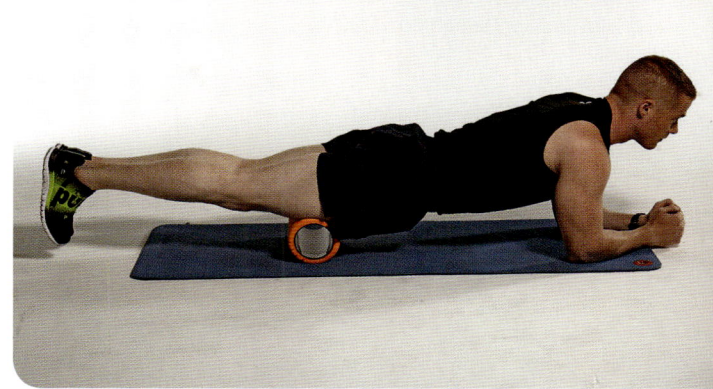

R6 ROLLEN ÜBER DIE OBER-SCHENKELINNENSEITEN

Stütz Dich mit den Unterarmen und dem freien Fuß ab und roll über die Innenseite des ange- winkelten Beins (Bild A). Halt den Bauch in Spannung und den Rücken gerade. Du kannst die Massage intensivieren, indem Du das Übungsbein gestreckt seitlich abspreizt und beide Beine in die Luft hebst.

Alternativ kannst Du die Übung in Seitenlage ausführen, indem Du das untere Bein gebeugt vor den Körper bewegst und die Innenseite des oberen Beins abrollst.

Triggerpunkte bestehen oftmals am Knieansatz und an der Ober- schenkelmitte. Diese kannst Du im Liegen mit der Kugel (Bild B) oder im Sitzen mit Kugel, Dau- men oder Thai-Massagestäb- chen bearbeiten.

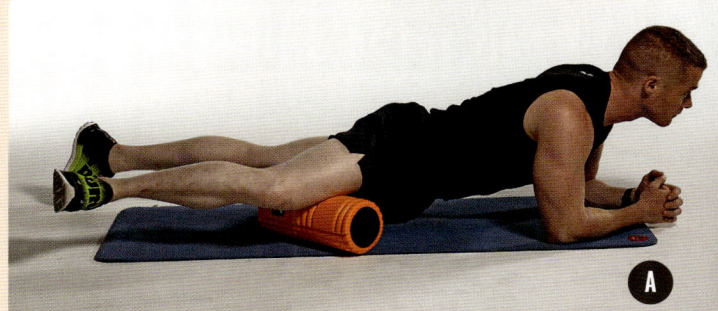

A

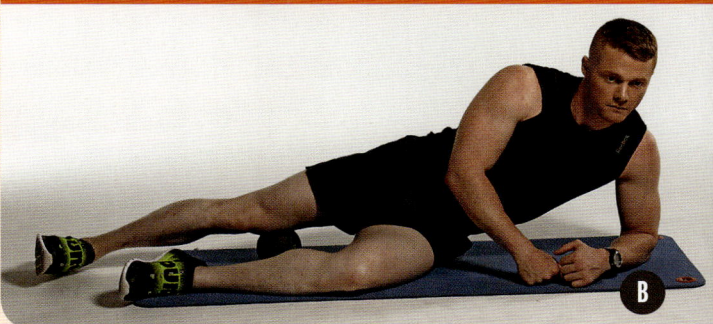

B

R7 ROLLEN ÜBER DIE GESÄSSMUSKULATUR

Setz Dich auf die Rolle und halt die Hände (Bild A) oder die Beine in der Luft. Ist der Druck zu intensiv, kannst Du Dich mit den Füßen und den hinten abgestellten Händen abstützen.

Der Gesäßmuskel hat oft kleine schmerzende Stellen, die sich mit der Kugel abrollen lassen. Setz Dich dazu mit einer Gesäßhälfte auf die Kugel (Bild B).

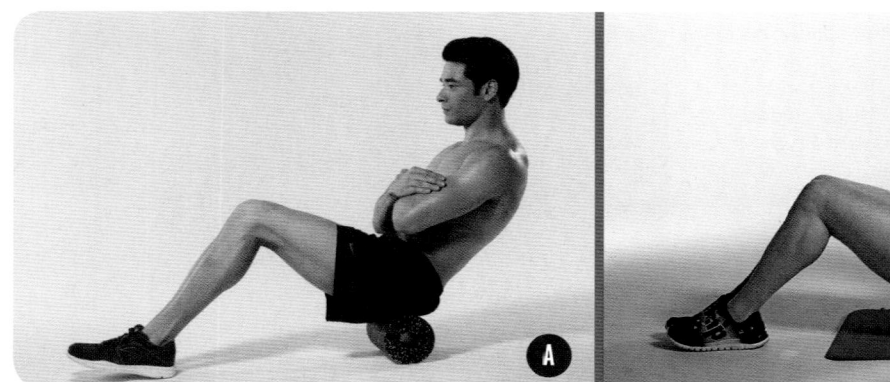

R8 ROLLEN ÜBER DEN UNTEREN RÜCKEN

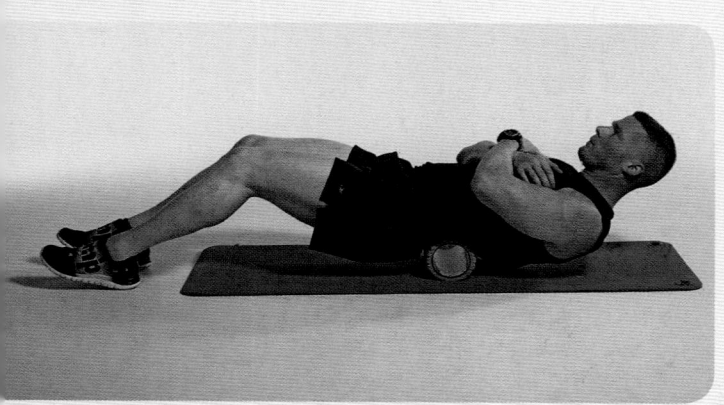

Bei dieser Übung gleitest Du mit der Rolle über den unteren Rücken. Halt den Rücken gerade und die Bauchmuskulatur in Spannung. Einsteiger stützen sich mit den Händen beziehungsweise Unterarmen ab; Fortgeschrittene halten die Hände vor dem Körper (siehe Bild) oder hinter dem Kopf.

R9 ROLLEN ÜBER DEN OBEREN RÜCKEN

Für diese Übung legst Du Dich mit dem oberen Rücken auf die Rolle und hebst das Gesäß an. Die Arme kannst Du vor der Brust (siehe Bild) oder über den Kopf gestreckt halten. Achte auf einen geraden Rücken und angespannte Bauch- und Gesäß- muskulatur. Wenn die Druckbe- lastung zu intensiv ist, kannst Du Dich mit den Händen am Boden abstützen.

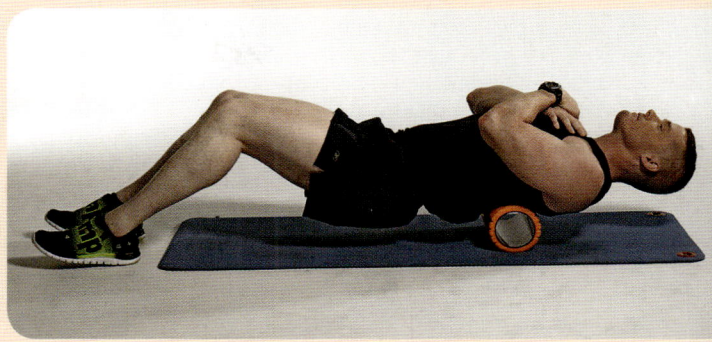

R10 ROLLEN ÜBER DIE OBERKÖRPERSEITEN

Mach das Abrollen der Oberkörperseiten in Seitenlage, wobei Du zuerst den unteren Bereich abrollst. Danach legst Du die Rolle etwas höher, streckst den unteren Arm nach oben aus und rollst über den oberen Bereich (Bild A). Ergän- zend kannst Du auch über die hintere Oberarm- muskulatur rollen.

Recht häufig entwickeln sich Verspannungen am Rand der Rückenmuskulatur, die sich mit einer Faszienkugel (Bild B) behandeln lassen.

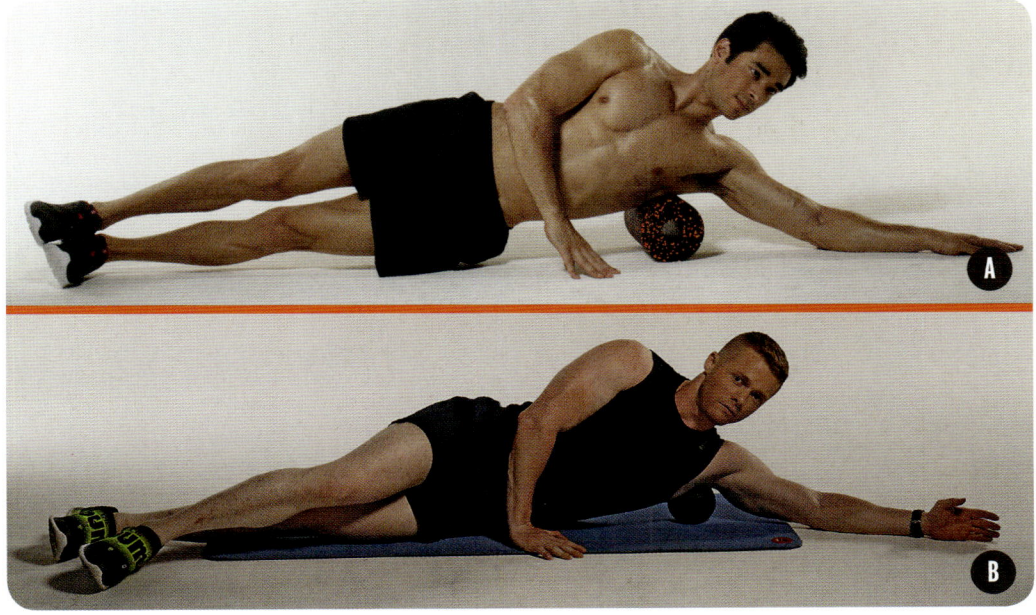

R11 ROLLEN ÜBER DIE SCHULTERBLATT- UND DIE NACKENMUSKULATUR

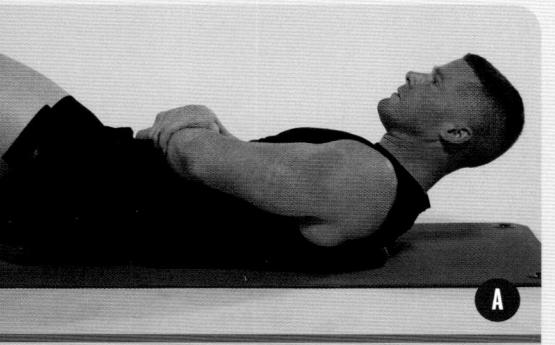

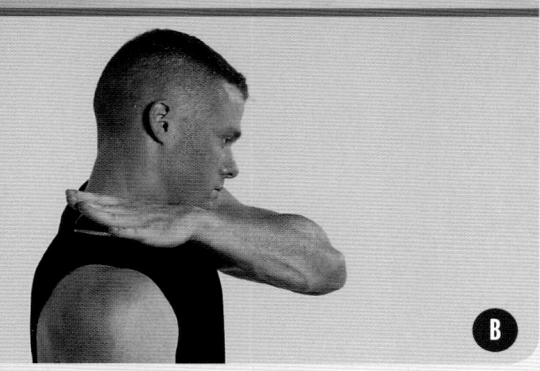

Den Bereich um die Schulterblätter kannst Du mit der Kugel massieren, indem Du Dich auf diese legst und dann kleine Bewegungen mit dem Körper machst. Ziel ist es, kleine Rollbewegungen auf der Muskulatur auszuführen. Du kannst die Arme vor dem Körper (Bild A) oder aber den Arm der bearbeiteten Seite gerade vorgestreckt halten. Vermeide es, kraftvoll über die Schulterblätter zu rollen. Alternativ kannst Du den Druck im Sitz mit der Hand ausüben.

Du kannst im Sitz den Nackenbereich mit der Kugel kreisend massieren. Vermeide beim Abrollen des Nackens, auf den Halswirbel zu drücken. Die Variante im Sitz ermöglicht außerdem, den Trapezius durch Druck von oben abzurollen (Bild B).

R12 ROLLEN ÜBER DIE BRUSTMUSKULATUR

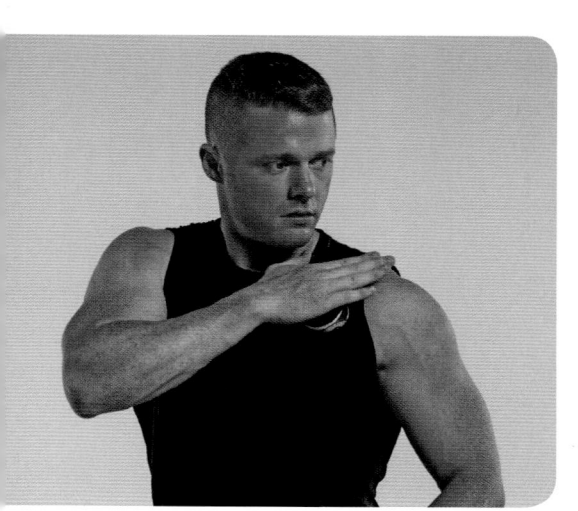

Um die Brustmuskulatur im Liegen abzurollen, legst Du in Bauchlage den Arm diagonal nach oben und die Rolle etwas schräg, so dass Du den Muskel entlangrollen kannst. Oder Du nutzt die Kugel.

Alternativ kannst Du im Sitz die Brustmuskulatur mit der Kugel abrollen (siehe Bild), wozu Du kreisende Bewegungen auf dem ganzen Muskel machst.

R13 ROLLEN ÜBER DIE SCHULTER-MUSKULATUR

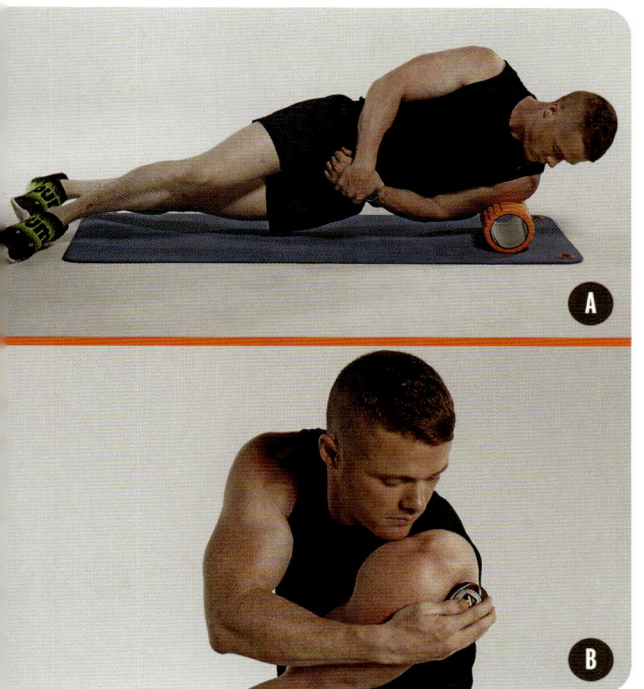

Du kannst die Schultermuskulatur in Seitenlage abrollen. Dazu rollst Du zuerst mit nach vorne zeigendem Arm über die Schultermuskulatur. Dann legst Du den Arm hinter den Körper und rollst in dieser Position, um unterschiedliche Muskelanteile zu erreichen. Du kannst das Gewicht auf den Ball oder die Rolle verlagern oder Dich mit der oberen Hand abstützen. Du erreichst die besten Effekte mit der großen Kugel; die Massage ist aber auch mit der kleinen Kugel möglich. Mit der Hartschaumrolle lässt sich der mittlere Anteil recht gut abrollen (Bild A), der hintere und der vordere Anteil allerdings nur teilweise durch Drehen der Rolle.

Alternativ kannst Du die Schultermuskulatur im Sitzen abrollen, indem Du Druck mit der Hand auf die Kugel ausübst. So erreichst Du alle Anteile der Schultermuskulatur (Bild B), allerdings mit weniger Druckintensität als im Liegen.

R14 ROLLEN ÜBER DIE ARMMUSKULATUR

Um die Armmuskulatur zu lockern, rollst Du von oben nach unten. Roll über die hintere Oberarm- und Unterarmmuskulatur sowie über die vordere Oberarm- und Unterarmmuskulatur. Wenn Du die Massage im Liegen ausführst, wodurch intensiver Druck möglich ist, musst Du die Position der großen Rolle beziehungsweise der Kugel jeweils anpassen.

Für das Massieren der Arme im Sitz kannst Du eine Kugel (siehe Bild) oder eine dünne, kleine Rolle einsetzen.

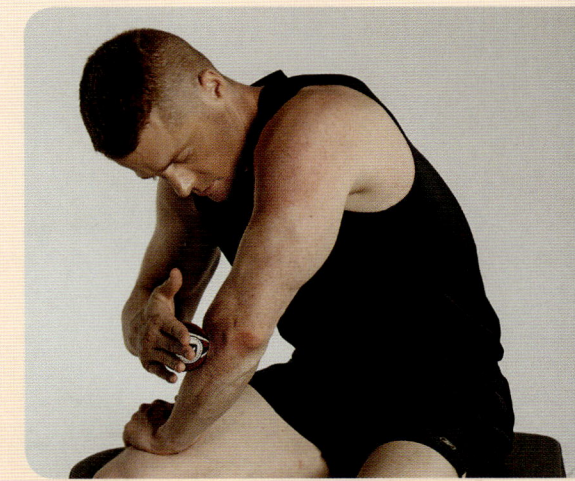

ROLL-WORKOUT: GANZKÖRPER

Dieses Ganzkörperprogramm ist zur Zeitersparnis mit möglichst geringer Übungszahl gestaltet. Es konzentriert sich auf die Muskeln, die oft verspannt sind und somit die Bewegungskette einer Kraftübung einschränken können. Wenn bei Dir andere Körperbereiche verspannt sind, kannst Du das Programm entsprechend anpassen. Roll fünf- bis zehnmal über die Muskeln; beim Aufwärmen eher schnell und beim Abwärmen sowie an Regenerationstagen eher langsam.

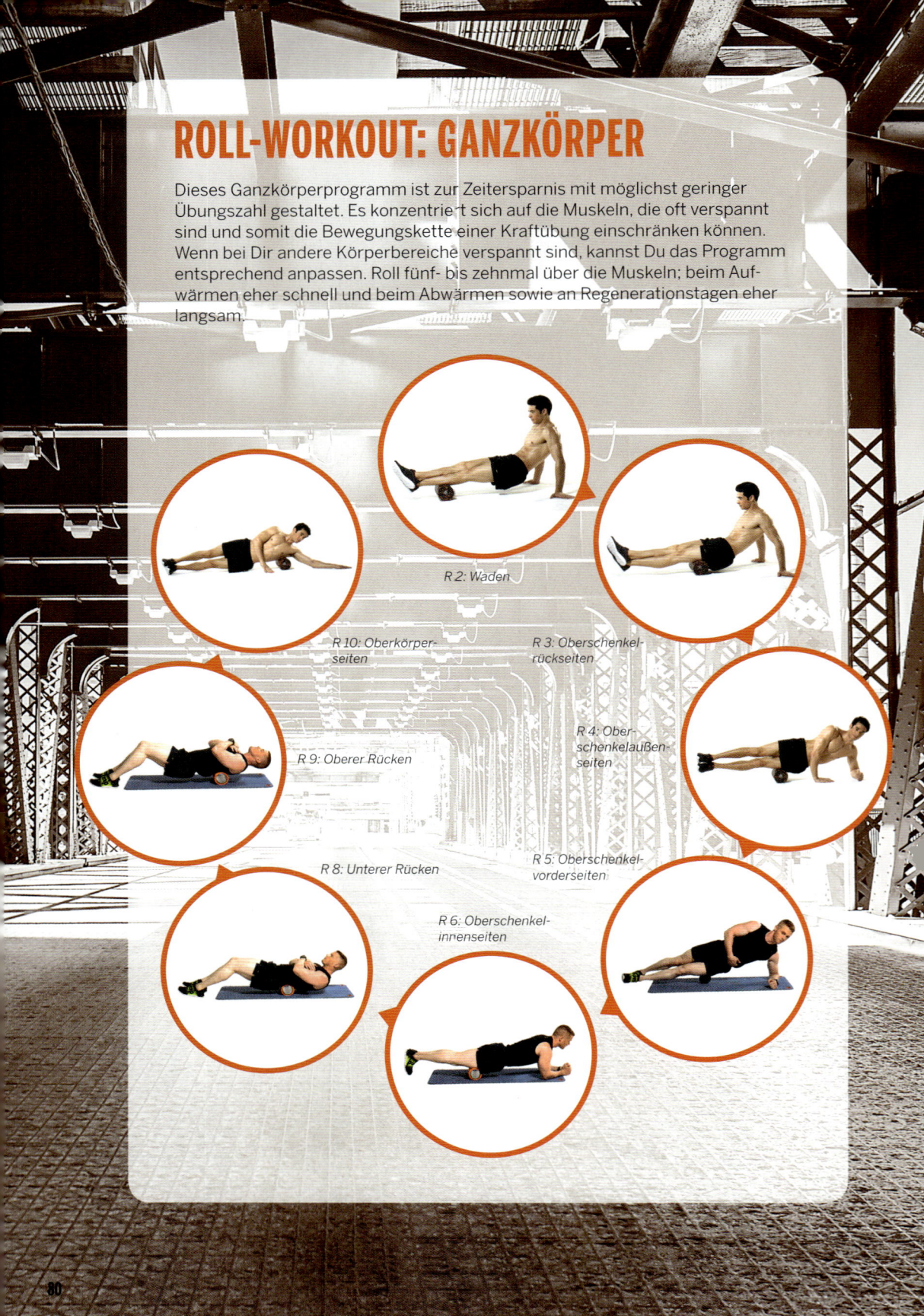

R 2: Waden

R 10: Oberkörper-seiten

R 3: Oberschenkel-rückseiten

R 4: Ober-schenkelaußen-seiten

R 9: Oberer Rücken

R 8: Unterer Rücken

R 5: Oberschenkel-vorderseiten

R 6: Oberschenkel-innenseiten

ENTSPANNEN

Bewusste Entspannung ist auch für echte Kerle empfehlenswert, denn ein **entspannter Körper kann schneller regenerieren**. Die Konzentration auf eine tiefe Atmung für einige wenige Minuten erlaubt Dir, von Belastungen abzuschalten, gleich ob nach einer intensiver Trainingseinheit oder im stressigen Alltag. Indem Du bewusst die Atmung steuerst, kannst Du sie ruhig und gleichmäßig werden lassen und Dich erholen. Nimm Dir für die ersten Übungseinheiten etwa fünf Minuten Zeit; später genügen bereits zehn tiefe Atemzüge zum Erreichen der positiven Effekte. Wähl einen ruhigen Ort aus und üb wenn möglich mit offenem Fenster oder sogar im Freien.

Willst Du die bewusste Entspannung vertiefen, dann teste die Entspannungsmethode »Progressive Muskelentspannung«. Bei dieser Methode spannst Du einzelne Muskelgruppen kurz an und löst die Spannung schnell wieder. Dies gelingt ganz einfach, wenn Du Dich von einer Übungs-CD anleiten lässt. Eine CD mit gesprochener Anleitung wird im Handel bereits ab 10 EUR angeboten. Ebenso sind Yoga und Meditation gute Methoden, um den Körper zu entspannen.

VORGEHEN BEI DER ATEMÜBUNG

◉ Leg Dich entspannt in Rückenlage. Den Nacken und die Knie kannst Du unterpolstern;
die Füße weisen leicht nach außen. Alternativ legst Du die Unterschenkel auf ein Polster (Stufenlagerung), oder Du stellst die Beine gebeugt auf (wie hier dargestellt). Geübte können die Atemübung auch im Sitz oder Stand machen.

◉ Leg die Handflächen auf den Bauch, so dass sich bei Ausatmung die Mittelfinger berühren. Bei der Einatmung spürst Du, wie sich die Finger auseinander bewegen. Oder Du legst eine Hand über den Bauchnabel und eine Hand darunter und fühlst so, wie sich der gesamte Bauch hebt und senkt.

◉ Atme durch die Nase tief in den Bauch ein und nimm wahr, wie sich der Brustkorb weitet. Wenn Du vollständig eingeatmet hast, hältst Du kurz die Luft an, bevor Du diese dann langsam durch den Mund fließen lässt. Beim Ausatmen kannst Du kurz stoppen und dann die Luft weiterfließen lassen. Am Ende der Ausatmung spannst Du die Bauchmuskulatur an, um die Luft vollständig herauszupressen. Konzentrier Dich vollständig auf die Atmung. Nimm wahr, wie sich der Zwischenraum zwischen den Finger weiter vergrößert, umso länger Du übst und der Körper sich immer weiter entspannt.

◉ Zähl innerlich bis drei, und lös dann die Entspannung bewusst auf. Ball die Fäuste und mach einige Streckbewegungen. Wenn Du diese Atmung jedoch vor dem Schlafen ausführst, dann brauchst Du die Entspannung nicht auflösen.

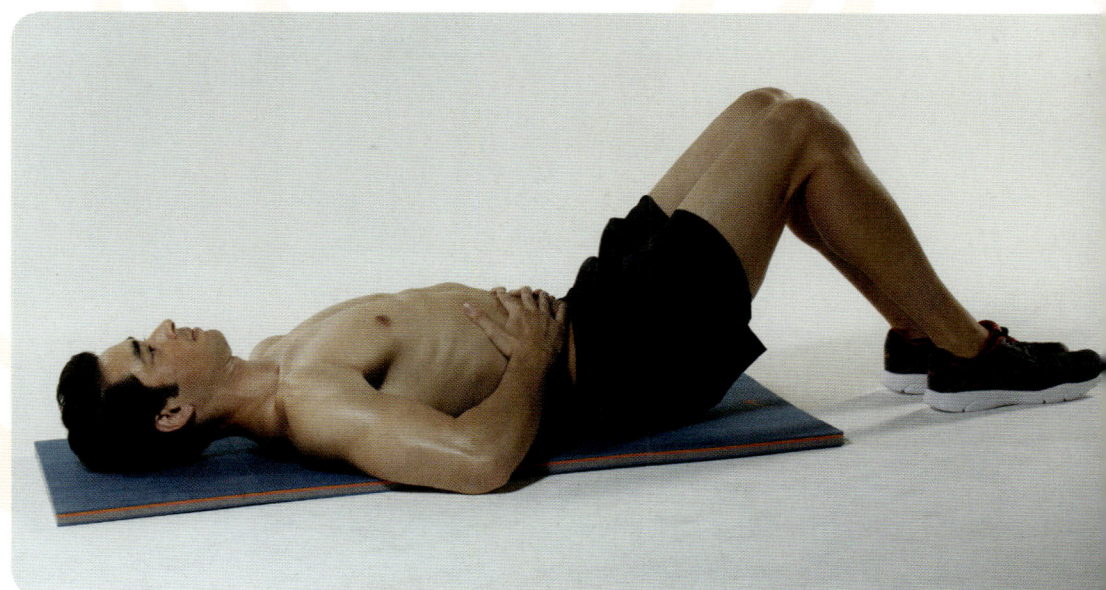

Richtige Power im Oberkörper entwickelst Du mit funktionellen Übungen. Diese sind den alltäglichen Anforderungen an Deinen Körper vergleichbar und beziehen viele Muskeln gleichzeitig in die Bewegung mit ein. Mach Übungen mit dem eigenen Körpergewicht und nutz funktionelle Trainingsgeräte. Dabei ist nicht entscheidend, dass Du möglichst viele Tools verfügbar hast, sondern dass Du alle wichtigen Bewegungen mit den vorhandenen Möglichkeiten kräftigst.

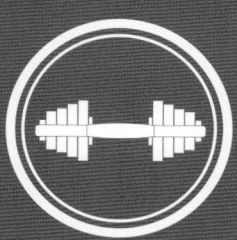

KRAFT-TRAINING

KAPITEL 3
KRAFTTRAINING

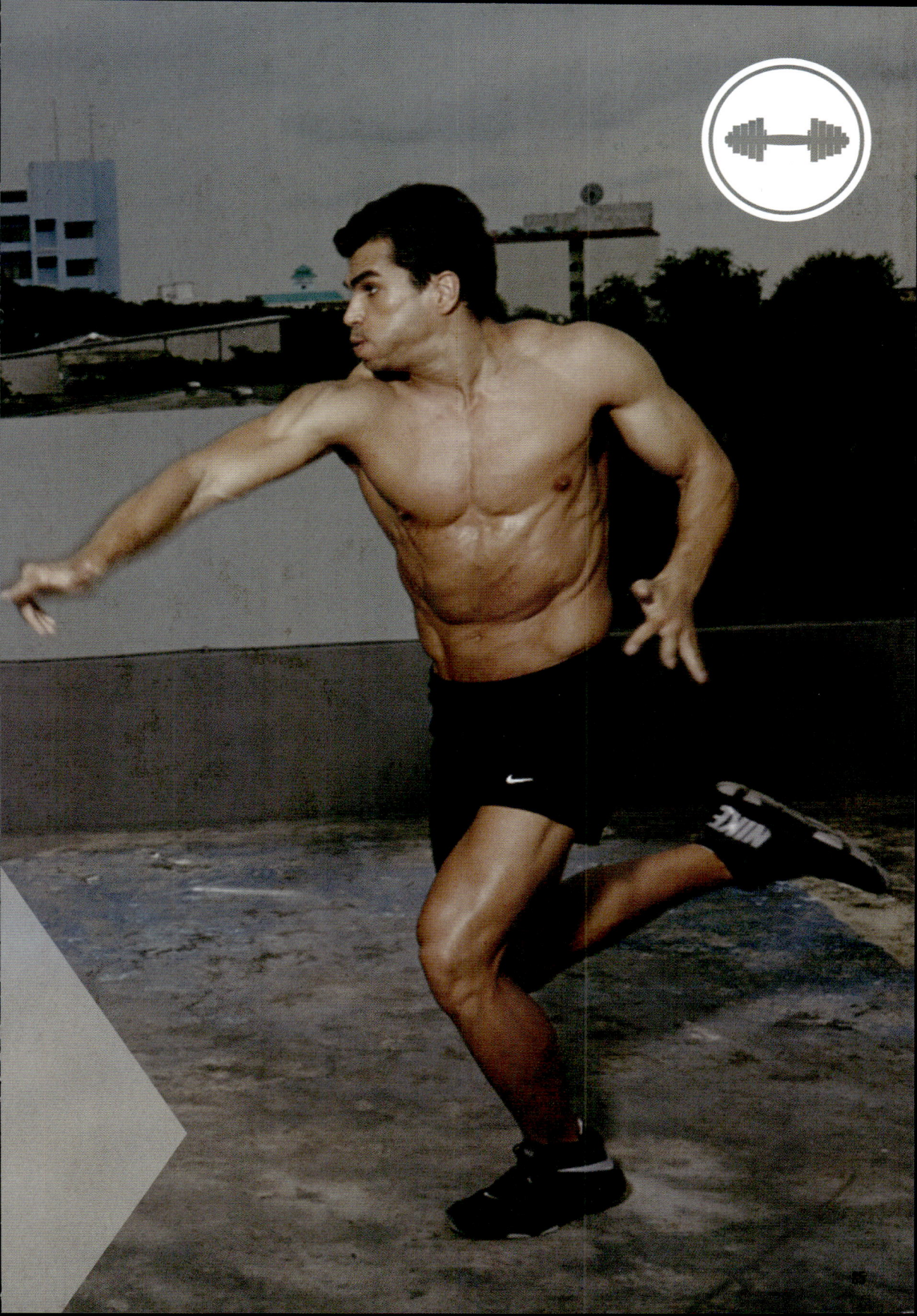

1 TRAININGSMETHODEN

In diesem Abschnitt findest Du **funktionelle Kraftübungen**, mit denen Du Deinen Körper effektiv trainierst und Deine Leistungsfähigkeit deutlich steigerst. Ich habe Übungen ausgewählt, die auch im selbstständigen Training daheim ausführbar sind. Fehlen Dir für eine vorgestellte Übung die Trainings-Tools, dann mach stattdessen eine der Körpergewichtsübungen für dieselbe Bewegungsrichtung (Muskelgruppe).

Ich stelle Dir zuerst die Übungen für den Oberkörper vor, dann für den Unterkörper und schließlich für den Rumpf. Außerdem findest Du effektive Ganzkörperübungen. Die Übungen sind so zusammengestellt, dass alle wichtigen Muskelgruppen effektiv trainiert werden. Ich zeige jeweils mehrere Varianten, damit Du das Training Deinem Leistungsniveau anpassen kannst und nicht an einen speziellen Ort gebunden bist. Wichtig ist es, auf ein ausgeglichenes Körpertraining sowie auf ein intensives Training der Core-Muskeln zu achten, der tieferliegenden Muskulatur von Bauch und Rücken; die

CORE-TRAININGS-POWER FÜR DEN RUMPF

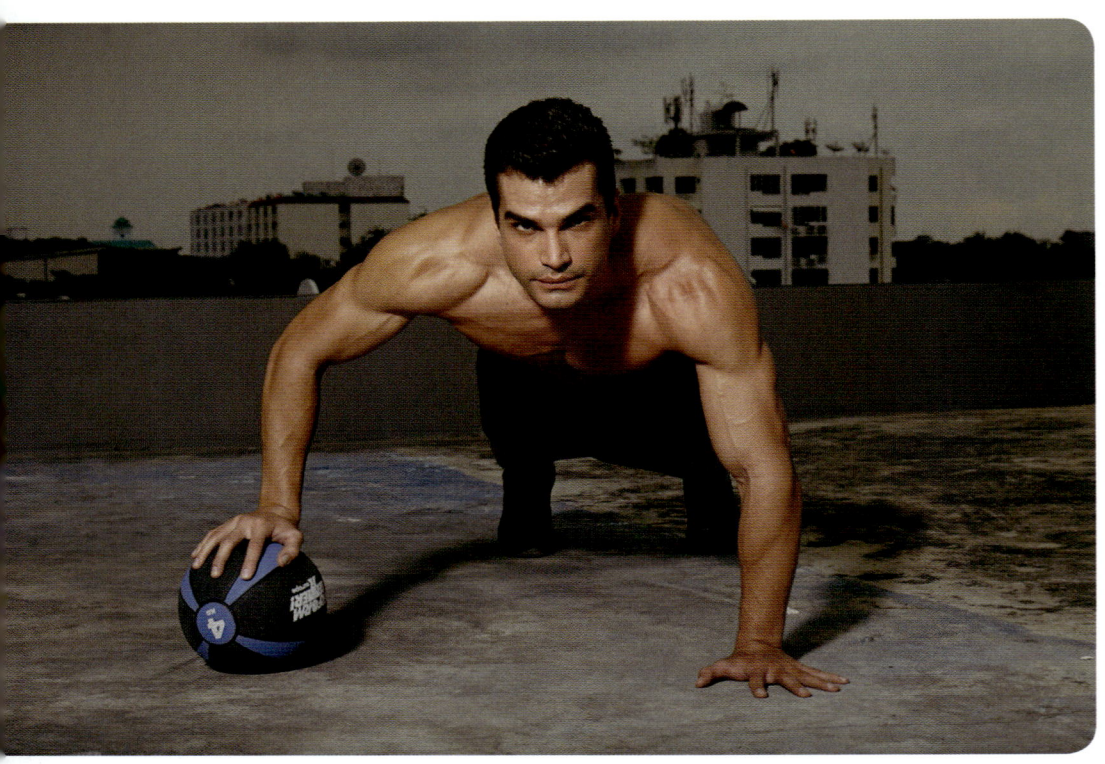

*Wenn Du ein fortgeschrittenes Trainingslevel erreicht hast, dann entscheid Dich möglichst oft für einbeinige oder einarmige Ausführungen sowie Übungsvarianten auf instabilem Untergrund, denn diese anspruchsvollen Übungen müssen **ausbalanciert** werden, was den Rumpf und die Gelenkstabilisatoren kräftigt.*

Core-Muskeln sind zur Leistungserbringung ebenso wichtig wie zum Schutz.

Beim Training gilt immer als erste Priorität, Verletzungen zu vermeiden; der Bewegungsapparat soll nicht durch zu hohe Trainingsintensität und fehlerhafte Übungsausführung überlastet beziehungsweise verletzt werden. Mit den hier vorgestellten Trainingsmethoden und Übungen stellst Du ein effektives und erfolgreiches Training sicher.

Regel 1: Trainier den Körper ausgeglichen

- Bei der Zusammenstellung Deines Trainingsprogramms kommt es darauf an, dass Du Deinen Körper ausgeglichen trainierst. So entwickelst Du Dein optimales Kraftpotential und schützt den Körper bestmöglich vor Verschleiß und Verletzungen.

- Oberkörper, Unterkörper und Rumpf sind so zu trainieren, dass für eine **Bewegung** auch deren **Gegenbewegung** gekräftigt wird. Bei der Zusammenstellung der Übung ist nicht entscheidend, dass Du den Körper an einem Tag ausgeglichen trainierst, sondern über den Wochentrainingsplan hinweg verteilt. Du hast die Möglichkeit, die Workouts aufzuteilen.

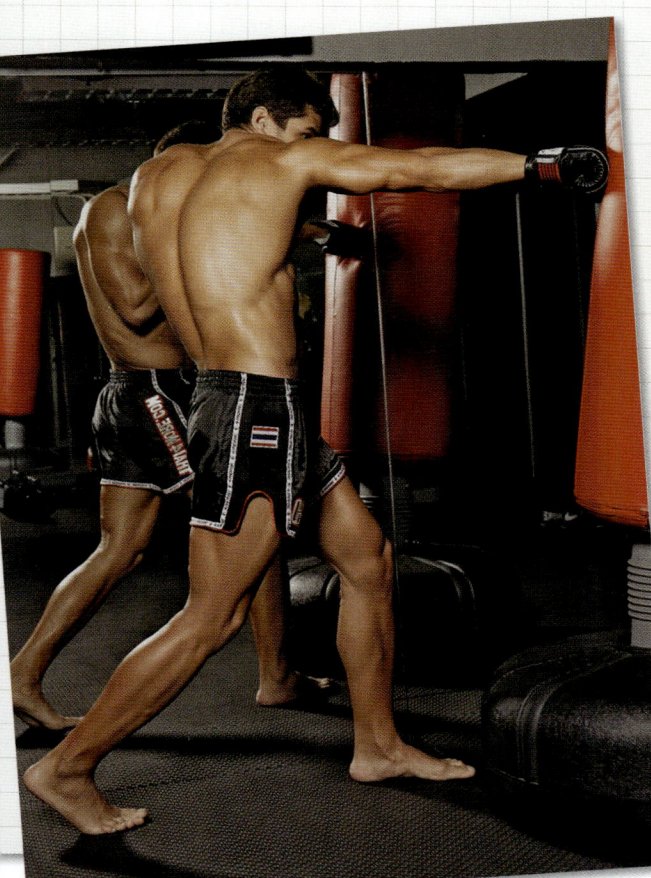

Manche Fitnesssportler trainieren einseitig; sie konzentrieren sich beispielsweise auf die Druckbewegung nach vorne mit »Bankdrücken« und/oder »Liegestütz«. Die entgegengesetzte Bewegungsrichtung – also der Zug nach hinten – muss aber mit der gleichen Intensität trainiert werden. Dies lässt sich an einem geraden Boxschlag gut nachvollziehen: mit dem Training der nach vorne drückenden Muskulatur wird das mögliche Kraftpotential vergrößert, die Schlagbewegung muss aber ausgeglichen und stabilisiert werden. Nur mit einer kräftigen Rückenmuskulatur kannst Du den geraden Boxschlag im optimalen Bewegungsumfang und also mit großer Wirkung ausführen. Weitere häufige Schwachstellen aufgrund von einseitigem Training sind die hintere Oberschenkel- und Gesäßmuskulatur sowie die seitliche Rumpfmuskulatur. In den entsprechenden Buchabschnitten lernst Du, wie Du diese Körperpartien effektiv trainierst.

◀ *Eine kraftvolle hintere Gerade beruht auf dem Muskelzusammenspiel vom Fuß bis zur Schlaghand.*

Regel 2: Wähl den richtigen Schwierigkeitsgrad

◉ Wähl die Intensität der Übung immer so, dass die Anforderung Deinem Leistungsstand entspricht – es ist grundlegend, dass Du jede Übung technisch korrekt ausführst. **Vermeide Ausweichbewegungen und Fehlstellungen**, denn die machen Dich nicht stärker, sondern führen nur zu Verletzungen und vorzeitigem Verschleiß.

◉ Bist Du noch Einsteiger im Krafttraining, dann führ die Übungen zuerst mit geringer Belastung aus, also eher mit zu niedriger als zu hoher Intensität. Denn Dein Körper muss sich noch an das Training gewöhnen. Denk auch dran, dass sich Muskeln schneller an die Anforderungen anpassen als die Sehnen und Bänder.

◉ In diesem Buch findest Du für alle Übungen Möglichkeiten, sie zu vereinfachen oder zu intensivieren, so dass Du mit dem für Dich geeigneten Schwierigkeitsgrad trainieren kannst. Wähl die Übungsvariante und die Intensität beziehungsweise das Zusatzgewicht immer so, dass Dir die Ausführung technisch korrekt gelingt. Auch die Trainingspläne und Workouts im Buch sind entsprechend nach Schwierigkeitsgraden aufgeteilt, damit Du Deine Leistungsfähigkeit effizient aufbauen kannst.

◉ Im Krafttraining mit Zeitintervallen, wie in diesem Buch in den Workouts vorgeschlagen, wird ein Übungssatz 30–60 Sekunden lang ausgeführt. Du kannst den Satz auf bis zu 120 Sekunden verlängern, falls es Dein Ziel ist, vorrangig die Kraftausdauer zu fördern. Wenn Du während eines Übungssatzes merkst, dass Du Ausweichbewegungen einsetzt, dann geh während des Satzes zu einer leichteren Variante über und vervollständige den Satz so. Schaffst Du es, eine Übung länger als die Satzdauer auszuführen, dann kannst Du die Belastung steigern, indem Du eine intensivere Variante oder ein höheres Übungsgewicht nutzt. Erhöh aber die Intensität nur so weit, dass Du noch mindestens 30 Sekunden lang die Belastung korrekt ausführen kannst.

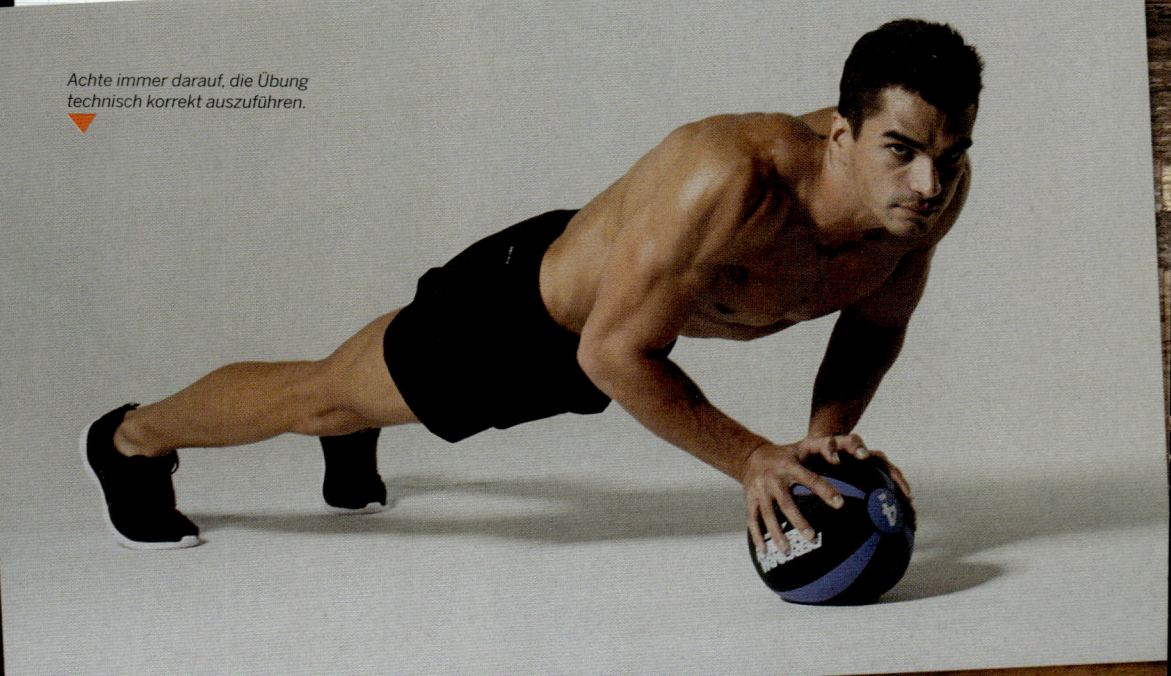

Achte immer darauf, die Übung technisch korrekt auszuführen.

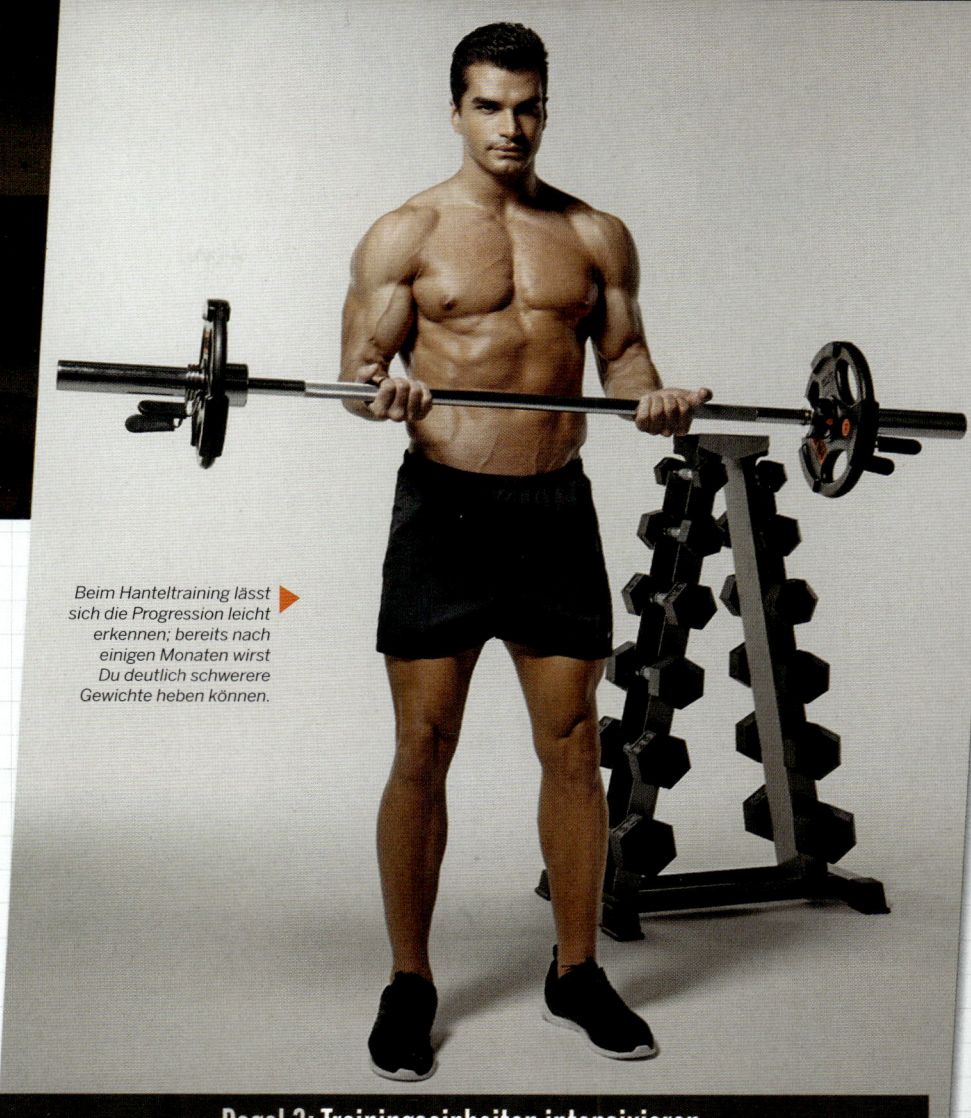

Beim Hanteltraining lässt sich die Progression leicht erkennen; bereits nach einigen Monaten wirst Du deutlich schwerere Gewichte heben können.

Regel 3: Trainingseinheiten intensivieren

⦿ Mit dem Training willst Du Deine körperliche Leistungsfähigkeit steigern. Dazu musst Du Deinen Körper beim Krafttraining ebenso wie bei jeder anderen Sportart fordern, Leistung zu erbringen. Durch die Belastungen in der Trainingseinheit ermüdet Dein Körper, er baut also seine Leistungsfähigkeit ab. **In der Regenerationsphase, die unmittelbar nach dem Training beginnt, reagiert er auf die Anstrengung mit Anpassungsvorgängen.**

⦿ Wenn man in einer Trainingseinheit mit einer größeren Intensität als in der vorherigen Einheit übt, also einen überschwelligen Reiz setzt, veranlasst dies den Organismus, in der Regenerationsphase ein größeres Leistungsniveau zu entwickeln. Trainingsziel ist es, kontinuierlich die Anforderungen zu steigern.

⦿ Da der Organismus das größere Leistungsvermögen nur für eine bestimmte Zeit zur Verfügung stellt, verringert sich die Leistungsfähigkeit wieder, wenn es nicht genutzt wird. Auch werden die möglichen Leistungssteigerungen mit fortlaufendem Training immer geringer. Spätestens nach zwölf Wochen musst Du Umstellungen am Trainingsprogramm vornehmen, da sich Dein Körper ansonsten auf die Anforderungen einstellt.

Regel 4: Übungsbelastungen intensivieren

● Die erste Option, die Belastung zu intensivieren, ist, die **Satzlänge zu verlängern** beziehungsweise mehr Wiederholungen auszuführen. Du kannst eine Intensivierung von mindestens vier Sekunden Belastungszeit beziehungsweise mindestens einer Wiederholung pro Woche erreichen (die Übungen in diesem Buch werden so ausgeführt, dass eine Übungswiederholung etwa vier Sekunden dauert) – vorausgesetzt, Du regenerierst genügend und ernährst Dich angemessen.

● Erreichst Du die Obergrenze für eine Satzleistung gemäß der gewählten Trainingsmethode, dann nutz eine andere Intensivierungsoption. Bei Übungen mit Zusatzgewicht, wie beispielsweise mit Hanteln, Medizinball oder Kettlebells, kannst Du nun das Gewicht erhöhen. Erhöh die Intensität aber nur so weit, dass Du die Übung noch technisch korrekt in der geplanten Zeitdauer beziehungsweise mit der geplanten Wiederholungszahl ausführen kannst.

● Eine andere Möglichkeit, eine Übung zu intensivieren, besteht – insbesondere beim Körpergewichtstraining – darin, die Position der abstützenden Kontaktpunkte zu verändern. Wenn Du beispielsweise die Füße beim Liegestütz auf einen kleinen Kasten positionierst, dann wird die Übung deutlich intensiver. Auch kannst Du das Gewicht verlagern, oder aber Du intensivierst die Übung umfangreich, indem Du ein abstützendes Körperteil anhebst.

● Als Fortgeschrittener kannst Du instabile Untergründe wie Gymnastikball, Balance-Pad, Therapiekreisel oder Kissen einsetzen, was die Übungen deutlich intensiviert und die stabilisierenden Muskeln kräftigt.

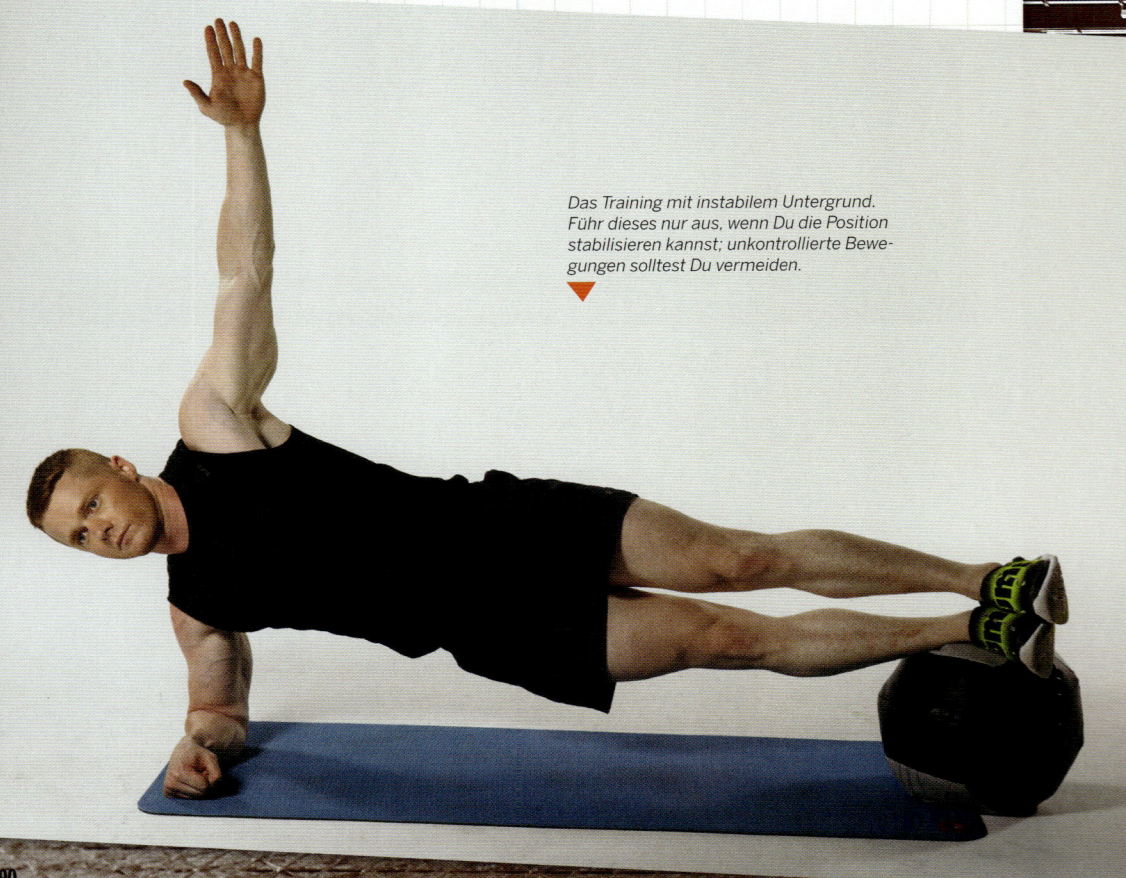

Das Training mit instabilem Untergrund. Führ dieses nur aus, wenn Du die Position stabilisieren kannst; unkontrollierte Bewegungen solltest Du vermeiden.
▼

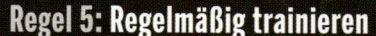

- Für erfolgreiches Training musst Du regelmäßig üben; so kannst Du kontinuierlich Deine Leistungsfähigkeit steigern. **Seltenes und sehr intensives Krafttraining ist hingegen nicht empfehlenswert**, da dies, wenn überhaupt, das Leistungsvermögens kaum verbessert, sondern vielmehr den Bewegungsapparat zusätzlich intensiv belastet.

- Es empfiehlt sich, dass Du jede wichtige Bewegungsrichtung beziehungsweise Muskelgruppe zwei- bis dreimal pro Woche kräftigst, um Leistungsverbesserungen zu erreichen. Die optimale Häufigkeit ist davon abhängig, wie intensiv Du trainierst und wie gut Dein Leistungsvermögen bereits ist. Umso besser Du trainiert bist, desto detaillierter muss der Trainingsplan ausgearbeitet werden, damit Du Deine Leistungen steigern kannst.

- Damit Du das erreichte Leistungsvermögen halten kannst, gilt die Regel, dass Du wöchentlich mindestens einmal Krafttraining für alle wichtigen Muskelgruppen beziehungsweise Bewegungsrichtungen ausführen musst. Pausierst Du länger vom Training, dann baut der Körper seine Leistungsfähigkeit wieder langsam ab. Wenn Du verletzt bist, dann musst du diese Körperpartie schonen; Du kannst dann aber andere Körperpartien trainieren. Bei einer Krankheit allerdings musst Du vom Training pausieren, um keine Verzögerung des Heilungsprozesses zu riskieren.

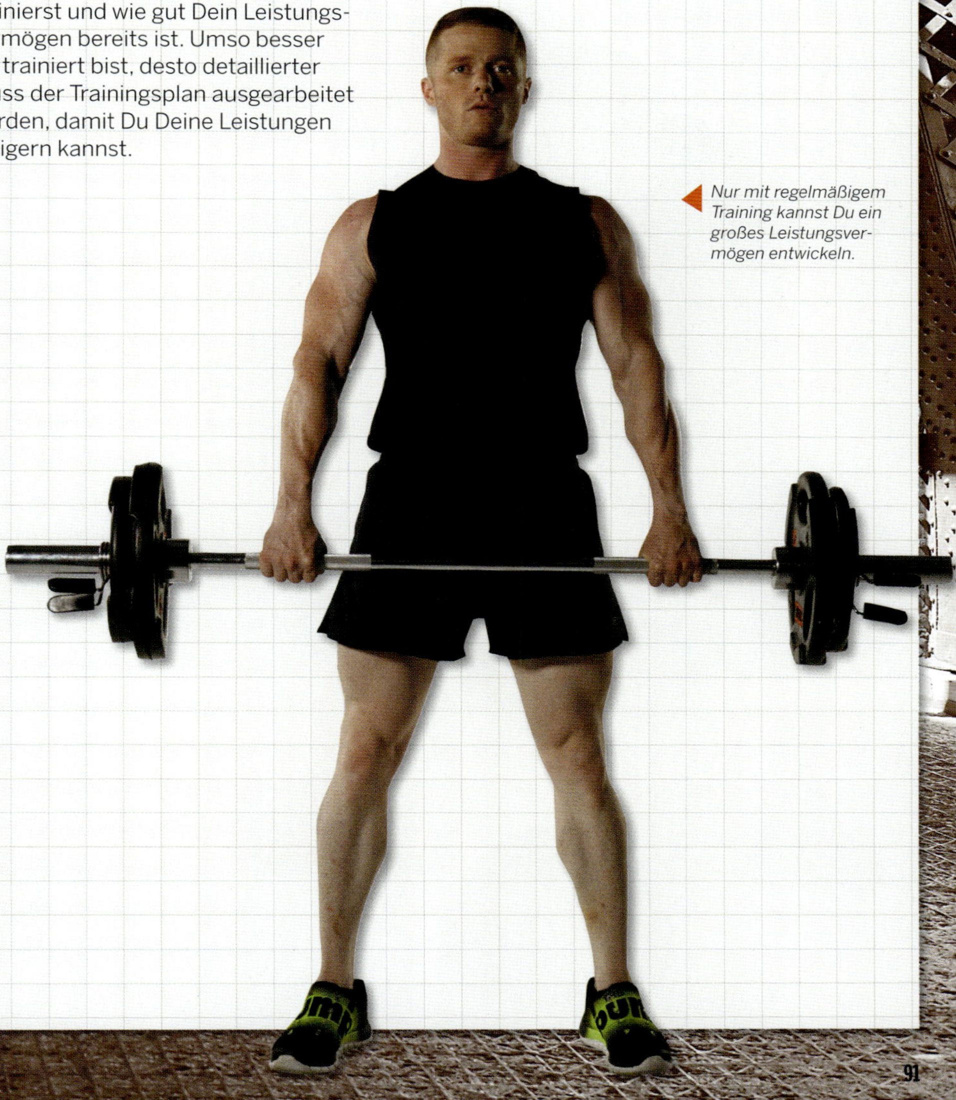

Nur mit regelmäßigem Training kannst Du ein großes Leistungsvermögen entwickeln.

⊙ Es hat sich in den letzten Jahren gezeigt, dass mit kurzen intensiven Trainingseinheiten die besten Ergebnisse erzielt werden. Oft wird eine Trainingszeit im Hauptteil von 30–60 Minuten empfohlen.

⊙ Für das Krafttraining in diesem Buch bietet sich das effektive **Zirkeltraining** an. Beim Zirkeltraining machst Du für eine Übung einen Satz und schließt direkt einen Satz für die nächste Übung an. Wenn Du einen Intervall-Timer nutzt, dann gib als Übungszeit 30–60 (120) Sekunden ein und als Pausenzeit zwischen den einzelnen Übungen 10–15 Sekunden.

Nachdem Du für alle Übungen einen Satz ausgeführt hast, machst Du eine Pause von zwei bis drei Minuten und beginnst schließlich wieder mit der ersten Übung. Ein Zirkel kann eine Übungsmenge von 5–12 Übungen enthalten, je nachdem wie intensiv die Übungen sind und wie viele Sätze Du in der Trainingseinheit geplant hast; üblicherweise sind 2–4 Sätze geeignet.

⊙ Alternativ kannst Du so trainieren, dass Du zuerst eine Bewegungsrichtung (Muskelgruppe) kräftigst und dann deren Gegenbewegung (Gegenspieler), was sich beispielsweise für Druck nach vorne und Zug nach hinten anbietet. Dann führst Du wieder die erste Übung aus und fährst so fort, bis Du alle Sätze gemacht hast. Anschließend beginnst Du mit dem nächsten Übungspaar.

⊙ Du kannst zwar auch so vorgehen, dass Du zuerst alle Sätze einer Übung machst, bevor Du mit der nächsten Übung beginnst; dieses Vorgehen erfordert aber, dass Du ein bis drei Minuten zwischen zwei Übungssätzen pausierst. Dadurch verlängert sich die gesamte Trainingszeit für das Workout dann deutlich.

◄ *Wenn Du kurz und intensiv trainierst, erreichst Du optimale Trainingsergebnisse.*

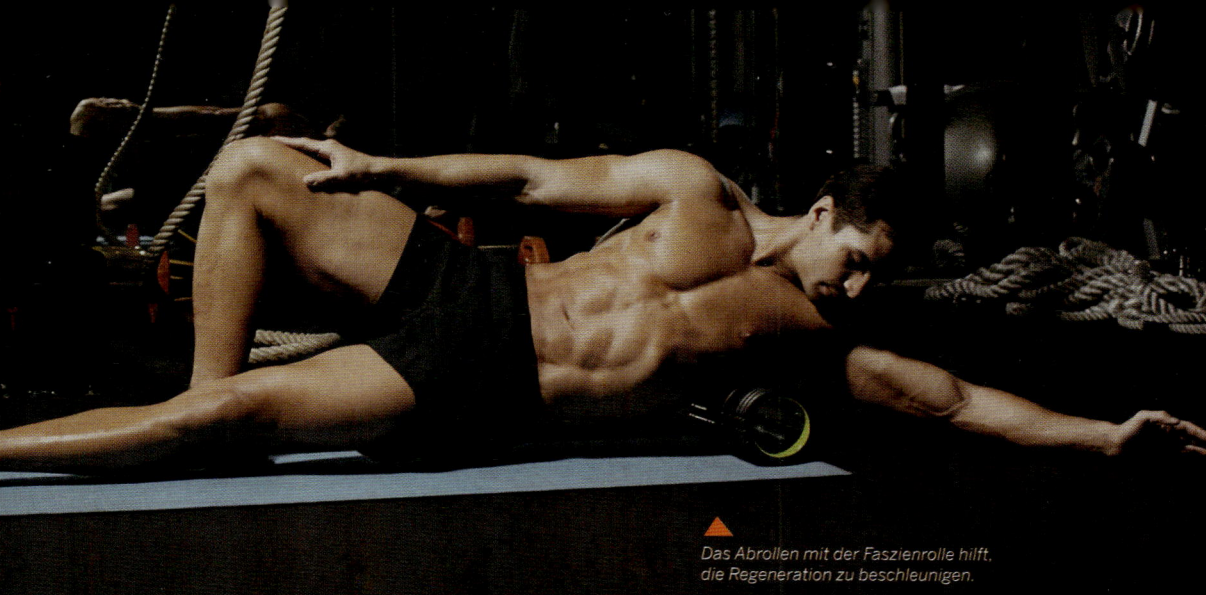

Das Abrollen mit der Faszienrolle hilft, die Regeneration zu beschleunigen.

Regel 7: Angemessen regenerieren

- Nach einer Trainingseinheit braucht die aktivierte Muskulatur eine Pause, um sich zu erholen und ein größeres Leistungsvermögen zu entwickeln.

- Du darfst weder zu kurz noch zu lange pausieren. Denn wenn Du zu lange vom Training pausierst, dann baut Dein Körper sein Leistungsvermögen wieder ab; pausierst Du zu kurz, dann kann sich Dein Körper nicht erholen und ein erhöhtes Leistungsvermögen entwickeln; es kann sich sogar ein Zustand von Übertraining einstellen. Wenn Du den Körper noch mit Ausdauer-Intervalltraining oder anderen Sportarten intensiv belastest, dann musst Du bei der Trainingsplanung im Wochenplan die Gesamtbelastungen berücksichtigen, also die Krafteinheiten ebenso wie alle anderen intensiven körperlichen Belastungen.

- Üblicherweise wird eine Erholungsdauer von ein bis drei Tagen zwischen zwei Krafteinheiten für dieselben Bewegungsrichtungen/Muskelgruppen empfohlen, was von Trainingsintensität und Leistungsstand abhängig ist. Achte auf Deinen Körper: Wenn Du Dich kräftig und leistungsbereit fühlst, dann kannst Du trainieren. Fühlst Du Dich allerdings müde und schlapp, dann trainierst Du andere Körperpartien oder verzichtest auf eine Trainingseinheit. In Kapitel 4 findest Du Pläne, die zeigen, wie Du die Trainingswoche sinnvoll gestalten kannst.

- Du kannst auf die Regenerationsphase einwirken, indem Du auf **genügend Schlaf und Erholungsphasen** achtest. Auch kannst Du durch eine Massage mit der Faszienrolle und durch Saunabesuche die Regenerationsphase etwas verkürzen. Entscheidend ist außerdem, wie Du Dich ernährst. Wähl gesunde Nahrungsmittel, verzehr genügend Eiweiß und gleich dies mit einer großen Menge an Gemüse aus, um eine Übersäuerung zu vermeiden (diese Problematik ist ausführlich in Kapitel 5 »Ernährung« beschrieben).

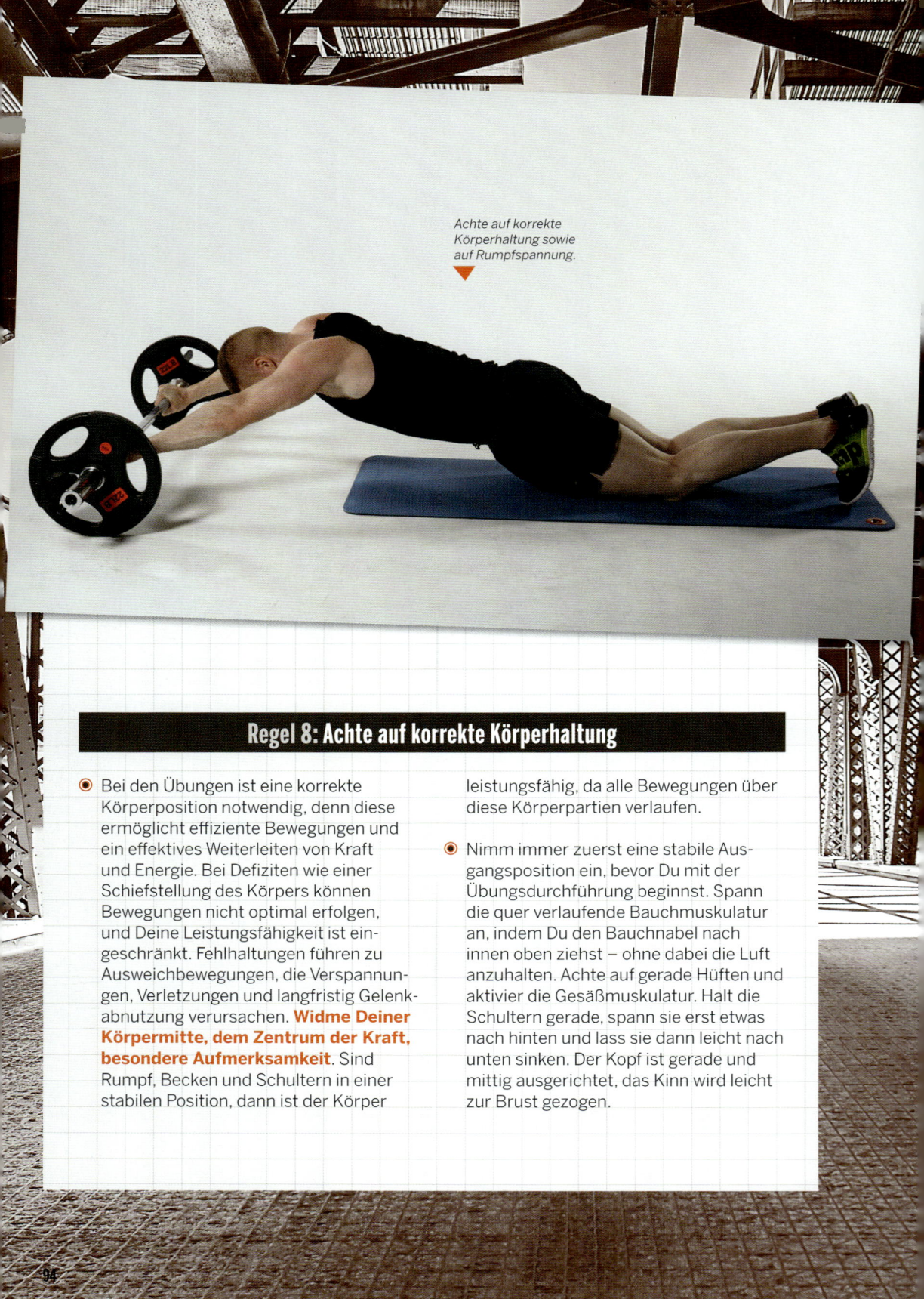

Achte auf korrekte Körperhaltung sowie auf Rumpfspannung.

Regel 8: Achte auf korrekte Körperhaltung

- Bei den Übungen ist eine korrekte Körperposition notwendig, denn diese ermöglicht effiziente Bewegungen und ein effektives Weiterleiten von Kraft und Energie. Bei Defiziten wie einer Schiefstellung des Körpers können Bewegungen nicht optimal erfolgen, und Deine Leistungsfähigkeit ist eingeschränkt. Fehlhaltungen führen zu Ausweichbewegungen, die Verspannungen, Verletzungen und langfristig Gelenkabnutzung verursachen. **Widme Deiner Körpermitte, dem Zentrum der Kraft, besondere Aufmerksamkeit**. Sind Rumpf, Becken und Schultern in einer stabilen Position, dann ist der Körper leistungsfähig, da alle Bewegungen über diese Körperpartien verlaufen.

- Nimm immer zuerst eine stabile Ausgangsposition ein, bevor Du mit der Übungsdurchführung beginnst. Spann die quer verlaufende Bauchmuskulatur an, indem Du den Bauchnabel nach innen oben ziehst – ohne dabei die Luft anzuhalten. Achte auf gerade Hüften und aktivier die Gesäßmuskulatur. Halt die Schultern gerade, spann sie erst etwas nach hinten und lass sie dann leicht nach unten sinken. Der Kopf ist gerade und mittig ausgerichtet, das Kinn wird leicht zur Brust gezogen.

ATMEN BEIM KRAFTTRAINING

Die korrekte Atmung ist vom Trainingsziel beziehungsweise der Trainingsmethode abhängig. Bei den Übungen zur Körperkräftigung, egal ob diese mit Körpergewicht oder mit Zusatzgewicht wie Kurzhanteln, Kettlebells oder Medizinball ausgeführt werden, solltest Du folgendermaßen verfahren:

>> *Bei* **Druck- und Stoßbewegungen** *atmest Du während des Senkens in die tiefe Position ein und atmest während der Streckphase aus; bei Zugbewegungen atmest Du während des Ziehens aus und beim Rückkehren in die Ausgangsposition ein.*

>> *Führst Du die Übungen jedoch* **sehr langsam** *aus beziehungsweise verbleibst über einige Sekunden oder über den kompletten Übungsverlauf statisch in einer Position, dann atmest Du durchgehend gleichmäßig ein und aus.*

>> *Bei* **explosiver Übungsdurchführung**, *beispielsweise bei* **P48: Hochziehen**, *atmest Du ein, während Du Dich in die Startposition begibst, und atmest während der explosiven Phase aus.*

>> *Wenn Du Sprung-, Stoß- und Wurfübungen* **mit hohen Wiederholungszahlen** *zur Förderung der Kraftausdauer machst, dann kannst Du wie zuvor beschrieben atmen, oder aber Du atmest durchgehend gleichmäßig; dies kann helfen, den Puls etwas zu senken – und wenn das gelingt, dann kannst Du die Leistung länger erbringen.*

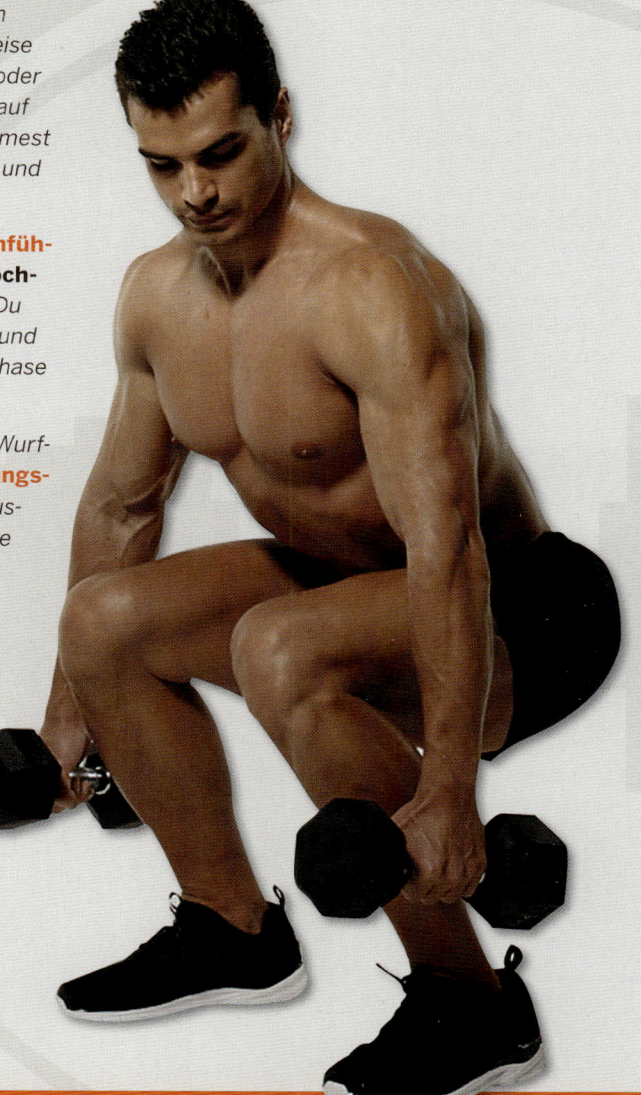

▶ *Bei der Kniebeuge-Übung atmest Du während des Senkens ein und während des Beinstreckens aus. Führst Du die Übung jedoch sehr langsam aus, dann empfiehlt es sich, durchgehend gleichmäßig zu atmen.*

SO FÜHRST DU DIE ÜBUNGEN AUS

Beginn die Übung aus einer stabilen Ausgangsposition heraus und achte darauf, dass Du die aufgebaute **Körperspannung** durchgehend beibehältst. Führ die Übung konzentriert aus und achte auf technisch korrekte Bewegungen. Vermeide jede Form von Ausweichbewegungen wie Verdrehen der Körpers, denn dies führt nicht zu einem besseren Trainingsergebnis, sondern erhöht nur die Verletzungsgefahr und kann vorzeitigen Gelenkverschleiß verursachen.

STABIL BLEIBEN

Führ Dein Körpertraining ausgeglichen aus, d.h., trainier die rechte und die linke Körperseite mit der gleichen Intensität. Achte auch darauf, dass Du eine Bewegungsrichtung (Muskelgruppe) mit der gleichen Satzzahl wie die Gegenbewegung (Gegenspieler) trainierst, beispielsweise die Zugbewegung nach hinten ebenso wie die Druckbewegung nach vorne. Wenn Du Dein Training in unterschiedliche Workouts aufteilst, dann müssen die Bewegungen im Wochenplan ausgeglichen vorhanden sein. Grundlegend ist es, dass Du alle in diesem Buch als wichtig vorgestellten Bewegungsrichtungen zumindest einmal pro Woche trainierst.

Einseitiges Training oder eine Verletzung können dazu führen, dass sich Muskelungleichgewichte bilden. Solche Schwachstellen musst Du beseitigen, denn sie führen zu verringerter Leistungsfähigkeit und erhöhen die Verletzungsgefahr. In einem solchen Fall empfiehlt es sich, dass Du die doppelte Anzahl an Sätzen für die schwächere Muskulatur trainierst, bis sich wieder ein ähnliches Kraftverhältnis einstellt und sich die Körperhaltung verbessert.

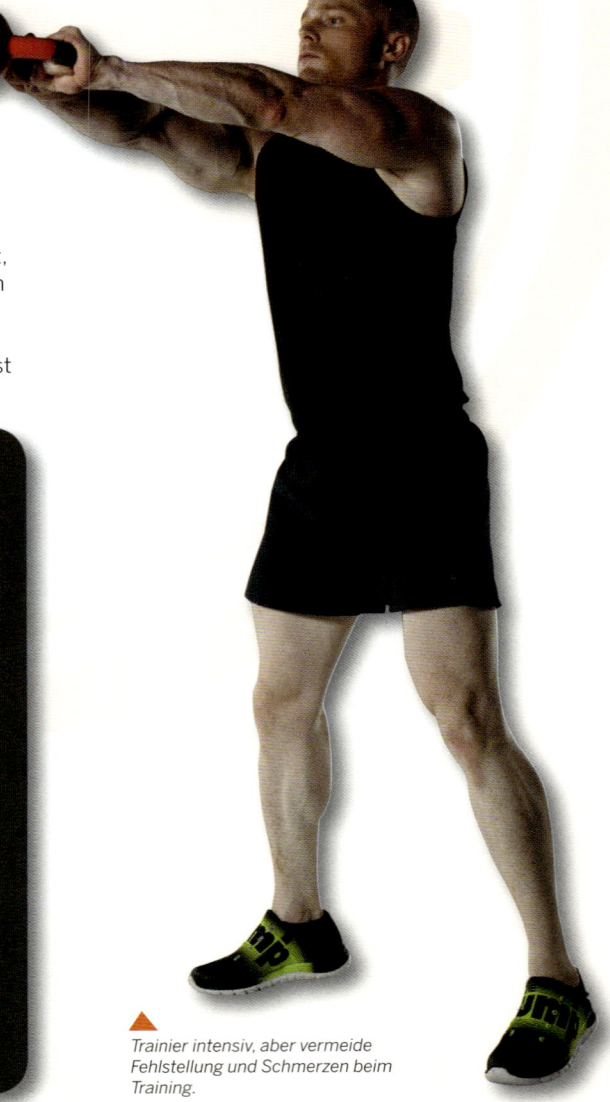

SCHMERZEN BEIM TRAINING

Führ Dein Training intensiv aus, vermeide es aber, mit Schmerzen zu trainieren. Falls eine Übungsbewegung schmerzt, dann musst Du stoppen. Lässt der Schmerz umgehend nach, dann mach Dir Deine Körperhaltung bewusst und versuch die Übung erneut. Tritt der Schmerz wieder auf, dann wähl eine andere Übung für dieselbe Bewegungsrichtung oder beginn mit der nächsten Übung im Trainingsplan. Lässt der Schmerz jedoch auch im Ruhezustand nicht nach, dann beende das Training und konsultier einen Arzt. Was Du nicht tun solltest: den Schmerz einfach wegtapen; eine solche Maßnahme stellt nur im Ausnahmefall und nach Absprache mit Arzt oder Krankengymnasten eine Option dar.

▲ Trainier intensiv, aber vermeide Fehlstellung und Schmerzen beim Training.

SO WIRD'S GEMACHT

Nimm die Ausgangsposition ein und führ die Übung entsprechend der Beschreibung aus. W ederhol die Übung so lange beziehungsweise so oft, wie es Deine gewählte Trainingsmethode verlangt. Achte dabei auf technisch korrekte Ausführung. Wenn Du Ausweichbe-

wegungen benötigst, um die geplante Intervalldauer beziehungsweise Wiederholungszahl zu erreichen, dann geh zu einer einfacheren Übungsvariante über.

Wichtig ist, dass Du immer beide Körperseiten kräftigst, auch wenn eine Übung nur zu einer Seite beschrieben ist.

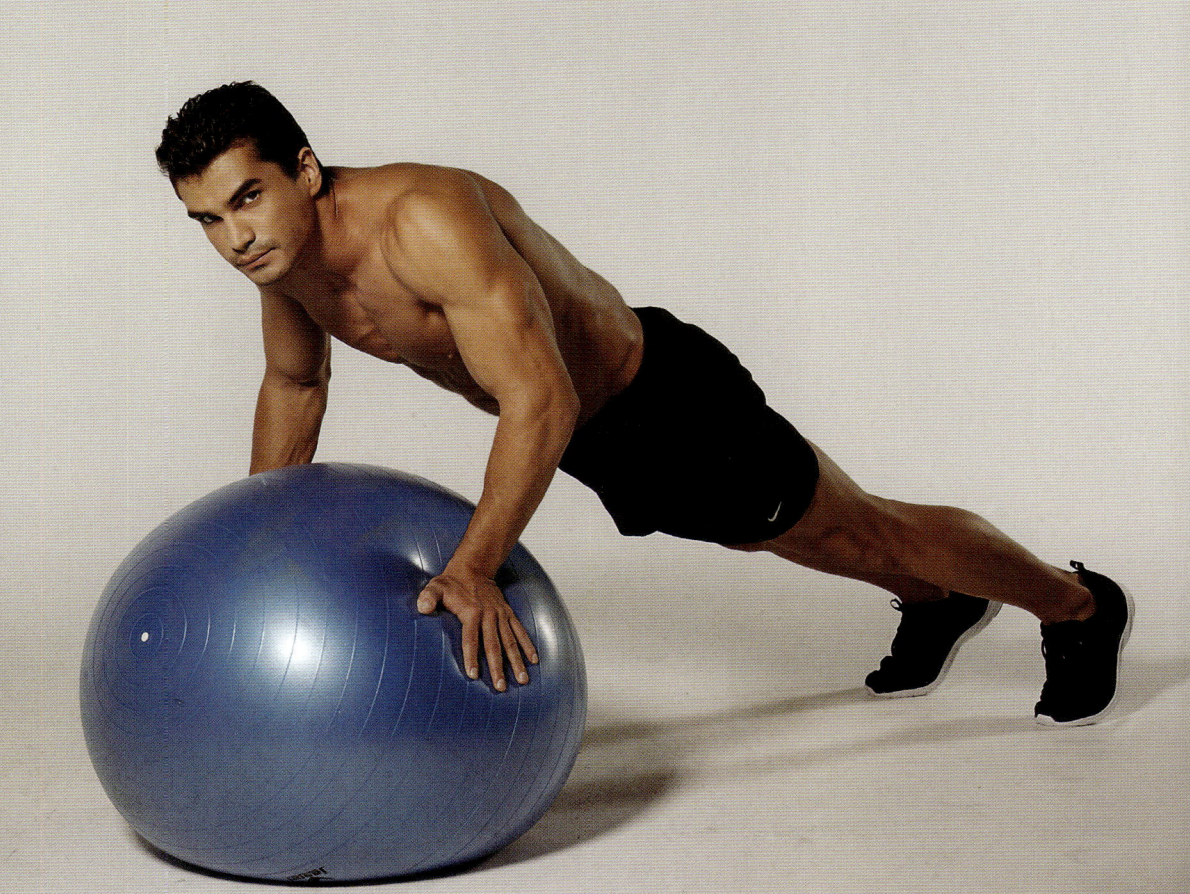

▲ *Fortgeschrittene können im Training den Gymnastikball als instabilen Untergrund einsetzen.*

2 ÜBUNGEN FÜR DEN OBERKÖRPER

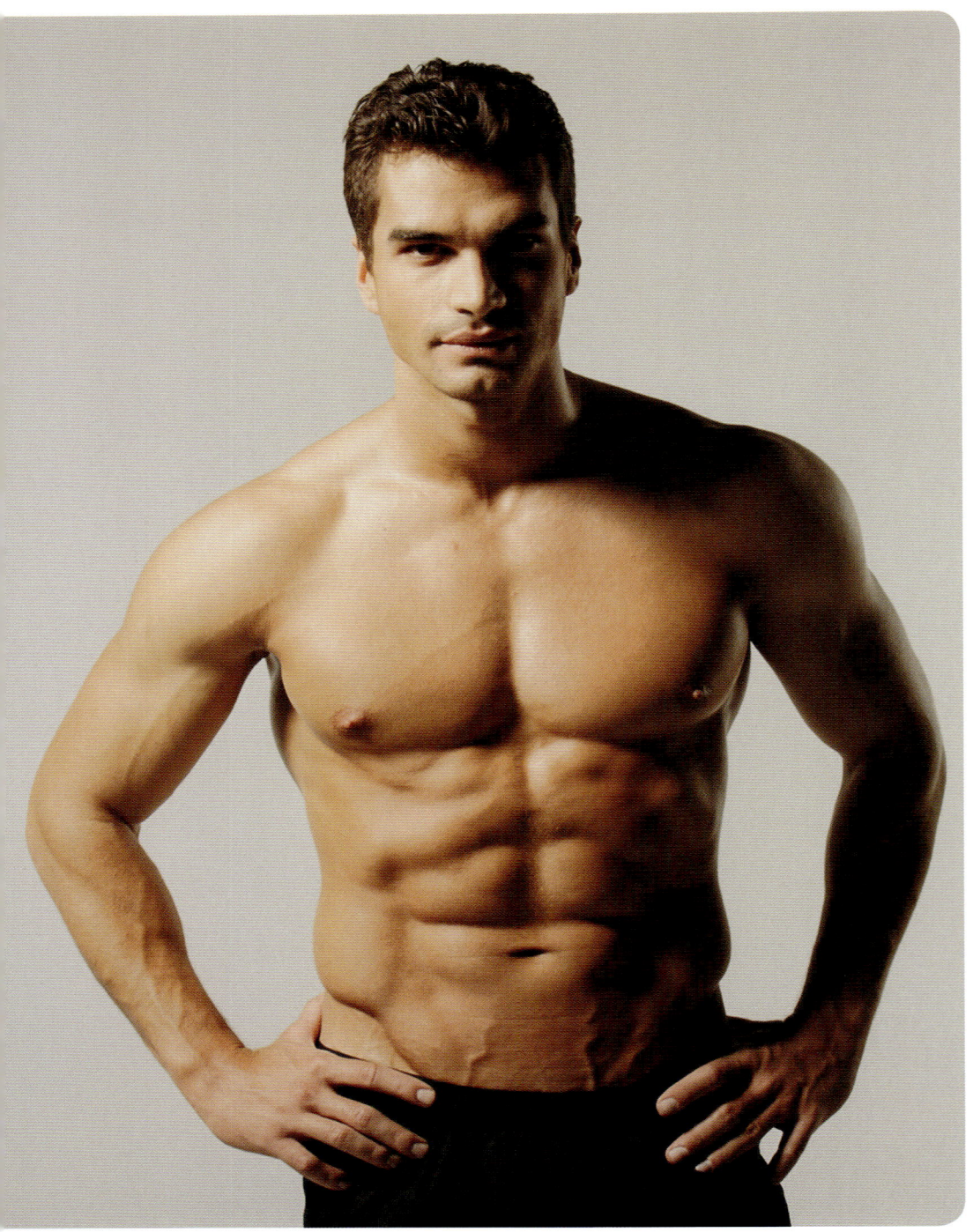

Richtige Power im Oberkörper entwickelst Du mit Übungen aus dem funktionellen Training, denn diese aktivieren eine Vielzahl von Muskeln. Dazu kannst Du Übungen mit dem eigenen Körpergewicht ausführen, aber auch Trainingsgeräte wie Hanteln, Kettlebell und Medizinball einsetzen. Ziel ist es, Übungen zu nutzen, die eine Vielzahl von Muskeln gleichzeitig aktivieren; so bekommst Du wirkliche Kraft – gleich ob Du im Alltag schwere Gegenstände heben musst oder kraftvolle Technikausführung in einer Sportart anvisierst, z. B. einen wirkungsvollen Schlag im Kampfsport. Auf Übungen an Maschinen, die darauf abzielen, einzelne Muskeln isoliert zu trainieren, kannst Du hingegen verzichten.

muskulatur sicherstellst. Ergänzend kannst Du Übungen für einzelne Muskeln machen, falls Du Schwachstellen wie beispielsweise Ungleichgewichte der Muskulatur beseitigen willst.

Bau Deinen Wochentrainingsplan so auf, dass Du die Bewegungsrichtungen ausgeglichen trainierst. Mach für Übungssätze von einer Bewegungsrichtung auch eine entsprechende Anzahl von Übungssätzen für die entgegengesetzte Bewegungsrichtung, wie beispielsweise die Druck- und Stoßbewegungen nach vorne im gleichen Satzverhältnis wie die Zugbewegungen nach hinten. Das Training der Bewegungsrichtungen kann in unterschiedliche Workouts gesplittet werden, deshalb ist nicht die Satzzahl pro Trainingseinheit entscheidend, sondern die Gesamtzahl von Sätzen pro Woche. Ergänzende Übungen kannst Du bei Bedarf ein- bis zweimal pro Woche hinzufügen.

ECHTE KERLE TRAINIEREN OHNE MASCHINEN

Einige Fitnesssportler trainieren die Druckbewegung nach vorne vor allem mit der Übung »Bankdrücken« viel intensiver als die Zugbewegung nach hinten.

Beim effektiven Training für den Oberkörper musst Du darauf achten, dass Du den Körper ausgeglichen trainierst; so erfolgen nicht nur die Bewegungen in Alltag und Sport optimal, sondern der Körper ist auch bestmöglich vor Verletzungen und Verschleiß geschützt. Wenn Du hingegen Deinen Körper nur einseitig trainierst, dann führt dies zu Bewegungseinschränkungen und Verletzungen, was Dich letztlich nicht stärker macht.

In Deinem Training für den Oberkörper müssen enthalten sein: Druck- und Stoßbewegungen nach vorne und nach oben sowie Zugbewegungen nach hinten und nach unten. Du musst **alle vier Bewegungsrichtungen kräftigen**, damit Du die Entwicklung einer guten Oberkörper-

Aus einem solchen Ungleichgewicht können sich Körperfehlstellungen wie nach vorne oben gezogene Schultern entwickeln. Als Folge davon wird der Körper zu Ausweichbewegungen veranlasst, welche die Verletzungsanfälligkeit erhöhen, Schulterschmerzen und erhöhte Gelenkabnutzung verursachen. Wenn bei Dir ein Muskelungleichgewicht bestehen sollte, dann mach wöchentlich doppelt so viele Sätze für die schwächere Muskulatur beziehungsweise Bewegungsrichtung – so lange bis das Ungleichgewicht behoben ist.

P1 LIEGESTÜTZ – DRUCK NACH VORNE

KRÄFTIGUNG

✱✱ Brust-, hintere Oberarm- und vordere Schultermuskulatur

✱ Rumpfmuskulatur

SO GEHT´S

>> Begib Dich in Liegestütz-Position und stütz Dich mit den Händen ab. Die Füße sind aneinander und die Zehen sind aufgestellt.

>> Spann die Gesäß- und die Bauchmuskulatur an und beweg den Bauchnabel nach innen und oben. Zieh leicht die Schultern zusammen und in Richtung Gesäß.

>> Beug die Arme, bis die Brust fast den Boden berührt. Der Rücken bleibt gerade, und die Ellbogen werden nahe am Körper entlang bewegt. Halt kurz diese Position.

>> Drück Dich nach oben, um die Übung zu wiederholen.

>> Halt den Körper durchgehend in Spannung und vermeide ein Hohlkreuz.

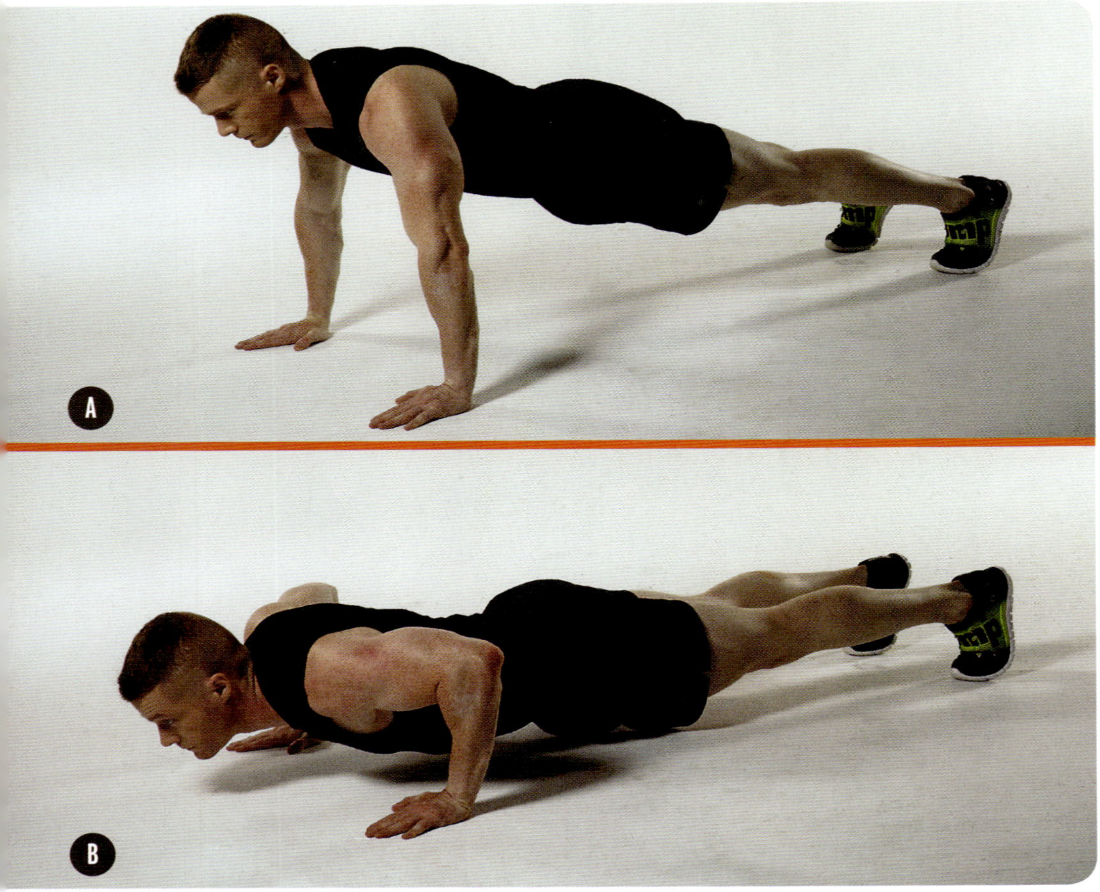

A

B

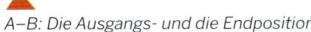

A–B: Die Ausgangs- und die Endposition.

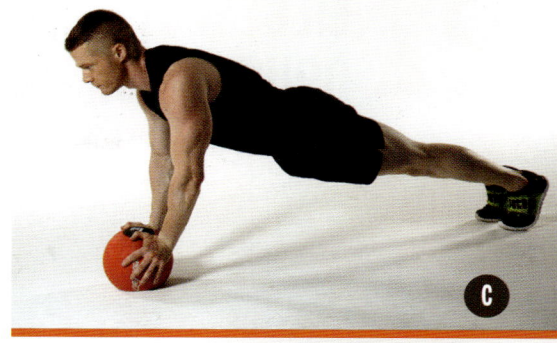

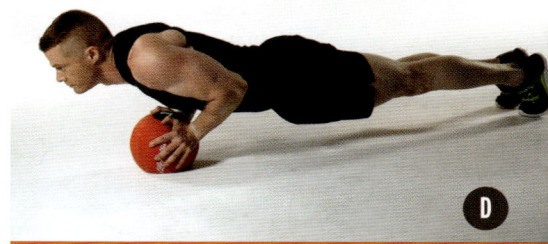

OUTDOOR-TRAINING

Wenn Du den Liegestütz im Outdoor-Training einsetzt, kannst Du ihn wie zuvor beschrieben ausführen. Du vereinfachst die Übung, indem Du Dich mit den Händen auf die Lehne einer Parkbank stützt und in Schräglage trainierst. Diese Position ist auch eine sinnvolle Variante, um die Kraft für den einarmigen Liegestütz mit weniger Intensität zu entwickeln.

Du kannst den Liegestütz im Outdoor-Training intensivieren, indem Du mit den Händen am Boden übst und die Füße auf eine höhere Position wie einen großen Stein positionierst.

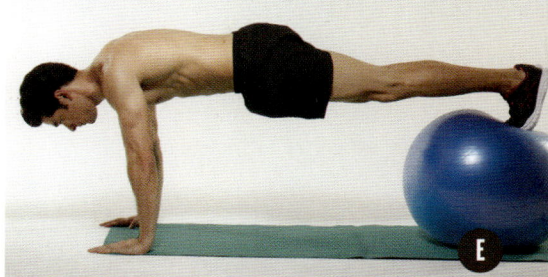

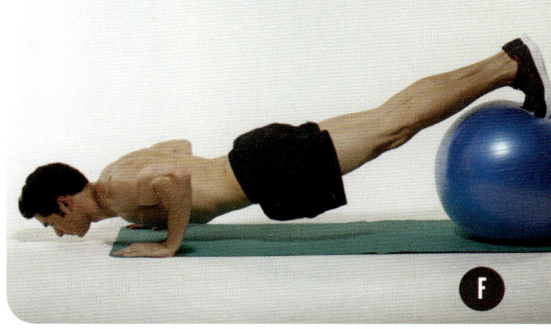

 ## SO GEHT´S LEICHTER!

Ist Dir diese Ausführung noch zu intensiv, dann kannst Du mit den Knien am Boden oder in Schräglage mit den Händen an der Wand üben. Du kannst jede Liegestütz-Variante vereinfachen, indem Du die Füße weiter auseinander stellst.

 ## FÜR POWER-KERLE

Fortgeschrittene können die Hände oder die Füße auf einen instabilen Untergrund wie Medizinball oder Gymnastikball positionieren. Wenn Du eine Variante mit den Handflächen auf einem Ball wählst, dann greif etwas von außen mit leicht gespreizten Fingern. Weit Fortgeschrittene können einarmig üben, wozu die Beine weit auseinander gestellt werden.

C–D: Die Übung mit den Händen auf dem Medizinball.
E–F: Die Übung mit den Füßen auf dem Gymnastikball.

P2 LIEGESTÜTZ MIT SCHLINGENTRAINER – DRUCK NACH VORNE

KRÄFTIGUNG

✳✳ Brust-, hintere Oberarm-, vordere Schulter- und Rumpfmuskulatur

SO GEHT´S

>> Du stehst mit dem Rücken zum Schlingentrainer. Die Hände sind im Schlingentrainer, die Daumen weisen zueinander, und die Arme sind gestreckt.

>> Lehn Dich so weit nach vorne, wie Dein Leistungsstand erlaubt.

>> Spann die Bauch- und die Gesäßmuskulatur an und zieh die Schulterblätter nach hinten und in Richtung Gesäß.

>> Beug kontrolliert die Arme, eng am Körper entlang, und senk dabei den Körper. Halt kurz die tiefe Position.

>> Du kannst die Übung mit Drehung ausführen, so dass die Handflächen in gesenkter Position zueinander zeigen, um etwas andere Muskelanteile zu erreichen.

>> Drück Dich nach oben, um dann die Übung zu wiederholen.

>> Halt den Rumpf durchgehend in Spannung, um ein Hohlkreuz zu vermeiden, und achte auf gerade Handgelenke.

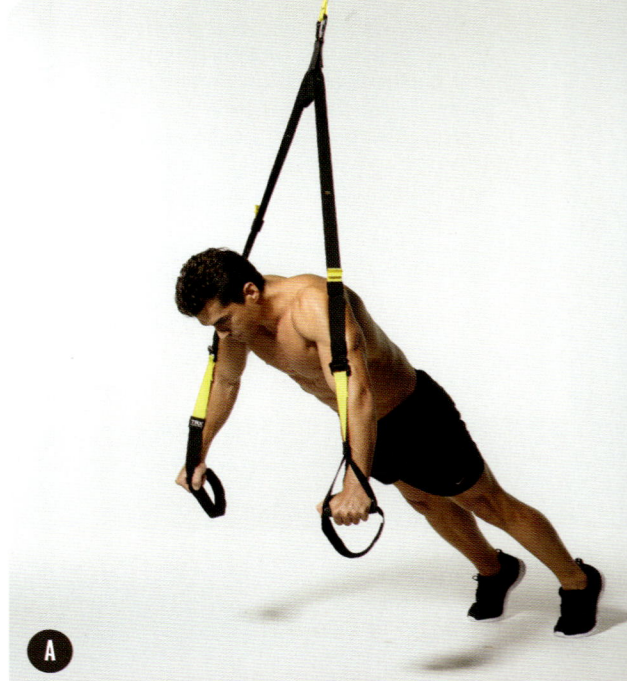

A

A–B: Die Ausgangs- und die Endposition. ▶

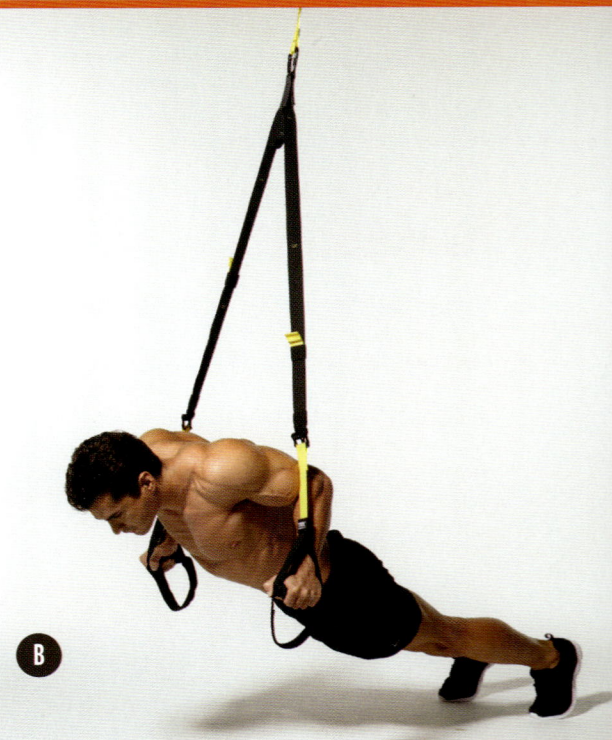

B

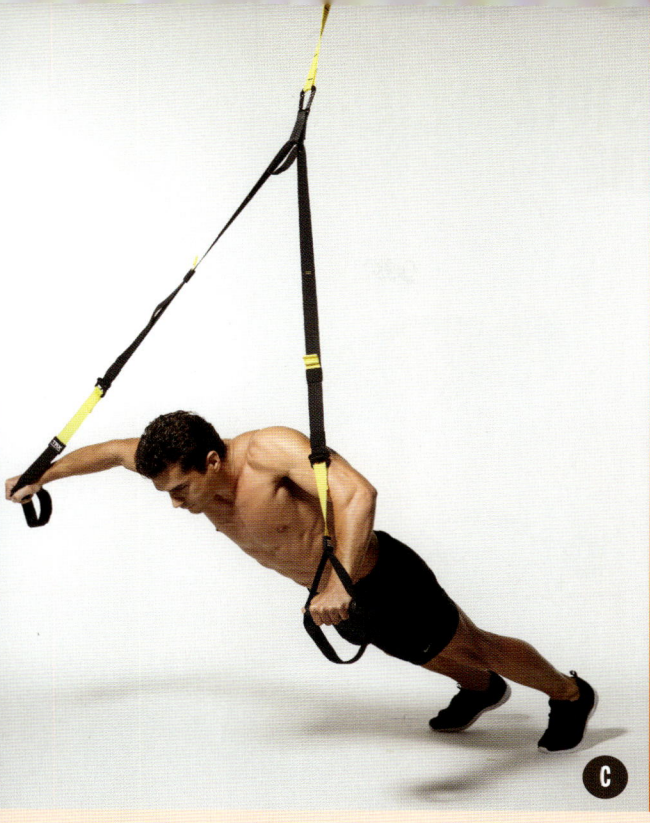

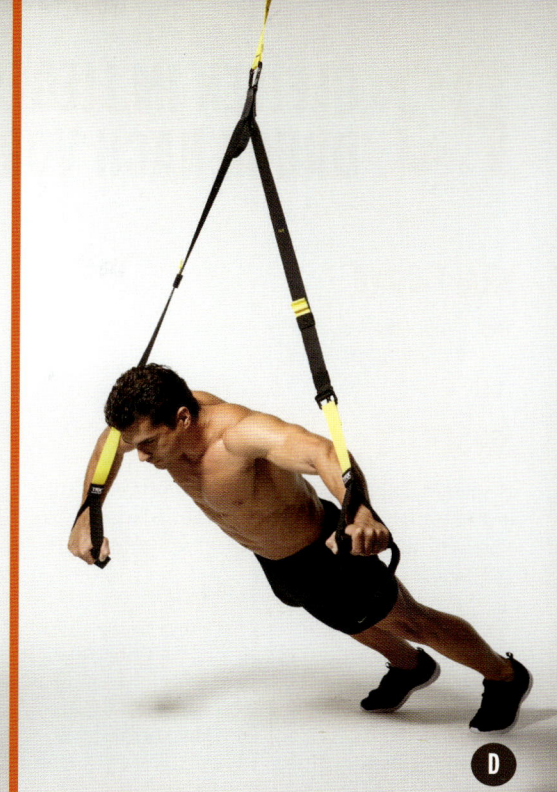

FÜR POWER-KERLE

Zur Intensivierung lehn Dich weit vor. Fortgeschrittene können sich so weit vorlehnen, dass sie sich in fast horizontaler Position befinden. Ebenso können sie das Gewicht zur Seite verlagern.
Alternativ können Fortgeschrittene einarmig in Schräglage üben oder aber in fast waagrechter Position eine Hand in den Schlingentrainer stellen und die andere Hand am Boden positionieren.

SO GEHT'S AUCH

Als Alternative kannst Du die Füße im Schlingentrainer positionieren und Dich mit den Händen am Boden abstützen. So wird die Muskelbeanspruchung von den Füßen stärker zur Rumpf- und Beinmuskulatur verlagert.

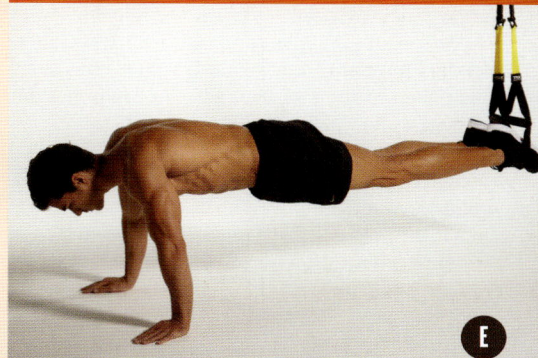

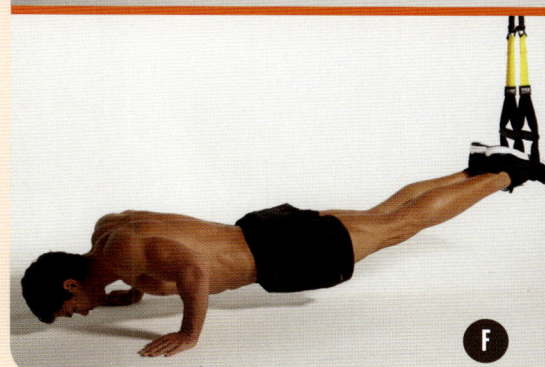

C–D: Die Intensivierung mit seitlicher Gewichtsverlagerung nach links und rechts.
E–F: Die Variante mit den Füßen im Schlingentrainer.

P3 GLEITEN IM LIEGESTÜTZ – DRUCK NACH VORNE

KRÄFTIGUNG

** Brust-, hintere Oberarm-, vordere Schulter- und Rumpfmuskulatur

SO GEHT´S

>> Begib Dich in Liegestütz-Position und stütz jede Hand auf einen Slide-Trainer, z. B. den Valslide®. Die Hände befinden sich unter den Schultern.

>> Spann die Bauch- und die Gesäßmuskulatur an und die Schultern leicht nach hinten und in Richtung Gesäß.

>> Gleite mit der linken Hand nach links und mach gleichzeitig einen Liegestütz. Halt kurz die Position.

>> Gleite in die Ausgangsposition zurück. Gleite von dort mit der rechten Hand nach rechts und mach gleichzeitig einen Liegestütz. Halt kurz die Position.

>> Gleite in die Ausgangsposition zurück und wiederhol die Übung.

>> Achte auf durchgehende Rumpfspannung und vermeide unkontrollierte Rutschbewegungen.

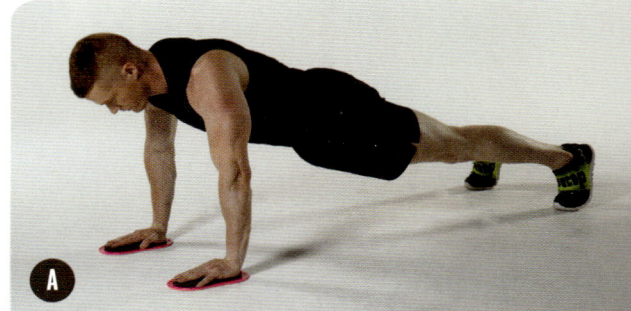

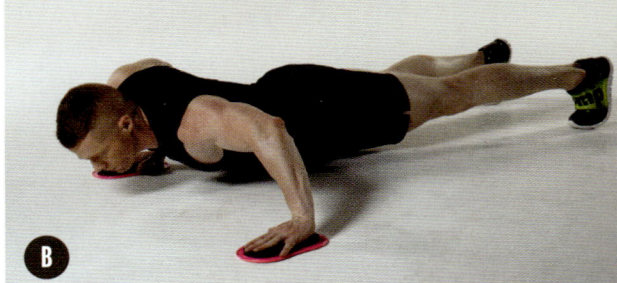

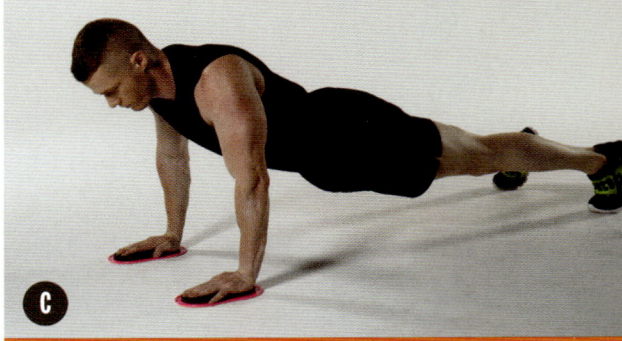

A–D: Der Bewegungsablauf. ▶

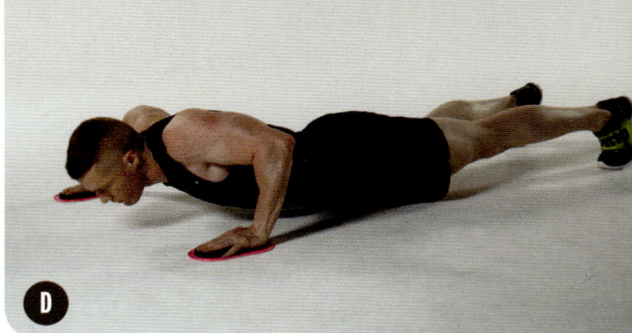

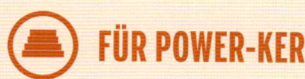

FÜR POWER-KERLE

Fortgeschrittene führen die Übung schnell aus. Alternativ können sie das Gleiten nach oben ausführen.

Sehr wirkungsvoll wird die Übung, wenn Du sie in vier Schritten machst:
>> Aus der Ausgangsposition heraus gleitest Du nach links durch Beugung des linken Arms.

>> Du gleitest zurück in die Ausgangsposition und von dort nach rechts.

>> Du gleitest zurück und dann mit der linken Hand nach oben.

>> Du gleitest zurück, um nun mit der rechten Hand nach oben zu gleiten.

>> Anschließend beginnst Du wieder von vorne.

SO GEHT'S AUCH

Wenn Du kein Slide-Trainingsgerät verfügbar hast, dann kannst Du mit zwei zusammengelegten Handtüchern auf einem glatten Boden üben.

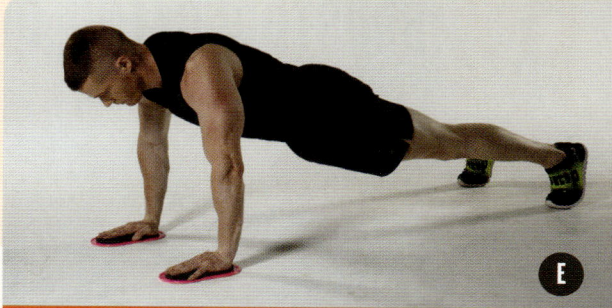

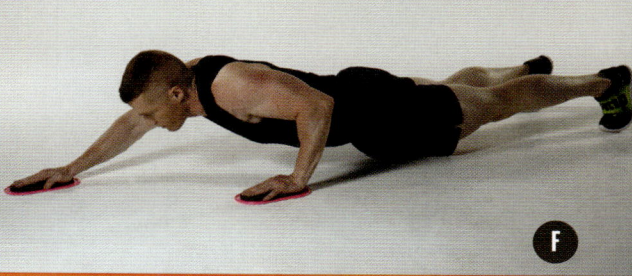

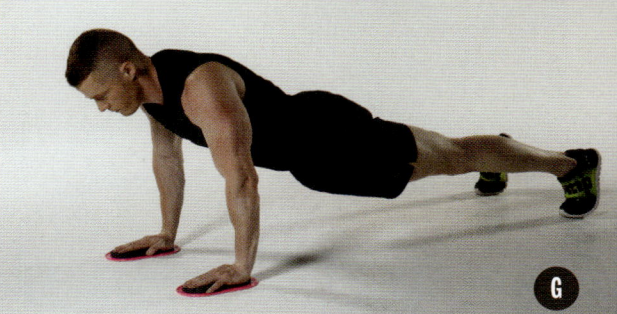

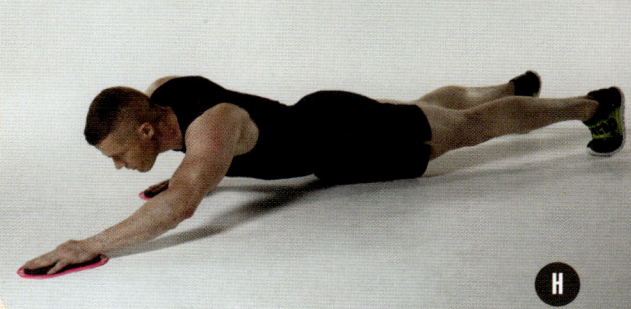

E–H: Das Gleiten nach oben mit Liegestütz.

P4 BRUSTDRÜCKEN – DRUCK NACH VORNE

KRÄFTIGUNG

✱✱ Brust-, hintere Oberarm- und vordere Schulter-muskulatur

SO GEHT´S

>> Leg Dich mit dem Rücken auf eine Hantel-bank (oder, falls Du keine hast, auf den Boden). Die Arme streckst Du senkrecht in die Luft, etwa schulterbreit auseinander, und in den Händen, mit zueinander gerichteten Daumen, hast Du Kurzhanteln.

>> Drück die Füße auf den Boden und spann die Bauch- und die Gesäßmuskulatur an, um die Position zu stabilisieren.

>> Senk die Hanteln und führ sie etwas nach außen, bis die Oberarme fast waagrecht sind.

>> Drück die Hanteln in die Ausgangsposition zurück, um die Übung zu wiederholen.

>> Vermeide Ausweichbewegungen mit den Schultern und achte auf gerade Handgelenke.

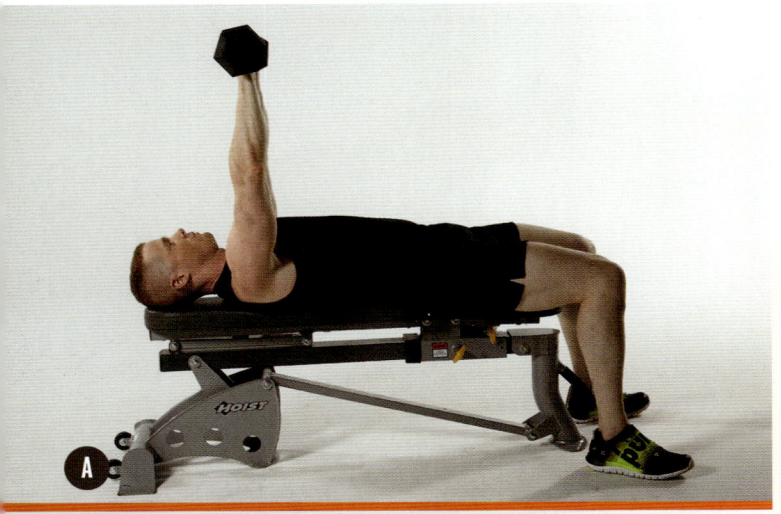

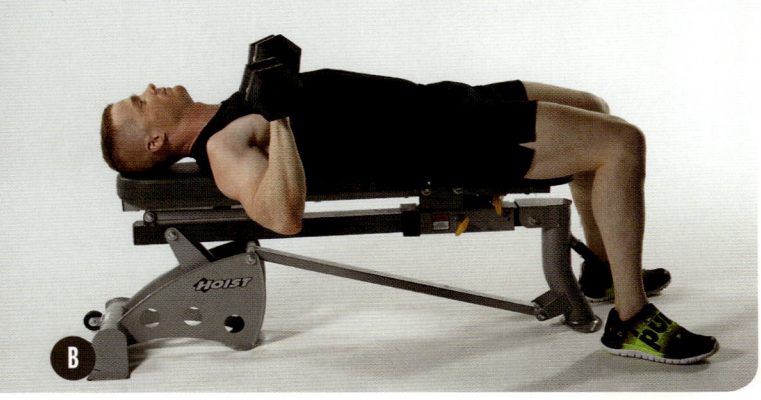

◀ A–B: Die Ausgangs- und die Endposition.

FÜR POWER-KERLE

Fortgeschrittene können mit hohen Gewichten üben. Achte jedoch darauf, den Körper nicht zu überfordern, um keine Verletzung, beispielsweise am Handgelenk oder Rücken, zu riskieren.

Alternativ ist für Fortgeschrittene das Üben auf einem Gymnastikball möglich. Dies setzt voraus, dass Du die Position vollständig stabilisieren kannst.

INFO

Wenn Du die Übung mit einer Langhantel und Ablage ausführst, kannst Du zwar mit mehr Gewicht trainieren, die Ausführung mit Kurzhanteln fördert aber das Muskelzusammenspiel besser.

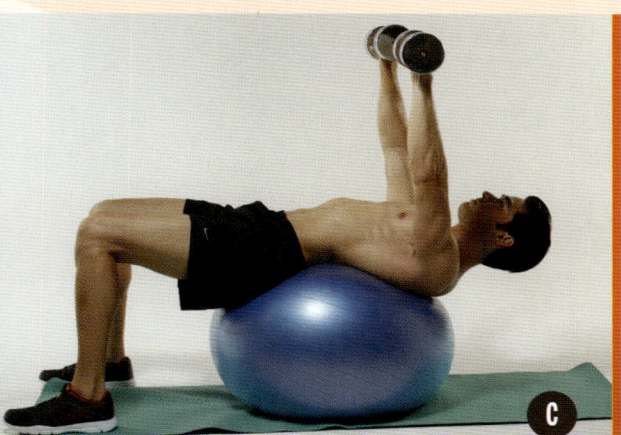

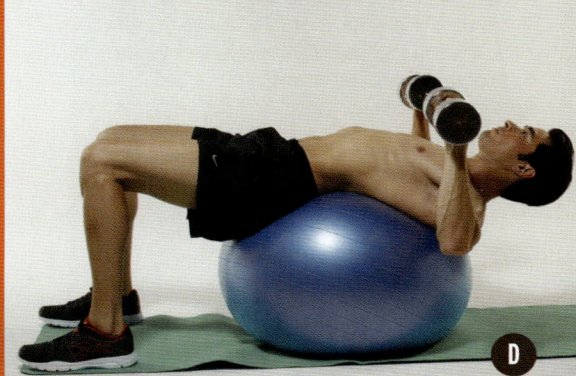

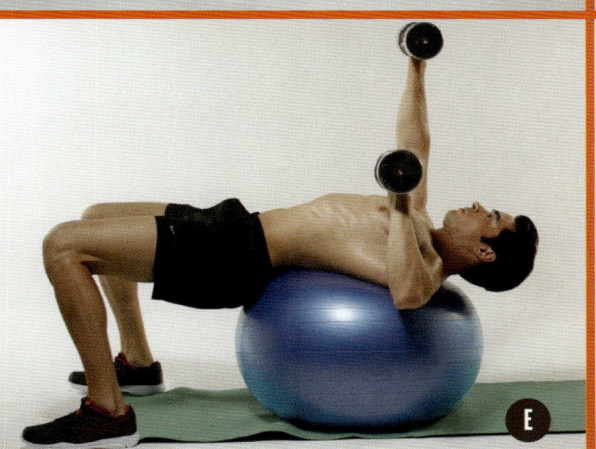

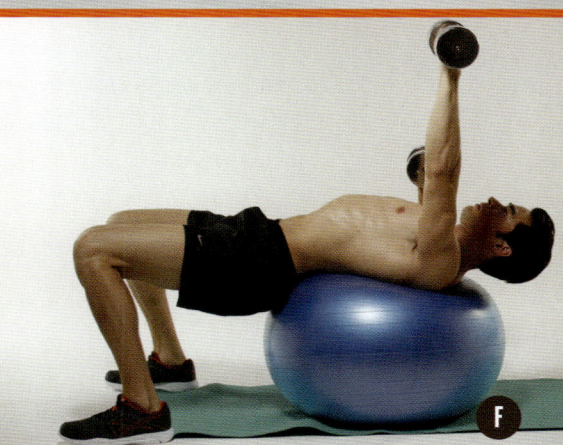

C–D: Das Brustdrücken auf dem Gymnastikball.
E–F: Das abwechselnde Brustdrücken.

SO GEHT´S AUCH

Wenn Du keine Trainingsbank zur Verfügung hast, dann kannst Du auf dem Boden üben. Du kannst die Hanteln abwechselnd anheben und senken. Auch kannst Du die Übung mit Drehung ausführen, so dass die Handflächen in gesenkter Position zueinander zeigen, um etwas andere Muskelanteile zu erreichen. Außerdem ist die Übung auf einer Schrägbank möglich. Wähl die Vorgehensweise je nach Deinen Trainingsmöglichkeiten und Trainingszielen.

P5 HANTEL-BOXEN – DRUCK NACH VORNE (SCHNELLKRAFT)

KRÄFTIGUNG

✱✱ Brust-, hintere Oberarm- und vordere Schultermuskulatur
✱ Rumpfmuskulatur

SO GEHT'S

>> Du liegst mit dem Rücken auf einer Bank
oder, falls Du keine hast, auf dem Boden und
hast zwei Kurzhanteln mit gebeugten Armen
vor der Brust, die Handflächen sind nach innen
gerichtet.

>> Drück die Füße auf den Boden und spann
die Bauch- und die Gesäßmuskulatur an, um die
Position zu stabilisieren.

>> Beweg die Hantel schnell gerade hoch, wobei
Du die Hantel entsprechend einem geraden
Schlag drehst, die Handfläche zeigt schließlich
zu den Füßen.

>> Senk die Hantel wieder mit Drehung in die
Ausgangsposition ab. Halt kurz die Position, um
Vorspannung aufzubauen, bevor Du die Übung
wiederholst.

>> Achte auf eine durchgehend stabile Rumpf-
position.

>> Anschließend führst Du einen Übungssatz
mit der anderen Hand aus.

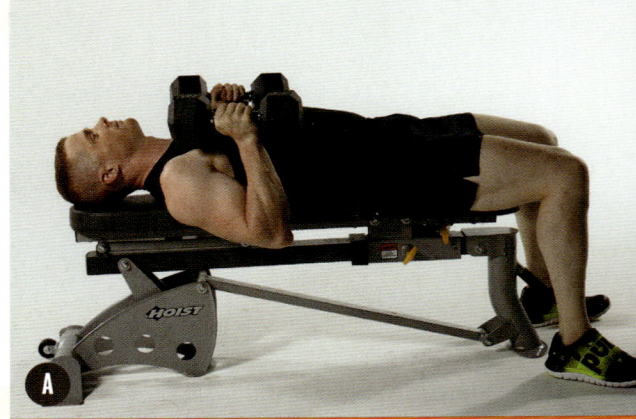

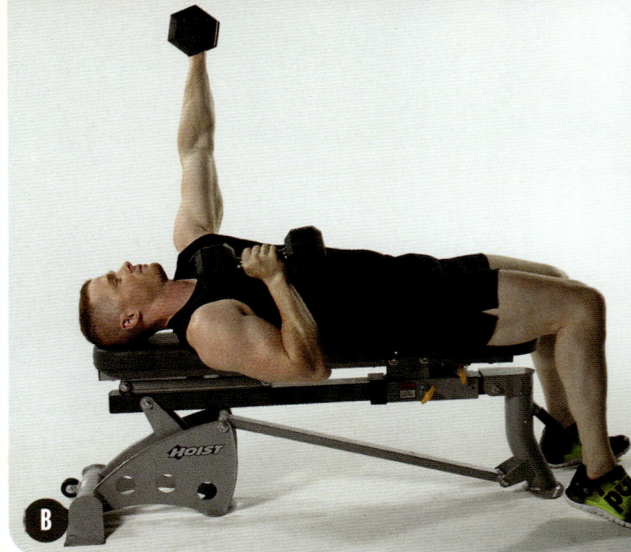

A–B: Die Ausgangsposition und die linke Gerade.

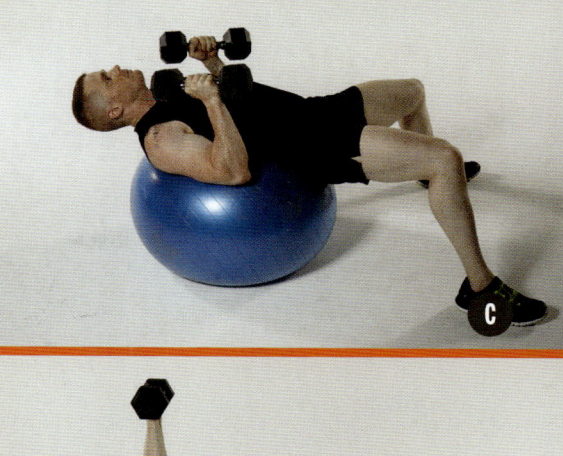

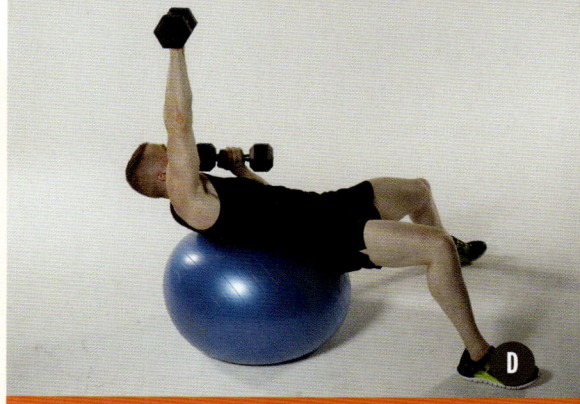

FÜR POWER-KERLE

Du intensivierst die Übung, indem Du nur eine Kurzhantel nutzt, da dann der Rumpf mehr gefordert wird, die Bewegung auszugleichen.

Weit Fortgeschrittene können auf einem Gymnastikball üben. Nutz für diese Variante weniger Gewicht, als Du auf stabiler Unterlage einsetzen kannst. Voraussetzung für das Training auf instabiler Unterlage ist, dass Du die Position auf dem Ball durchgehend stabilisieren kannst – ansonsten ist die Verletzungsgefahr zu groß. Auch dies kannst Du mit einarmiger Ausführung intensivieren.

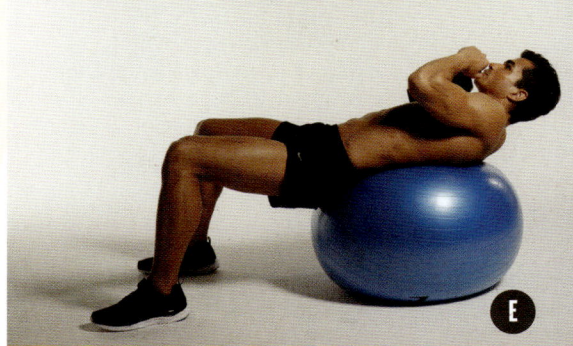

C–D: Die rechte Gerade mit zwei Kurzhanteln auf dem Gymnastikball.
E–F: Die einarmige Intensivierung auf dem Gymnastikball.

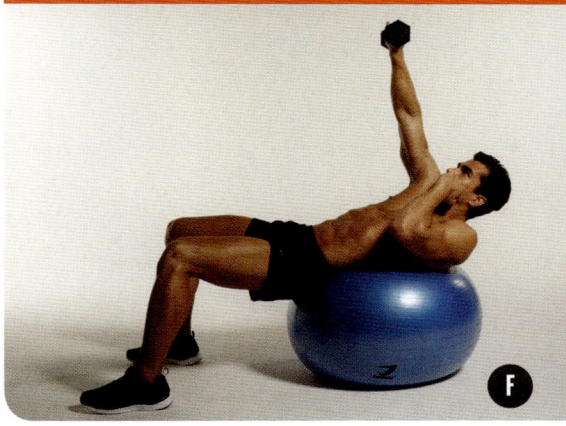

P6 LIEGESTÜTZ MIT ABSPRUNG – DRUCK NACH VORNE (SCHNELLKRAFT)

KRÄFTIGUNG

✱✱ Brust-, hintere Oberarm-, vordere Schulter- und Rumpfmuskulatur

SO GEHT'S

>> Begib Dich in Liegestütz-Position, die Hände sind unter den Schultergelenken.

>> Spann die Bauch- und die Gesäßmuskulatur an und die Schultern leicht nach hinten und in Richtung Gesäß.

>> Beug die Arme und halt kurz die Position. Achte auf einen angespannten Rumpf, um ein Hohlkreuz zu vermeiden.

>> Spring explosiv mit den Händen nach oben ab und klatsch die Hände vor dem Oberkörper in der Luft zusammen.

>> Komm locker mit den Händen auf dem Boden auf. Beug dann die Arme wieder, um die Übung zu wiederholen.

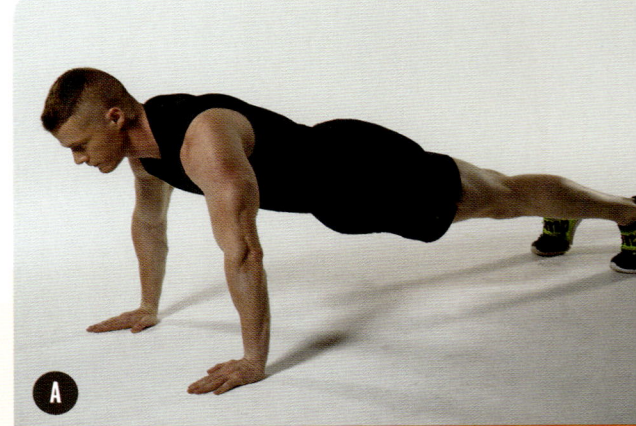

A

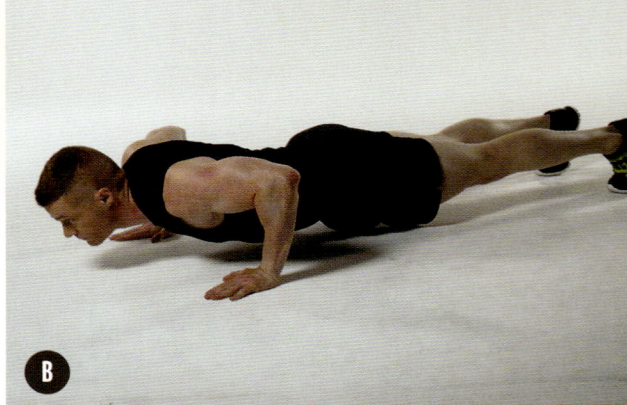

B

A–C: Die Übungsfolge. ▶

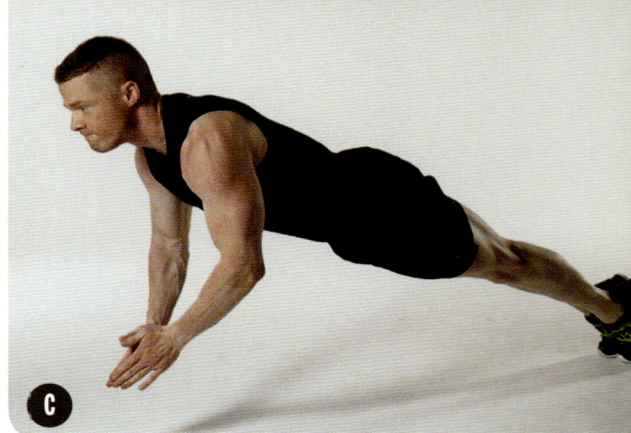

C

SO GEHT´S LEICHTER!

Du vereinfachst die Übung, indem Du abspringst, ohne die Hände zusammenzuführen. Einsteiger können das Abspringen mit den Händen in Schräglage üben, beispielsweise auf einem hohen Stepper.

FÜR POWER-KERLE

Du kannst die Übung intensivieren, indem Du die Hände auf einen Basketball positionierst, wozu Du von außen greifst und den Ball beim Absprung mit hochhebst. Wenn Du dies mit einem Medizinball machst, wird die Übung sehr intensiv.

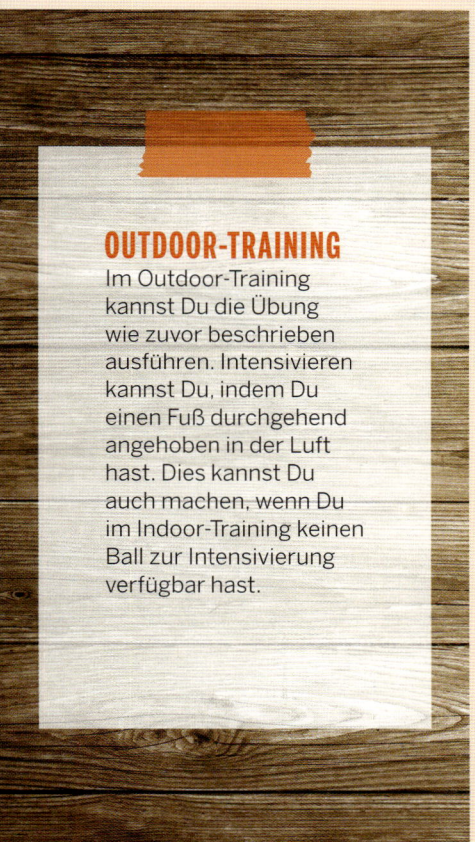

OUTDOOR-TRAINING

Im Outdoor-Training kannst Du die Übung wie zuvor beschrieben ausführen. Intensivieren kannst Du, indem Du einen Fuß durchgehend angehoben in der Luft hast. Dies kannst Du auch machen, wenn Du im Indoor-Training keinen Ball zur Intensivierung verfügbar hast.

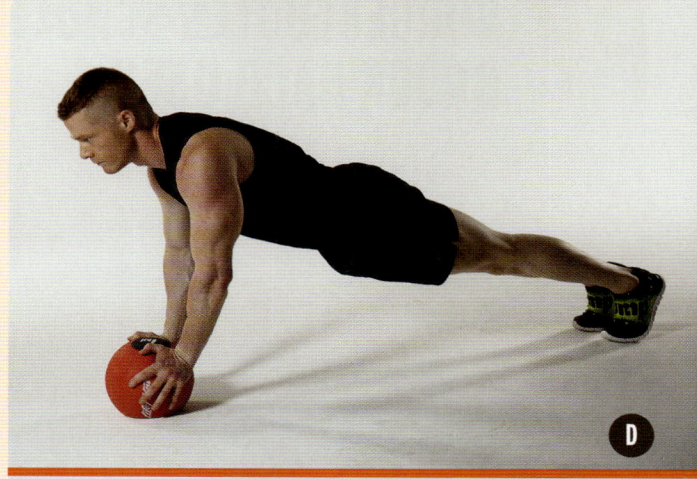

D

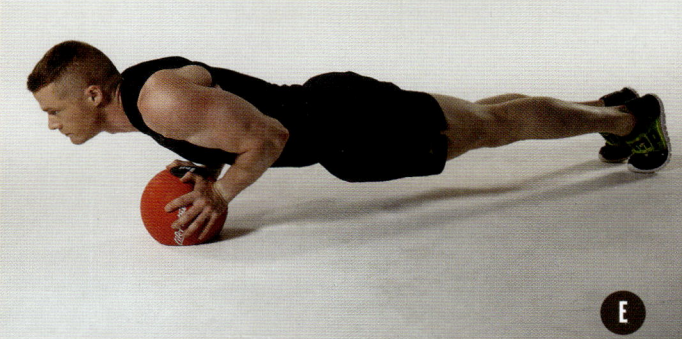

E

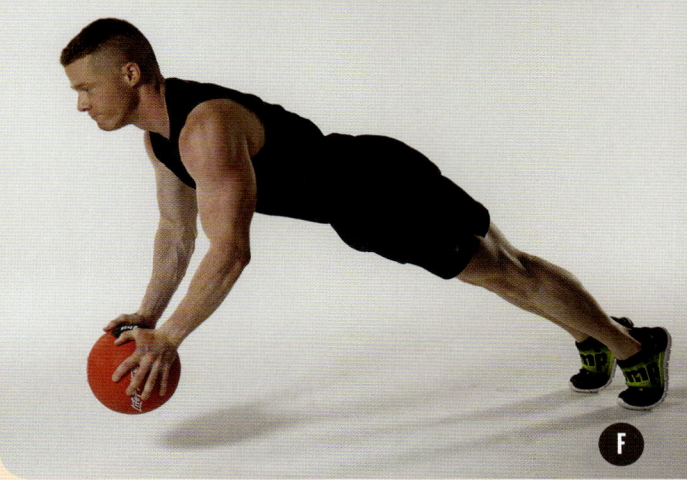

F

D–F: Die intensive Variante mit Medizinball.

P7 VORGEBEUGTES SCHULTERDRÜCKEN – DRUCK NACH OBEN

KRÄFTIGUNG

** seitliche Schulter-, Nacken- und hintere Oberarmmuskulatur

* Rumpf-, Brust- und vordere Schultermuskulatur

SO GEHT'S

>> Stütz Dich mit den Händen auf den Boden, die Finger kannst Du spreizen. Die Beine sind gestreckt und die Zehen auf einem Gegenstand positioniert, wobei die Füße höher als die Hände sind.

>> Heb das Gesäß so weit wie möglich nach oben hinten. Spann die Bauch- und die Gesäßmuskulatur an.

>> Beug langsam die Arme, bis der Kopf den Boden berührt, ohne Dich jedoch mit dem Kopf abzustützen.

>> Halt kurz die Position und achte darauf, wie die aktivierte Muskulatur arbeitet.

>> Streck die Arme und beweg Dich in die Ausgangsposition zurück.

>> Achte darauf, dass der Rumpf durchgehend angespannt und das Gesäß hochgehoben ist.

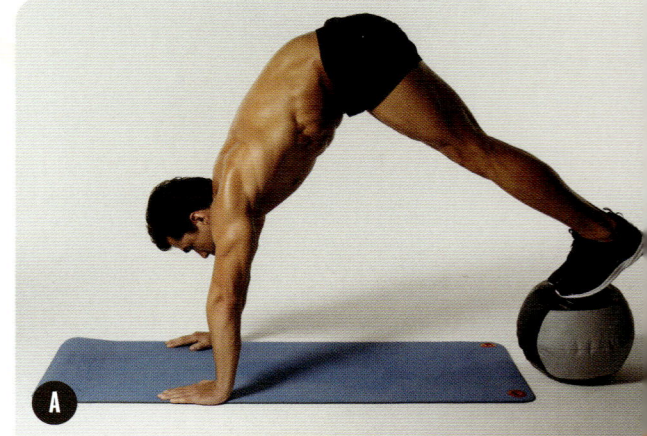

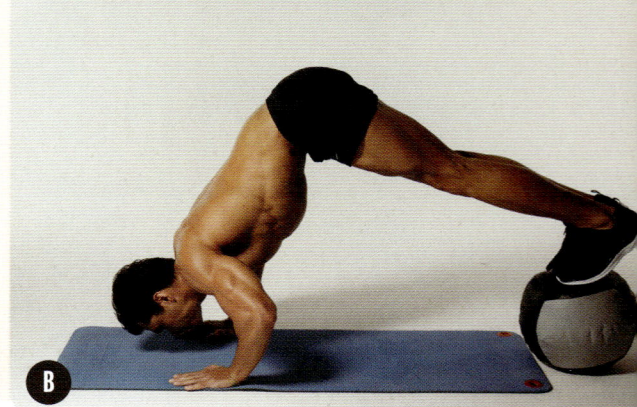

A–B: Die Ausgangs- und die Endposition. Die Übung wird etwas einfacher, wenn Du die Füße auf einen stabilen Gegenstand wie einen Kasten positionierst.

SO GEHT´S LEICHTER!

Du vereinfachst die Übung, indem Du mit den Händen und den Füßen auf dem Boden übst.

FÜR POWER-KERLE

Du intensivierst die Übung, indem Du durchgehend einen Fuß angehoben in der Luft hast.

Weit Fortgeschrittene können sich mit den Händen auf einen Medizinball oder einen Therapiekreisel stützen, während die Füße auf einem höheren Gegenstand positioniert sind.

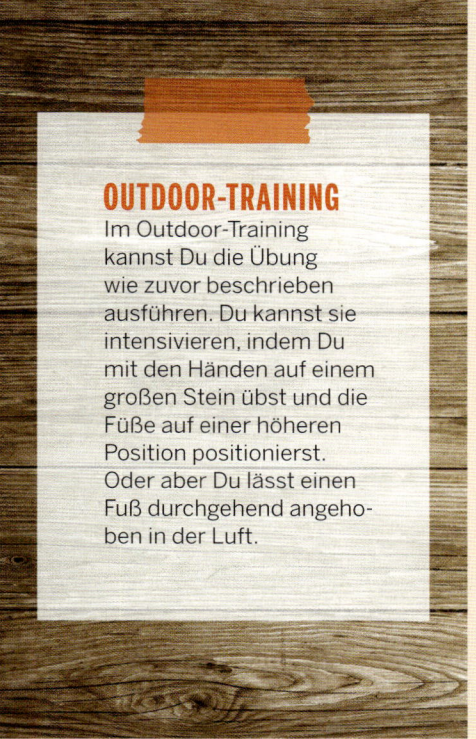

OUTDOOR-TRAINING

Im Outdoor-Training kannst Du die Übung wie zuvor beschrieben ausführen. Du kannst sie intensivieren, indem Du mit den Händen auf einem großen Stein übst und die Füße auf einer höheren Position positionierst. Oder aber Du lässt einen Fuß durchgehend angehoben in der Luft.

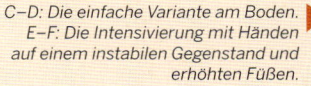

C–D: Die einfache Variante am Boden.
E–F: Die Intensivierung mit Händen auf einem instabilen Gegenstand und erhöhten Füßen.

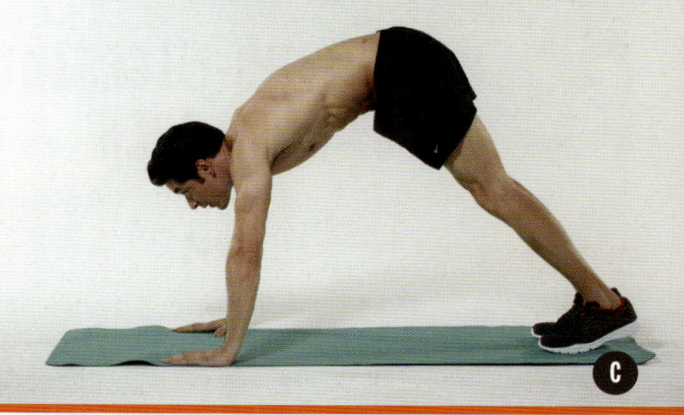

C

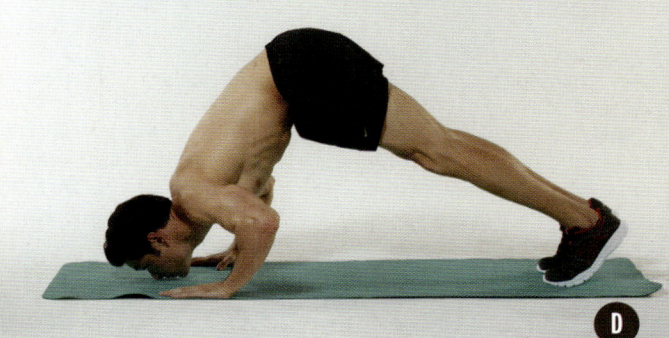

D

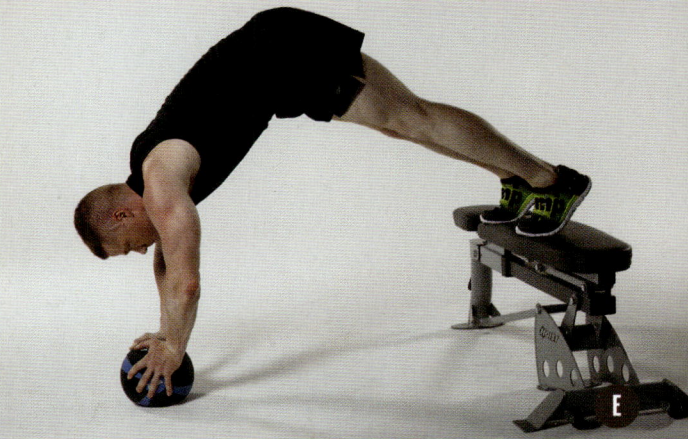

E

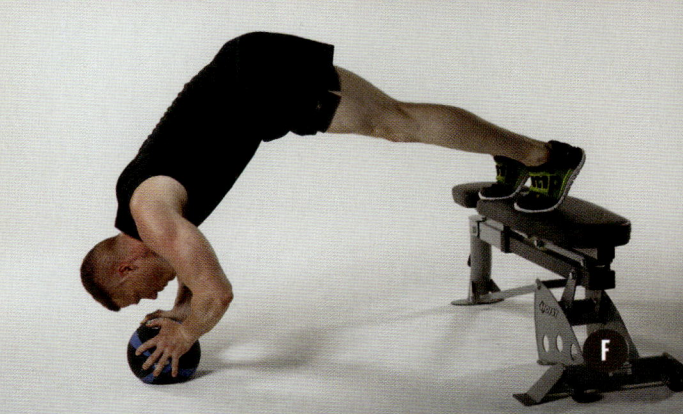

F

P8 HANDSTAND-LIEGESTÜTZ – DRUCK NACH OBEN

KRÄFTIGUNG

✱✱ seitliche Schulter-, Nacken-, Unterarm- und hintere Oberarmmuskulatur

✱ Brust-, Rumpf-, vordere und hintere Schultermuskulatur

SO GEHT´S

>> Stütz Dich mit den Händen etwa 20–30 cm vor einer Wand auf dem Boden ab. Die Hände sind mindestens schulterbreit auseinander, die Finger zeigen zur Wand und sind gespreizt. Ein Bein ist etwas angezogen, und das andere Bein ist nach hinten gestreckt.

>> Hol Schwung und bring die Beine an die Wand, das gestreckte Bein zuerst.

>> Balancier die Position aus und spann die Hände fest in den Boden und die Schultern weg von den Ohren. Aktivier die Bauch- und die Gesäßmuskulatur.

>> Beug langsam die Arme, bis der Kopf den Boden berührt. Stütz Dich jedoch nicht mit dem Kopf auf dem Boden ab.

>> Streck die Arme, um Dich in die Ausgangsposition zurückzubewegen und die Übung zu wiederholen.

>> Halt die gesamte Muskulatur in Spannung und achte auf einen geraden Rücken, gerade Handgelenke und gleichmäßige Atmung.

A–B: Die Ausgangs- und die Endposition.

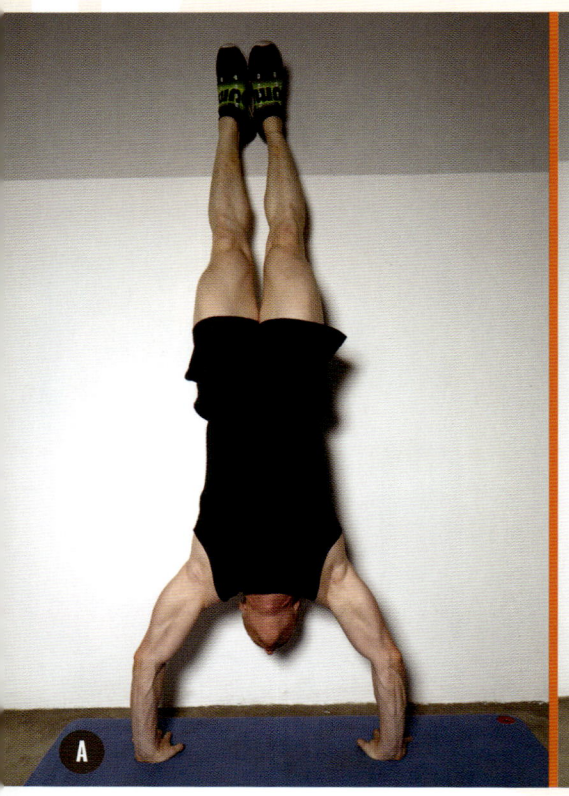

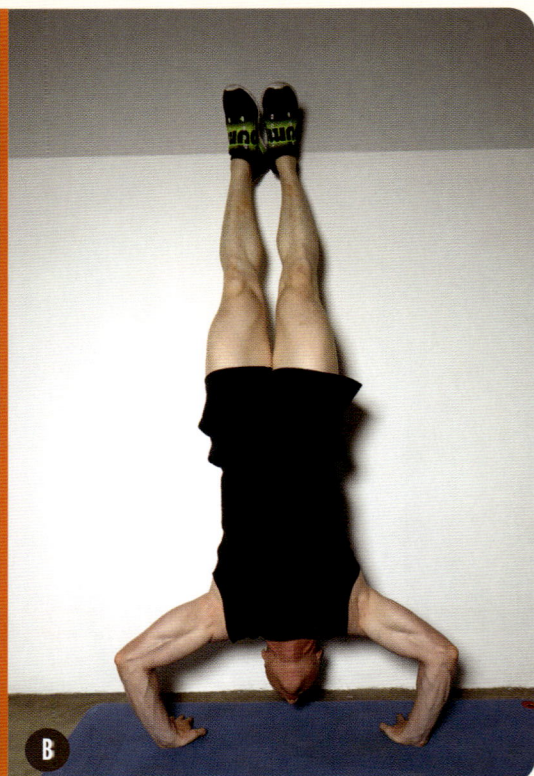

A

B

SO GEHT'S LEICHTER!

Einsteiger führen die Übung mit verringertem Bewegungsausmaß aus. Dazu kannst Du einen Bücherstapel o. Ä. so platzieren, dass sich Dein Kopf während der Übungsausführung darüber befindet. Wenn Du die beabsichtigte Zeitdauer beziehungsweise Wiederholungszahl erreichst, verringerst Du die Höhe des Stapels, bis Du die Übung schließlich mit dem vollständigen Bewegungsausmaß ausführen kannst.

Ist es Dir noch nicht möglich, mit kleinem Bewegungsspielraum zu üben, dann halt einfach die gestreckte Position für 30–60 Sekunden. Wenn es Dir dann gelingt, für 60 Sekunden in der Position zu bleiben, dann versuch erneut, mit reduziertem Bewegungsausmaß zu üben.

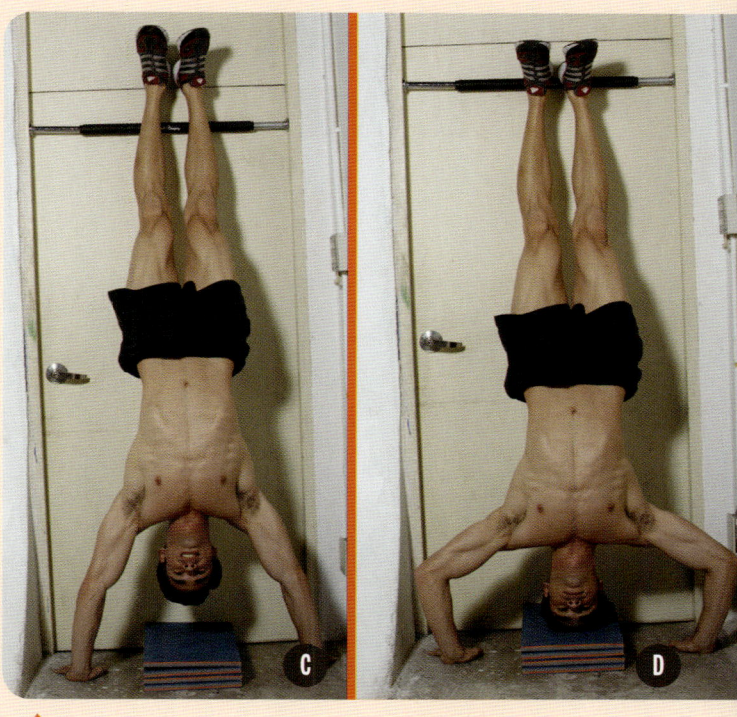

C–D: Die Übung mit verringertem Bewegungsumfang.

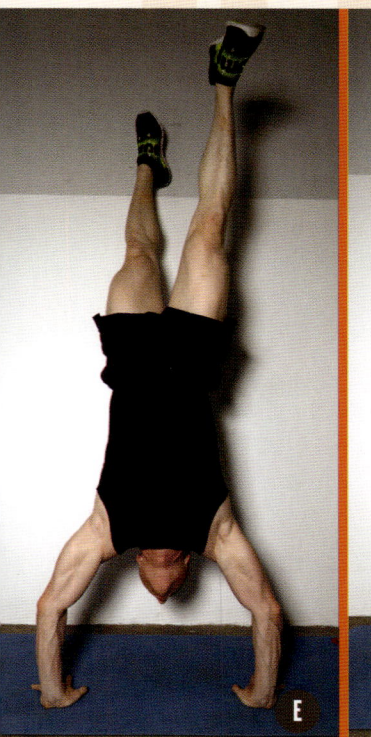
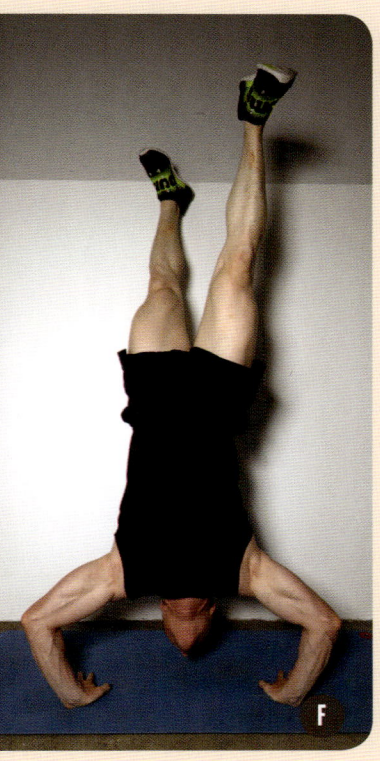

 ## FÜR POWER-KERLE

Fortgeschrittene können einen Fuß von der Wand wegnehmen, was etwas einfacher wird, wenn Du die Hände mit mehr Abstand von der Wand positionierst. Weit Fortgeschrittene können ganz auf das Abstützen verzichten und die Übung frei in der Luft ausführen.

E–F: Die Intensivierung mit nur einem Fuß an der Wand.

P9 SCHULTERPRESSE – DRUCK NACH OBEN

KRÄFTIGUNG

** Schultermuskulatur, insbesondere seitlicher und vorderer Anteil

* Rumpf-, Brust- und hintere Oberarmmuskulatur

SO GEHT´S

>> Du stehst aufrecht im hüft- bis schulterbreiten Stand. Die Arme sind gebeugt angehoben, die Ellbogen zeigen nach außen oder nach vorne; in den Händen hast Du Kurzhanteln.

>> Spann die Bauch- und die Gesäßmuskulatur an und zieh die Schultern etwas nach hinten unten.

>> Drück die Hanteln gerade nach oben und halt kurz die Position.

>> Dann senkst Du die Hanteln wieder nach unten, um die Übung zu wiederholen.

>> Achte beim Hochdrücken darauf, dass die Rumpfmuskulatur angespannt bleibt und Du kein Hohlkreuz einnimmst. Vermeide außerdem Ausweichbewegungen mit den Hanteln.

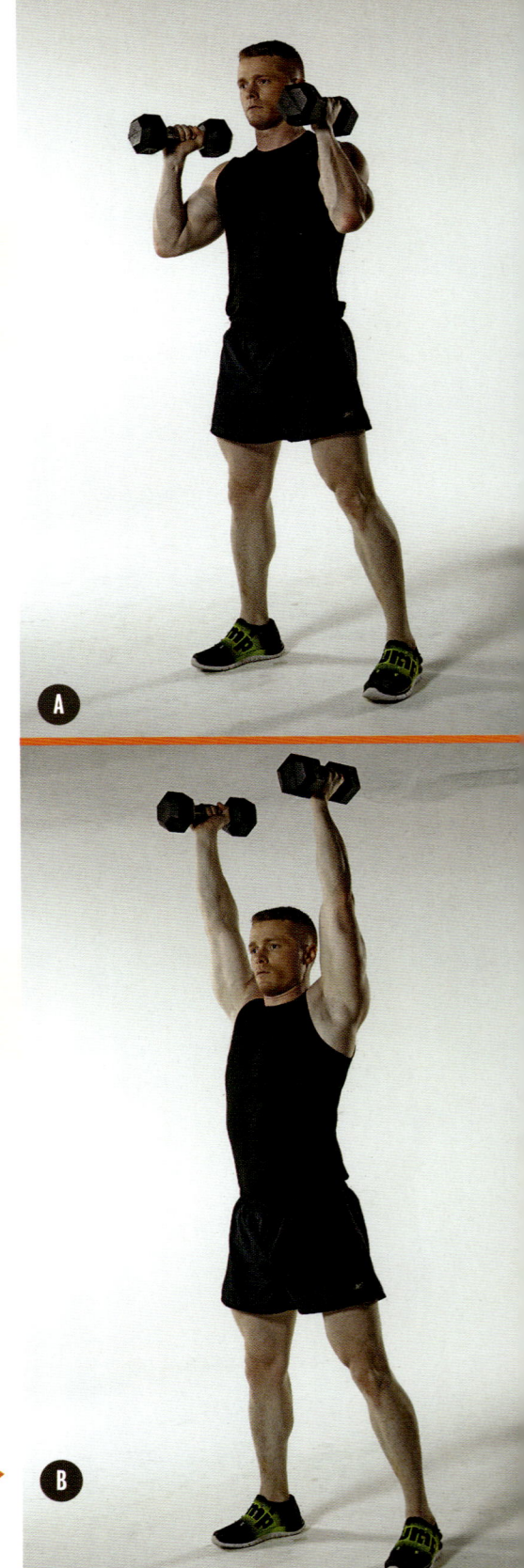

A–B: Die Ausgangs- und die Endposition. ▶ **B**

A

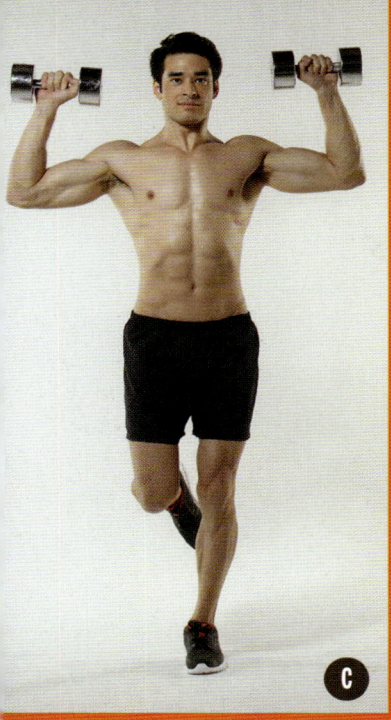

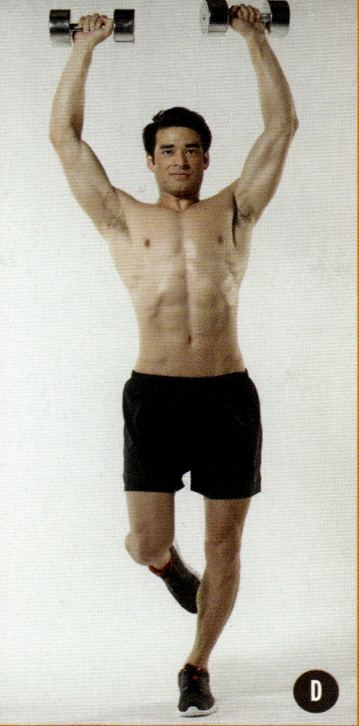

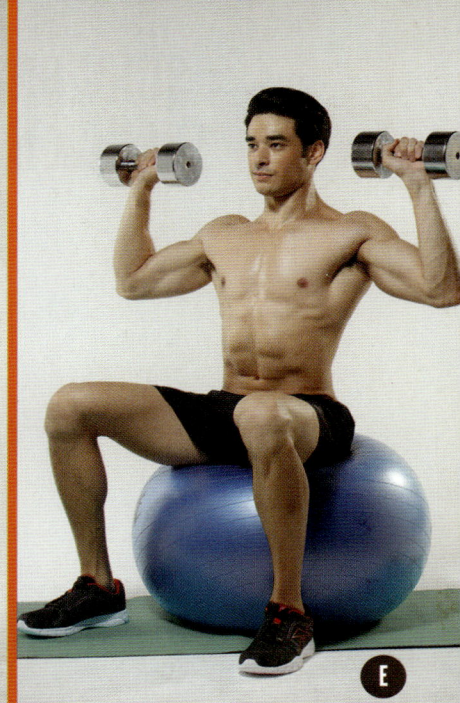

 C–D: Das Drücken im Einbeinstand mit vorgedrehten Handflächen.
E–F: Die Übung im Sitz.

FÜR POWER-KERLE

Fortgeschrittene können abwechselnd hochdrücken oder einarmig üben, was die Rumpfmuskulatur mehr beansprucht, um Ausweichbewegungen zu vermeiden.

Weit Fortgeschrittene können die Schulterpresse durch einbeinige Ausführung und/oder auf instabilem Untergrund intensivieren, was die Schultern zwar nicht stärker kräftigt, aber das Muskelzusammenspiel des ganzen Körpers fördert.

SO GEHT´S AUCH

Alternativ ist die Schulterpresse gerade nach oben mit Langhantel möglich. In der Ausgangsposition wird die Langhantelstange in Fronthaltung über der Brust gehalten.

Bei einer weiteren Variante, als Arnold-Presse bekannt, hast Du die Kurzhanteln in der Ausgangsposition über der Brust, mit nach hinten gerichteten Handflächen. Bei der Bewegung nach oben drehst Du die Hanteln so, dass die Handflächen in der Endposition nach vorne zeigen. Dies lässt sich auch mit abwechselndem Anheben der Hanteln ausführen.

Du kannst die Schulterpresse auch im Sitz auf einer Bank oder einem Gymnastikball ausführen.

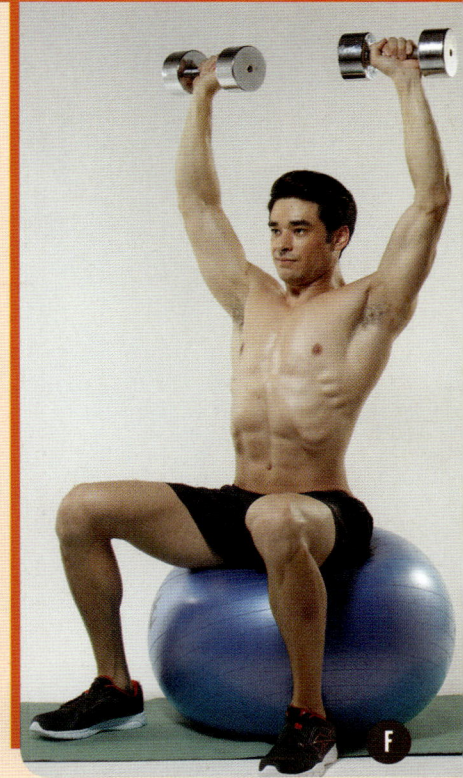

P10 SCHWUNGDRÜCKEN – DRUCK NACH OBEN

KRÄFTIGUNG

** Schultermuskulatur, insbesondere seitlicher und vorderer Anteil

* Rumpf-, Brust-, hintere Oberarm-, Bein- und Gesäßmuskulatur

SO GEHT'S

>> Du stehst aufrecht im hüft- bis schulterbreiten Stand. Die Arme sind über den Schultern, in den Händen, mit den Handflächen zueinander, hast Du Kurzhanteln.

>> Spann die Bauch- und die Gesäßmuskulatur an und zieh die Schultern nach hinten unten.

>> Mach eine Viertel-Kniebeuge, um Schwung zu holen, und drück dann die Hanteln nach oben mit gleichzeitiger Streckung der Beine.

>> Beweg Dich wieder in die Ausgangsposition, um die Übung zu wiederholen.

>> Wichtig ist, dass Du beim Hochdrücken den Rumpf stabil hast und Dich nicht in ein Hohlkreuz bewegst. Achte außerdem darauf, dass Du nicht mit den Hanteln nach vorne oder hinten ausweichst.

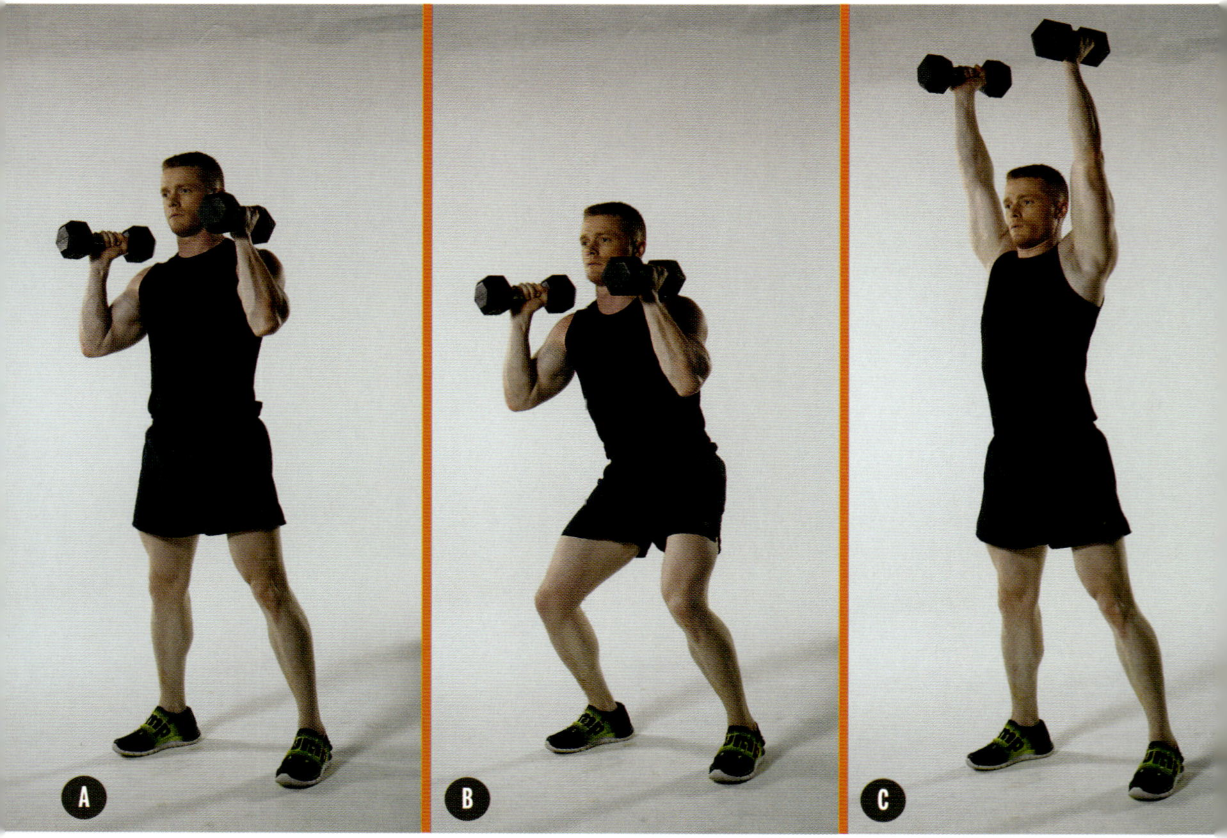

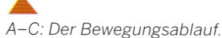

A–C: Der Bewegungsablauf.

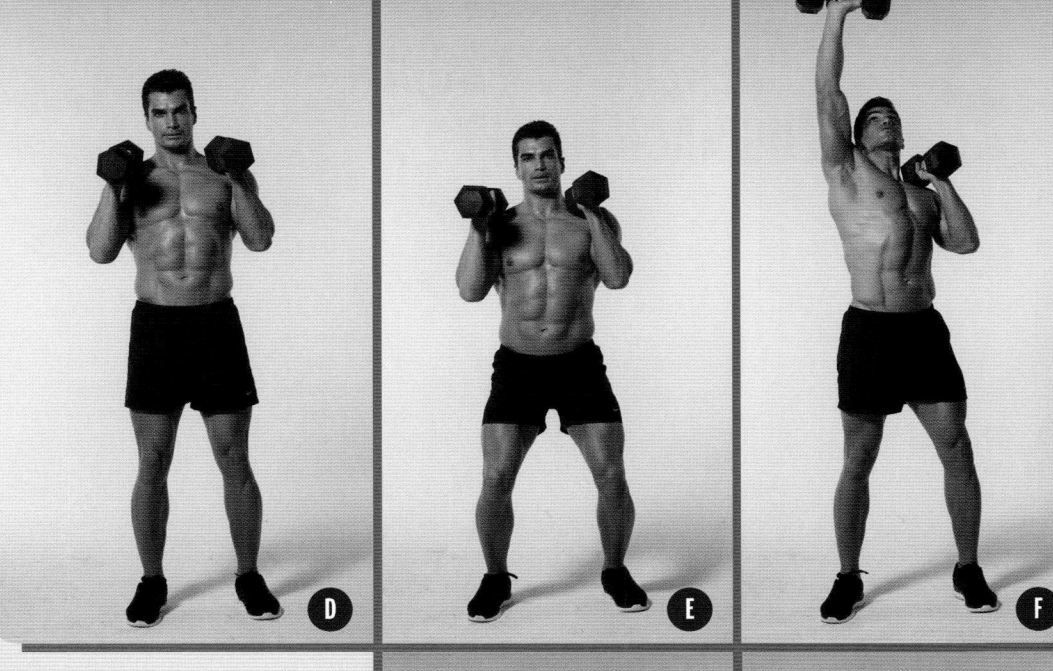

FÜR POWER-KERLE

Fortgeschrittene können abwechselnd hochdrücken oder einarmig üben, was die Rumpfmuskulatur mehr beansprucht, um Ausweichbewegungen zu vermeiden. Auch können sie eine Hanteldrehung einsetzen (wie in den Abbildungen gezeigt).

Die Übung lässt sich noch mit einer Seitdrehung des Körpers intensivieren. Aus der Viertel-Kniebeuge heraus drückst Du die rechte Hantel mit Seitdrehung nach links hoch. Danach bewegst Du Dich in die Ausgangsposition zurück, um nun die linke Hantel mit Seitdrehung nach rechts hochzudrücken.

SO GEHT´S AUCH

Du kannst das Schwungdrücken gerade nach oben mit Langhantel ausführen. In der Ausgangsposition wird die Langhantelstange in Fronthaltung über der Brust gehalten.

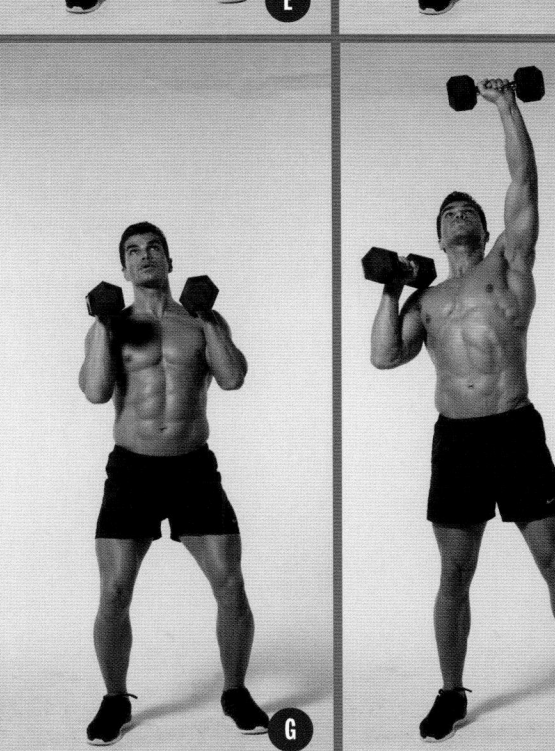

D–H: Der Bewegungsablauf beim abwechselnden Schwungdrücken mit Hanteldrehung. Dies lässt sich mit einer Seitdrehung des Körpers noch intensivieren.

P11 RUDERZUG VOM BODEN – ZUG NACH HINTEN

KRÄFTIGUNG

** obere Rücken-, hintere Schulter- und vordere
Oberarmmuskulatur

* Rumpf- und Unterarmmuskulatur

SO GEHT'S

>> Leg Dich unter die Stange und greif diese etwas weiter als schulterbreit, so dass die Fingerknöchel nach oben weisen. Die Arme sind gestreckt, der Körper ist gerade, und die Beine zeigen nach vorne.

>> Spann die Bauch- und die Gesäßmuskulatur an.

>> Zieh Dich in einer gleichmäßigen Bewegung nach oben und halt kurz die Position.

>> Beweg Dich in die Ausgangsposition zurück, ohne den Körper jedoch auf dem Boden anzulegen. Wiederhol die Übung.

>> Vermeide Ausweichbewegungen wie das Anheben der Schultern.

INFO

Für die Übung benötigst Du eine Stange, an der Du Dich hochziehen kannst. Das kann eine tief befestigte Klimmzug-Stange sein oder eine hohe Stange, wenn Du ein Handtuch um die Stange legst. Weiterhin sind Seil oder Schlingentrainer einsetzbar. Einige Sportler legen sich auch unter einen Tisch und ziehen sich so hoch; dies ist zwar möglich, aber der Griff und die Position sind nicht angenehm und nicht einfach zu koordinieren. Wähl eine Variante abhängig von Deinen Trainingsmöglichkeiten.

A–B: Die Ausgangs- und die Endposition.

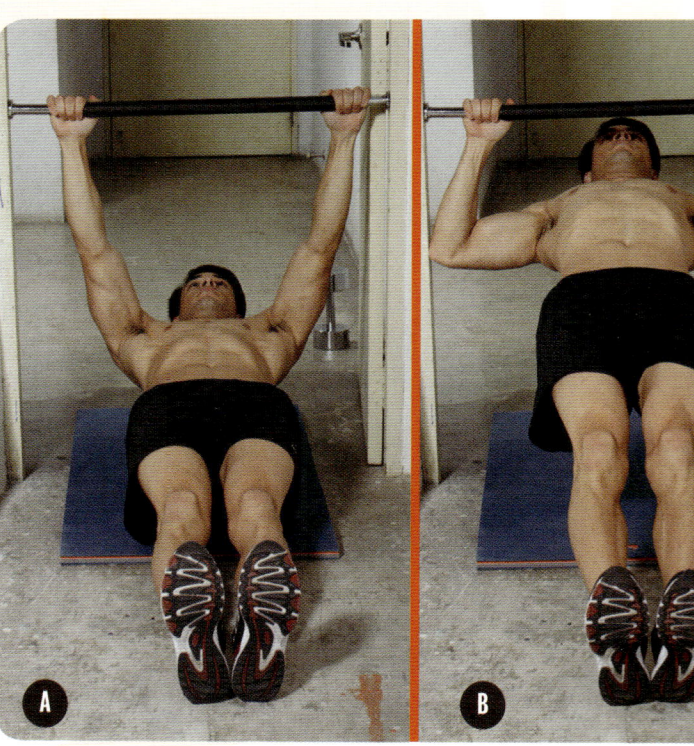

SO GEHT'S LEICHTER!

Du vereinfachst die Übung, indem Du die Fußsohlen aufstellst oder Dich in Schräglage begibst, wodurch Du weniger Körpergewicht hochziehst. Teste die für Dich geeignete Intensität und erschwer die Übung mit fortschreitender Kraftentwicklung durch den Einsatz von mehr Körpergewicht.

FÜR POWER-KERLE

Fortgeschrittene können die Fersen auf einem Gegenstand positionieren und/oder einen Fuß in der Luft halten. Weit Fortgeschrittene können einarmig trainieren – dies vereinfachst Du etwas, wenn die freie Hand unterstützend das Handgelenk des Übungsarms greift.

Indem Du die Übung an einem beweglichen Gegenstand wie Schlingentrainer, Handtuch oder dicken Seil ausführst, trainierst Du intensiv die tiefliegenden stabilisierenden Muskeln von Schultern und Rumpf. Zusätzlich zu den Abbildungen bietet der Schlingentrainer noch die Möglichkeit, eine Handrotation zu ergänzen; am Boden zeigen die Daumen zueinander und in angezogener Position nach oben.

C–D: Die Vereinfachung mit dem Schlingentrainer durch aufgestellte Füße.
E–F: Die Intensivierung mit dem Schlingentrainer durch angehobenen Fuß.

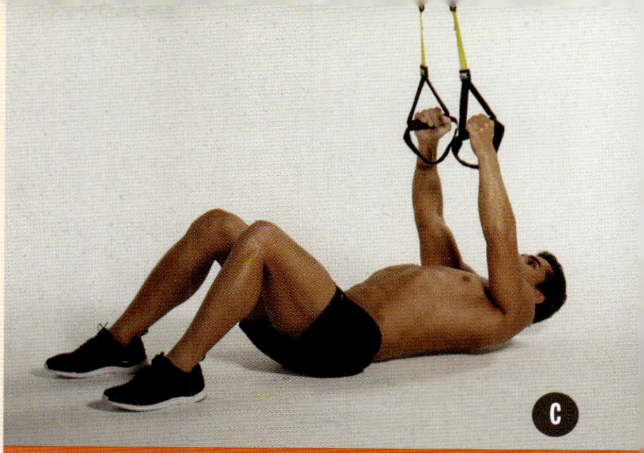

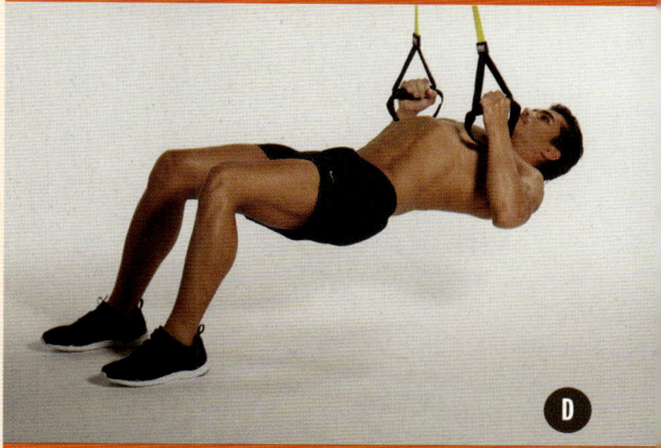

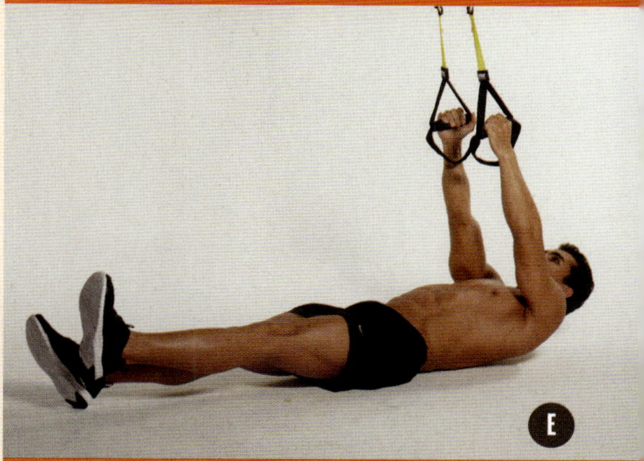

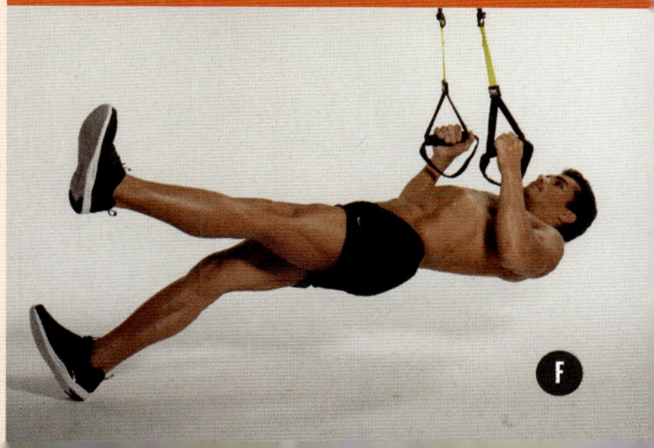

OUTDOOR-TRAINING

Die Übung lässt sich gut an einer Stange auf einem Trimm-Dich-Pfad oder Spielplatz ausführen. Sie lässt sich prinzipiell überall durchführen, wenn Du ein langes Handtuch und eine stabile Befestigungsmöglichkeit verfügbar hast.

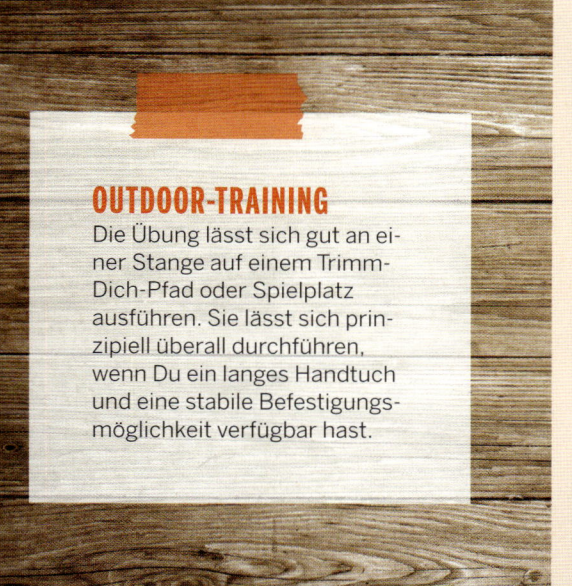

P12. RUDERZUG AUS SCHRÄGLAGE – ZUG NACH HINTEN

KRÄFTIGUNG

✱✱ obere Rücken-, Rumpf-, Unterarm-, vordere Oberarm- und hintere Schultermuskulatur

SO GEHT´S

>> Du stehst gerade im hüftbreiten Stand in Richtung der Befestigung des Schlingentrainers, in den Händen hast Du die Griffe. Beweg Dich in die Schräglage, die Handrücken zeigen nach oben.

>> Spann die Bauch- und die Gesäßmuskulatur an und die Schultern nach hinten unten.

>> Zieh Dich nach oben, wobei Du die Ellbogen so weit wie möglich nach hinten bewegst, am Körper entlang. Dabei drehst Du die Hände, so dass sie in der Endposition nach innen zeigen. Halt kurz die Position.

>> Senk Dich wieder kontrolliert in die Ausgangsposition mit Drehung der Hände zurück, um die Übung zu wiederholen.

>> Vermeide Ausweichbewegungen wie Hochziehen der Schultern.

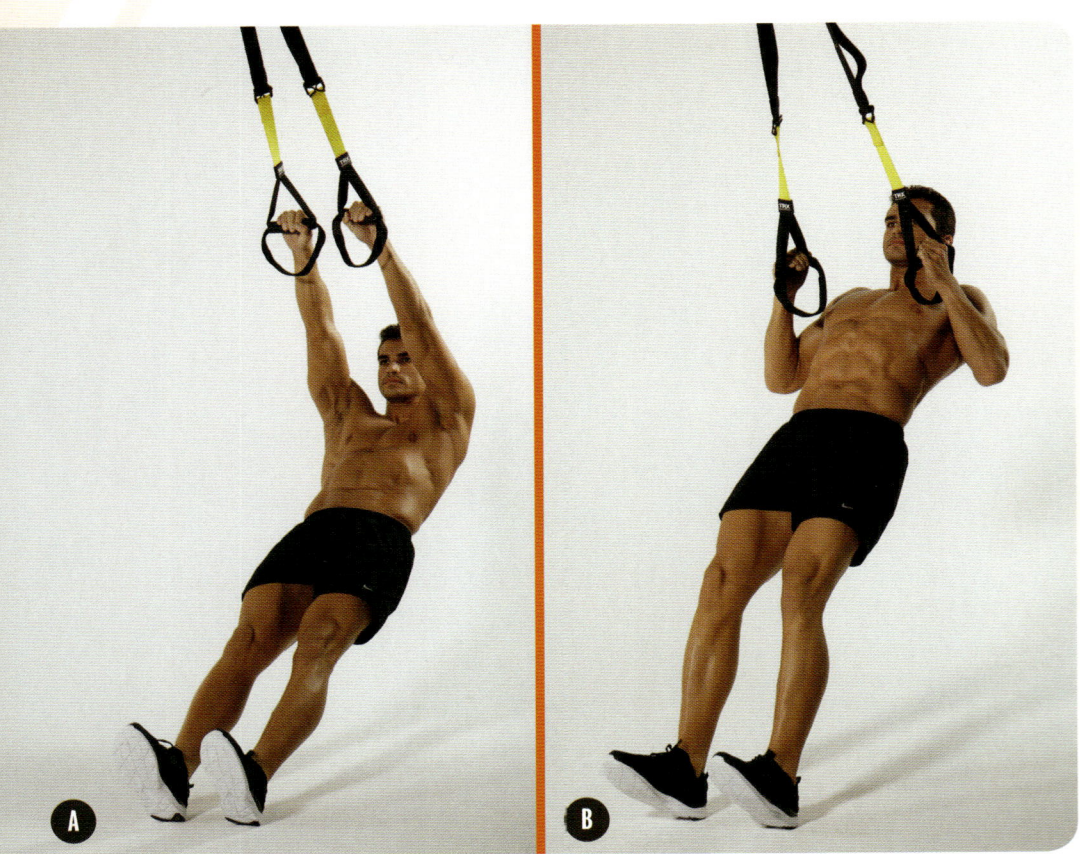

A–B: Das beidarmige Ziehen mit Schlingentrainer.

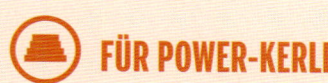

FÜR POWER-KERLE

Umso intensiver Du Dich in Schräglage bewegst, desto anspruchsvoller wird die Übung. Wähl die für Dich geeignete Intensität.

Fortgeschrittene können einarmig üben und/oder einen Fuß durchgehend in der Luft halten. Achte bei diesen Ausführungen besonders darauf, dass Du die Hüften nicht verdrehst.

C–D: Das einarmige Ziehen. ▶

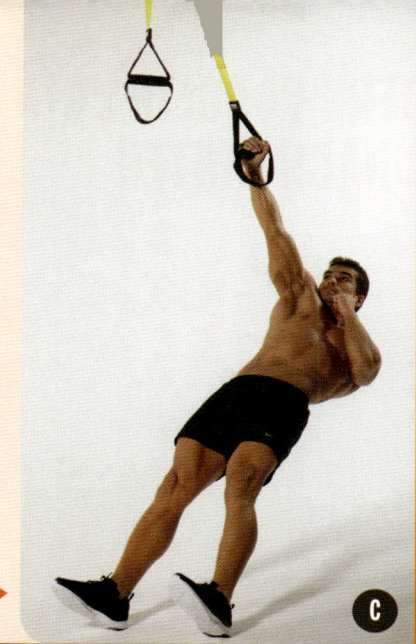

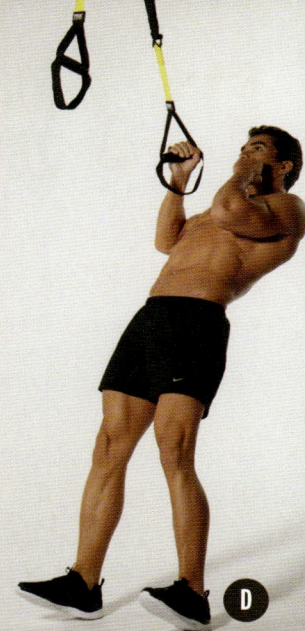

OUTDOOR-TRAINING

Die Übung lässt sich gut an einer Stange auf einem Trimm-Dich-Pfad oder Spielplatz ausführen. Sie lässt sich prinzipiell überall durchführen, wenn Du ein langes Handtuch und eine stabile Befestigungsmöglichkeit verfügbar hast.

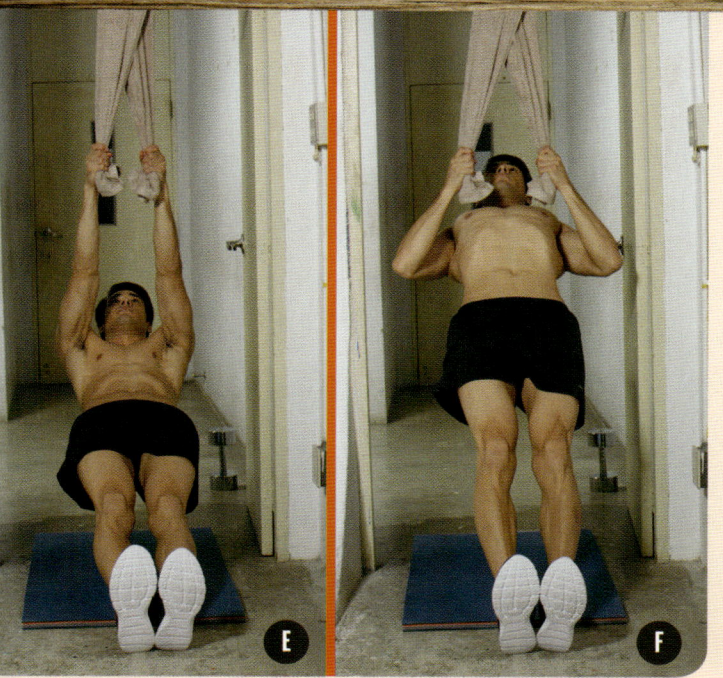

SO GEHT'S AUCH

Alternativ kannst Du mit Handtuch üben; so kann die Übung an jeder stabilen Stange und auch an einem Treppengeländer ausgeführt werden. Ebenso ist die Übung an einem dicken Seil möglich.

Einige Fitnesssportler üben so, dass sie sich vor eine geöffnete Tür stellen und die Tür mit den Füßen und Beinen einklemmen. Sie greifen die Griffe der Tür, beugen die Beine und lehnen sich gleichzeitig nach hinten. Aus dieser Position ziehen sie sich dann nach hinten. Dies ist zwar machbar, aber weder besonders intensiv noch leicht zu koordinieren.

◀ E–F: Die beidarmige Ausführung mit Handtuch.

P13 RUDERN VORGEBEUGT – ZUG NACH HINTEN

KRÄFTIGUNG

✶✶ obere Rücken-, hintere Schulter- und vordere
Oberarmmuskulatur

✶ Unterarm-, Rumpf-, Nacken- und Oberschenkelmuskulatur

SO GEHT'S

>> Du stehst aufrecht im schulterbreiten Stand
und hast vor dem Körper eine Kurzhantel in
einer Hand. Spann die Bauch- und die Gesäßmuskulatur an.

>> Beug die Beine, wobei Du das Gesäß nach
hinten schiebst und den Oberkörper in der
Hüfte nach vorne beugst; der Rücken bleibt
gerade. Die Hantel hängt nun zwischen den
Beinen nach unten. Die freie Hand kannst Du auf
den Oberschenkel stützen, um die Position zu
stabilisieren.

>> Zieh die Hantel hoch, wobei der Ellbogen an
den Rippen entlang bewegt wird, ohne die Position des Rückens zu verändern.

>> Beweg die Hantel wieder kontrolliert in die
Ausgangsposition zurück, um die Übung zu
wiederholen.

>> Achte darauf, dass die Rumpfmuskulatur in
Spannung bleibt, und vermeide ein Abrunden
des Rückens.

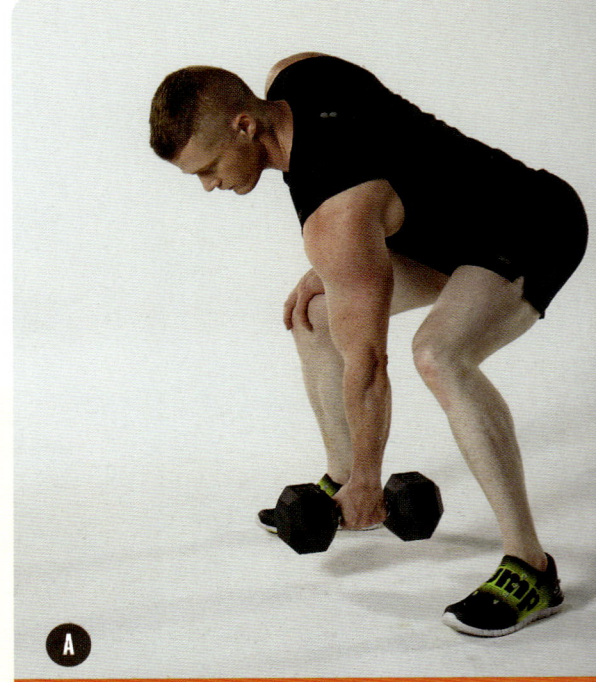

A

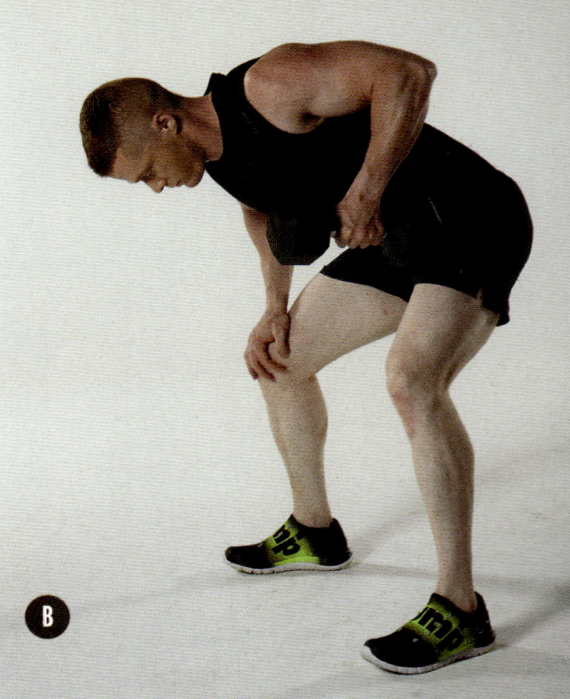

A–B: Die Ausgangs- und die Endposition. ▶

B

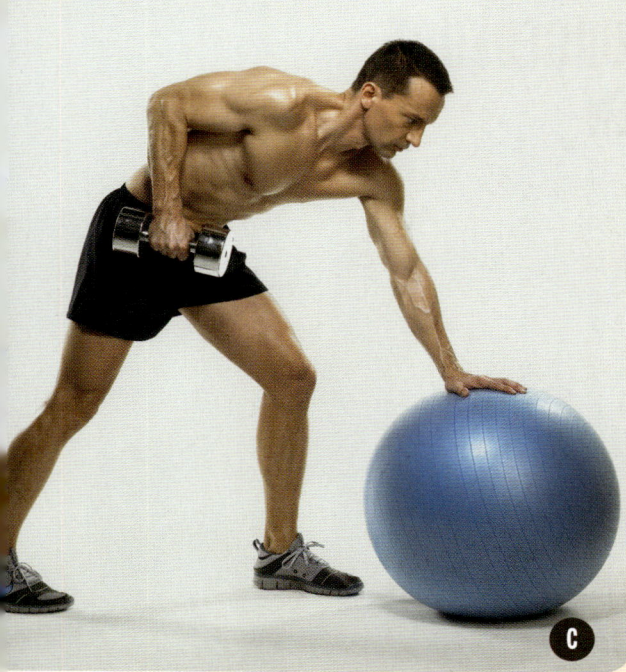

SO GEHT'S AUCH

Du kannst die Übung mit Handdrehung ausführen, indem die Handfläche in der Ausgangsposition zu den Füßen zeigt und sich dann bei der Bewegung nach oben zu den Rippen dreht.

SO GEHT'S LEICHTER!

Einsteiger können sich mit einer Hand auf einem Gegenstand wie einer Hantelbank oder einem Stuhl abstützen. Ebenfalls kann man im Ausfallschritt üben und sich mit der vorderen Hand auf dem vorderen Oberschenkel abstützen.

FÜR POWER-KERLE

Du kannst die Übung intensivieren, indem Du die freie Hand hinter den Rücken legst, wodurch der Rumpf stärker stabilisieren muss, um Ausweichbewegungen zu vermeiden.

Fortgeschrittene können auch beidarmig üben; durch das höhere Gewicht wird der untere Rücken intensiv belastet – vorausgesetzt, Du beugst den Oberkörper weit nach vorne. So ist die Übung auch mit Langhantel möglich.

Weit Fortgeschrittene können auf einem instabilen Untergrund oder einbeinig trainieren.

C: Die Vereinfachung mit Abstützen auf Gymnastikball.

D–E: Die beidarmige Variante.

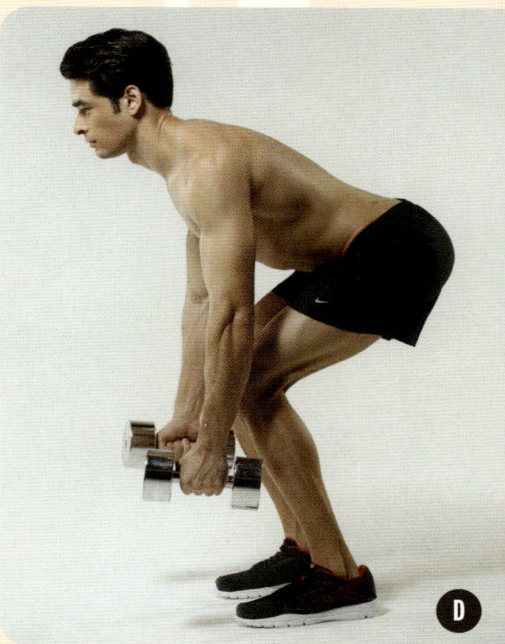

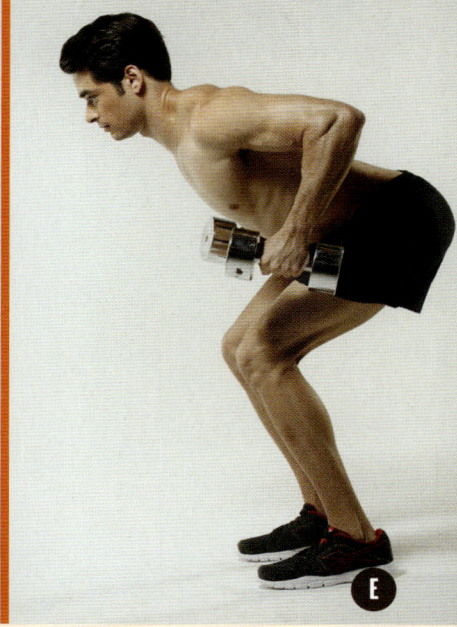

P14 REVERSE FLYS VORGEBEUGT – ZUG NACH HINTEN

KRÄFTIGUNG

✱✱ hinterer Anteil der Schultermuskulatur
✱ Nacken-, Rumpf- und obere Rückenmuskulatur

SO GEHT'S

>> Aus dem aufrechten Stand beugst Du die Beine etwas, wobei Du das Gesäß nach hinten schiebst und den Oberkörper nach vorne verlagerst. In den Händen hast Du Kurzhanteln, die Handflächen sind zueinander gerichtet.

>> Spann die Bauch- und die Gesäßmuskulatur an und halt den Rücken gerade.

>> Heb die leicht gebeugten Arme kontrolliert an, bis sich die Oberarme in Verlängerung der Schultern befinden. Führ dies ohne Schwung aus.

>> Am Ende der Bewegung ziehst Du die Schulterblätter zusammen. Halt kurz die Position.

>> Bring die Hanteln wieder langsam in die Ausgangsposition zurück, um die Übung zu wiederholen.

>> Achte auf durchgehend angespannte Rumpfmuskulatur und vermeide Ausweichbewegungen mit der Schulter- oder Nackenmuskulatur nach oben.

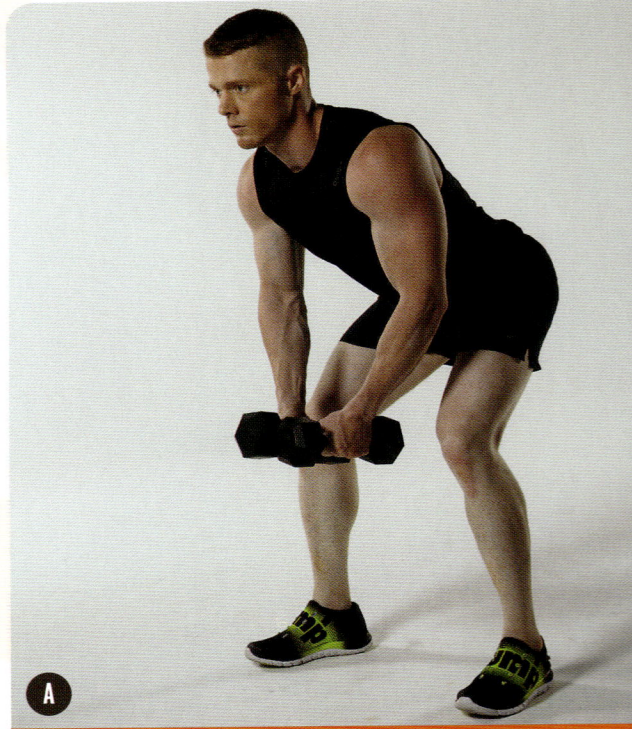

A

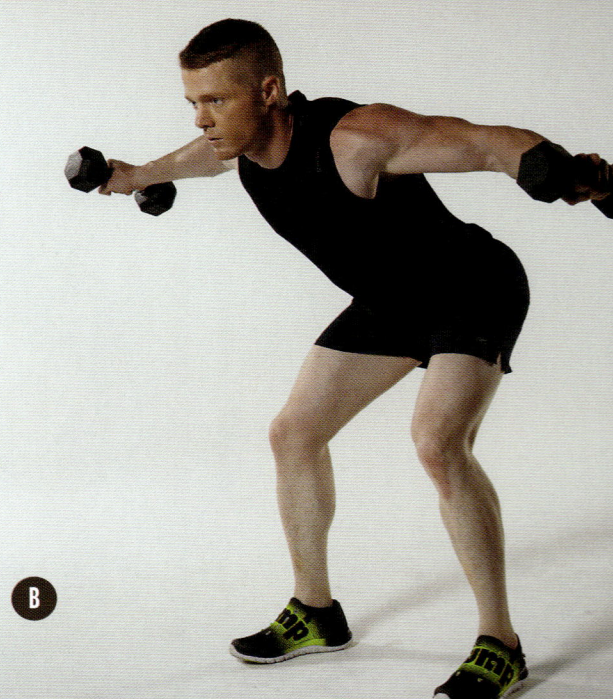

A–B: Die Ausgangs- und die Endposition. ▶

B

SO GEHT´S LEICHTER!

Du kannst die Übung auch im vorgebeugten Sitz ausführen. Dazu beugst Du aus dem aufrechten Sitz den gerade gehaltenen Oberkörper vor. Auch ist die Übung in Bauchlage auf einer Schrägbank möglich – oder etwas anspruchsvoller auf einem Gymnastikball.

FÜR POWER-KERLE

Fortgeschrittene können im Stand auf einem instabilen Untergrund üben. Alternativ können sie im Einbeinstand trainieren. Dies kräftigt zwar die hintere Schultermuskulatur nicht intensiver, aber der Körper wird gefordert, mehrere Muskeln zu koordinieren.

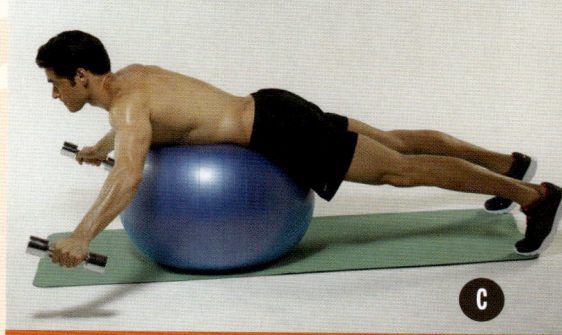

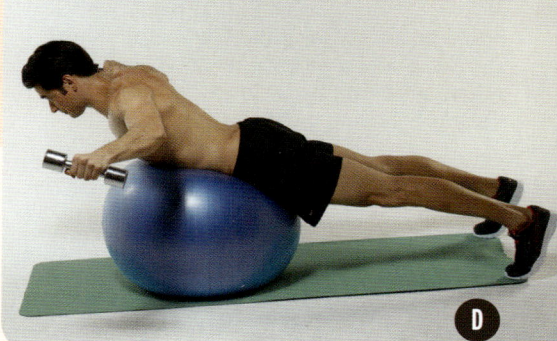

C–D: Die Übung in Bauchlage auf einem Gymnastikball. ▶

E–F: Die Variante mit Stretchband im Sitz. ▼

SO GEHT´S AUCH

Du kannst diese Muskulatur auch mit einem Stretchband, z. B. Theraband®, kräftigen. Dazu legst Du das Band in Hüfthöhe um einen stabilen Gegenstand und greifst die Enden des Bandes; setz Dich mit dem Gesicht in Richtung der Befestigung. In der Ausgangsposition sind die Arme fast zusammen und zeigen in Richtung Bandbefestigung; das Band befindet sich in mittlerer Spannung. Nun zieh das Band gegen den Widerstand zurück, wobei Du die Hände nach außen bewegst, die Arme sind etwa parallel zum Boden. Du kannst dies auch im Stand üben, wozu Du das Band etwas höher befestigen musst.

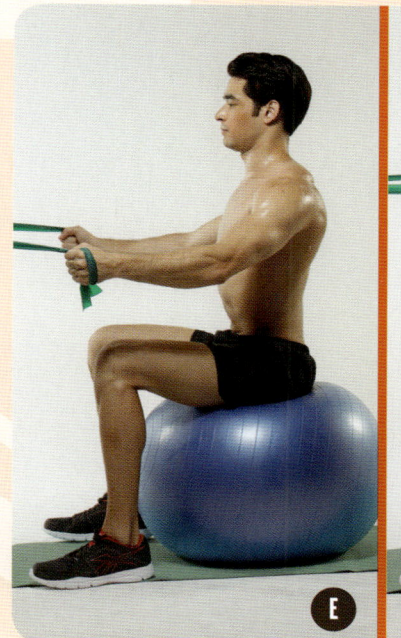

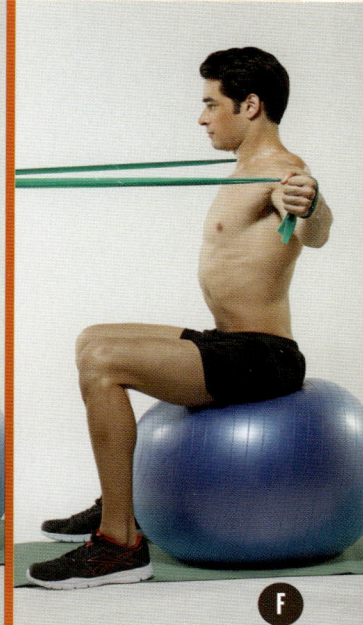

P15 KLIMMZUG – ZUG NACH UNTEN

KRÄFTIGUNG

** obere Rückenmuskulatur

* vordere Oberarm-, Unterarm-, Schulter- und Rumpfmuskulatur

SO GEHT´S

>> Du hängst frei an einer Klimmzug-Stange. Die Arme sind schulterbreit oder etwas weiter auseinander, mit den Handflächen nach vorne, und die Finger greifen fest.

>> Spann die Bauch- und die Gesäßmuskulatur an und die Schultern etwas nach hinten und unten.

>> Zieh Dich in einer gleichmäßigen Bewegung nach oben, bis das Kinn über der Stange ist. Dabei bringst Du die Ellbogen zu den Rippen.

>> Halt kurz die Position, bevor Du Dich langsam in die Ausgangsposition zurücksenkst. Halt auch in der tiefen Position die Muskulatur in Spannung. Dann wiederholst Du die Übung.

>> Vermeide Ausweichbewegungen wie Schwungholen und Anziehen der Schultern.

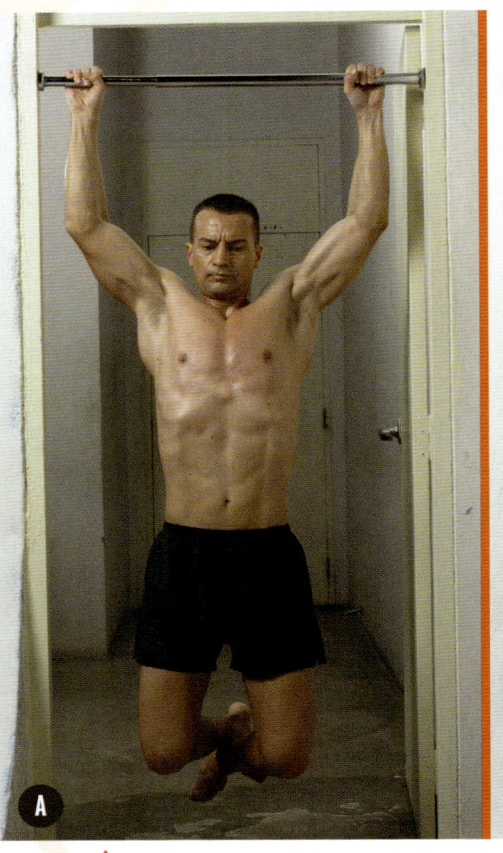 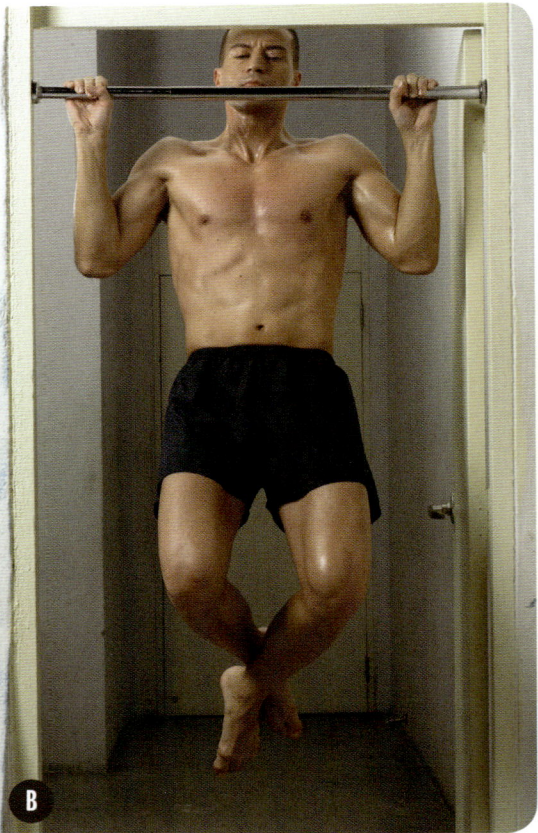

▲ A–B: Die Ausgangs- und die Endposition.

SO GEHT´S LEICHTER!

Einsteiger können mit verkleinertem Bewegungsumfang üben oder sich mit einem Fuß auf einem Kasten abstützen, so dass sie nicht das ganze Körpergewicht hochziehen müssen. Du kannst auch ein dickes Gummiband um die Stange binden und Dich zur Vereinfachung mit einem Fuß oder einem Knie in der Schlaufe abstützen.

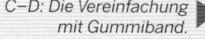

C–D: Die Vereinfachung mit Gummiband. ▶

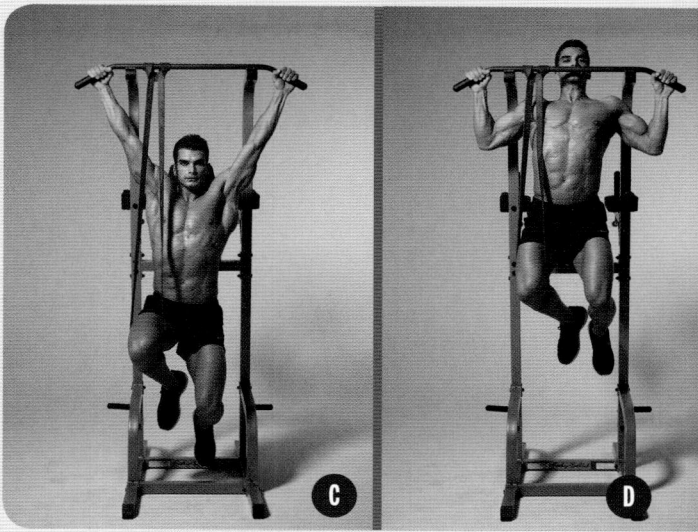

FÜR POWER-KERLE

Fortgeschrittene können sich abwechselnd nach links und rechts hochziehen. Auch können sie ein Zusatzgewicht nutzen, beispielsweise einen Medizinball oder eine Kurzhantel zwischen den Füßen halten oder eine Gewichtsweste tragen.

Weit Fortgeschrittene können sich einarmig hochziehen, wozu die andere Hand unterstützend das Handgelenk des Übungsarms greift. Die Kraft für das einarmige Hochziehen kannst Du aufbauen, indem Du übst, Positionen für einige Sekunden einarmig zu halten, oder Du übst mit Abstützen des Körpergewichts durch Aufstellen von einem Fuß.

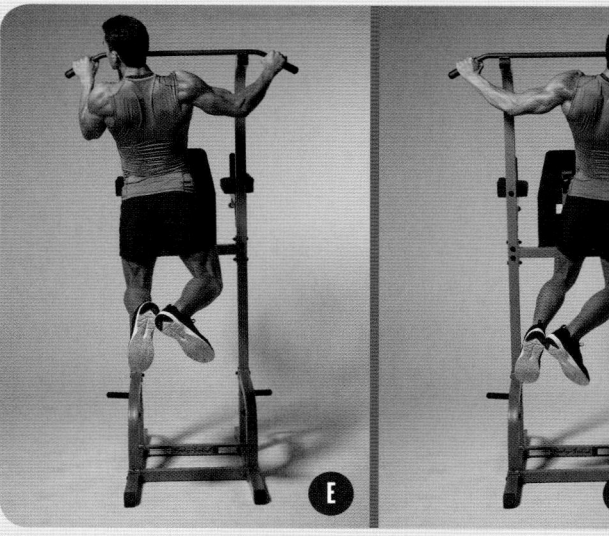

▲
E–F: Die Intensivierung mit Hochziehen zur Seite.

OUTDOOR-TRAINING
Im Outdoor-Training finden sich viele Möglichkeiten, um Klimmzüge auszuführen, beispielsweise gibt es Stangen auf Trimm-Dich-Pfaden, in Parks und auf Spielplätzen.

SO GEHT´S AUCH

Alternativ kannst Du Dich mit nach vorne zeigenden Handrücken hochziehen, um die Kraft der vorderen Oberarmmuskulatur mehr zu fördern.

Wenn Du die Unterarmmuskulatur intensiver kräftigen willst, kannst Du die Enden eines Handtuchs festhalten und Dich so hochziehen.

P16 HOCHZIEHEN AM SEIL – ZUG NACH UNTEN

KRÄFTIGUNG

✱✱ obere Rücken- und Unterarmmuskulatur

✱ vordere Oberarm-, Unterarm-, Schulter- und Rumpfmuskulatur

SO GEHT´S

>> Stell Dich gerade im Zehenstand unter das Seil und fass es möglichst weit oben.

>> Spann die Bauch- und die Gesäßmuskulatur an und zieh Dich leicht vom Boden hoch; die Beine sind frei in der Luft.

>> Zieh Dich in gleichmäßigen Bewegungen weiter hoch, indem Du die Hände übereinander setzt.

>> Vermeide unkontrolliertes Schwingen und Ausweichbewegungen wie Anziehen der Schultern.

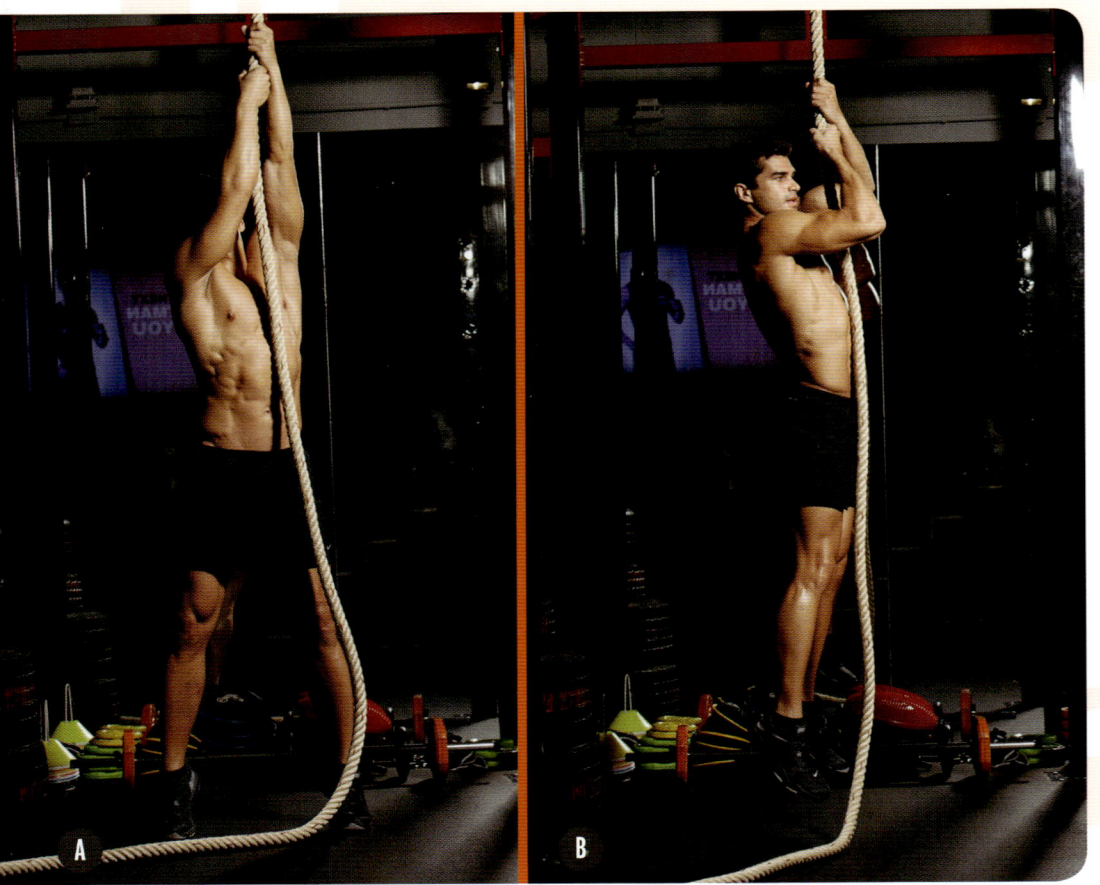

▲ *A–B: Die Ausgangs- und die Endposition.*

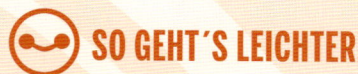

SO GEHT´S LEICHTER!

Du vereinfachst die Übung, indem Du das Seil mit den Füßen einklemmst. Einsteiger können sich aus einer Schräglage hochziehen.

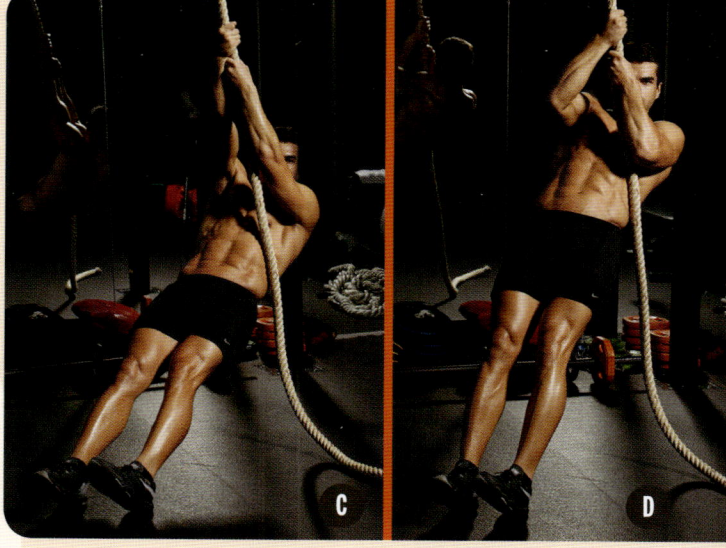

C–D: Der Zug aus leichter Schräglage. Umso größer die Schräglage allerdings wird, desto mehr verlagert sich die Muskelbeanspruchung zum Zug nach hinten. ▶

SO GEHT´S AUCH

Alternativ kannst Du Dich aus der hängenden Startposition senken, ohne die Füße abzustellen, und dann wieder hochziehen, also nur Zugbewegungen machen, ohne Dich nach oben zu bewegen, was sich insbesondere für ein kurzes Seil anbietet.

Eine weitere Möglichkeit ist es, Standziehen zu machen. Dazu greifst Du das Seil mit beiden Händen und gehst dann in die Kniebeuge mit geradem Oberkörper, um Dich von dort wieder in den Stand hochzuziehen. Dies lässt sich durch einarmige Ausführung intensivieren, die andere Hand wird an der Seite gehalten. Fortgeschrittene können eine Kurzhantel in der freien Hand halten.

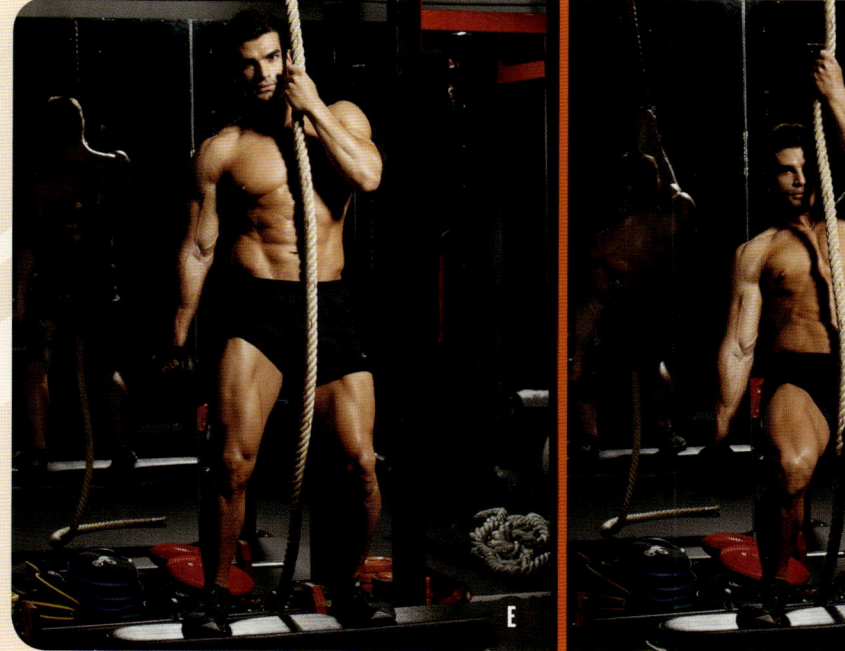

▲ *E–F: Das intensive Standziehen mit Kurzhantel. Aus dem geraden Stand bewegst Du Dich in die Kniebeuge und ziehst Dich dann wieder hoch. Einsteiger üben mit beiden Händen am Seil.*

P17 KOPFSPANNEN – ERGÄNZENDE ÜBUNGEN

KRÄFTIGUNG

** Hals- und Nackenmuskulatur

SO GEHT'S

>> Im aufrechten Stand machst Du zuerst einige kleine Kreisbewegungen mit dem Kopf, um die Nackenmuskulatur zu lockern.

>> Führ die folgenden vier Schritte durch. Halt jede Spannung für 30–60 Sekunden:

1. Kopf nach hinten spannen: Bei gerader Kopfhaltung legst Du die Handflächen auf den Hinterkopf. Drück kraftvoll gegen den Hinterkopf, ohne die Kopfposition zu verändern.

2. Kopf nach vorne spannen: Leg eine Handfläche oder beide Handflächen übereinander auf die Stirn. Drück gegen die Stirn und halt diese Position.

3. Kopf nach rechts spannen: Leg die rechte Handfläche gegen die rechte Kopfseite und üb Druck aus.

4. Kopf nach links spannen: Leg die linke Handfläche gegen die linke Kopfseite und drück dagegen.

>> Das statische Ausführen in alle vier Richtungen entspricht einem Übungssatz.

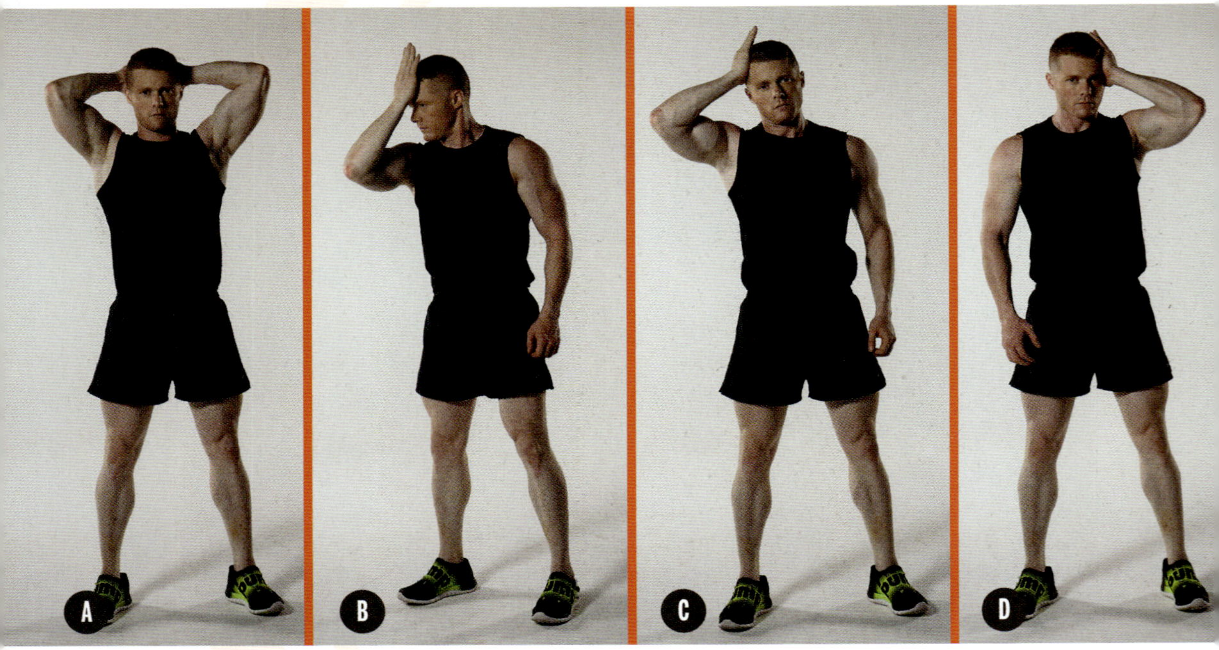

A–D: Die Übung in alle vier Richtungen.

SO GEHT´S LEICHTER!

Ungeübte müssen den Druck zuerst langsam aufbauen, um sich daran zu gewöhnen.

FÜR POWER-KERLE

Leicht Fortgeschrittene können den Druck gleich relativ kraftvoll ausführen. Fortgeschrittene können mit kleinen Bewegungen üben, beispielsweise den Kopf erst etwas nach vorne beugen, bevor sie ihn nach hinten aufrichten, oder ihn erst etwas nach links lehnen, bevor sie den Druck nach rechts ausführen.

SO GEHT´S AUCH

Alternativ kannst Du das Kopfspannen gegen ein Stretchband, z. B. Theraband®, üben. Dazu legst Du das Band großflächig um den Kopfbereich, auf dessen Seite Du die Muskulatur trainieren willst. Nun spannst Du den Kopf gegen den Bandwiderstand, die Hände bleiben in derselben Position und geben nicht nach. Trainier alle vier Richtungen. Auch diese Übung lässt sich gut mit kleinen Bewegungen ausführen.

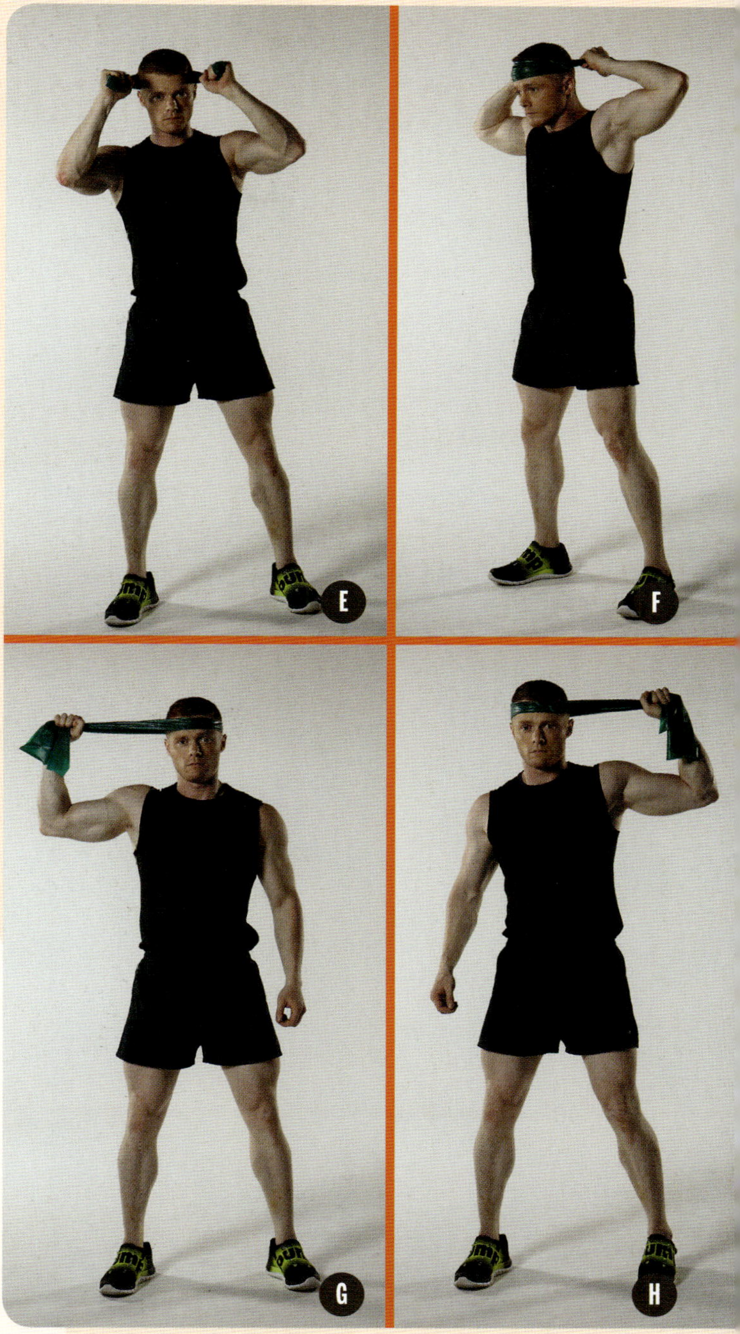

E–H: Die Übung mit Stretchband in alle vier Richtungen.

P18 V-, U-, T-HALTUNG – ERGÄNZENDE ÜBUNGEN

KRÄFTIGUNG

✷✷ hintere Schulter-, Nacken- und obere Rückenmuskulatur

✷ seitliche Schulter- und Rumpfmuskulatur

SO GEHT´S

>> Leg Dich auf den Bauch. Die Arme sind in V-,
U- oder T-Haltung abgelegt, und in den Händen
hast Du leichte Kurzhanteln.

>> Spann die Bauch- und die Gesäßmuskulatur
an.

>> Heb die Arme und den Oberkörper gleichzei-
tig an und halt die jeweilige Position für 30–60
Sekunden. Dann senkst Du die Arme und wie-
derholst schließlich die Übung mit einer anderen
Armhaltung.
— V-Haltung: Heb die gestreckten Arme so über
  den Körper an, dass sie ein V bilden.
— U-Haltung: Forme mit den Armen ein U; die
  Ellbogen sind höher als die Schultern.
— T-Haltung: Halt die Arme so, dass die Dau-
  men nach außen oben weisen.

>> Achte bei jeder Position auf das Zusammen-
ziehen der Schulterblätter.

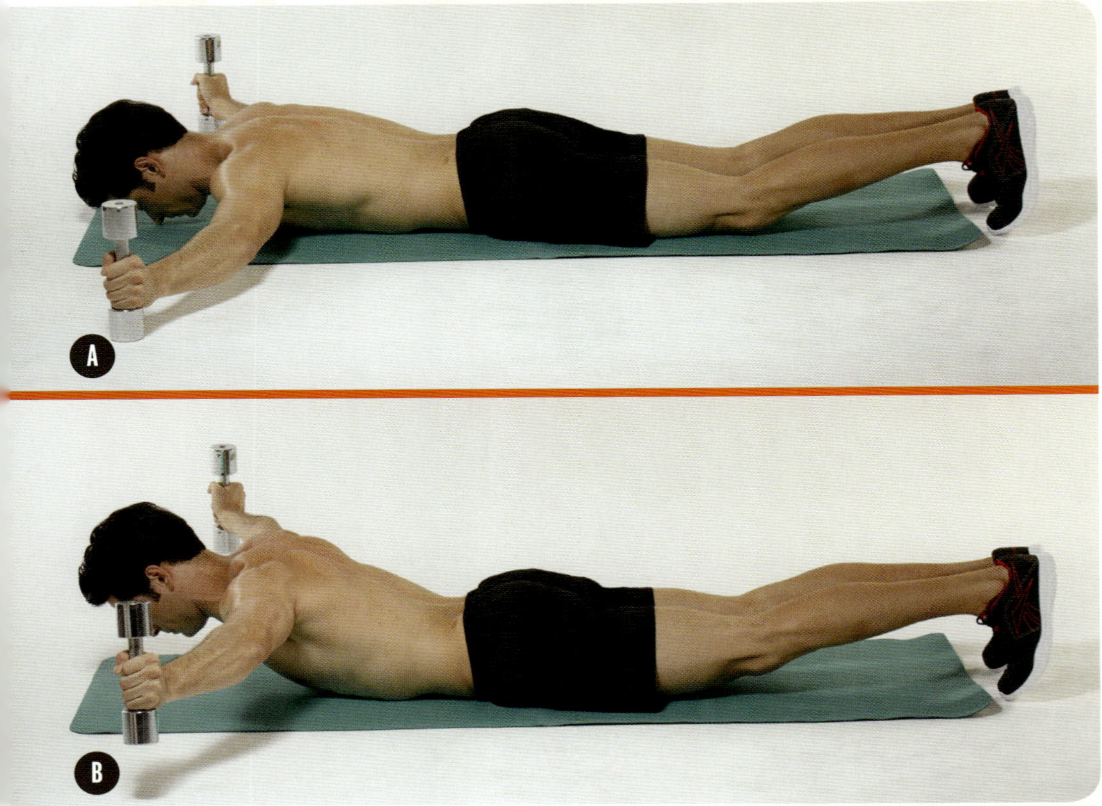

A

B

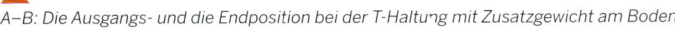

A–B: Die Ausgangs- und die Endposition bei der T-Haltung mit Zusatzgewicht am Boden.

SO GEHT´S LEICHTER!

Du vereinfachst die Übung, indem Du auf die Hanteln verzichtest. Achte auf kontrollierte Bewegung und darauf, wie Du in der Endposition die Schulterblätter zusammengezogen hast, damit Du einen guten Trainingseffekt erzielst.

FÜR POWER-KERLE

Fortgeschrittene können auf einem Gymnastikball üben. Achte darauf, dass Du die Füße auseinander stellst und die Zehen fest auf den Boden drückst, um die Position zu stabilisieren. Bei der Ausführung auf dem großen Ball besteht nicht nur mehr Bewegungsspielraum, sondern es wird auch die stabilisierende Core-Muskulatur intensiv aktiviert. Wenn Du keinen großen Ball zur Verfügung hast, kannst Du auf einem großen Polster üben; das vergrößert auch den Bewegungsspielraum, hat allerdings wenig Effekt für die stabilisierende Muskulatur von Bauch und Rücken.

SO GEHT´S AUCH

Ergänzend kannst Du auch die W-Haltung üben. Dazu hast Du die Ellbogen tiefer als die Schultern. Auch die I-Haltung mit den Ellbogen an den Rippen und den Daumen nach oben ist ergänzend möglich.

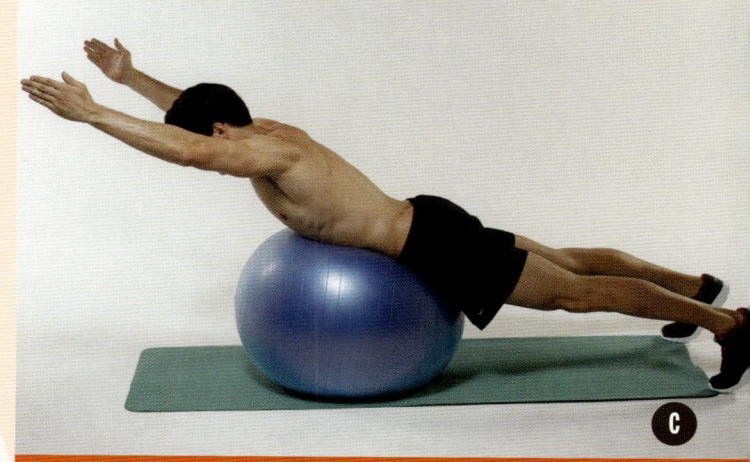

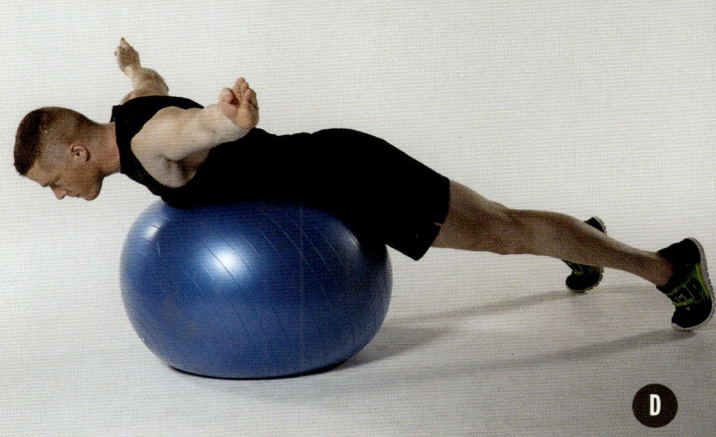

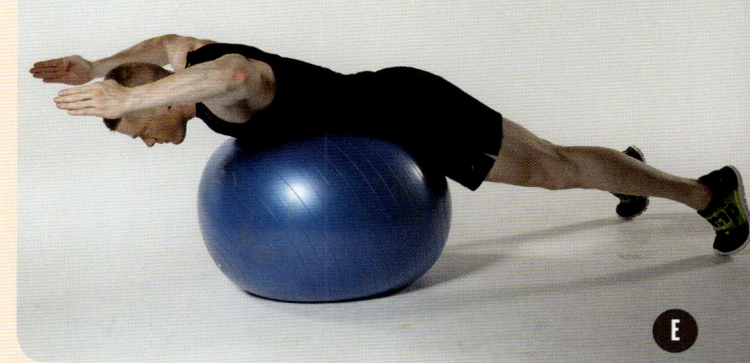

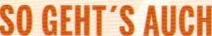
C: Das V-Heben ohne Gewicht auf dem Gymnastikball.
D: Das T-Heben ohne Gewicht auf dem Gymnastikball.
E: Das U-Heben ohne Gewicht auf dem Gymnastikball.

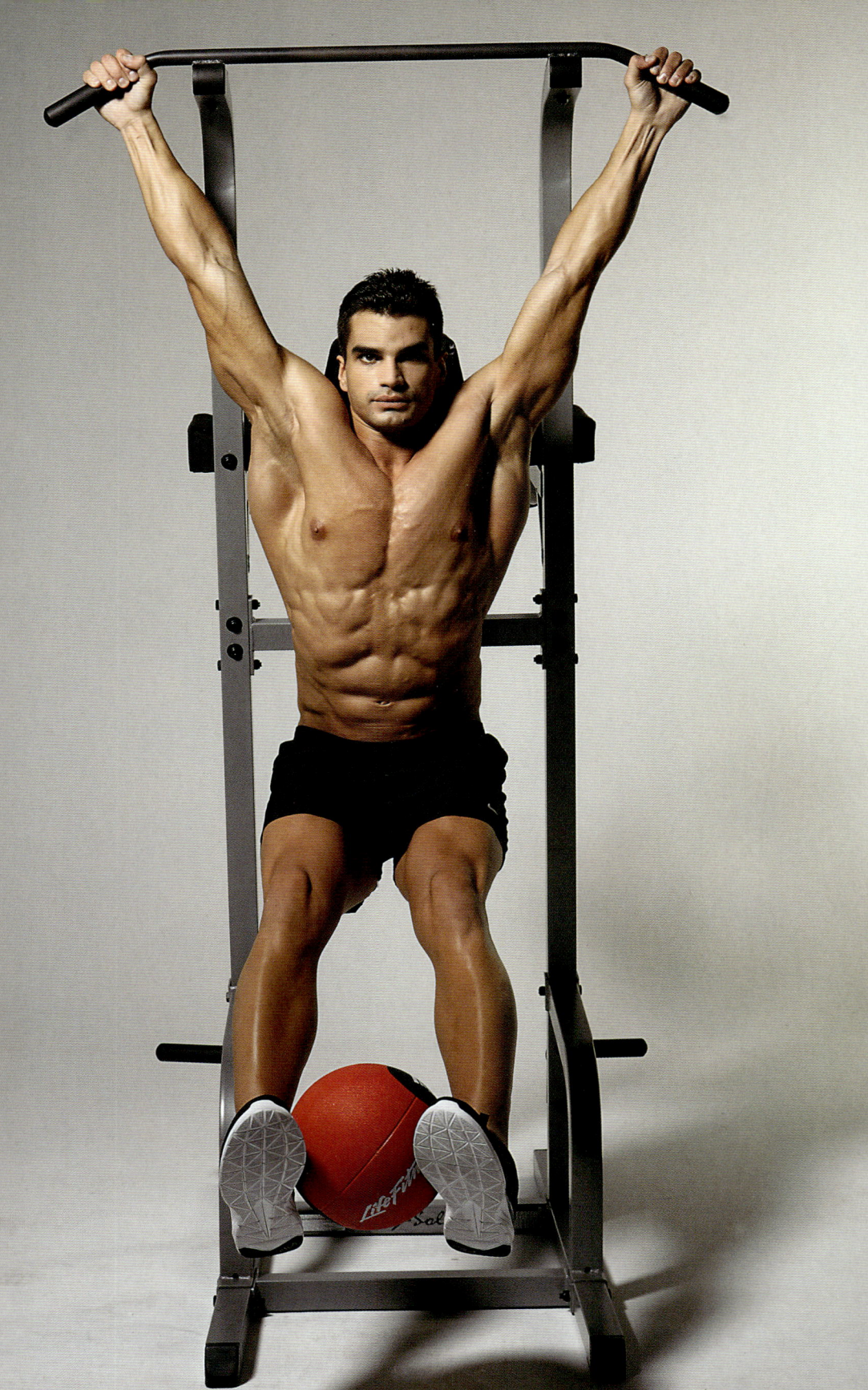

3 KRAFTVOLLE KÖRPERMITTE

Der Aufbau einer starken Rumpfmuskulatur ist besonders wichtig, wenn Du einen richtig starken Körper entwickeln willst; denn der Rumpf ist bei allen körperlichen Aktivitäten entscheidend für die Kraft- und Energieweiterleitung in den Bewegungsketten.

Effektives Rumpftraining erfordert, dass Du den Körper ausgeglichen trainierst. Dann können nicht nur die Bewegungen in Alltag und Sport optimal erfolgen, sondern der Körper ist auch bestmöglich vor Verletzungen und vor Verschleiß geschützt. Wenn Du hingegen Deinen Körper nur einseitig trainierst, dann führt dies zu Bewegungseinschränkungen und Verletzungen, was Dich letztlich nicht stärker macht.

Zur Verdeutlichung sind die Übungen hier denjenigen Rumpfbereichen zugeordnet, die sie vorrangig kräftigen: vordere, seitliche und hintere Rumpfmuskulatur. Kräftige alle Bereiche in Bewegung ebenso wie mit Halte-übungen im Stütz. Nutz gerade ausgeführte Übungen sowie Übungen mit Drehungen, die du allerdings nicht mit zu großem Bewegungsumfang machen solltest, insbesondere als Einsteiger, da ansonsten die Verletzungsgefahr an der Wirbelsäule größer ist als der mögliche Nutzen. Fortgeschrittene nutzen auch Übungen auf einem instabilen Untergrund wie einem Gymnastikball, um eine intensive Aktivierung der tieferliegenden Muskulatur wie der Stabilisatoren der Wirbelsäule zu erreichen. Auch Übungen mit Würfen und Schwüngen, wie diese im Ganzkörper-Abschnitt vorgestellt werden, kräftigen die Rumpfmuskulatur und können dem Trainingsprogramm zugefügt werden.

Bau Deinen Wochentrainingsplan so auf, dass Du **alle drei Bewegungsrichtungen ausgeglichen trainierst**. Mach für Übungssätze von einer Bewegungsrichtung auch eine entsprechende Anzahl von Übungssätzen für die entgegengesetzte Bewegungsrichtung. Du kannst das Training der Bewegungsrichtungen in unterschiedliche Workouts aufteilen, Du musst die Rumpfmuskulatur nicht in einer einzelnen Trainingseinheit ausgeglichen trainieren, sondern in der Gesamtzahl der Sätze pro Woche.

Viele Fitnesssportler trainieren jedoch den vorderen Rumpfbereich, also die vordere Bauchmuskulatur, deutlich intensiver, beispielsweise mit Sit-Ups und Crunches, was zu einer vorgezogenen Haltung führen kann, aus der Rückenbeschwerden resultieren. Auch haben einige Sportler ein deutliches Defizit bei den seitlichen Bauchmuskeln. Bestehen bei Dir Ungleichgewichte im Kräfteverhältnis, dann mach wöchentlich doppelt so viele Sätze für die schwächere Muskulatur beziehungsweise Bewegungsrichtung, bis sich wieder ein ausgeglichenes Verhältnis entwickelt hat.

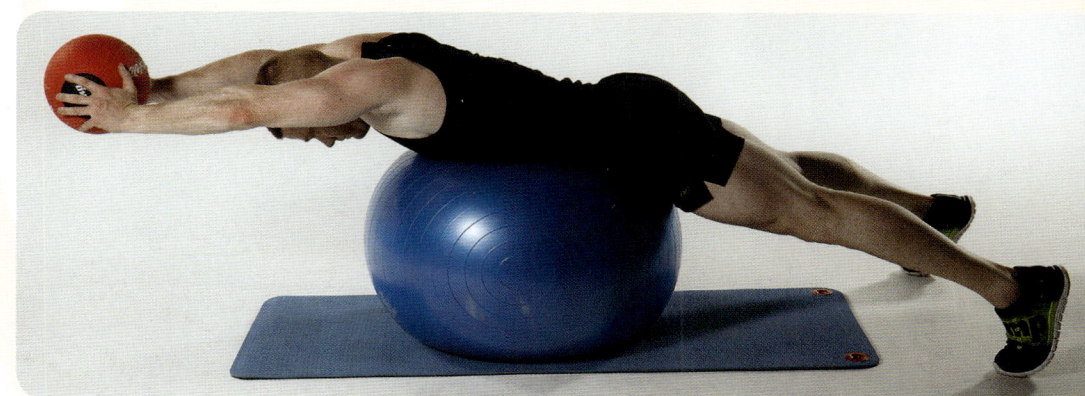

P19 BEINHEBEN IM HANG – VORDERER RUMPF

KRÄFTIGUNG

✳✳ Rumpfmuskulatur, insbesondere vordere
Bauchmuskulatur

✳ Rücken- und Armmuskulatur

SO GEHT'S

>> Du hängst an einer Klimmzug-Stange mit
nach vorne zeigenden Handflächen. Die Arme
sind mindestens schulterbreit auseinander, und
die Finger greifen fest.

>> Spann die Bauch- und die Gesäßmuskulatur
an, zieh die Schulterblätter zusammen und nach
unten und heb die gestreckten Beine leicht an.

>> Heb die gestreckten Beine mindestens auf
Bauchhöhe an und halt kurz die Position.

>> Senk die gestreckten Beine kontrolliert, um
schließlich die Übung zu wiederholen.

>> Vermeide Ausweichbewegungen und
Schwungholen.

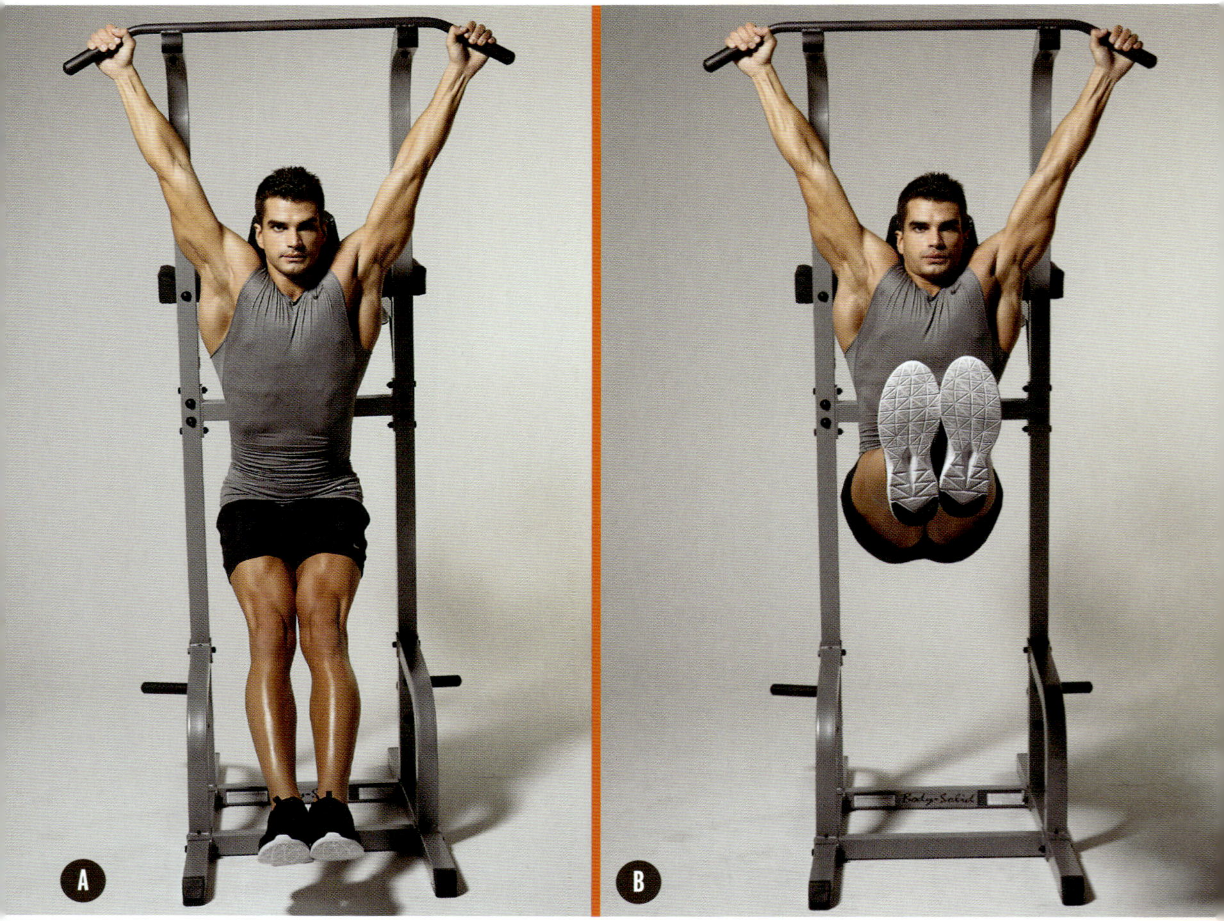

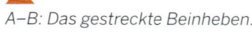

A–B: Das gestreckte Beinheben.

138

⊙ SO GEHT´S LEICHTER!

Einsteiger heben die Beine gebeugt an. Du kannst die Übung noch weiter vereinfachen, wenn Du die Knie abwechselnd hochziehst.

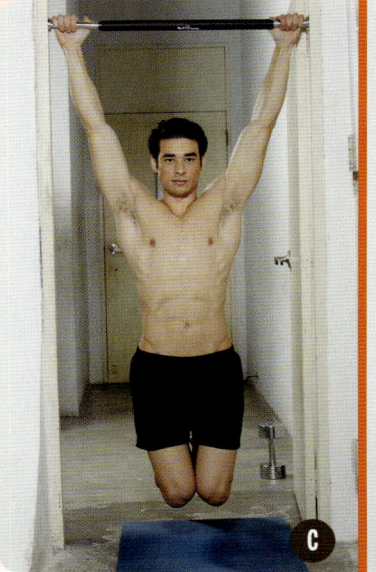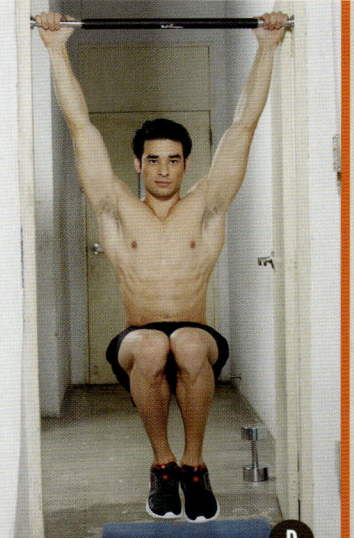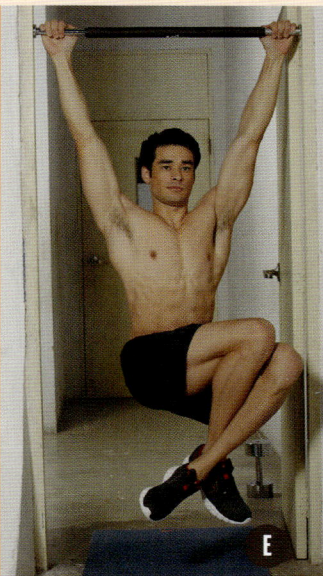

C–D: Das Knieanziehen als Einstiegsvariante.
E: Das seitliche Knieanziehen.

⊙ FÜR POWER-KERLE

Fortgeschrittene können die Füße bis zum Kopf hochheben und/oder mit Zusatzgewicht wie hochgedrehter Kurzhantel oder Medizinball zwischen den Füßen üben.

SO GEHT´S AUCH

Alternativ kannst Du die Knie oder die Füße abwechselnd zur linken und zur rechten Körperseite heben, um die seitliche und schräge Bauchmuskulatur intensiver zu erreichen.

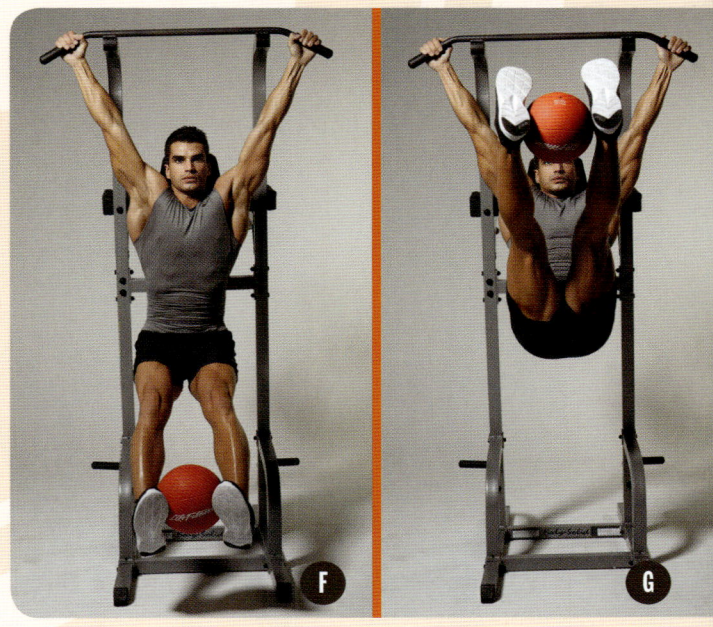

F–G: Das gestreckte hohe Beinheben mit Medizinball als Zusatzgewicht.

P2.0 SCHEIBENWISCHER IM HANG – VORDERER RUMPF

KRÄFTIGUNG

✳✳ Rumpfmuskulatur, insbesondere vordere und seitliche Bauchmuskulatur

✳ Rücken- und Armmuskulatur

SO GEHT´S

>> Du hängst an einer Klimmzug-Stange mit nach vorne zeigenden Handflächen. Die Arme sind mindestens schulterbreit auseinander, alle Finger greifen fest.

>> Bring die Bauch-, Gesäß- und Schultermuskulatur in Spannung und richte das Becken etwas auf.

>> Heb die gestreckten Beinen über Kopfhöhe an und halt diese Position. Das ist die Ausgangsposition.

>> Beweg die gestreckten Beine nach links und rechts. Führ dies langsam und kontrolliert für 30–60 Sekunden aus. Der Oberkörper bleibt gerade und wird möglichst wenig bewegt.

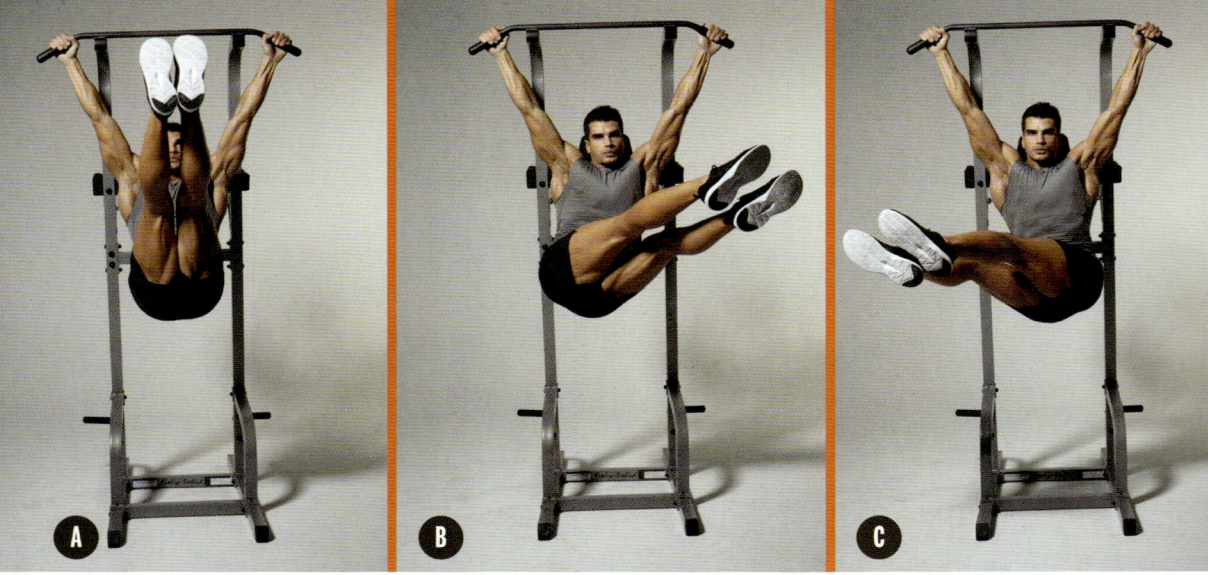

▲ A–C: Die Bewegungsfolge mit gestreckten Beinen.

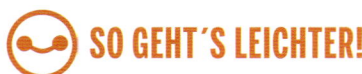 SO GEHT´S LEICHTER!

Du vereinfachst die Übung, wenn Du die Knie anziehst und diese dann nach links und rechts bewegst.

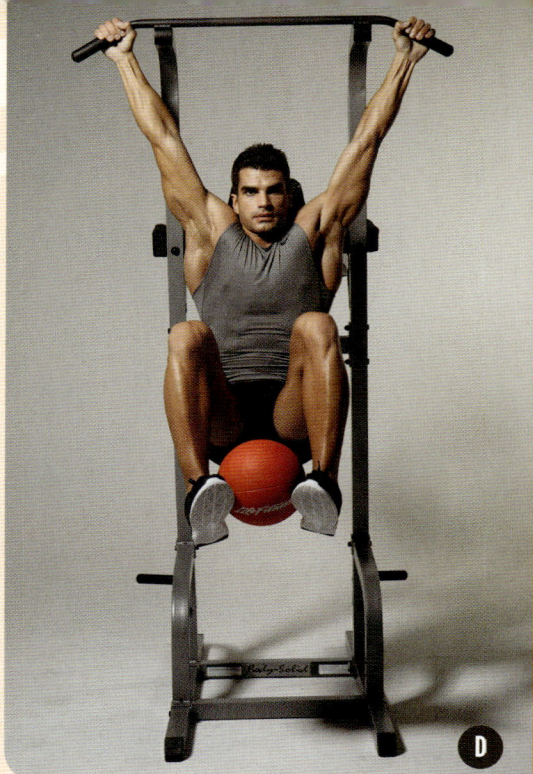

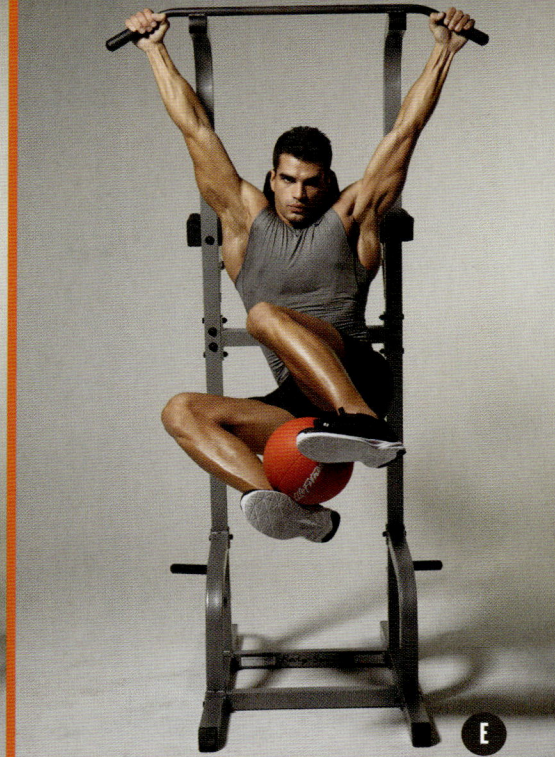

FÜR POWER-KERLE

Weit Fortgeschrittene können Fußgelenksgewichte nutzen oder einen Medizinball zwischen den Füßen halten, was dann zuerst mit gebeugten Beinen geübt wird.

INFO

Dies ist eine sehr wirkungsvolle Übung für Fortgeschrittene, die voraussetzt, dass Du den Oberkörper durchgehend gerade halten kannst und ohne Ausweichbewegungen wie Schwungholen und Hohlkreuz übst. Gelingt dies noch nicht, dann mach eine der einfacheren Übungen für die vordere Bauchmuskulatur.

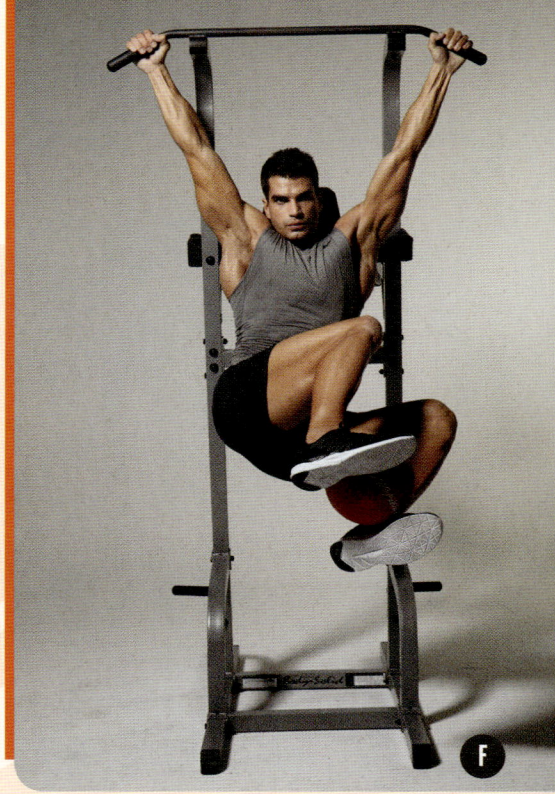

D–F: Die Übung mit gebeugten Beinen und Medizinball. Dies lässt sich mit gestreckten Beinen noch intensivieren.

P21 BEINANZIEHEN IM FRONTSTÜTZ – VORDERER RUMPF

KRÄFTIGUNG

** Rumpf- und Gesäßmuskulatur
* Schulter-, Brust- und vordere Oberschenkelmuskulatur

SO GEHT´S

>> Positionier die Füße mit dem Spann in den Griffen des Schlingentrainers und nimm den Unterarmstütz ein. Die Ellbogen sind unter den Schultergelenken.

>> Spann die Bauch- und die Gesäßmuskulatur an, um die Position zu stabilisieren. Im Übungsverlauf muss der Rücken durchgehend gerade oder leicht angehoben sein; das Absinken in ein Hohlkreuz ist zu vermeiden.

>> Zieh die Knie gerade an und halt kurz die Position.

>> Streck die Beine in die Ausgangsposition zurück. Dann zieh von dort die Knie nach rechts an.

>> Streck wieder die Beine in die Ausgangsposition zurück; zieh nun die Knie nach links an.

>> Die Bewegungen gerade, nach rechts und links entsprechen einem Durchgang. Anschließend beginnst Du wieder mit dem geraden Knieanziehen.

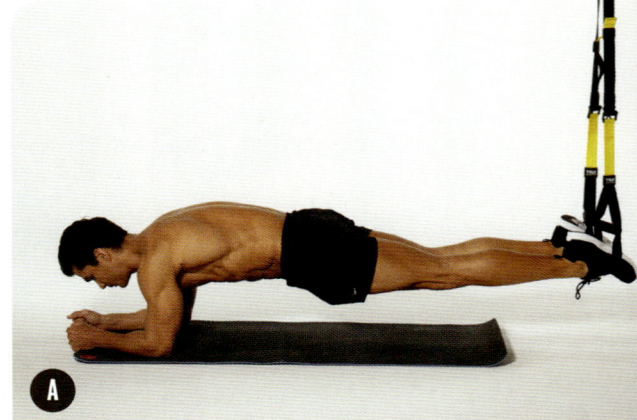

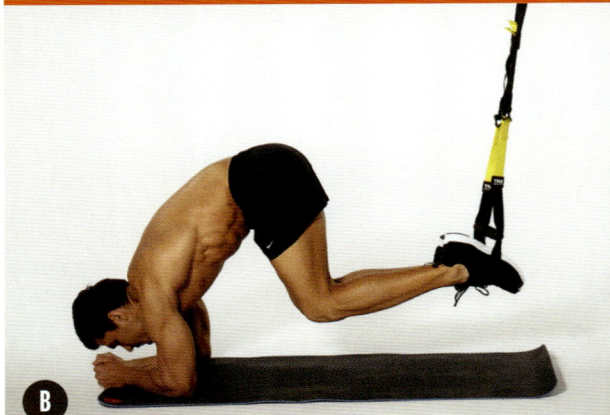

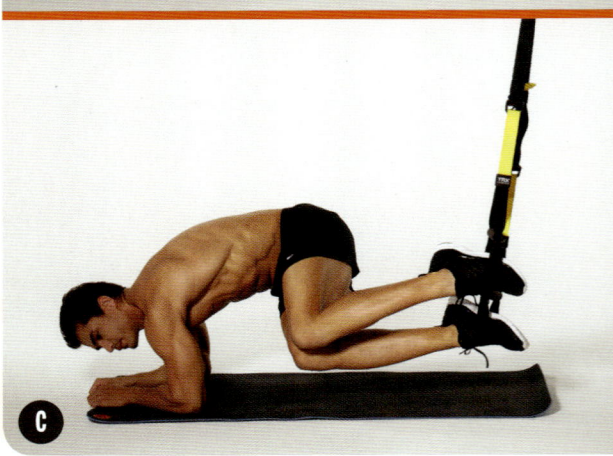

A–B: Ausgangsposition und gerades Anziehen.
C: Das Anziehen zur Seite.

142

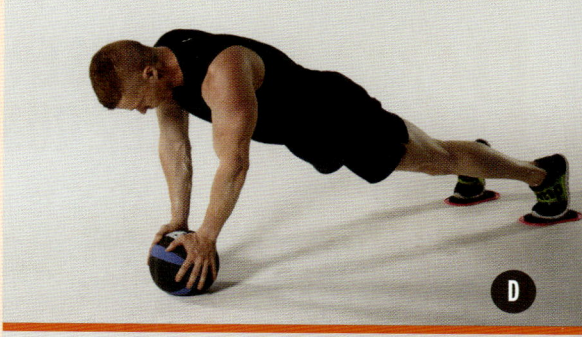

SO GEHT´S LEICHTER!

Du vereinfachst die Übung, indem Du die Knie ausschließlich gerade anziehst, also auf die diagonalen Bewegungen verzichtest.

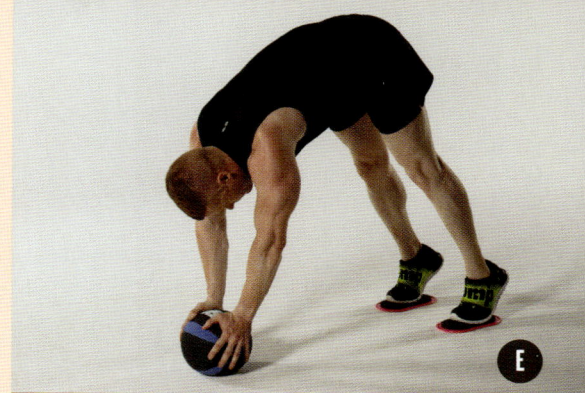

FÜR POWER-KERLE

Fortgeschrittene üben im Handstütz; auch können sie die Beine gestreckt anziehen. Weit Fortgeschrittene können die Hände auf einem instabilen Untergrund, z. B. einem Medizinball, platzieren.

SO GEHT´S AUCH

Wenn Du keinen Schlingentrainer hast, dann kannst Du die Zehen auf Slides oder ein gefaltetes Handtuch stellen und so die Beine anziehen.

Sehr effektiv ist die Übung auch mit einem Gymnastikball, da die Core-Muskulatur intensiv stabilisieren muss und somit gekräftigt wird.

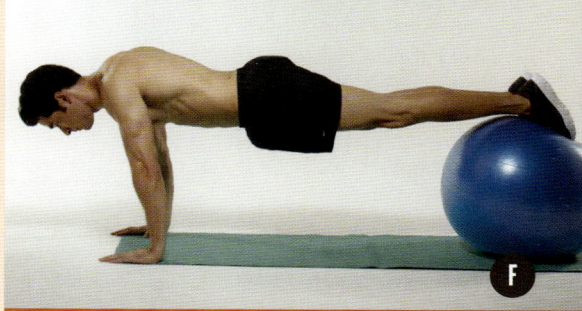

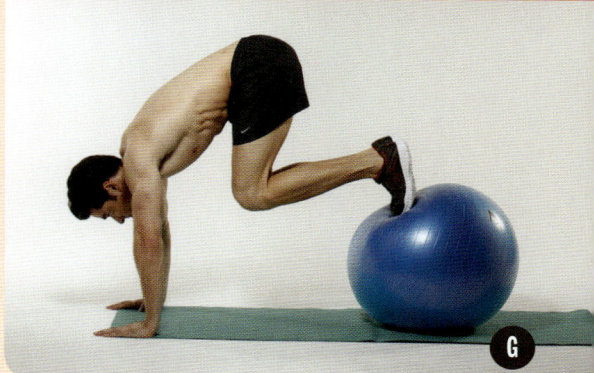

D–E: Das gerade Beinanziehen mit Slides; intensiviert durch Stütz auf den Medizinball.
F–G: Das gebeugte Beinanziehen auf dem Gymnastikball.

P22 KLAPPMESSER – VORDERER RUMPF

KRÄFTIGUNG

✱✱ Rumpfmuskulatur, insbesondere vordere Bauchmuskulatur

SO GEHT´S

>> Du befindest Dich in Rückenlage mit gestreck-
ten Beinen. Die Arme sind neben den Schläfen,
und in den Händen hast Du ein Zusatzgewicht,
z. B. Medizinball, Kurzhantel oder Hantelscheibe.

>> Zieh das Kinn leicht zur Brust und spann die
Bauch- und die Gesäßmuskulatur an. Heb nun
den Oberkörper und die Beine etwas an.

>> Beweg den Oberkörper und die gestreckten
Beine gleichzeitig hoch. Berühr mit dem Gewicht die Füße und halt kurz die Position.

>> Senk die Beine und den Oberkörper, wobei
Du mit dem Gewicht den Boden berühren
kannst, und wiederhol schließlich die Übung.

>> Halt den Rumpf durchgehend in Spannung
und vermeide ein Hohlkreuz beim Absenken der
Arme und Beine.

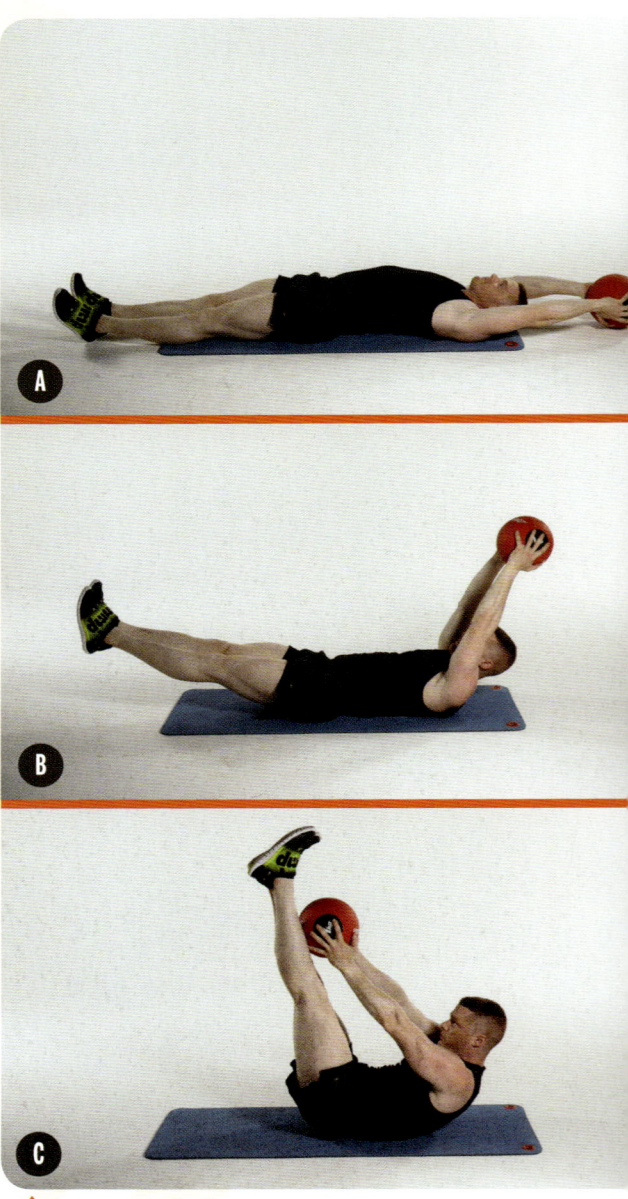

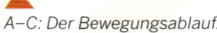
A–C: Der Bewegungsablauf.

SO GEHT´S LEICHTER!

Du vereinfachst die Übung, indem Du die Arme und das Gewicht nicht bis zur Ausgangsposition zurückführst. Einsteiger üben zuerst ohne Zusatzgewicht.

FÜR POWER-KERLE

Weit Fortgeschrittene können mit Zusatzgewicht in den Händen und zwischen den Füßen üben.

SO GEHT´S AUCH

Wenn Du einen Gymnastik-ball hast, dann kannst Du »Ball-Übergeben« machen. In der Ausgangsposition sind die Arme neben den Schläfen, der Ball ist in den Händen. Du hebst den Oberkörper und die gestreckten Beine hoch und übergibst den Ball von den Händen zu den Füßen. Senk den Oberkörper und die gestreckten Beine, bis der Ball den Boden berührt. Dann hebst Du die Beine und den Oberkörper wieder an, um den Ball von den Füßen zu den Händen zu übergeben und Dich wieder in die Ausgangs-position zurückzubewegen. Danach wiederholst Du die Übung.

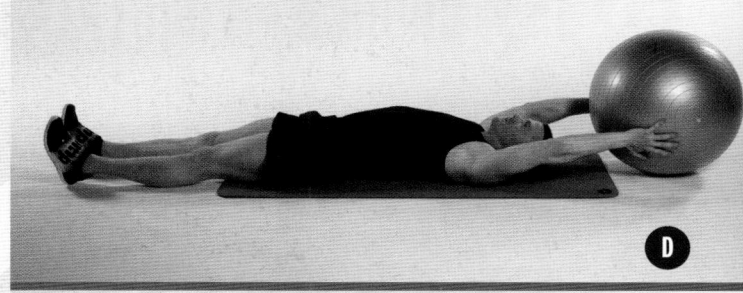

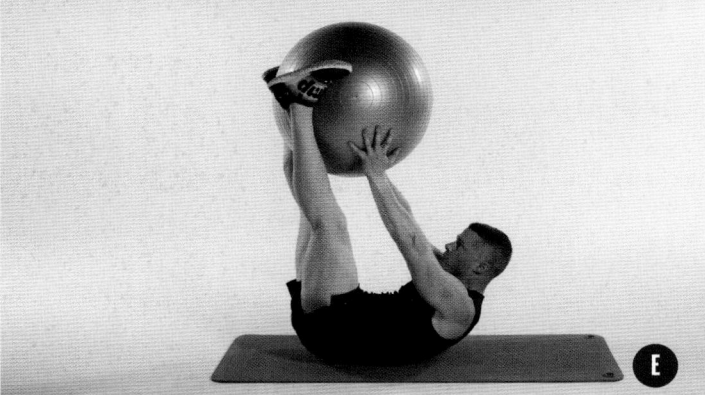

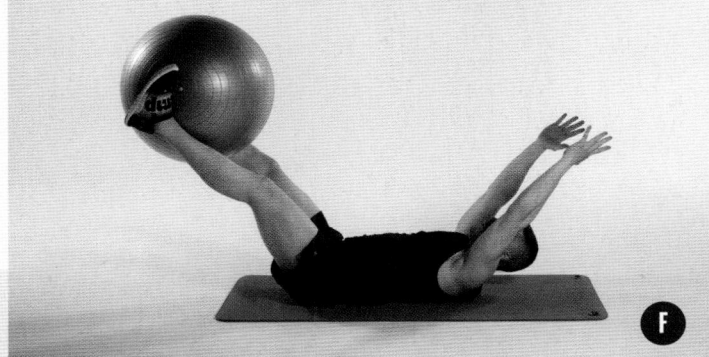

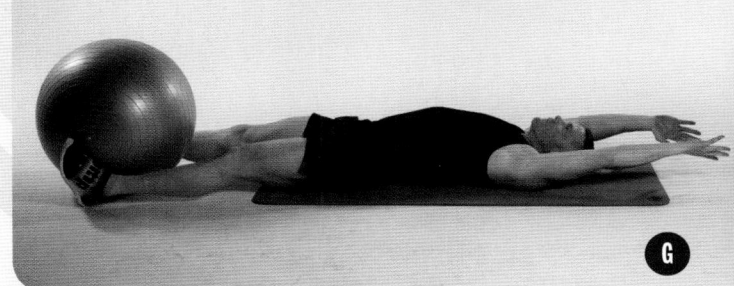

D–G: Der Bewegungsablauf beim »Ball-Übergeben«.

P23 CRUNCH – VORDERER RUMPF

KRÄFTIGUNG

** vordere Bauchmuskulatur
* seitliche Bauchmuskulatur, auch hintere Rückenmuskulatur bei Ausführung auf Gymnastikball

SO GEHT'S

>> Leg Dich auf den Rücken. Die Arme sind neben den Schläfen, in den Händen hast Du die Enden eines Stretchbandes oder ein Zusatzgewicht wie Hantelscheibe, Kurzhantel oder Medizinball; das Kinn ist leicht zur Brust gezogen.

>> Spann die Bauch- und die Gesäßmuskulatur an und drück die Füße fest auf den Boden auf, um die Position zu stabilisieren.

>> Heb den Oberkörper an und beweg dabei die Arme nach vorne gegen den Zug des Stretchbandes.

>> Halt kurz die Position, bevor Du den Oberkörper und das Gewicht wieder langsam senkst, ohne den Oberkörper vollständig abzulegen, damit die Bauchmuskulatur in Spannung bleibt. Dann wiederholst Du die Übung.

>> Achte darauf, dass Du beim Absenken kein Hohlkreuz einnimmst. Spann deshalb immer wieder die Bauch- und die Gesäßmuskulatur bewusst nach.

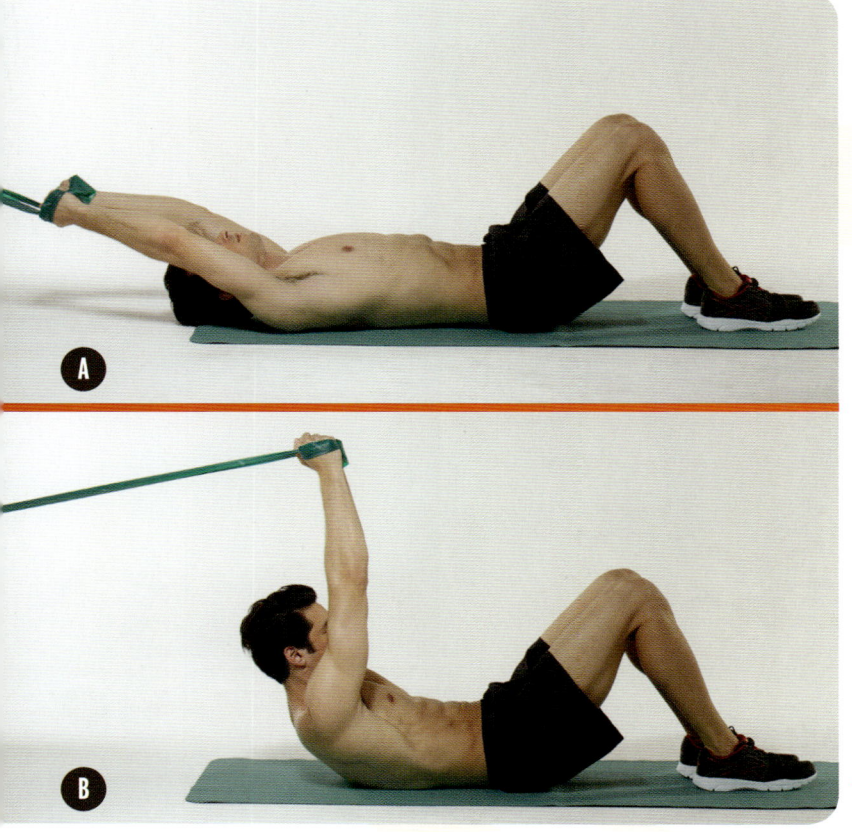

A–B: Die Ausgangs- und die Endposition.

SO GEHT´S LEICHTER!

Du vereinfachst die Übung, wenn Du ohne Band oder Zusatzgewicht übst und die Hände seitlich an den Schläfen hast.

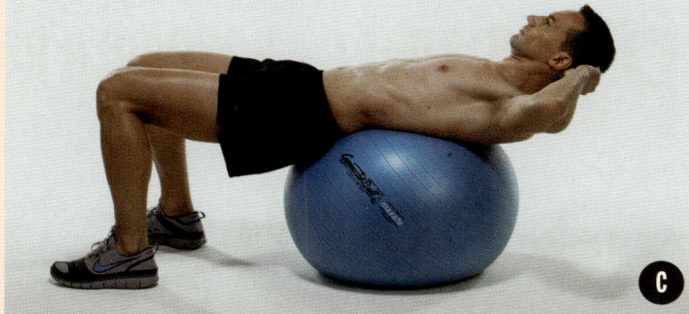

C

FÜR POWER-KERLE

Fortgeschrittene können die Übung auf einem Gymnastik- ball ausführen; zuerst wird ohne Stretchband beziehungs- weise Zusatzgewicht geübt, dann mit Gewicht vor der Brust. Weit Fortgeschrittene üben schließlich mit gestreck- ten Armen.

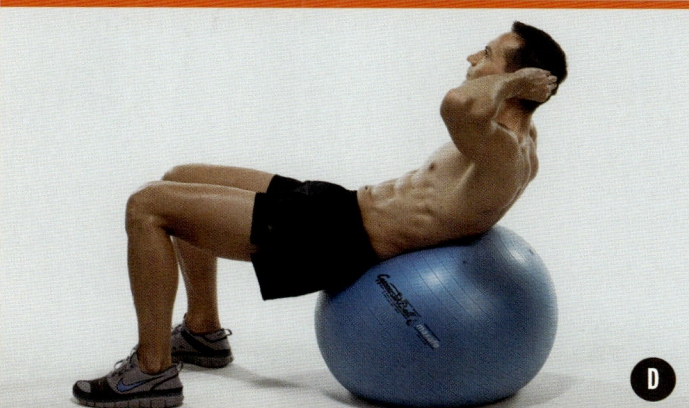

D

SO GEHT´S AUCH

Mit seitlichem Aufrichten er- reichst Du die schräge Mus- kulatur etwas besser.

Alternativ kannst Du den Crunch nach oben gerichtet ausführen, anstatt die Bewe- gung gerade nach vorne zu machen, wodurch Du etwas andere Anteile der Bauchmus- kulatur erreichst. Auch dies ist für Fortgeschrittene auf dem Gymnastikball möglich.

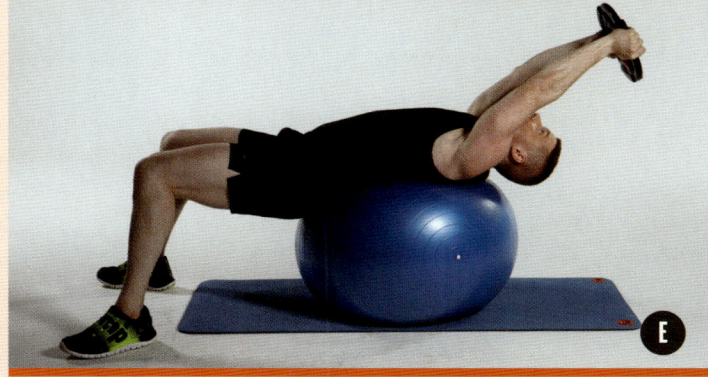

E

C–D: Der Crunch mit den Händen an den Schläfen auf dem Gymnastikball. E–F: Der Crunch mit Zusatzgewicht auf dem Gymnastikball.

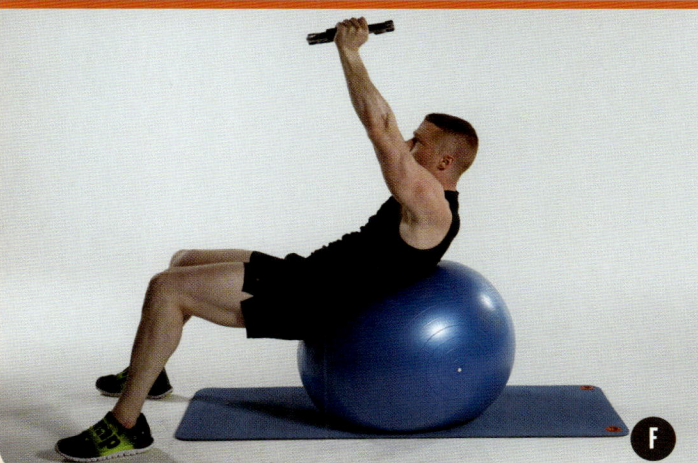

F

P2.4 TWIST – VORDERER RUMPF

KRÄFTIGUNG

** Rumpfmuskulatur, insbesondere vordere und
seitliche Bauchmuskulatur

SO GEHT´S

>> Du sitzt aufrecht auf dem Boden, die Beine
sind gestreckt und die Füße zusammen. In den
Händen hast Du ein Gewicht wie Medizinball,
Kurzhantel oder Hantelscheibe.

>> Spann die Bauch- und die Gesäßmuskulatur
an. Dann lehnst Du den Oberkörper etwas nach
hinten und hebst die Beine vom Boden ab.

>> Dreh den Oberkörper nach rechts und tipp
den Ball rechts auf den Boden.

>> Dreh den Oberkörper zur linken Seite und
tipp den Ball links auf den Boden.

>> Dreh Dich zurück und beginn die nächste
Wiederholung.

>> Halt den Rumpf durchgehend in Spannung;
Hüfte und Beine sollen sich möglichst wenig
bewegen.

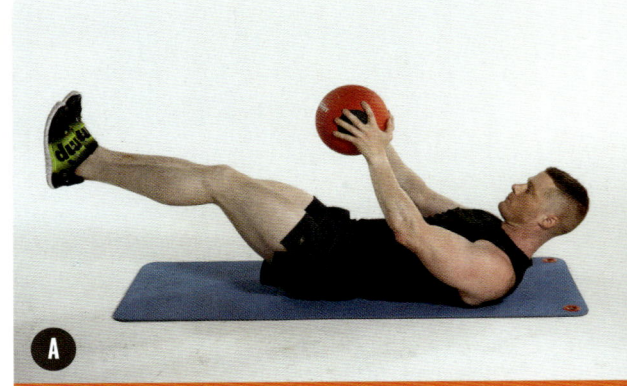

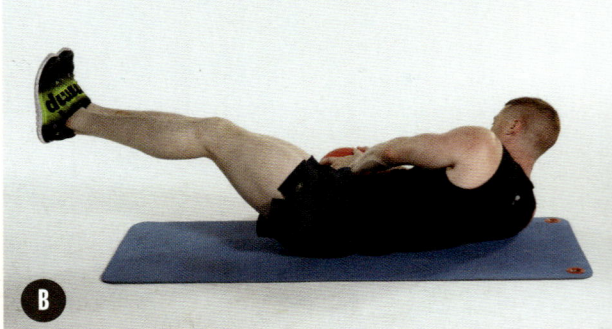

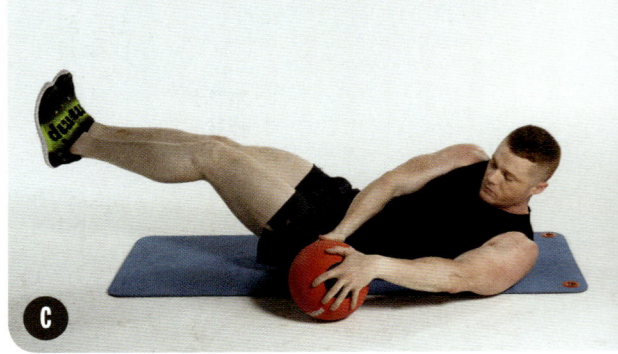

A–C: Der Bewegungsablauf.

SO GEHT'S LEICHTER!

Du vereinfachst die Übung etwas, wenn Du die Beine gebeugt in der Luft hast. Einsteiger können mit aufgestellten Fersen üben.

FÜR POWER-KERLE

Fortgeschrittene halten den Rücken angehoben, nur mit dem Gesäß besteht Bodenkontakt.

SO GEHT'S AUCH

Alternativ kannst Du diese Muskulatur mit der Übung »Oberkörpersenken« trainieren. In der Ausgangsposition sitzt Du in leichter Schräglage auf dem Boden, die Beine sind angezogen, und die Fersen sind aufgestellt. Die Arme sind nach vorne oben gestreckt, und in den Händen kannst Du ein Zusatzgewicht wie einen Ball halten. Beweg dann langsam den Oberkörper nach unten und halt eine Position. Mach je eine Drehung nach rechts und links, wobei Du das Gewicht auf den Boden tippen kannst. Danach bewegst Du den Oberkörper weiter nach unten, verbleibst in der nächsten Position und drehst Dich wieder nach rechts und links. Die Bewegung bis zum Ablegen des Oberkörpers sollte 30–60 Sekunden dauern, halt dabei 3–5 Positionen. Achte auf gleichmäßige Atmung. Fortgeschrittene können dann den Oberkörper wieder mit Drehungen anheben, ohne ihn dazwischen abzulegen.

D–G: Der Bewegungsablauf beim »Oberkörpersenken« mit Drehung nach rechts und links. Danach senkst Du den Oberkörper etwas weiter nach unten und wiederholst die Drehungen.

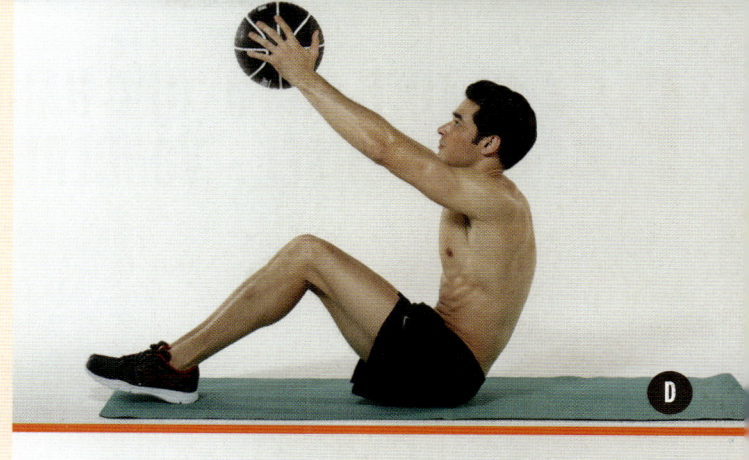

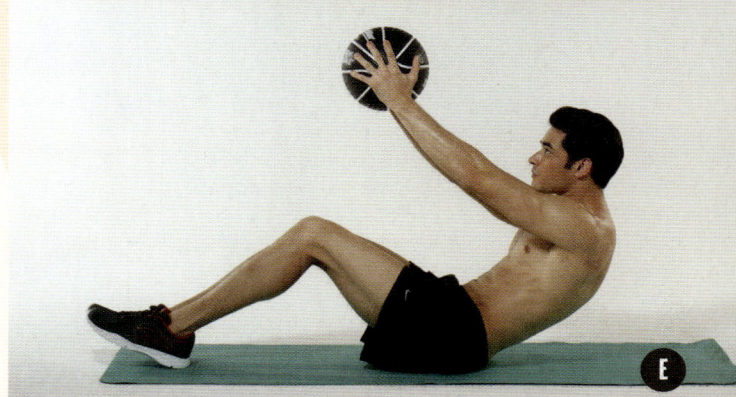

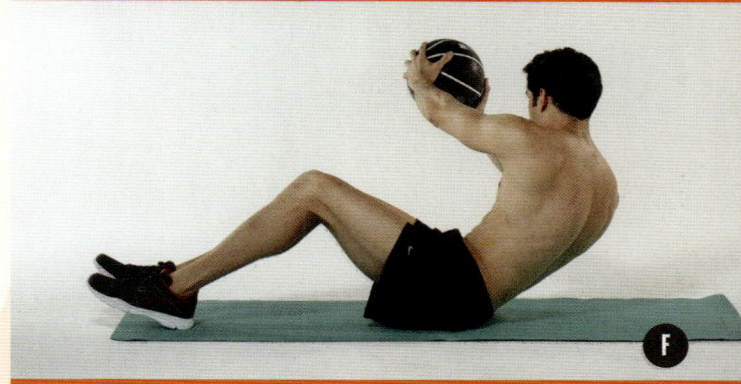

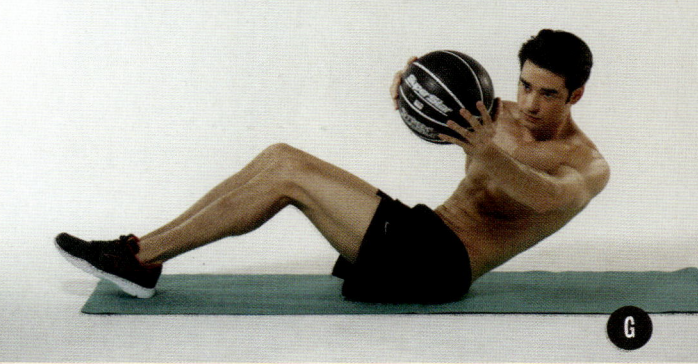

P25 UNTERARM- UND HANDSTÜTZ IM WECHSEL – VORDERER RUMPF

KRÄFTIGUNG

** Rumpfmuskulatur, insbesondere vordere Bauchmuskulatur

* Schulter-, Brust, hintere Oberarm- und vordere
Oberschenkelmuskulatur

SO GEHT'S

>> Du befindest Dich im Unterarmstütz; der
Rücken ist gerade, und die Beine sind gestreckt.
Die Ellbogen sind unter den Schultergelenken.
Spann die Bauch- und die Gesäßmuskulatur an.

>> Stell zuerst die rechte Hand und dann die
linke Hand auf. Dabei drückst Du den Körper
nach oben.

>> Halt kurz die Position, bevor Du erst einen
und dann den anderen Unterarm aufstellst.
Gleichzeitig senkst Du den Körper in die Ausgangsposition zurück. Anschließend wiederholst
Du die Übung, wozu Du mit der anderen Hand
beginnen kannst.

>> Halt den Rücken durchgehend gerade und
den Rumpf in Spannung.

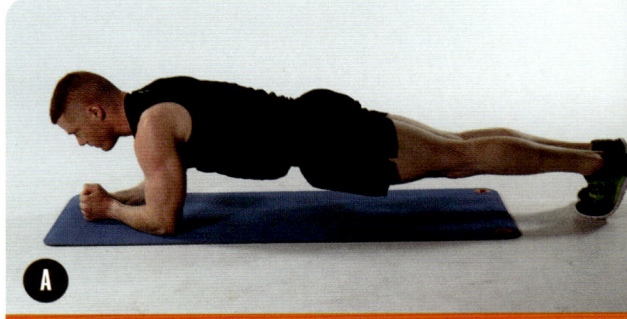

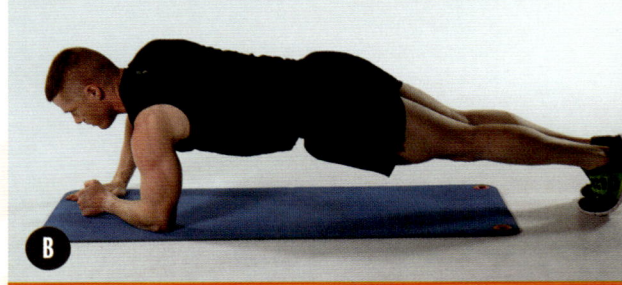

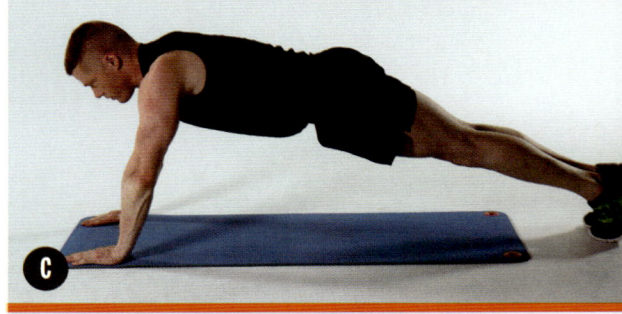

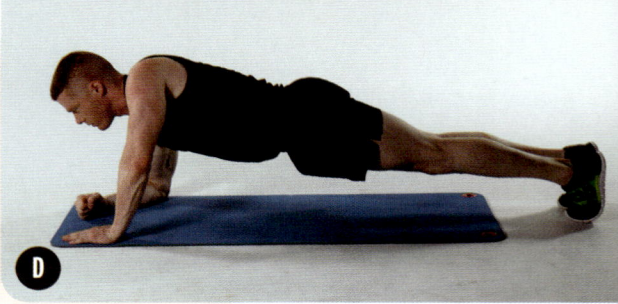

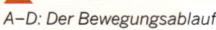

A–D: Der Bewegungsablauf.

SO GEHT´S LEICHTER!

Einsteiger üben das Halten der Unterarmstütz-Position, oder sie üben das etwas schwerere Halten der Liegestütz-Position. Bleib dazu über die Satzdauer von 30–90 Sekunden in der Position und konzentrier Dich darauf, wie die Bauchmuskulatur aktiviert ist. Du kannst die Unterarme beziehungsweise Hände und Füße zueinander spannen, ohne sie tatsächlich zu bewegen, um mehr Muskelaktivität zu erzielen.

FÜR POWER-KERLE

Fortgeschrittene können einen Fuß durchgehend in der Luft halten, oder sie können die Füße auf einem instabilen Untergrund positionieren.

SO GEHT´S AUCH

Du kannst die Unterarm- oder Liegestütz-Position halten und abwechselnd ein Knie außen am Körper in Richtung Schulter ziehen.

Als weitere Alternative kannst Du den »T-Stütz« üben. Dazu nimmst Du die Liegestütz-Position ein, drehst Dich dann zu einer Seite und führst den Arm dieser Seite nach oben; die Füße bleiben am Boden. Dann drehst Du Dich zurück und wiederholst die Übung zur anderen Seite.

E–I: Die Intensivierung mit angehobenem Fuß. ▶

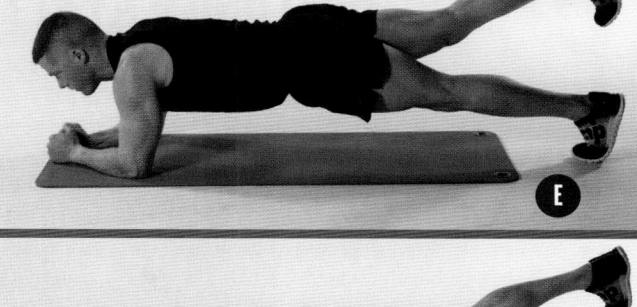

E

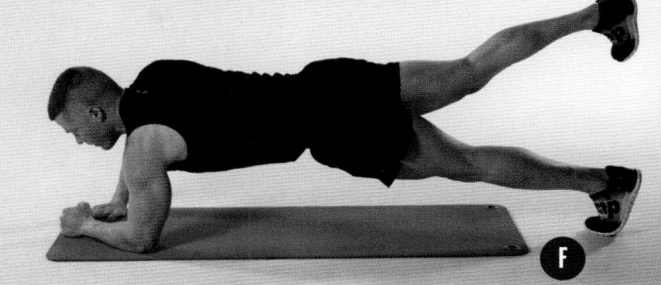

F

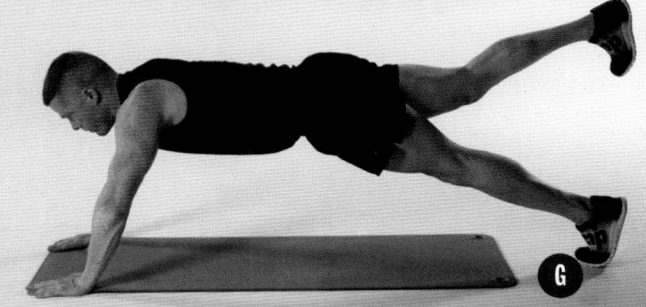

G

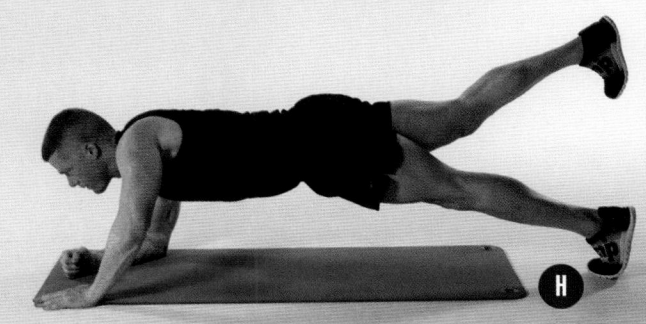

H

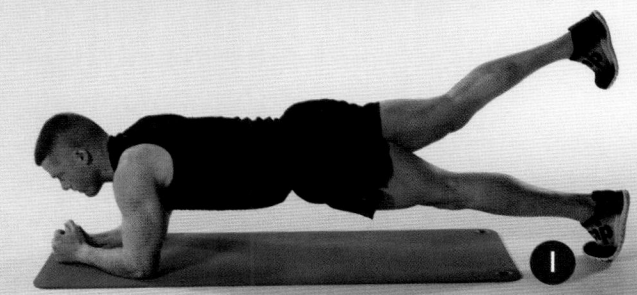

I

P26 SEITLICHER STÜTZ – SEITLICHER RUMPF

KRÄFTIGUNG

✶✶ Rumpfmuskulatur, insbesondere seitliche Bauchmuskulatur, äußere Oberschenkel- und
Schultermuskulatur

SO GEHT'S

>> Du bist im Seitstütz. Der Unterarm ist unterhalb der Schulter aufgestellt, und das Becken
ist auf dem Boden abgelegt. Die
obere Hand kannst Du an die
Hüfte stützen.

>> Heb das Gesäß und die
Oberschenkel an, so dass der
Körper gerade ist.

>> Halt diese Position für 30–
60 Sekunden. Ausweichbewegungen wie ein Abknicken der
Position solltest Du vermeiden.

>> Das statische Halten entspricht der Ausführung eines
Übungssatzes.

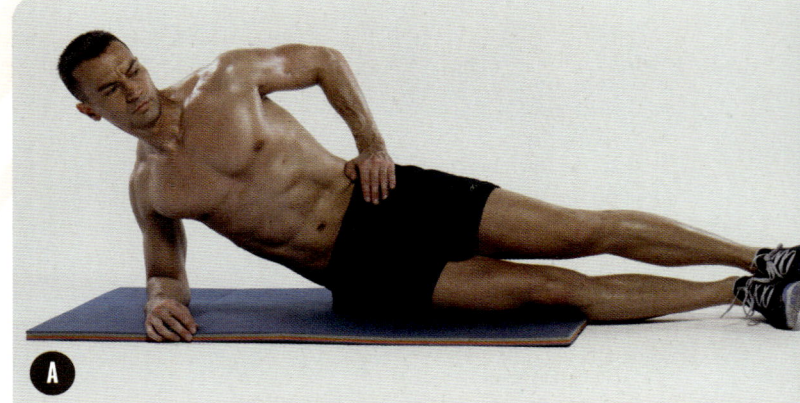

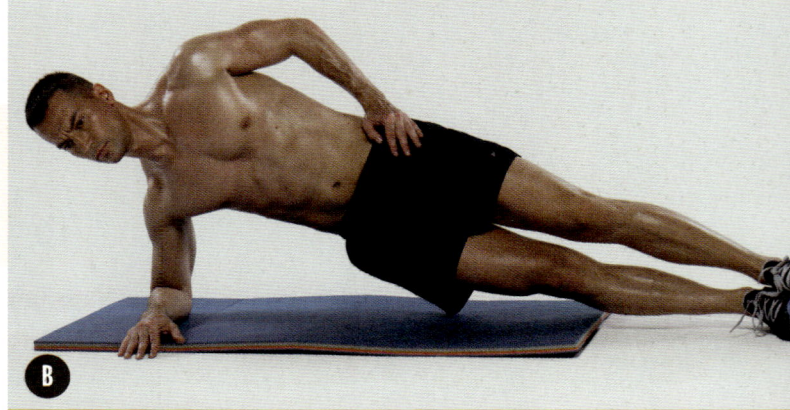

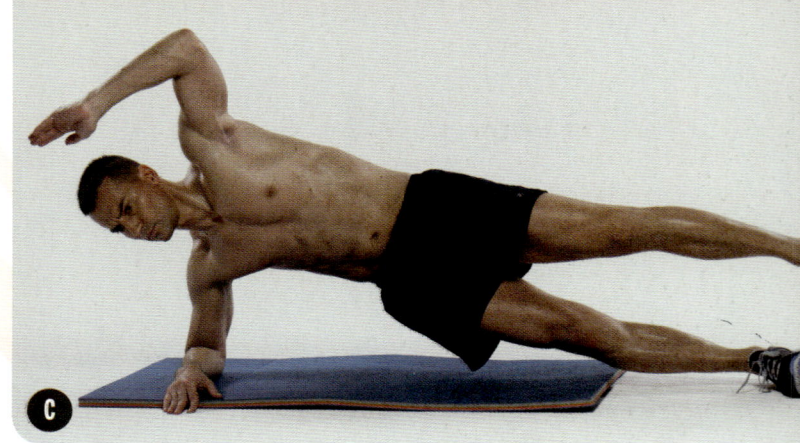

*A–B: Die Ausgangs- und die Endposition.
C: Die Intensivierung mit Anheben von
oberem Arm und oberem Bein.*

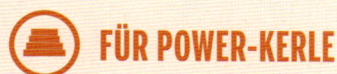

FÜR POWER-KERLE

Du intensivierst die Übung, indem Du die obere Hand und das obere Bein abhebst.

Fortgeschrittene können sich mit dem unteren Fuß auf einem instabilen Untergrund wie einem Medizinball abstützen und/oder ein Gewicht auf der Hüfte halten. Weit Fortgeschrittene können das Gewicht hochgestreckt in der Luft halten.

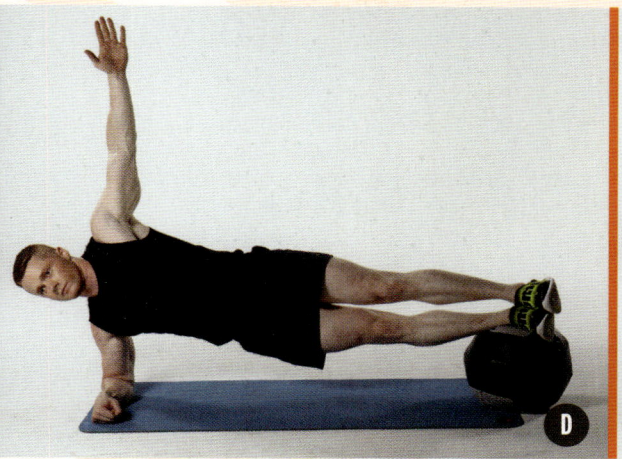
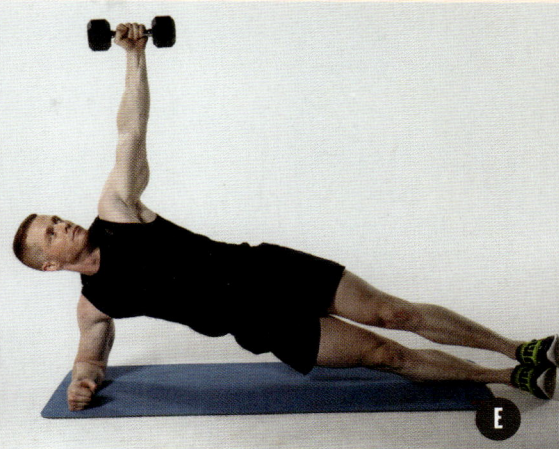

D: Der Unterarmstütz auf instabilem Untergrund.
E: Der Unterarmstütz mit hochgestrecktem Gewicht.

SO GEHT´S AUCH

Du kannst auch im Handstütz üben, was die Übung intensiviert, insbesondere für die stützende Armmuskulatur. Auch dies lässt sich mit Zusatzgewicht auf der Hüfte oder hochgestreckt intensivieren, sowie mit Abstützen der Fußaußenseite auf einem instabilen Untergrund.

Außerdem können Fortgeschrittene »Seitlicher Stütz mit Rotation« üben. Dazu streckst Du in der Ausgangsposition die obere Hand nach oben. Von dort führst Du die obere Hand unter den Rippen durch und drehst dabei den Oberkörper mit. Dann bewegst Du die Hand wieder in die Streckung nach oben zurück, wobei Du den Oberkörper in die Ausgangsposition zurückdrehst.

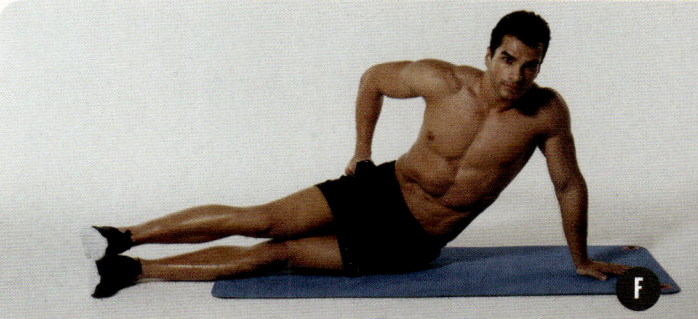
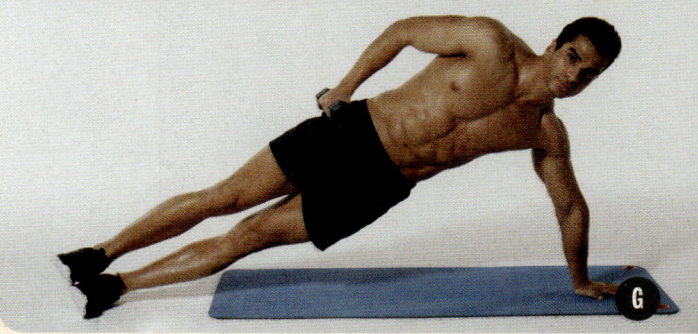

F–G: Der Handstütz mit Gewicht auf der Hüfte. Dies kannst Du noch intensivieren, indem Du das Gewicht nach oben streckst.

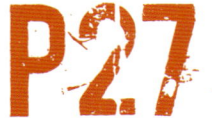

P27 RUMPFDREHEN AUFRECHT – SEITLICHER RUMPF

KRÄFTIGUNG

✱✱ Rumpfmuskulatur, insbesondere seitliche Bauchmuskulatur

SO GEHT´S

>> Du sitzt aufrecht auf einem Gymnastikball oder, falls nicht vorhanden, auf einem Stuhl. Die Arme sind nach rechts vorne gestreckt, und in den Händen hast Du die Enden eines Stretchbandes, z. B. Theraband®, die Handgelenke sind gerade. Das Band befindet sich in Rumpfhöhe, mit mittlerer Spannung.

>> Zieh die Schultern nach hinten unten und spann die Bauch- und die Gesäßmuskulatur an, um die Position zu stabilisieren.

>> Dreh den Oberkörper nach links bei gerade gehaltenen Armen und zieh dabei das Band mit. Die gesamte Bewegung erfolgt aus der Rumpfmuskulatur, ohne Schwung zu holen.

>> Halt kurz diese Position, bevor Du Dich zurückdrehst, um die Übung zu wiederholen.

>> Achte darauf, Ausweichbewegungen wie das Bewegen des Unterkörpers zu vermeiden.

>> Nachdem Du den Übungssatz beendet hast, führst Du die Drehung zur anderen Seite aus.

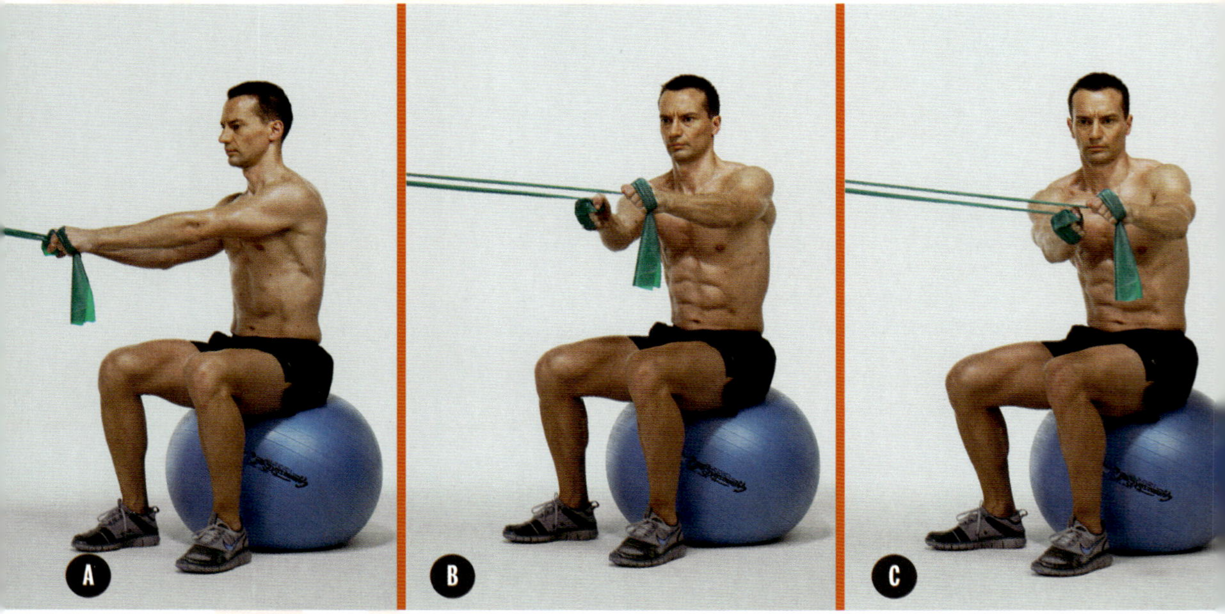

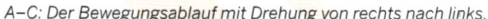

▲ A–C: Der Bewegungsablauf mit Drehung von rechts nach links.

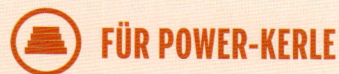

FÜR POWER-KERLE

Fortgeschrittene können den Bewegungsumfang erweitern, indem sie den Zug seitlich von unten nach oben machen oder von oben nach unten.

D–E: Das diagonale Ziehen im Kniestand; Der Zug erfolgt von rechts unten nach links oben. Das äußere Knie kann auch abgelegt werden, falls Dir diese Position angenehmer ist.

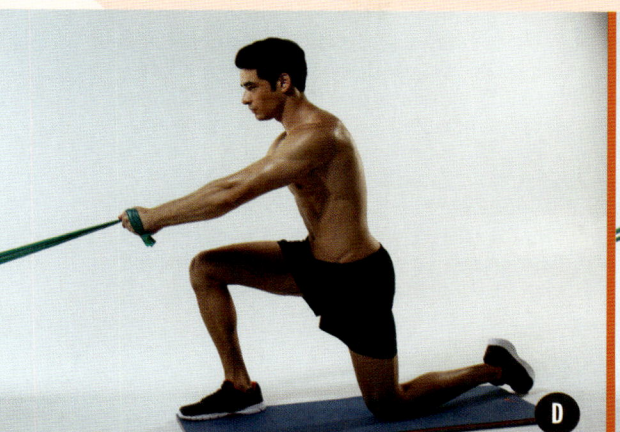

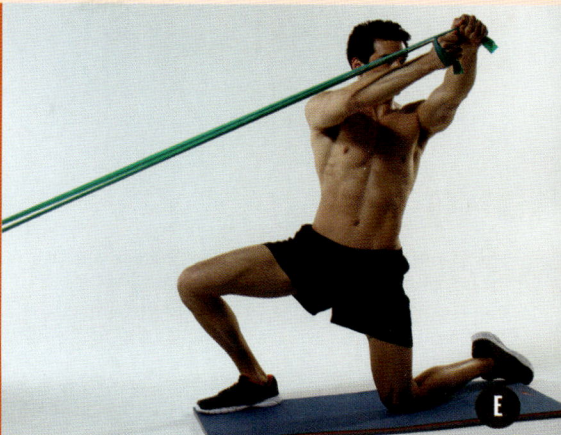

SO GEHT´S AUCH

Du kannst die Übung auch im Kniestand ausführen.

Wenn Du kein Stretchband zur Verfügung hast, dann kannst Du in Rückenlage üben, am besten auf einem Gymnastikball. Die Arme streckst Du nach oben, in den Händen hast Du ein Zusatzgewicht wie Basketball, Medizinball oder Kurzhantel. Dreh die Arme und den Oberkörper langsam nach rechts und links, so weit es Dir ohne Beckenbewegung gelingt.

F–H: Das Rumpfdrehen in Rückenlage auf einem Gymnastikball.

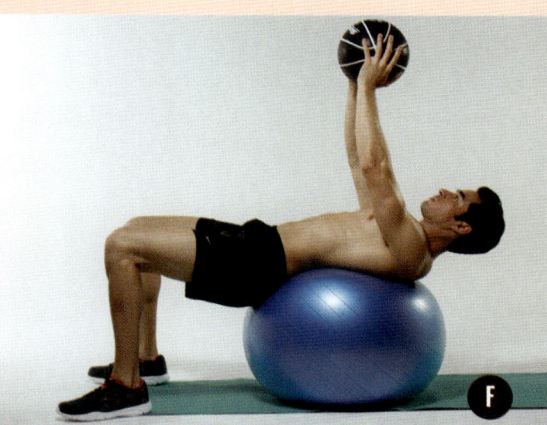

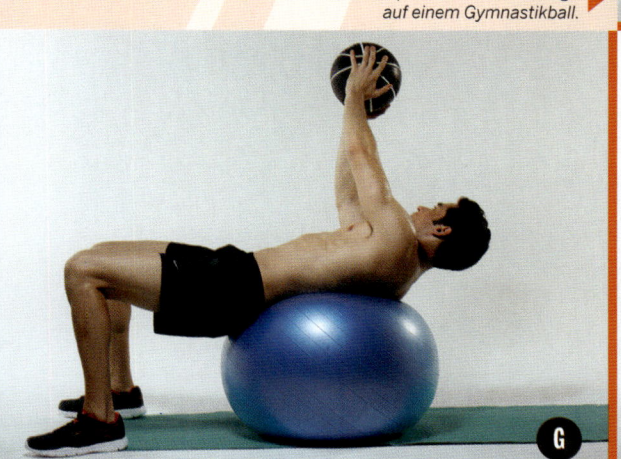

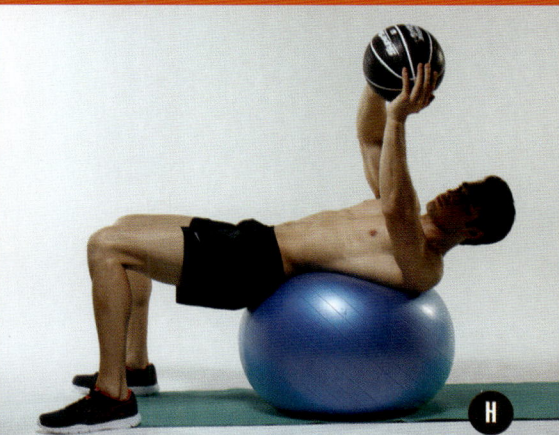

P28 KREUZHEBEN – HINTERER RUMPF

KRÄFTIGUNG

** untere Rückenmuskulatur
* hintere und vordere Oberschenkel-, Gesäß-, Bauch-, Unterarm- und Nackenmuskulatur

SO GEHT'S

>> Du stehst gerade im schulterbreiten Stand mit leicht gebeugten Beinen. Drück die Füße fest in den Boden und spann die Bauch- und die Gesäßmuskulatur an.

>> Geh in die Kniebeuge, wozu Du das Gesäß nach hinten schiebst und den geraden Rücken in der Hüfte vorbeugst. Achte darauf, dass Dein Rücken gerade ist und Du ihn nicht abrundest. Diese Haltung musst Du im Übungsverlauf beibehalten.

>> Fass die Hantelstange schulterbreit mit festem Griff – entweder mit beiden Handrücken vorgerichtet oder im Kreuzgriff.

>> Heb den Oberkörper in die Ausgangsposition zurück, indem Du die Beine streckst. Gleichzeitig ziehst Du die Hantel nahe den Schienbeinen entlang nach oben.

>> Beweg Dich wieder in die tiefe Kniebeuge, wobei Du den geraden Rücken in der Hüfte vorbeugst. Die Hantel wird auch bei der Bewegung nach unten eng am Schienbein entlang bewegt. Die Hantel soll den Boden berühren, aber nicht abgelegt werden.

>> Heb den geraden Oberkörper nun wieder an und fahr entsprechend fort.

>> Achte darauf, dass Du keine Ausweichbewegungen mit den Knien machst und dass die Bauch- und die Gesäßmuskulatur durchgehend angespannt sind.

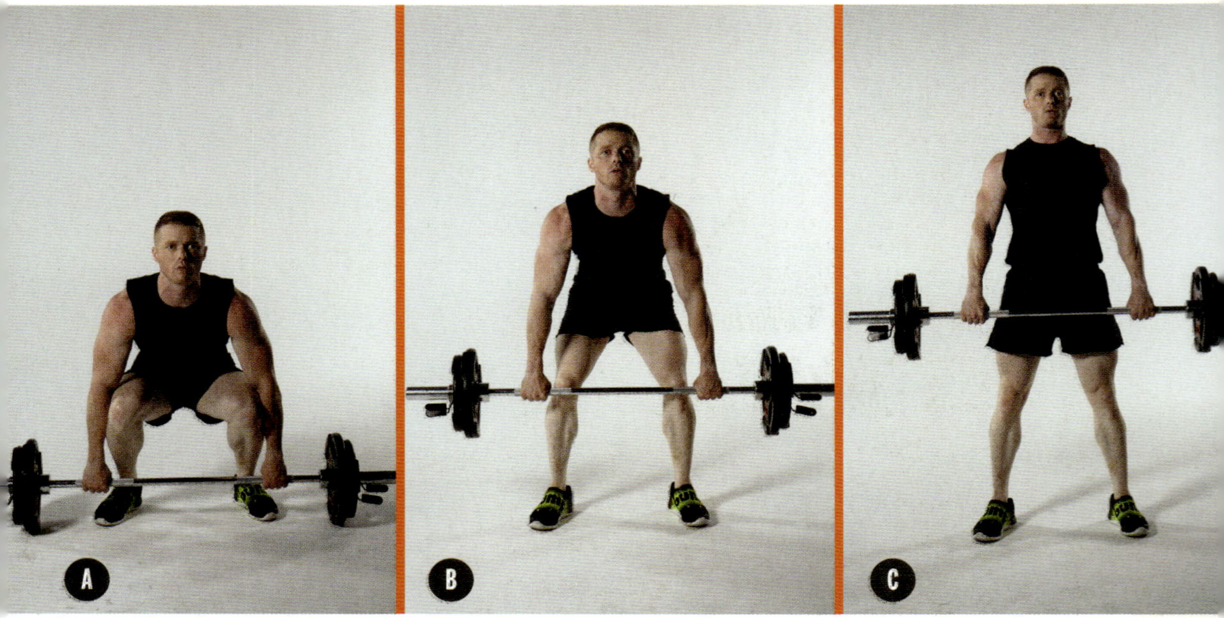

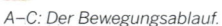

▲ A–C: Der Bewegungsablauf.

SO GEHT'S LEICHTER!

Für Einsteiger reicht bereits ein geringes Gewicht, um deutliche Trainingseffekte zu erzielen.

FÜR POWER-KERLE

Du intensivierst die Übung, indem Du sie einarmig mit einer Kurzhantel ausführst. So muss der Körper stärker stabilisieren, um Ausweichbewegungen zu vermeiden. Weit Fortgeschrittene können einen Fuß etwas nach hinten weisend in der Luft halten oder auf instabilem Untergrund üben.

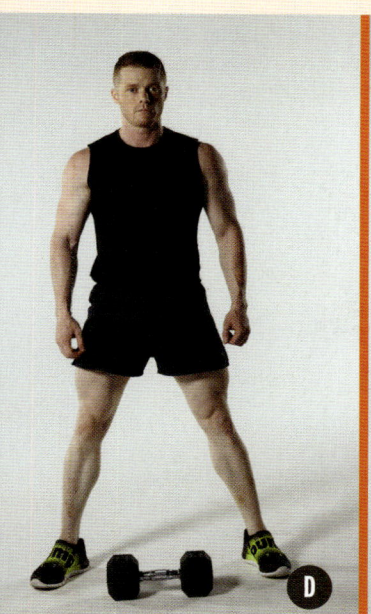
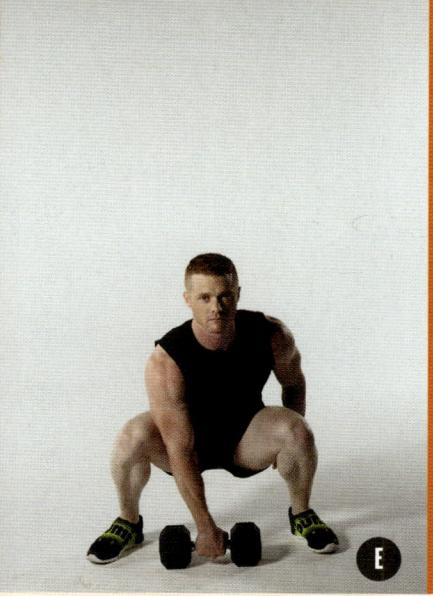
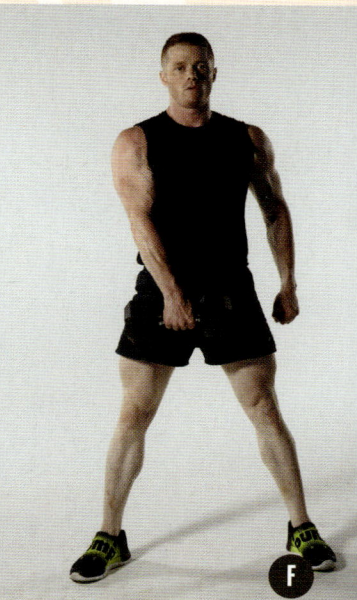

D–F: Die einarmige Variante.

SO GEHT'S AUCH

Alternativ kannst Du die Übung mit zwei Kurzhanteln ausführen.

Eine weitere Variante ist das Schubkarren-Kreuzheben; dabei sind in der Ausgangsposition die Kurzhanteln außen von den Füßen – entsprechend den Griffen eines Schubkarrens – gelegt.

P29 KÖRPERANHEBEN (SUPERMAN) – HINTERER RUMPF

KRÄFTIGUNG

✱✱ untere Rückenmuskulatur
✱ Nacken-, hintere Schulter-, obere Rücken-, hintere Oberschenkel- und Gesäßmuskulatur

SO GEHT'S

>> Du liegst auf dem Bauch, der Körper und die Stirn sind abgelegt. Die Arme sind nach oben gestreckt, und in den Händen hast Du ein Gewicht wie einen leichten Medizinball oder eine kleine Hantel.

>> Spann die Bauchmuskulatur nach innen oben und die Gesäßmuskulatur an.

>> Heb gleichzeitig Kopf, Arme und Beine ab. Das Gewicht bewegst Du etwas höher als den Kopf, die Stirn bleibt parallel zum Boden.

>> Halt die Endposition abhängig vom Leistungsniveau für 30–60 Sekunden.

>> Achte auf eine gleichmäßige Atmung und spann die Bauch- und die Gesäßmuskulatur immer wieder bewusst nach. Das Halten dieser Position entspricht der Durchführung eines Satzes bei den dynamischen Übungen.

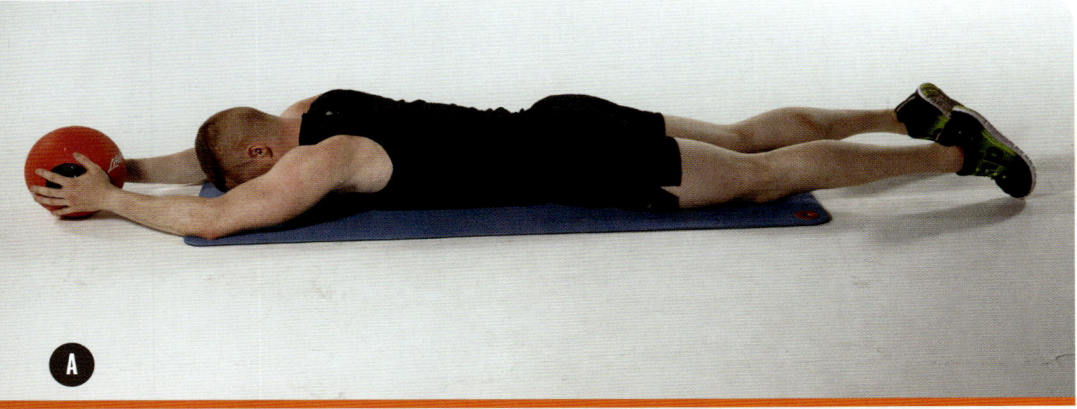

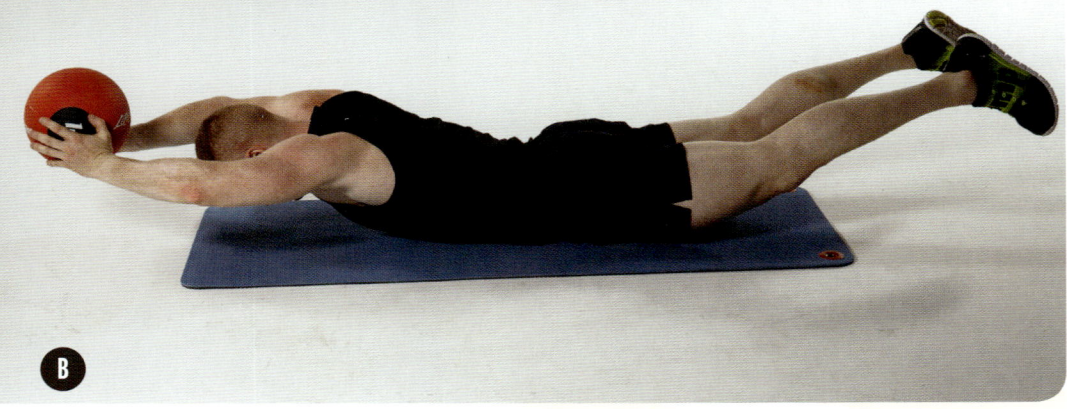

A–B: Die Ausgangs- und die Endposition.

Einsteiger können ohne Zusatzgewicht üben.

FÜR POWER-KERLE

Fortgeschrittene können ein
Gewicht in den Händen halten
und auch ein Gewicht für die
Beine nutzen, z. B. Fußgelenksgewichte oder einen Medizinball zwischen den Füßen.

SO GEHT´S AUCH

Du kannst alternativ »Ober-
körperanheben auf dem
Gymnastikball« ausführen.
Durch den instabilen Untergrund wird die Core-Muskulatur intensiv aktiviert. Leg
Dich mit dem Bauch auf den
Ball; die Beine sind gestreckt,
mit deutlich auseinanderge-
stellten Zehen. Nun hebst und
senkst Du den Oberkörper,
ohne ihn dazwischen auf dem
Boden abzulegen. Einsteiger
üben mit gebeugten Armen
und/oder ohne Gewicht; Fortgeschrittene können einen
Fuß anheben.

Wenn Du keinen Gymnastik-
ball zur Verfügung hast, dann
kannst Du auf einem dicken
Polster üben.

*C–D: Die Vereinfachung
ohne Gewicht.
E–F: Die Variante »Oberkörper-
anheben auf einem Gymnastikball«
mit Zusatzgewicht.*

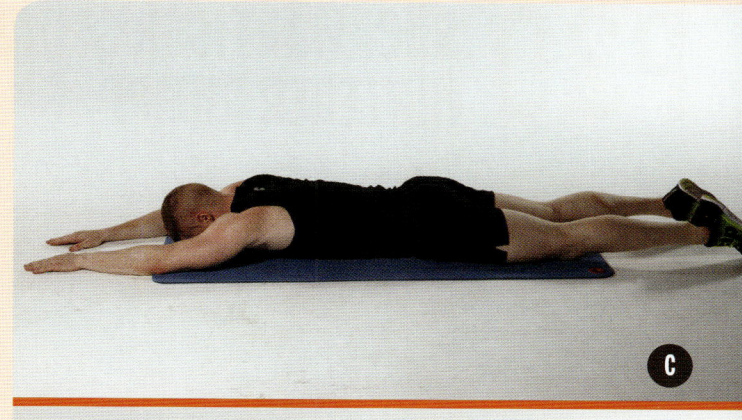

C

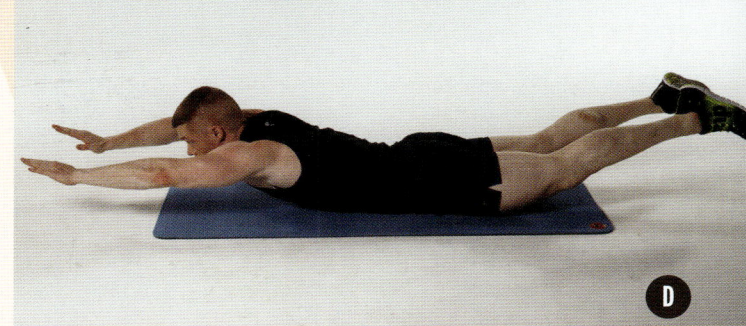

D

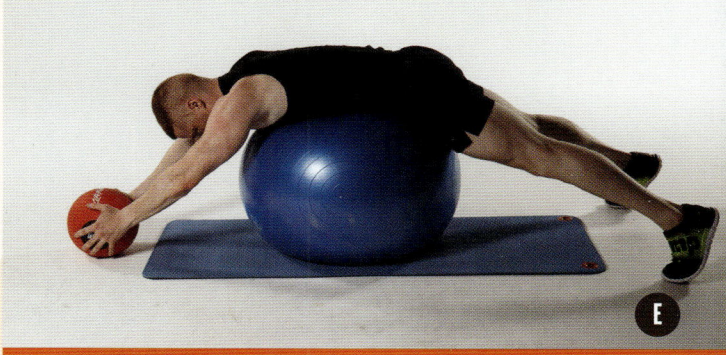

E

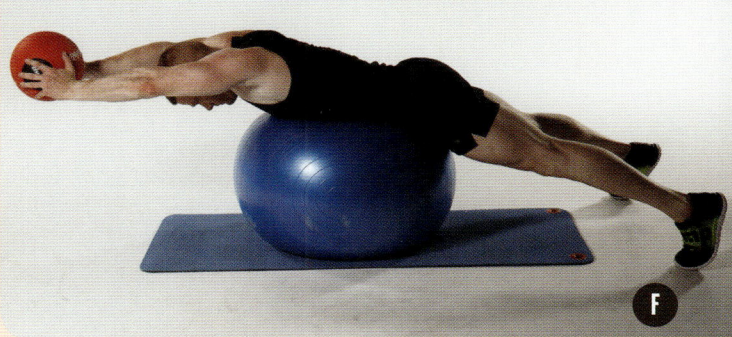

F

P30 RÜCKWÄRTIGER STÜTZ – HINTERER RUMPF

KRÄFTIGUNG

✳✳ Rumpf-, insbesondere untere Rückenmuskulatur, Schulter- und hintere Oberschenkelmuskulatur

✳ hintere Oberarm- und Gesäßmuskulatur

SO GEHT'S

>> Du sitzt auf dem Boden, die Füße sind zusammen, und die Beine sind gestreckt. Stütz Dich mit den Händen auf den Boden, und zwar so, dass die Hände unter den Schultern sind und die Finger in Richtung der Füße zeigen.

>> Spann die Gesäß- und die Bauchmuskulatur an und drück das Gesäß nach oben, bis der Rücken gerade ist.

>> Halt diese Position abhängig von Deinem Leistungsniveau für 30–60 Sekunden.

>> Konzentrier Dich dabei auf die Aktivität der Rumpfmuskulatur und achte auf eine gleichmäßige Atmung. Die statische Ausführung über mehrere Sekunden entspricht der Ausführung eines Satzes bei den dynamischen Übungen.

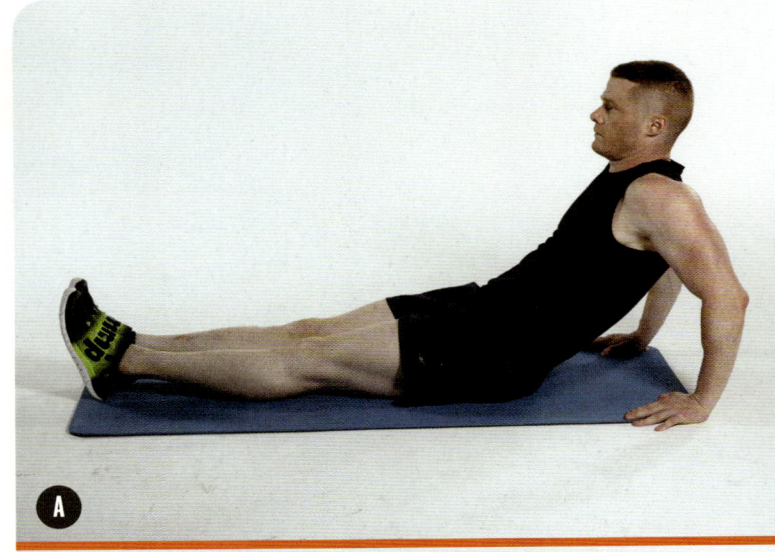

A

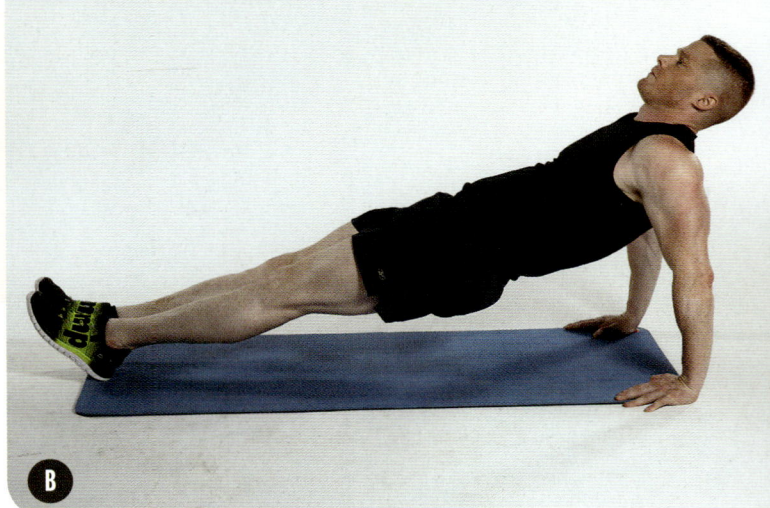

B

A–B: Der Handstütz am Boden.

SO GEHT'S LEICHTER!

Einsteiger können sich mit den Unterarmen am Boden abstützen oder die Fersen etwas näher in Richtung Gesäß stellen.

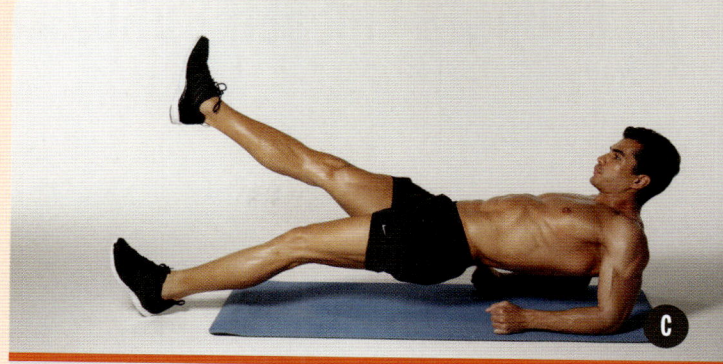

FÜR POWER-KERLE

Fortgeschrittene können abwechselnd ein Bein anheben oder ein Knie zur Brust ziehen. Dies kannst Du im rückwärtigen Unterarm- oder im Handstütz ausführen. Auch können Fortgeschrittene die Hände oder die Füße auf einem instabilen Untergrund positionieren.

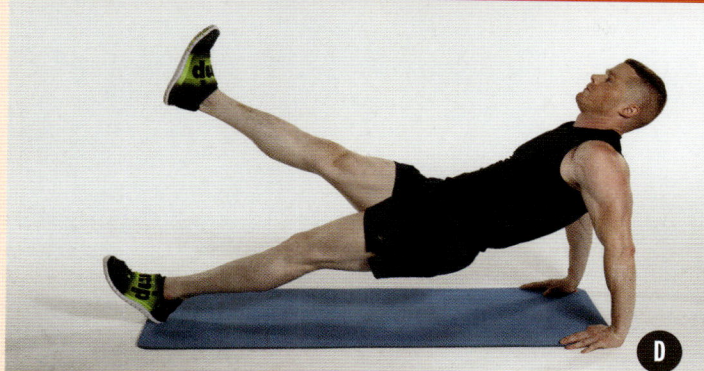

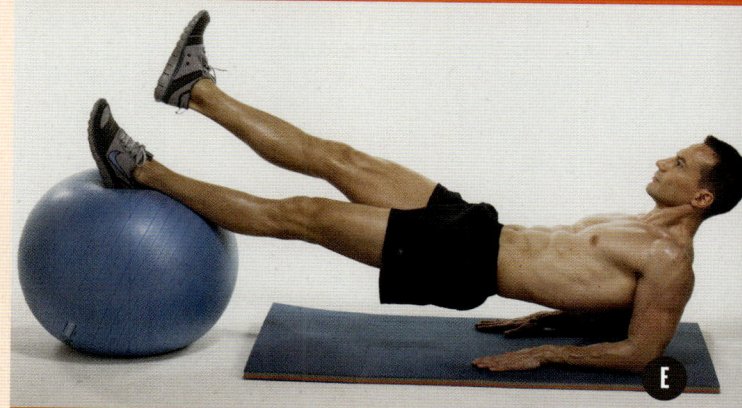

C: Der rückwärtige Unterarmstütz mit angehobenem Bein.
D: Der rückwärtige Handstütz mit angehobenem Bein.
E: Der rückwärtige Unterarmstütz mit einem Fuß auf dem Gymnastikball.
F: Die rückwärtige Handstütz mit beiden Füßen auf dem Gymnastikball.

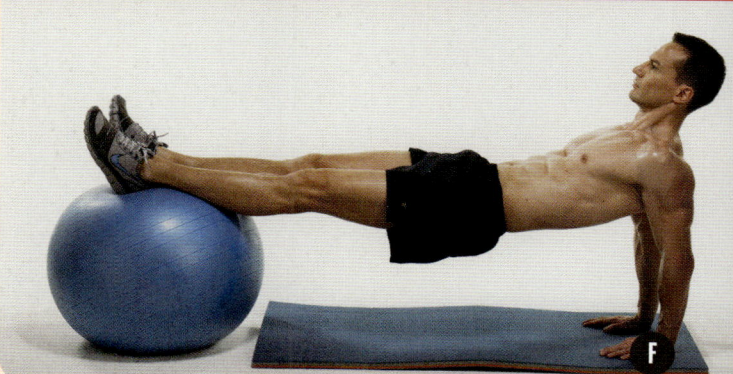

4 ÜBUNGEN FÜR BEINE UND GESÄSS

Richtige Power im Unterkörper entwickelst Du mit Übungen aus dem funktionellen Training, da diese eine Vielzahl von Muskeln aktivieren. Dazu kannst Du Übungen mit dem eigenen Körpergewicht ausführen und die Intensität mit Zusatzgewichten wie Hanteln, Kettlebell und Medizinball erhöhen.

Effektives Training für den Unterkörper heißt, dass Du den Körper ausgeglichen trainieren und zudem die Stabilisatoren an Fuß- und Kniegelenken fördern solltest. So kannst Du Dich in Alltag und Sport optimal bewegen, und der Körper ist bestmöglich vor Verletzungen und Verschleiß geschützt.

In Deinem Training für den Unterkörper müssen unterschiedliche Bewegungen enthalten sein: kniedominante Bewegungen beidbeinig und einbeinig sowie hüftdominante Bewegungen mit angezogenen und fast gestreckten Beinen. Du musst **alle vier Bewegungsrichtungen kräftigen**, damit Du die Entwicklung einer guten Bein- und Gesäßmuskulatur sicherstellst. Ergänzend kannst Du Übungen für einzelne Muskeln machen, falls Du Schwachstellen wie beispielsweise Ungleichgewichte der Muskulatur beseitigen willst.

Mach für Übungssätze von einer Bewegungsrichtung auch eine entsprechende Anzahl von Übungssätzen für die entgegengesetzte Bewegungsrichtung, beispielsweise die Kniebeugeübungen im gleichen Satzverhältnis wie die Hüftstreckübungen. Das Training der Bewegungsrichtungen kannst Du in unterschiedliche Workouts splitten, deshalb ist nicht die Satzzahl pro Trainingseinheit entscheidend, sondern die Gesamtzahl von Sätzen pro Woche.

Zahlreiche Fitnesssportler trainieren die hüftdominanten Übungen zu wenig, und als Folge davon sind die Gesäß- und die hintere Oberschenkelmuskulatur schlechter ausgebildet als die vordere Oberschenkelmuskulatur. Dieses Muskelungleichgewicht versucht der Körper mit Ausweichbewegungen zu kompensieren. Als Folge können sich **Knie- und Rückenschmerzen** entwickeln, auch erhöht sich die Verletzungsgefahr beispielsweise für einen Kreuzbandriss.

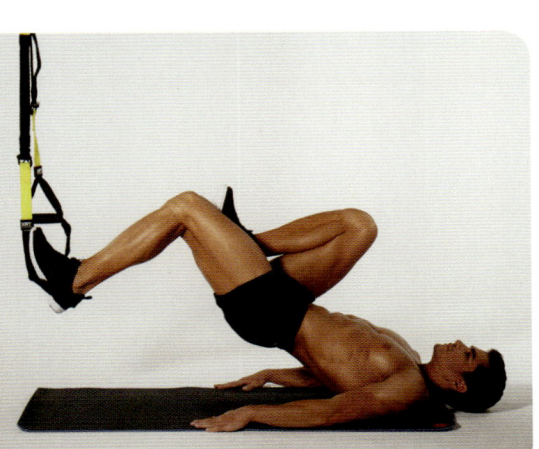

Wenn bei Dir ein Muskelungleichgewicht bestehen sollte, dann mach wöchentlich doppelt so viele Sätze für die schwächere Muskulatur beziehungsweise Bewegungsrichtung, so lange bis das Ungleichgewicht behoben ist. Achte auch darauf, dass Du mit fortschreitendem Leistungsvermögen immer mehr einbeinige Varianten ausführst und instabile Untergründe einsetzt, wodurch auch die Adduktoren und Abduktoren intensiv gekräftigt werden und außerdem die stabilisierende Muskulatur der Fußgelenke.

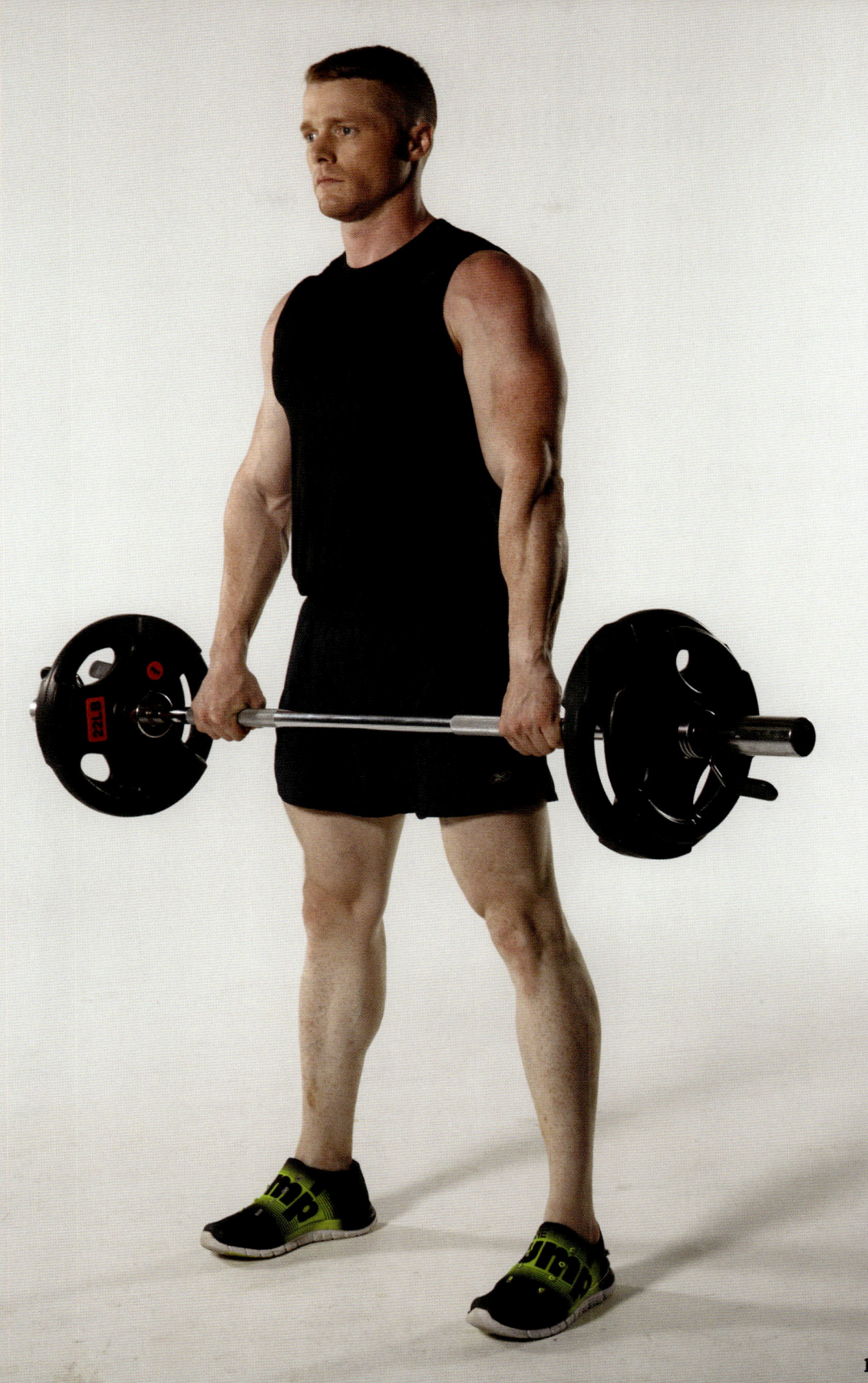

P31 BEIDBEINIGE KNIEBEUGE – KNIEDOMINANT

KRÄFTIGUNG

✱✱ Oberschenkelmuskulatur, insbesondere vorderer Anteil

✱ untere Rücken- und Gesäßmuskulatur, intensiv bei tiefer Ausführung, sowie Schulter- und Wadenmuskulatur

SO GEHT'S

>> Du stehst mit aufrechtem Oberkörper im hüft- bis schulterbreiten Stand. Die Füße sind parallel oder etwas nach außen gedreht. Über den Schultern hast Du Kurzhanteln.

>> Spann die Bauch- und die Gesäßmuskulatur an.

>> Beug die Beine, indem Du die Hüften nach hinten schiebst, bis die Oberschenkelknochen mindestens die senkrechte Position erreichen. Das Gewicht wird dabei auf die Fersen verlagert. Halt kurz die Position.

>> Drück Dich nach oben, wobei Du auf die Zehen gehst. Halt auch kurz diese Position, bevor Du Dich in die Ausgangsposition zurückbewegst und schließlich die Übung wiederholst.

>> Achte darauf, dass der Rücken durchgehend gerade ist, und darauf, dass die Knie in der Beinachse bleiben und nicht nach vorne oder innen ausweichen.

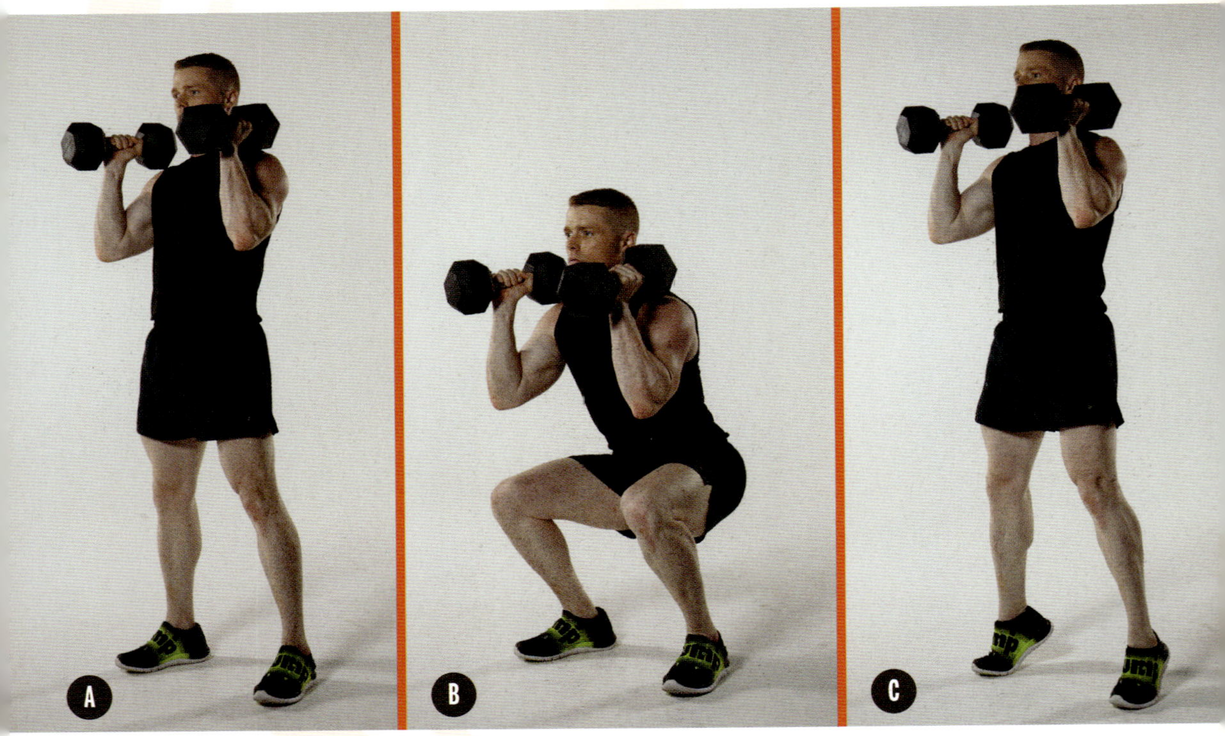

A   **B**   **C**

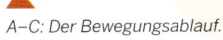

A–C: Der Bewegungsablauf.

Wichtig ist ein tiefes Senken, damit die Gesäßmuskulatur mittrainiert wird – vorausgesetzt, es gelingt Dir ohne Ausweichbewegungen mit den Knien.

Alternativ kannst Du in der Streckbewegung die Fersen auf dem Boden halten, wodurch sich aber die Kräftigung der Wadenmuskulatur verringert.

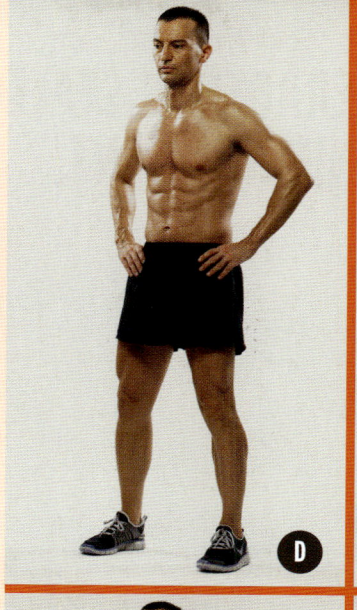
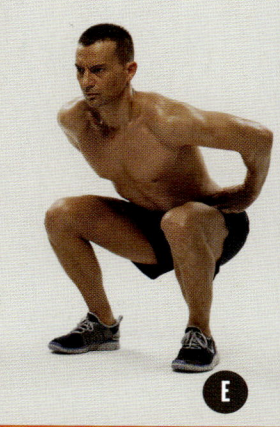

D

E

SO GEHT'S LEICHTER!

Du vereinfachst die Übung mit den Hanteln außen neben den Oberschenkeln. Einsteiger können ohne Zusatzgewicht üben und den Bewegungsumfang etwas reduzieren.

FÜR POWER-KERLE

Fortgeschrittene können beide Hände oder nur eine Hand gestreckt in die Luft halten.

SO GEHT'S AUCH

Du kannst auch mit Langhantel in Fronthaltung vor der Brust üben. Weit Fortgeschrittene können die Langhantel hochgestreckt in der Luft halten.

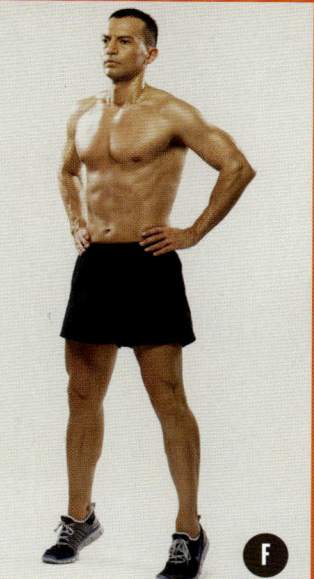
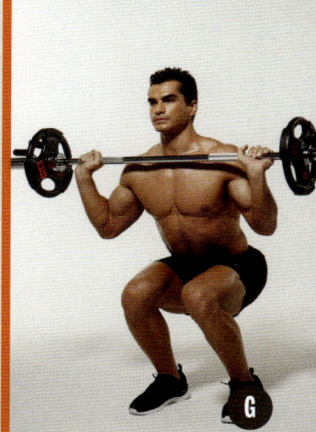

F

G

D–F: Die einfache Variante ohne Zusatzgewicht. Konzentrier Dich auf langsames Senken in eine tiefe Position, um die Muskeln genügend zu beanspruchen. G: Die Ausführung mit Langhantel in Fronthaltung.

OUTDOOR-TRAINING

Im Outdoor-Training kannst Du einen großen Stein vor der Brust oder über den Kopf gestreckt halten. Ist dieser nicht verfügbar, dann konzentrier Dich auf ein bewusst langsames Senken und halt die tiefe Position etwas länger, um die Muskelbeanspruchung zu intensivieren.

P32 GERADER AUSFALLSCHRITT – KNIEDOMINANT

KRÄFTIGUNG

** Oberschenkelmuskulatur, insbesondere vorderer Anteil, Gesäß- und Wadenmuskulatur

* Rumpfmuskulatur

SO GEHT'S

>> Du stehst im aufrechten Stand, die Füße sind hüftbreit auseinander und zeigen nach vorne. Die Kurzhanteln hast Du außen neben den Oberschenkeln.

>> Spann die Bauch- und die Gesäßmuskulatur an und zieh die Schultern nach hinten unten.

>> Mach einen großen Schritt nach vorne und beug die Beine, ohne jedoch das hintere Bein abzulegen.

>> Halt kurz die Position, bevor Du Dich nach hinten in die Ausgangsposition zurückdrückst.

>> Anschließend machst Du mit dem anderen Bein einen Ausfallschritt.

>> Halt den Oberkörper durchgehend gerade und achte darauf, dass das vordere Knie nicht nach vorne oder zur Seite ausweicht.

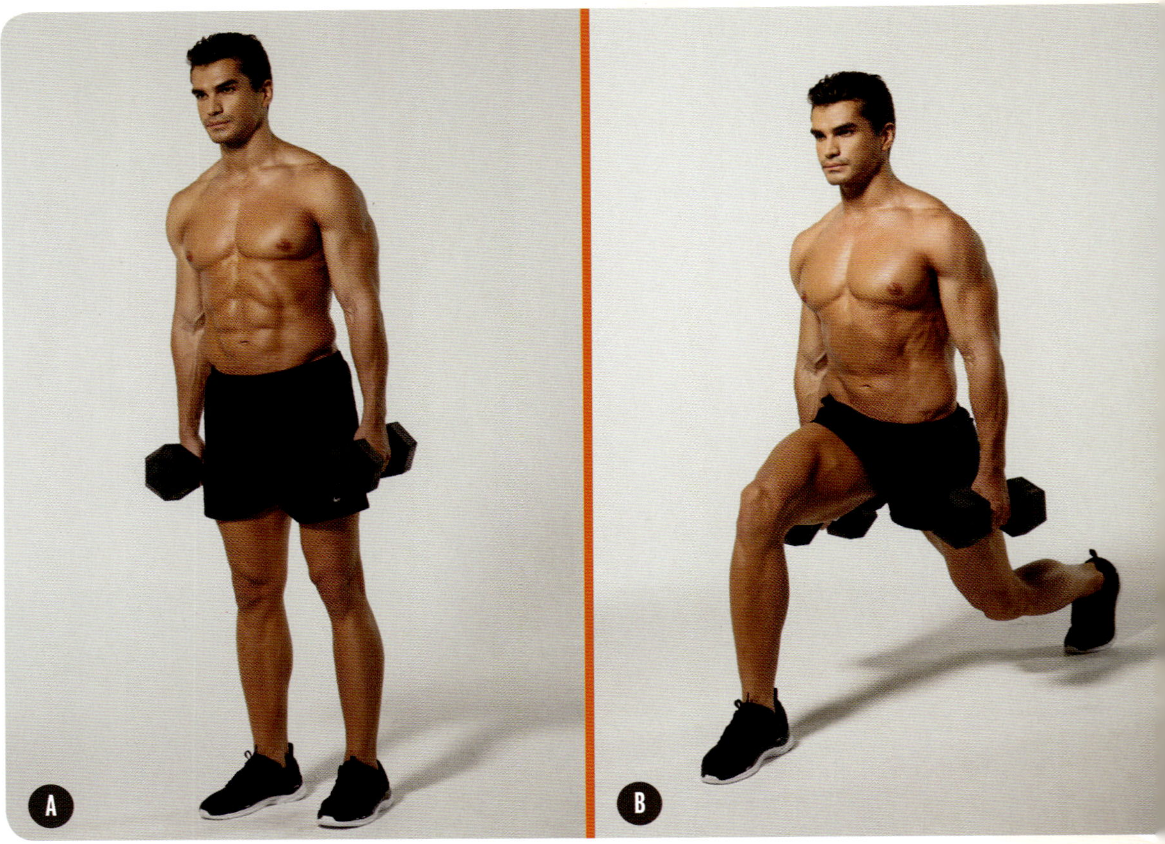

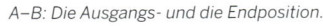

A–B: Die Ausgangs- und die Endposition.

SO GEHT´S AUCH

Du kannst auch erst alle Wiederholungen machen, bevor Du das Bein wechselst. Wenn Du auf einer großen Trainingsfläche übst, dann kannst Du fortlaufend Schritte nach vorne machen.

SO GEHT´S LEICHTER!

Einsteiger können auf das Zusatzgewicht verzichten und den Bewegungsspielraum der Kniebeuge verringern.

FÜR POWER-KERLE

Du intensivierst die Übung, indem Du die Gewichte mit gebeugten Armen über den Schultern oder sogar gestreckt über dem Kopf hebst.

Fortgeschrittene können jeweils beim Schritt nach vorne den vorderen Fuß auf einen instabilen Untergrund aufstellen und die Position ausbalancieren.

Alternativ können Fortgeschrittene den Ausfallschritt nach vorne mit Rotation machen. In der Ausgangsposition hast Du ein Zusatzgewicht vor der Brust. Du machst einen rechten Ausfallschritt und rotierst den Oberkörper nach rechts. Dann bewegst Du Dich zurück und führst die Übung zur anderen Seite aus.

OUTDOOR-TRAINING

Im Outdoor-Training kannst Du einen großen Stein vor der Brust oder über den Kopf gestreckt halten. Ist kein Stein verfügbar, dann konzentrierst Du Dich auf bewusst langsames Beinbeugen und verbleibst in der tiefen Position etwas länger, um die Muskelbeanspruchung zu intensivieren.

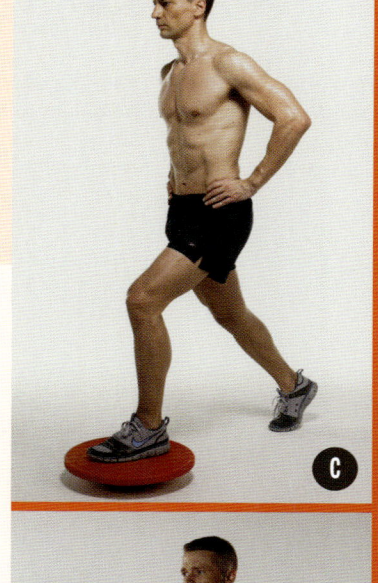
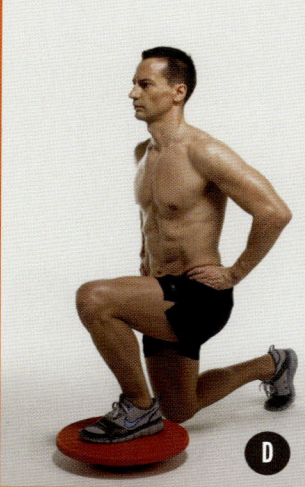
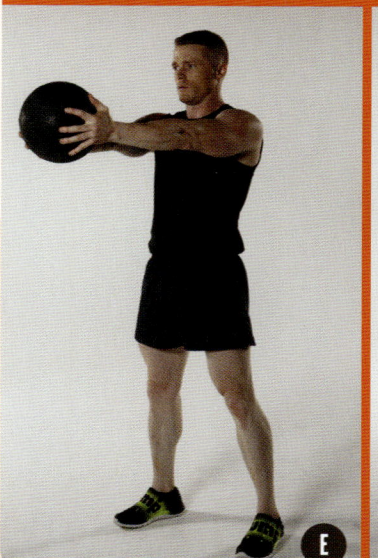
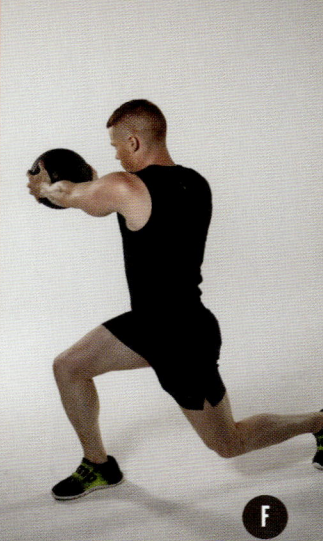

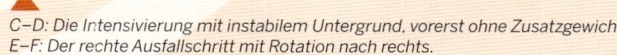

C–D: Die Intensivierung mit instabilem Untergrund, vorerst ohne Zusatzgewicht.
E–F: Der rechte Ausfallschritt mit Rotation nach rechts.

P33 AUSFALLSCHRITT RÜCKWÄRTS – KNIEDOMINANT

KRÄFTIGUNG

✻✻ Oberschenkel-, Gesäß- und Wadenmuskulatur
✻ Rumpfmuskulatur

SO GEHT´S

>> Du stehst aufrecht im hüftbreiten Stand, die Zehen zeigen nach vorne. Neben den Oberschenkeln hast Du Kurzhanteln.

>> Spann die Bauch- und die Gesäßmuskulatur an und zieh die Schultern nach hinten unten.

>> Mach mit dem rechten Fuß einen Schritt gerade zurück und beug dann die Beine, ohne jedoch das hintere Bein abzulegen.

>> Halt kurz die Position, bevor Du den Fuß wieder in die Ausgangsposition zurückstellst, um schließlich die Übung mit dem anderen Bein zu wiederholen.

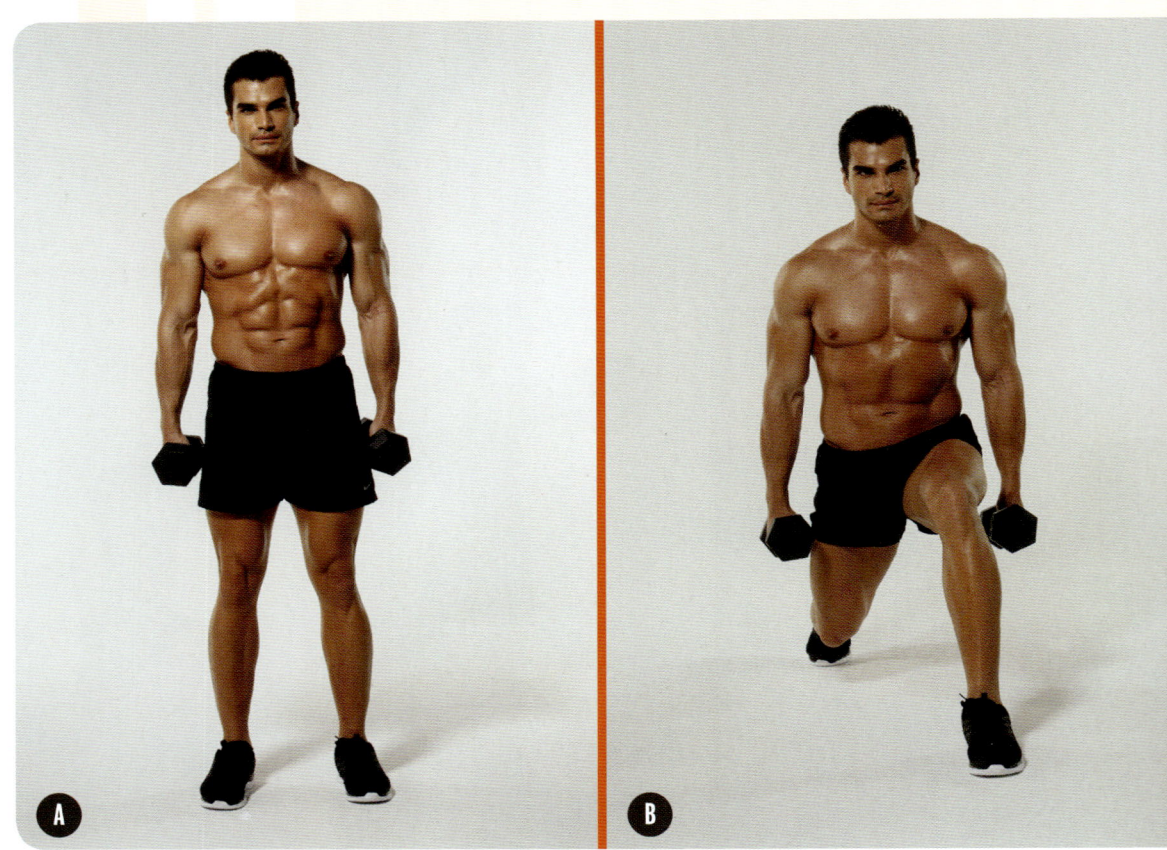

A

B

▲ A–B: Der Ausfallschritt nach hinten mit dem rechten Fuß.

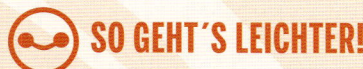

SO GEHT´S LEICHTER!

Einsteiger können ohne Zusatzgewicht üben. Auch kannst Du erst alle Wiederholungen mit einem Bein machen, bevor Du das Übungsbein wechselst, was etwas einfacher zu koordinieren ist.

SO GEHT´S AUCH

Du kannst auch zurückgleiten. Dazu stellst Du die Zehen des hinteren Fußes auf einen Slide-Trainer, z. B. Valslide®, oder ein zusammengefaltetes Handtuch. Beweg Dich in den Ausfallschritt, indem Du mit dem hinteren Fuß zurückgleitest.

FÜR POWER-KERLE

Fortgeschrittene können den Ausfallschritt rückwärts nach innen machen. Dazu stellst Du den Fuß hinter den anderen Fuß. Wenn Du beispielsweise den rechten Fuß zurückstellst, bewegst Du ihn hinter den linken Fuß seitlich nach außen. Dies wird zuerst ohne Zusatzgewicht geübt, bevor Du diese Variante intensivierst.

Alternativ kannst Du als Fortgeschrittener abwechselnd Schritte nach vorne und hinten machen. Zuerst erfolgt ein Ausfallschritt nach vorne, dann wird aus dieser Position ein Ausfallschritt nach hinten ausgeführt. Durch ständige Bein- und Richtungswechsel kannst Du die Beanspruchung erhöhen. Das vergrößert zwar nicht die Muskelmasse, doch wird das Muskelzusammenspiel verbessert und die Beinmuskulatur ständig gefordert, sich auf andere Situationen einzustellen. Das führt dazu, dass Du weniger verletzungsanfällig wirst, beispielsweise bei Ballsportarten.

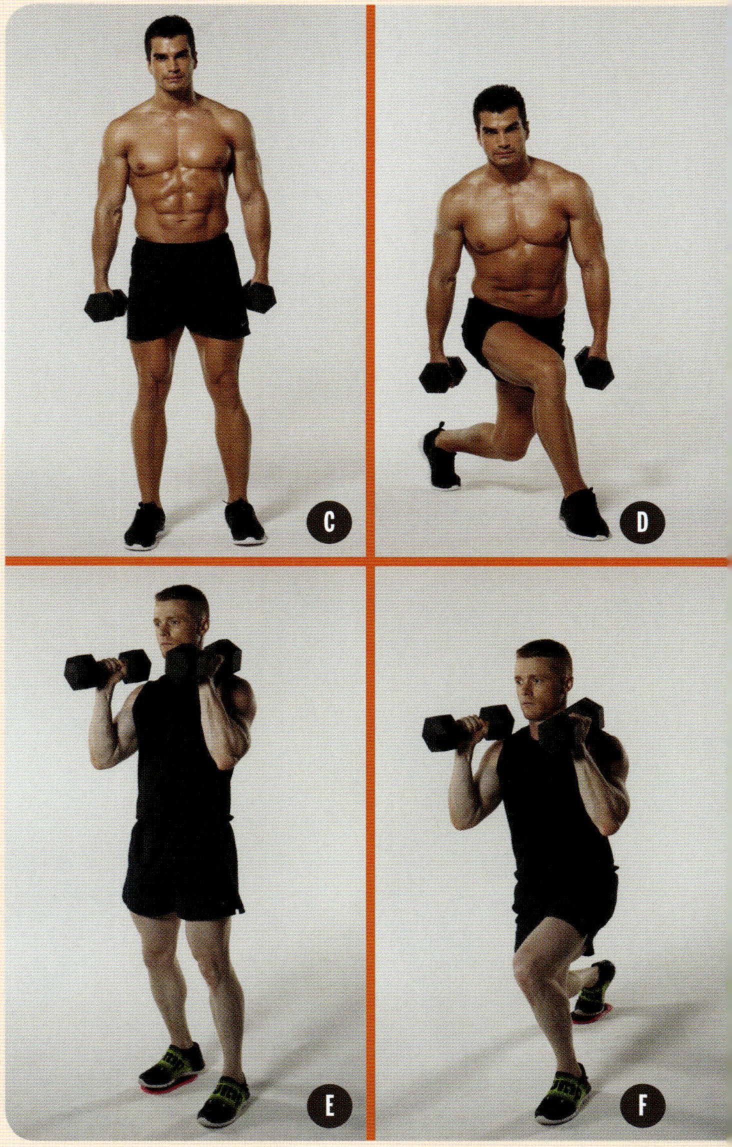

C–D: Die Intensivierung »Rückwärtsschritt nach innen« mit dem linken Fuß.
E–F: Die Variante »Zurückgleiten« auf Slides.

P34 EINBEINIGE KNIEBEUGE – KNIEDOMINANT

KRÄFTIGUNG

** Oberschenkel-, Gesäß- und Wadenmuskulatur
* Rumpfmuskulatur

SO GEHT´S

>> Du stehst aufrecht auf einem Fuß, der andere Fuß ist nach hinten gerichtet in der Luft. Konzentrier Dich auf die Belastung von Fußballen, Außenkante und Ferse, um stabil zu stehen.

>> Spann die Bauch- und die Gesäßmuskulatur an und halt den Rücken gerade.

>> Beug langsam das Standbein und schieb gleichzeitig die Hüften nach hinten, bis sich der Oberschenkel etwas tiefer als in der waagrechten Position befindet. Halt kurz die Position.

>> Dann streckst Du das Bein und wiederholst schließlich die Übung.

>> Halt die Hüfte und den Rücken gerade und achte auch darauf, dass das Knie über dem Fuß bleibt und nicht nach vorne oder zur Seite ausweicht.

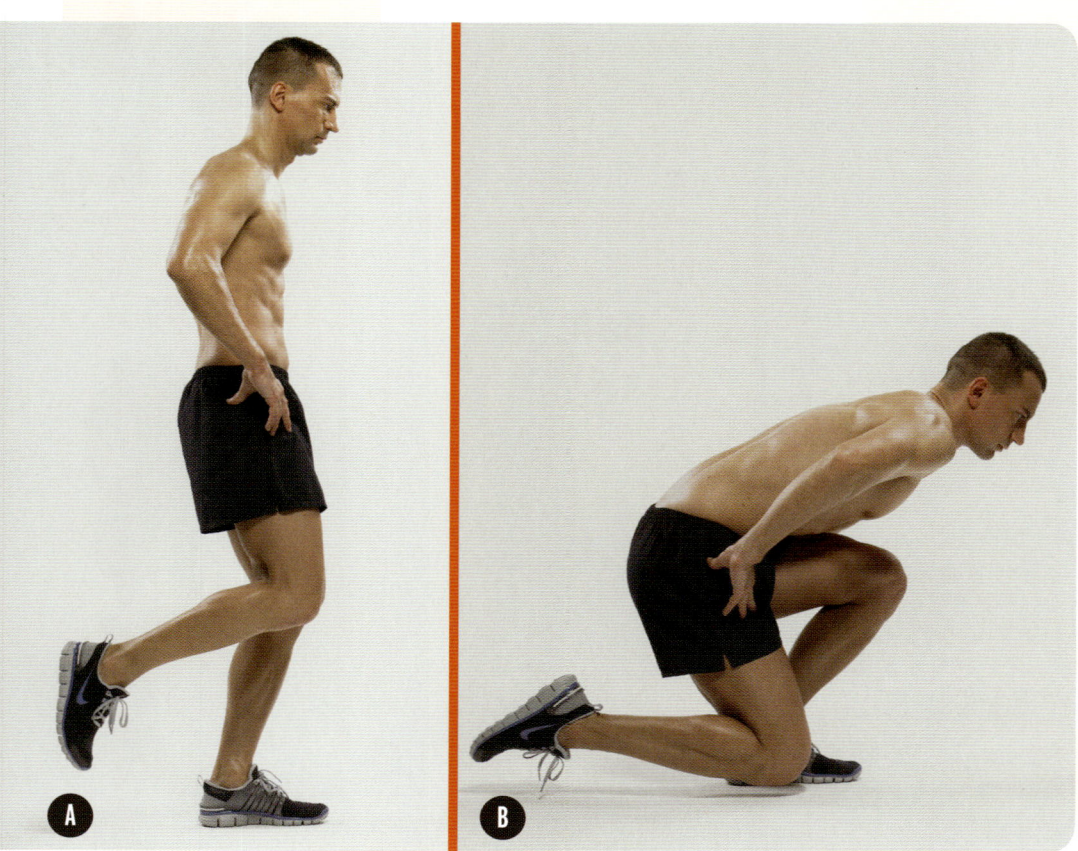

A

B

▲
A–B: Die Ausgangs- und die Endposition.

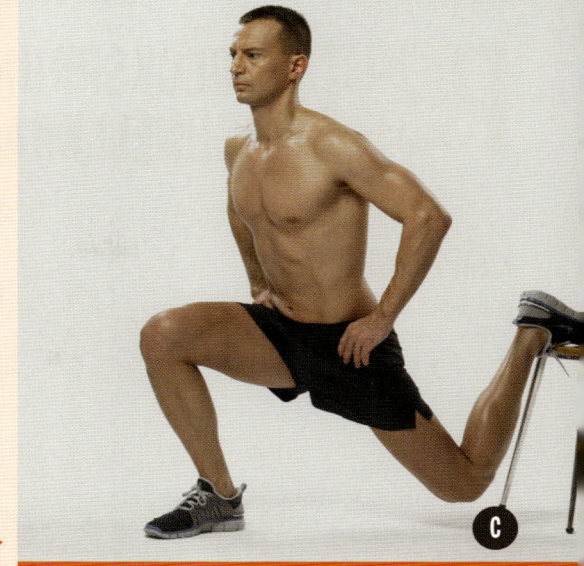

SO GEHT'S LEICHTER!

Du vereinfachst die Übung, indem Du mit geringem Bewegungsradius übst. Einsteiger können den hinteren Fuß auf einen Gegenstand ablegen oder sich mit einer Hand an einer Stuhllehne abstützen.

C: Die Vereinfachung mit abgelegtem Fuß. ▶

FÜR POWER-KERLE

Fortgeschrittene können Gewichte einsetzen und/oder auf einem instabilen Gegenstand üben. Weit Fortgeschrittene können mit Absprung üben, um auch die Schnellkraft zu fördern.

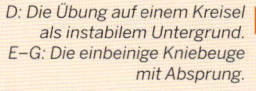

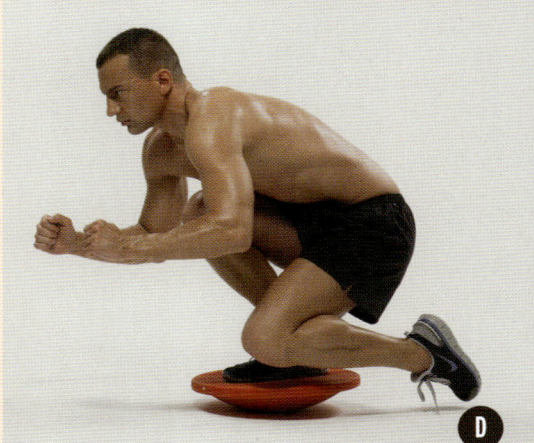

D: Die Übung auf einem Kreisel als instabilem Untergrund. ▶
E–G: Die einbeinige Kniebeuge mit Absprung.

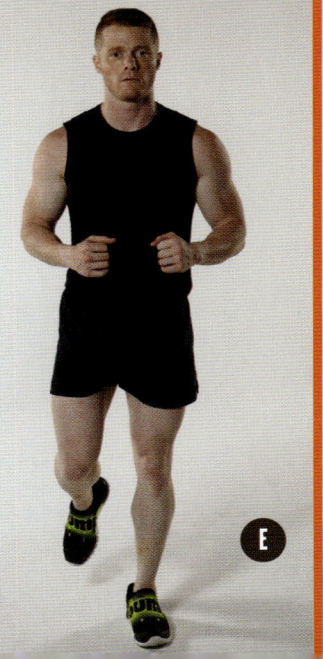

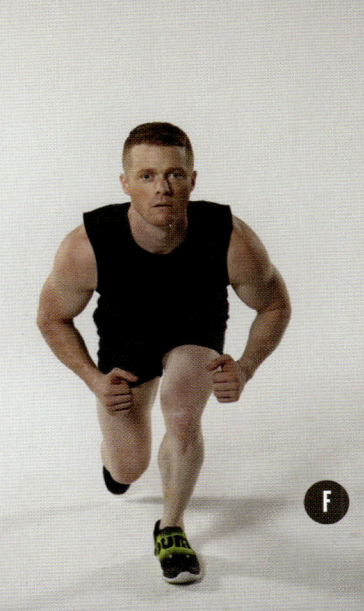

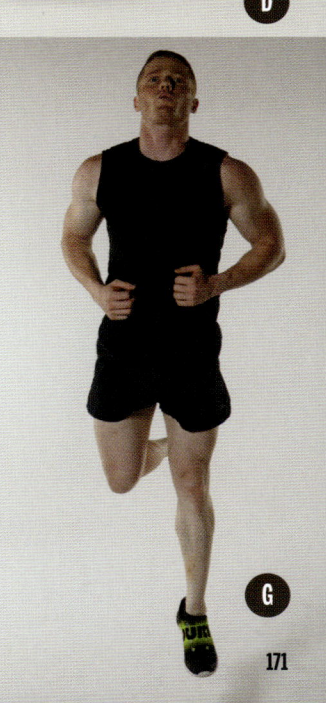

P35 STRECKSPRUNG – KNIEDOMINANT (SCHNELLKRAFT)

KRÄFTIGUNG

** vordere Oberschenkelmuskulatur
* Waden-, Rumpf-, Gesäß- und hintere Oberschenkelmuskulatur

SO GEHT'S

>> Nimm den aufrechten Stand ein, mit hüft- bis schulterbreit auseinander gestellten Füßen. Die gebeugten Unterarme hast Du vor dem Körper.

>> Bring die Rumpfmuskulatur in Spannung.

>> Beug die Beine, indem Du die Hüften nach hinten schiebst. Gleichzeitig schwingst Du die Arme nach hinten. Achte darauf, dass die Knie in der Beinachse bleiben.

>> Spring explosiv so hoch wie möglich gerade nach oben und reiß dabei die Arme mit nach oben.

>> Komm kontrolliert auf dem Boden auf und wiederhol die Übung.

INFO

Mit dieser Übung trainierst Du die Explosivkraft der Beinmuskulatur.

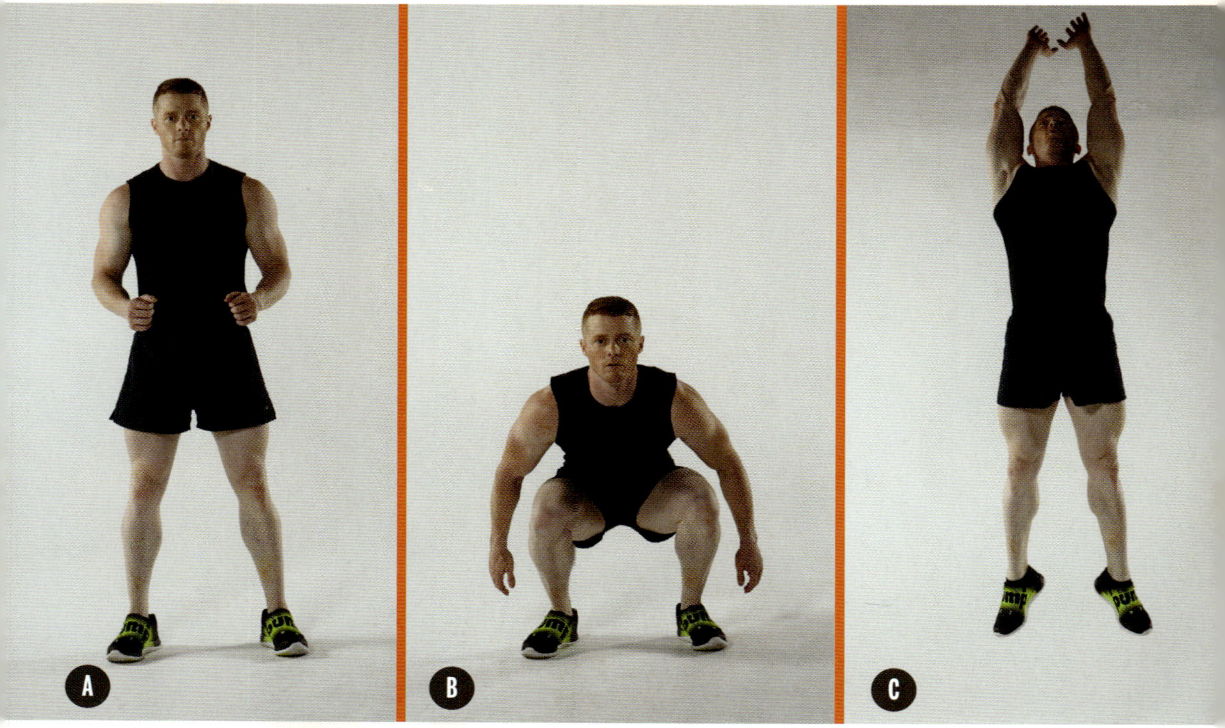

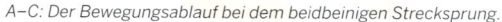

A–C: Der Bewegungsablauf bei dem beidbeinigen Strecksprung.

FÜR POWER-KERLE

Du kannst die Übung mit Zusatzgewicht wie Kurzhanteln oder Medizinball intensivieren. Fortgeschrittene können einbeinig üben. Bei der einbeinigen Ausführung wird auch die innere und äußere Oberschenkelmuskulatur intensiv gekräftigt, da diese Muskeln das Knie bei der Kniebeuge stabilisieren müssen. Wichtig ist bei einbeinigen Sprüngen, dass Du immer wieder die Standposition ausbalancierst.

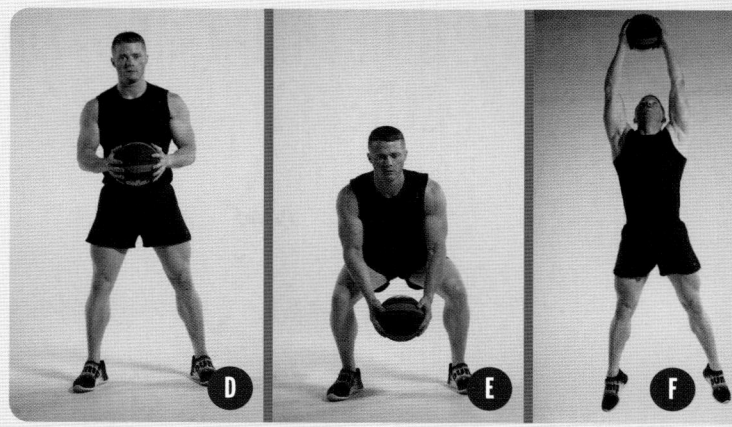

D–F: Der beidbeinige Strecksprung mit Medizinball.

SO GEHT´S AUCH

Alternativ kannst Du Sprünge so weit wie möglich nach vorne und/oder zur Seite machen.

Wenn Du einen Kasten verfügbar hast, z. B. Stepper oder stabile Box, dann kannst Du den frontalen Kastensprung üben.

G–H: Der einbeinige Strecksprung mit Medizinball. ▶

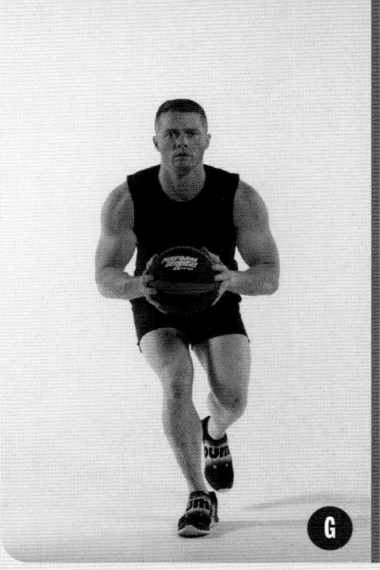
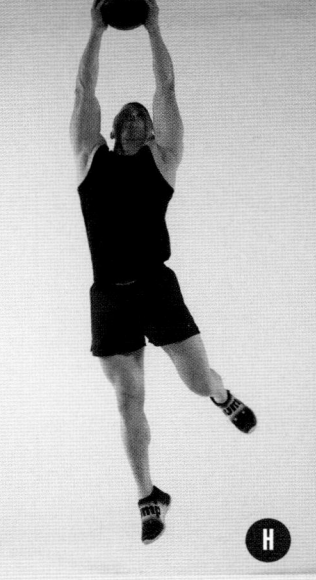

OUTDOOR-TRAINING

Im Outdoor-Training ist der Sprung auf eine Parkbank möglich. Dazu stellst Du Dich vor das Ziel, mit den Füßen zum Ziel gerichtet, die gebeugten Unterarme sind vor dem Körper. Beug tief die Beine und schwing gleichzeitig die Arme nach hinten. Spring explosiv hoch und schwing dabei die Arme mit. Lande sanft auf dem Gegenstand, wozu Du etwas nachfederst. Dann springst Du locker nach unten, um die Übung zu wiederholen.

P36 BECKENLIFT – HÜFTDOMINANT GEBEUGT

KRÄFTIGUNG

✱✱ Gesäßmuskulatur
✱ Rumpf-, Waden- und Oberschenkelmuskulatur

SO GEHT'S

>> Du befindest Dich in Rückenlage. Die Beine sind angezogen, und die Fußsohlen sind aufgestellt.

>> Belaste die Füße gleichmäßig und drück sie leicht auf den Boden. Spann die Bauch- und Gesäßmuskulatur an und heb das Gesäß etwas an.

>> Drück die Füße fest auf den Boden und heb das Becken so weit hoch, bis sich die Oberschenkel und der Rücken in einer Linie befinden. Mach die Bewegung aus der Gesäßmuskulatur, ohne den unteren Rücken zu überstrecken.

>> Senk und heb das Becken mehrfach, ohne es abzulegen. Die Hände können helfen, die Position auszubalancieren, jedoch sollen sie nicht beim Hochdrücken unterstützen.

>> Achte darauf, dass die Knie nicht zur Seite ausweichen, und darauf, dass der Rumpf durchgehend in Spannung ist.

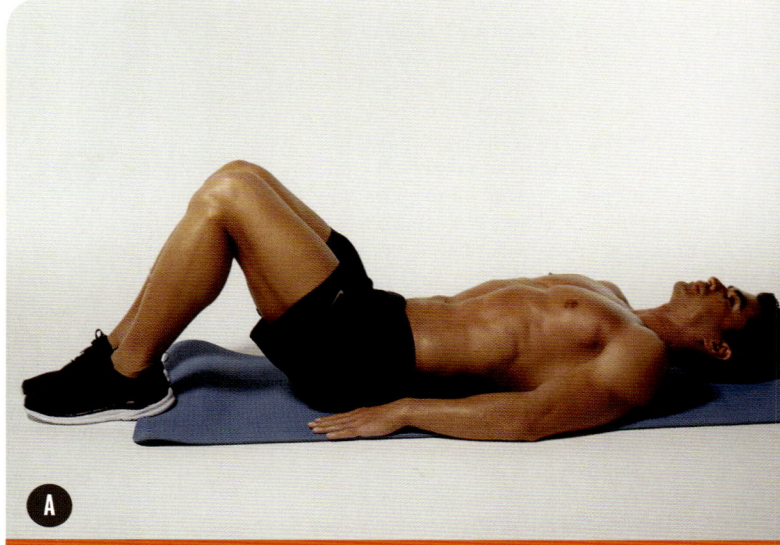

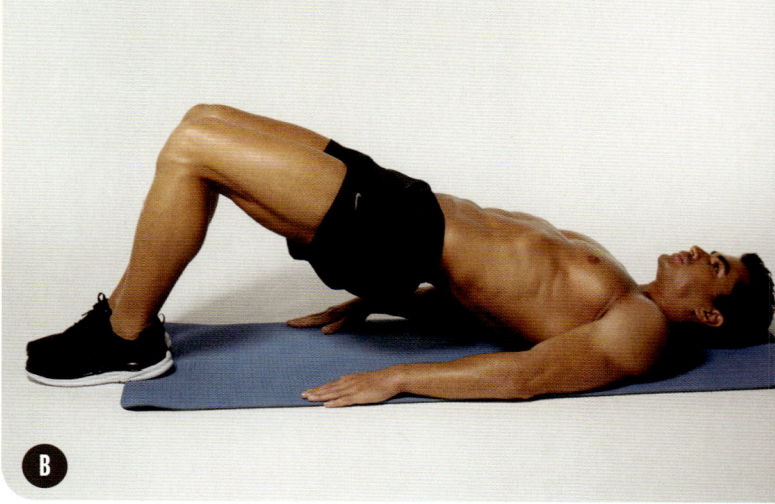

A–B: Die Anfangs- und die Endposition.

FÜR POWER-KERLE

Du intensivierst die Übung, indem Du auf dem Bauch eine Gewichtsscheibe, Kurzhantel oder Hantelstange als Zusatzgewicht hast. Auch kannst Du auf instabilem Untergrund üben.

Fortgeschrittene können den »Beckenlift« einbeinig ausführen. Mach die einbeinige Variante zuerst ohne Zusatzgewicht und achte darauf, dass Du keine Ausweichbewegung mit den Hüften machst. Um die Position zu stabilisieren, kannst Du einen kleinen Ball, z. B. Tennisball, unter das angezogene Knie klemmen. Weit Fortgeschrittene können einbeinig auf instabilem Untergrund üben.

INFO

Die besten Effekte für die Gesäßmuskulatur erzielst Du bei gebeugten Beinen und aufgestellten Fußsohlen. Ist jedoch Dein vorrangiges Ziel, die hintere Oberschenkelmuskulatur zu kräftigen, dann werden die Beine fast gestreckt gehalten und die Fersen aufgestellt.

C–D: Die beidbeinige Ausführung mit Zusatzgewicht.
E–F: Die einbeinige Ausführung mit Zusatzgewicht.

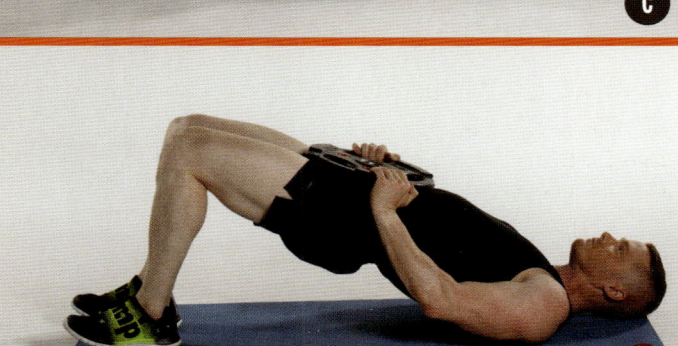

C

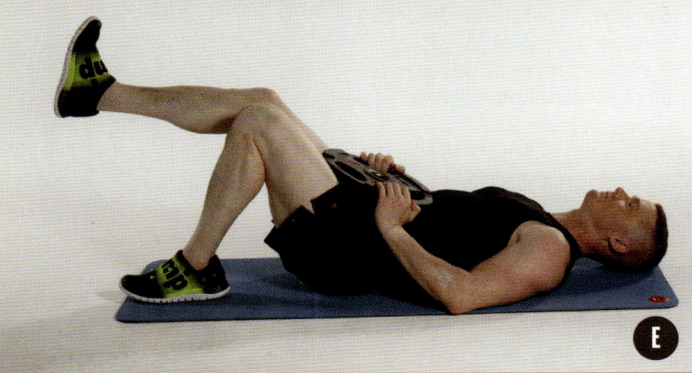

D

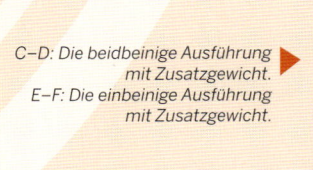

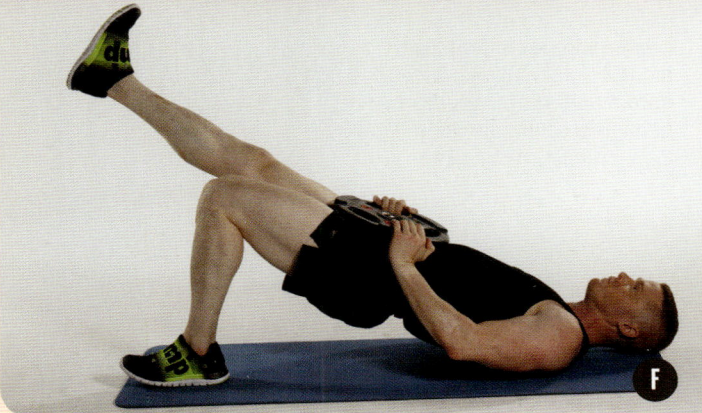

E

F

P37 T-STAND – HÜFTDOMINANT FAST GESTRECKT

KRÄFTIGUNG

** hintere Beinmuskulatur, Rumpf- und Gesäßmuskulatur

* obere Rücken- und hintere Schultermuskulatur

SO GEHT´S

>> Du stehst aufrecht und hast über dem Kopf mit gestreckten Armen eine leichte Kurzhantel.

>> Stell ein Bein vor, verlager das Gewicht darauf und belaste Fußballen, Fußkante und Ferse. Spann die Bauch- und die Gesäßmuskulatur an.

>> Heb das hintere Bein mit angezogenen Zehen an. Gleichzeitig senkst Du den Oberkörper, bis sich der Körper mit gestreckten Armen parallel zum Boden befindet.

>> Halt diese Position für 30–60 Sekunden. Spann immer wieder die Bauch- und die Gesäßmuskulatur bewusst nach, um Ausweichbewegungen wie ein Verdrehen der Hüften zu vermeiden.

>> Dann bewegst Du Dich in den Parallelstand zurück und wechselst das Übungsbein.

>> Achte darauf, dass Du das Bein gestreckt anhebst und die Zehen nach unten zeigen.

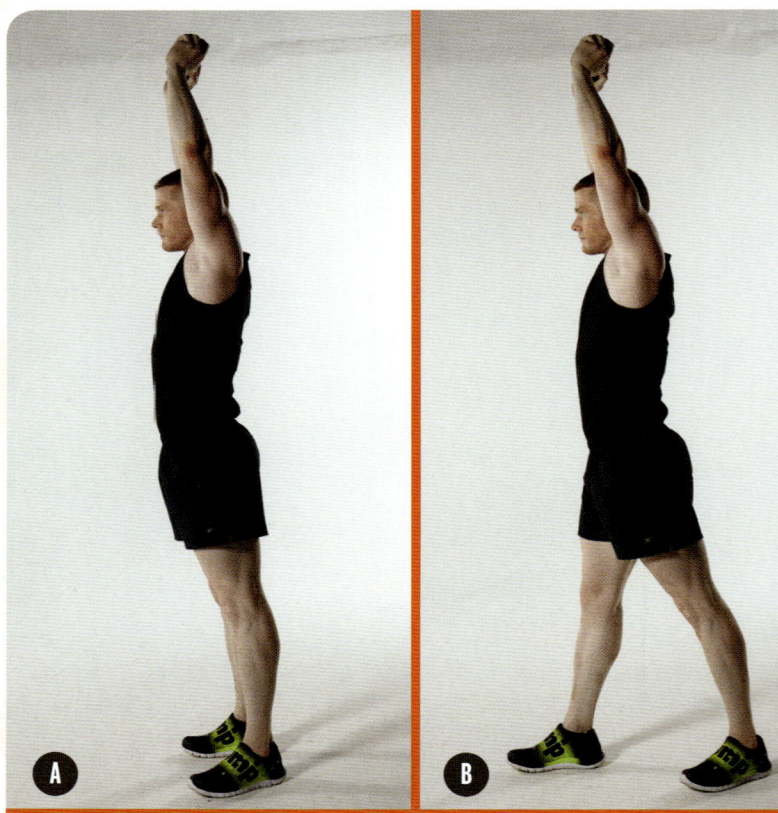

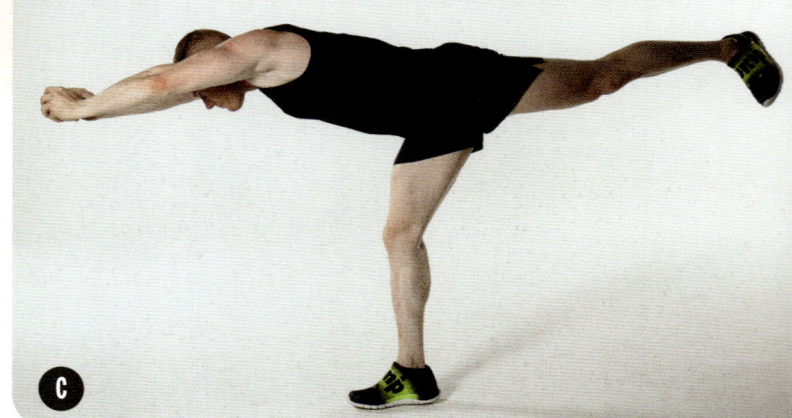

A–C: Der Bewegungsablauf.

INFO

Dies ist eine wichtige Übung, um das Zusammenspiel der Beinmuskulatur zu verbessern.

SO GEHT´S LEICHTER!

Du vereinfachst die Übung, indem Du ohne Zusatzgewicht trainierst.

FÜR POWER-KERLE

Weit Fortgeschrittene können das Gewicht in den Händen erhöhen und noch zusätzlich Fußgewichte anbringen.

SO GEHT´S AUCH

Einsteiger können »Rückwärtiges Beinheben« üben, um Gleichgewicht und Kraft für den T-Stand zu entwickeln. Aus dem aufrechten Stand stellst Du einen Fuß etwas vor und lehnst den geraden Oberkörper vor. Stabilisier die Position, indem Du die Hände auf den vorderen Oberschenkel oder auf einen Stuhl stützt. Streck das hintere Bein durch, zieh die Zehen an und heb es gerade hoch. Halt die hohe Position für 30–60 Sekunden, bevor Du das Bein wieder abstellst, um danach die andere Seite zu trainieren. Dies kannst Du mit Fußgewichten intensivieren.

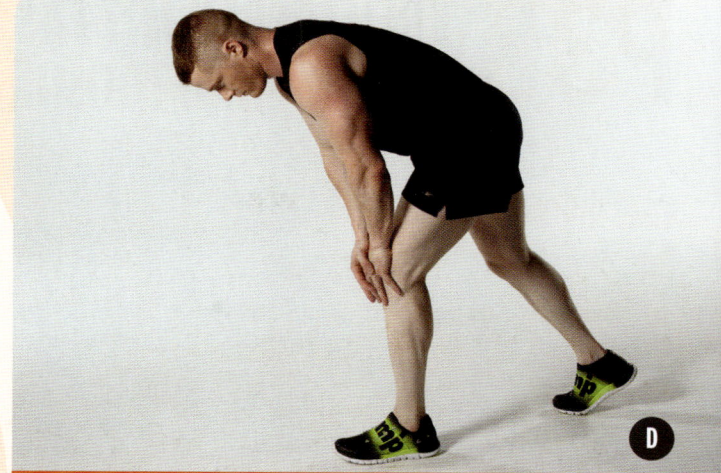

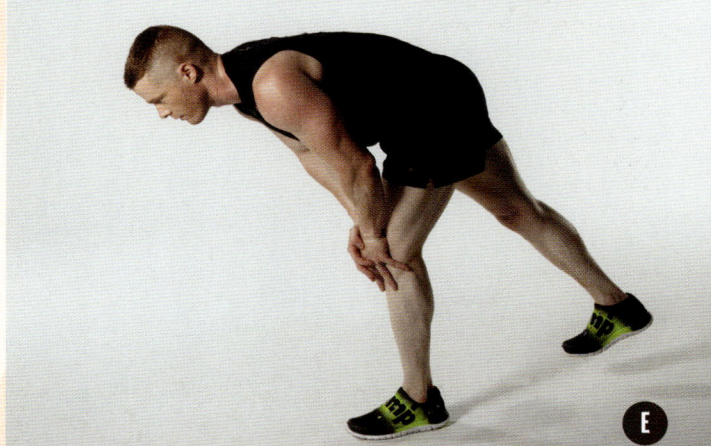

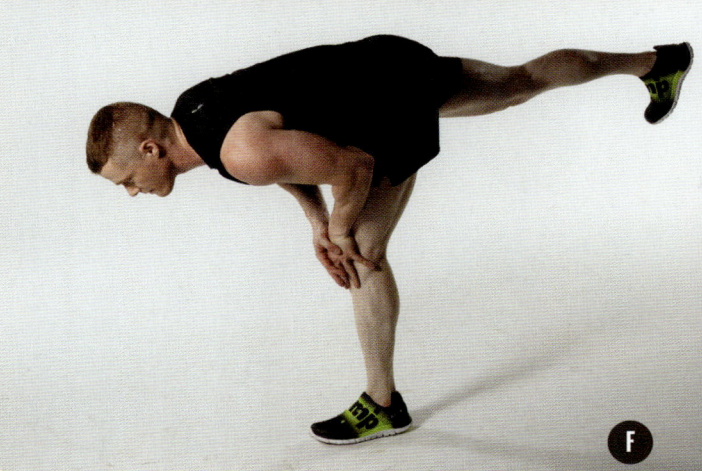

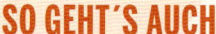 *D–F: Die Vereinfachung »Rückwärtiges Beinheben«.*

P38 KREUZHEBEN MIT FAST GESTRECKTEN BEINEN – HÜFTDOMINANT FAST GESTRECKT

KRÄFTIGUNG

** hintere Beinmuskulatur, Rumpf- und Gesäßmuskulatur

* obere Rücken- und hintere Schultermuskulatur

SO GEHT'S

>> Du stehst aufrecht im hüft- bis schulter-
breiten Stand mit leicht gebeugten Beinen. Der
Rücken ist gerade, die Arme zeigen nach unten,
und in den Händen hast Du eine Langhantel
oder Kurzhanteln.

>> Drück die Füße fest in den Boden und spann
die Bauch- und Gesäßmuskulatur an.

>> Verlager langsam den gerade gehaltenen
Oberkörper nach vorne, wozu Du das Gesäß
nach hinten schiebst. Die Arme bewegen sich
dabei gerade nach unten, eng an den Schienbei-
nen entlang.

>> Dann hebst Du den Oberkörper in die Aus-
gangsposition zurück und wiederholst schließlich die Übung.

>> Achte auf angespannte Rumpfmuskulatur
und darauf, dass der untere Rücken gerade
bleibt und nicht abgerundet wird. Führ die
Übung mit leicht gebeugten und nicht mit vollständig gestreckten Beinen aus.

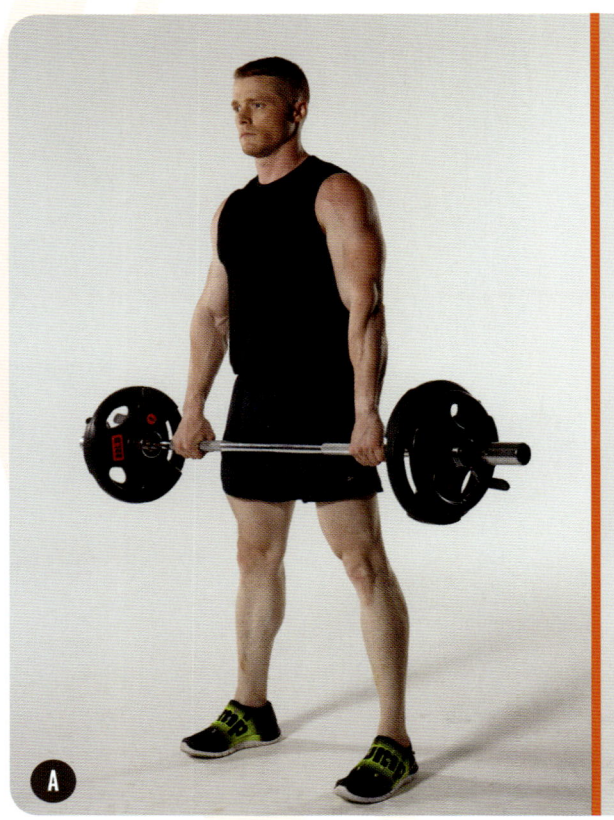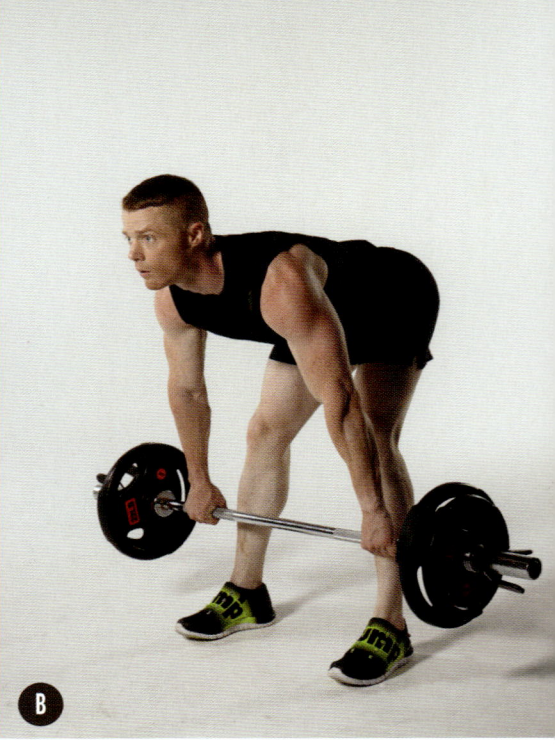

A–B: Die Ausgangs- und die Endposition.

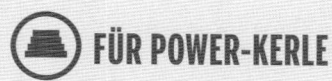

FÜR POWER-KERLE

Weit Fortgeschrittene können die Übung intensivieren, indem sie ein Bein leicht nach hinten angehoben in der Luft halten. Belaste dazu Fußballen, Fußkante und Ferse und spann die Bauch- und Gesäßmuskulatur an, um die Position zu stabilisieren. Beim kontrollierten Vorbeugen des geraden Rückens ist es wichtig, Ausweichbewegungen mit den Hüften zu vermeiden. Mach die einbeinige Übung zuerst mit sehr wenig Gewicht oder nur mit der Langhantelstange. Du musst lernen, den Bewegungsablauf zu stabilisieren und den Rücken gerade zu halten. Gewichte wie auf den Fotos zu verwenden, ist nicht sinnvoll, wenn Du dabei Ausweichbewegungen machst. Mit regelmäßigem Training kannst Du dann die Gewichte wie der Darsteller steigern.

Alternativ kannst Du auf einem instabilen Untergrund im beidbeinigen Stand üben oder die Übung einarmig ausführen.

INFO

Bei dieser Variante des Kreuzhebens trainierst Du mit fast gestreckten Beinen, um die hintere Oberschenkelmuskulatur intensiv zu kräftigen.
Auch die beidbeinige Variante ist bereits anspruchsvoll, und deshalb solltest Du zumindest einige Trainingserfahrung haben, um sicherzustellen, dass Du die Rumpfspannung hältst und Dein Rücken gerade bleibt.

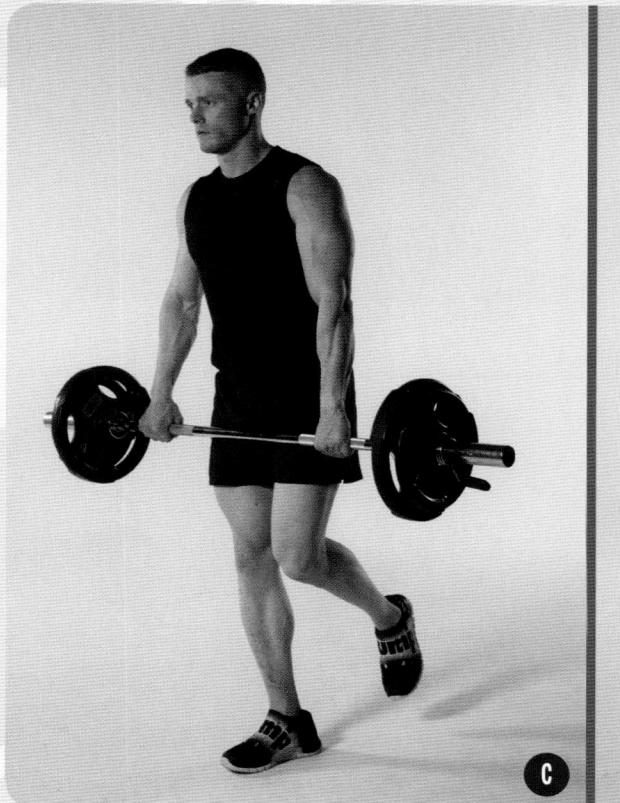

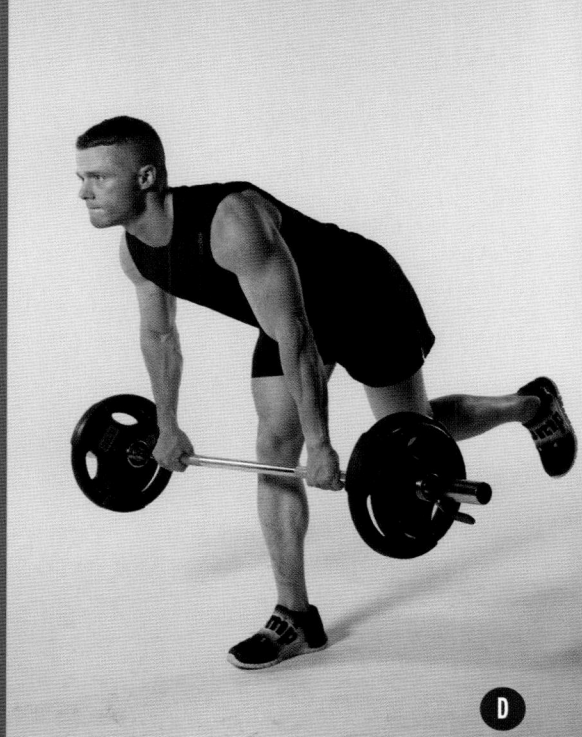

C–D: Kreuzheben mit fast gestrecktem Bein. Der Rücken darf beim Beugen nicht abgerundet werden, und die Hüften müssen gerade bleiben.

P39 BEINANZIEHEN IM BECKENLIFT – HÜFTDOMINANT FAST GESTRECKT

KRÄFTIGUNG

** hintere Oberschenkel- und Gesäßmuskulatur

* Rumpf- und vordere Oberschenkelmuskulatur

SO GEHT'S

>> Du liegst mit dem Rücken auf dem Boden. Die Arme sind abgelegt, die Beine sind fast gestreckt, und die Fersen befinden sich in den Schlaufen eines Schlingentrainers, wobei die Zehen angezogen sind.

>> Drück die Fersen etwas nach unten und spann die Bauch- und die Gesäßmuskulatur an.

>> Heb das Becken so weit hoch, bis Oberschenkel und Rücken in einer Linie sind.

>> Zieh die Fersen in Richtung Gesäß, wobei sich das Becken weiter anhebt. Halt diese Position kurz.

>> Beweg die Fersen zurück, wobei sich das Becken senkt, aber nicht abgelegt wird. Wiederhol dann die Übung.

>> Achte auf gleichmäßige Bewegungen und angespannte Gesäßmuskulatur.

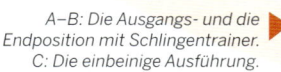

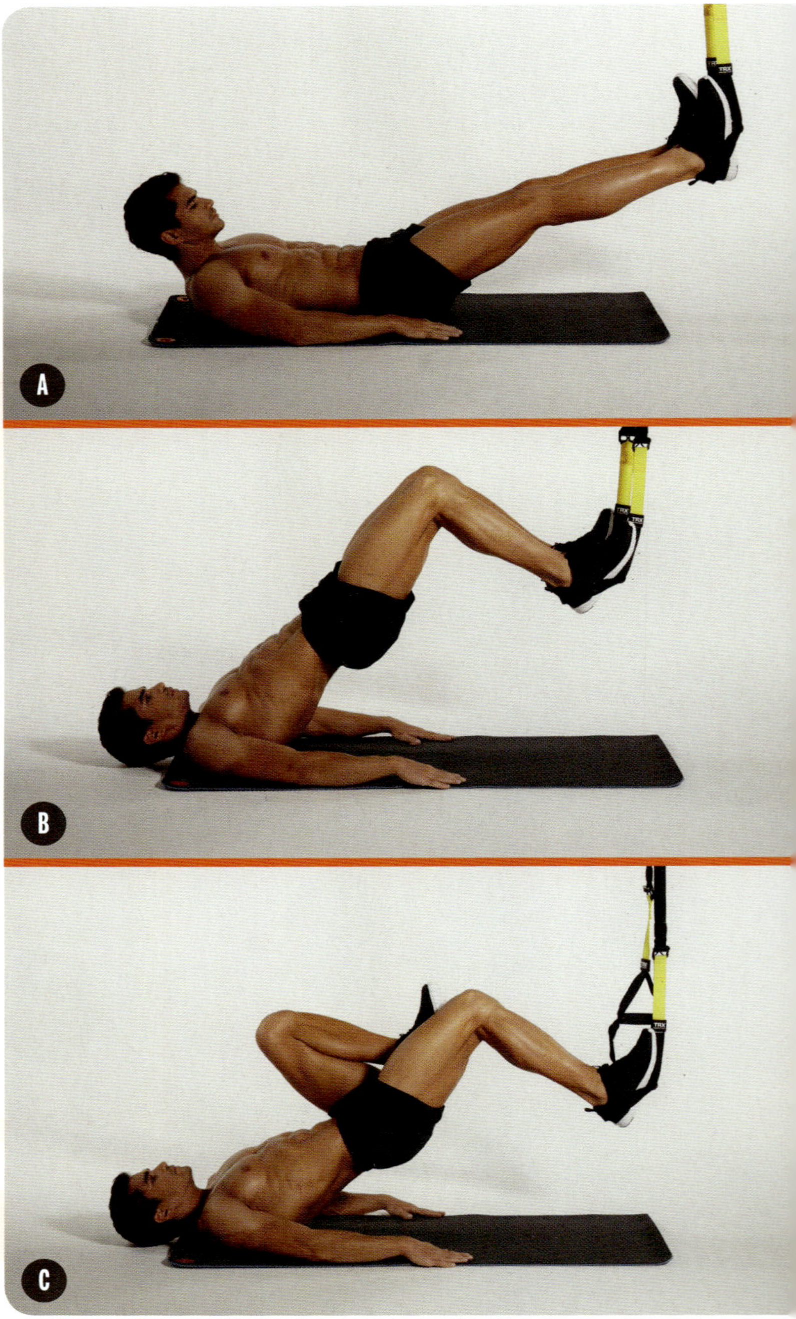

A–B: Die Ausgangs- und die Endposition mit Schlingentrainer.
C: Die einbeinige Ausführung.

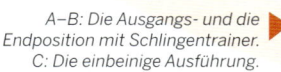

A

B

C

FÜR POWER-KERLE

Fortgeschrittene können die Übung einbeinig ausführen. Achte darauf, dass die Hüften gerade bleiben.

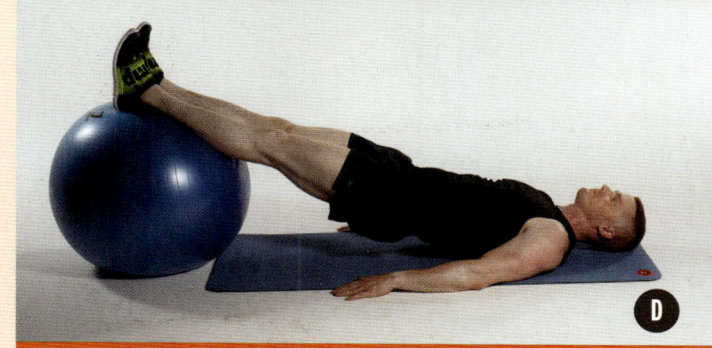

SO GEHT'S AUCH

Alternativ kannst Du mit einem Gymnastikball üben. Entweder Du bleibst in der Position mit fast gestreckten Beinen und den Fersen auf dem Ball, oder Du übst, den Ball anzurollen und wieder vorzurollen. Beide Alternativen werden einbeinig sehr intensiv.

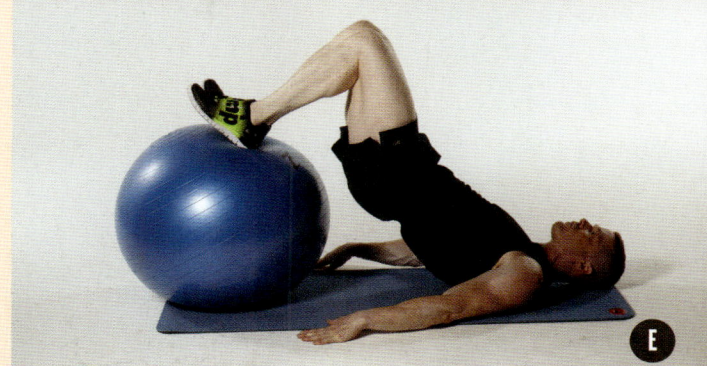

Außerdem kannst Du das Beinanziehen mit Slides, z. B. Valslides®, ausführen oder auf einem glatten Boden mit zusammengefaltetem Handtuch üben, wozu Du die Ferse(n) auf das gefaltete Tuch stellst.

Eine weitere Alternative ist es, in Bauchlage den Unterschenkel anzuziehen, wobei Du gleichzeitig mit dem anderen Bein Widerstand gibst. Dazu hebst Du einen Unterschenkel etwas an und legst dann den andere Fuß gegen die Achillessehne oder Ferse. Spann die Füße gegeneinander. Nun bewegst Du den Unterschenkel gegen starken Widerstand des anderen Fußes so weit wie möglich zum Gesäß. Halt kurz die Position mit angespannter Muskulatur, bevor Du die Unterschenkel wieder langsam in die Ausgangsposition zurückbewegst, wobei Du die Spannung durchgehend aufrechterhalten solltest.

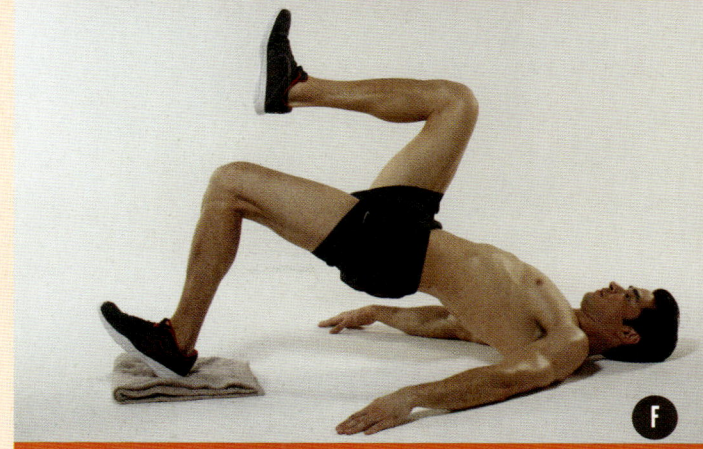

D–E: Die beidbeinige Ausführung mit Gymnastikball.
F–G: Die einbeinige Ausführung mit Handtuch.

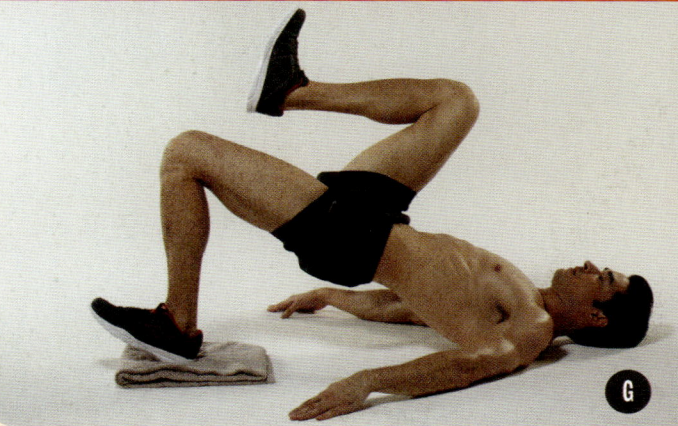

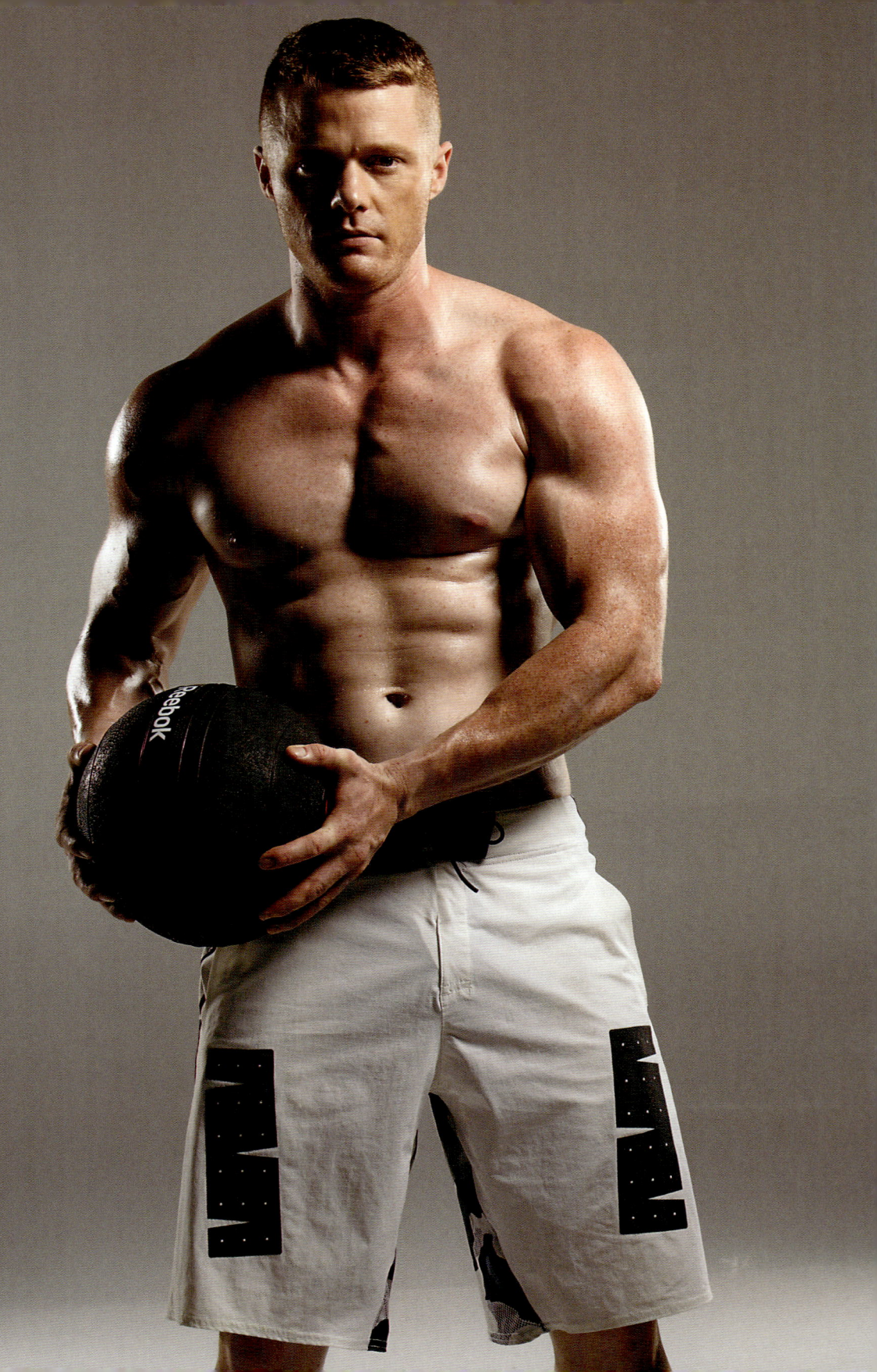

5 POWER DURCH GANZKÖRPERÜBUNGEN

Du findest hier eine Auswahl an Ganzkörperübungen, mit denen Du das Muskelzusammenspiel des ganzen Körpers förderst. Wähl solche Übungen aus, deren Schwierigkeitsgrad Deinem Leistungsniveau entspricht und für die Du die geeigneten Trainingsvoraussetzungen hast.

Zur Ausführung der komplexen Ganzkörperübungen musst Du **zuerst den Bewegungsablauf erlernen** – ohne oder mit leichtem Zusatzgewicht. Wenn Du eine Übungsbewegung noch nicht vollständig beherrschst oder beim Training Schmerzen auftreten sollten, da der Körper die Bewegung noch nicht stabilisieren kann, dann verzichte vorerst auf die Übung und versuch diese nach einigen Trainingswochen erneut. Achte immer darauf, dass der Rumpf in stabiler Position ist sowie dass die Bauch- und die Gesäßmuskulatur durchgehend angespannt sind.

Die Ganzkörperübungen sind anspruchsvoll, insbesondere solche mit explosiver Ausführung. Mach sie am besten am Anfang des Krafttrainings, nachdem Du den Körper im Aufwärmprogramm auf die Trainingsanforderungen vorbereitet hast. Dann ist der Körper optimal aufnahme- und leistungsfähig. Alternativ kannst Du ein oder zwei komplexe Übungen am Anfang eines Zirkeldurchgangs machen, bevor Du die anderen Übungen durchführst. Nach dem Zirkeldurchgang pausiert Du einige Minuten und beginnst schließlich den nächsten Durchgang wieder mit den komplexen Übungen.

Als Fortgeschrittener wirst Du im Verlauf Deines Trainings noch viele anspruchsvolle Ganzkörperübungen kennen lernen. Beachte bei dem Einsatz zusätzlicher komplexer Übungen, beispielsweise aus dem olympischen Gewichtheben, dass Du das Krafttraining nicht zu kompliziert gestaltest und dass die Sicherheit und Vermeidung von Verletzungen immer gewährleistet ist; denn das ist die oberste Trainingspriorität.

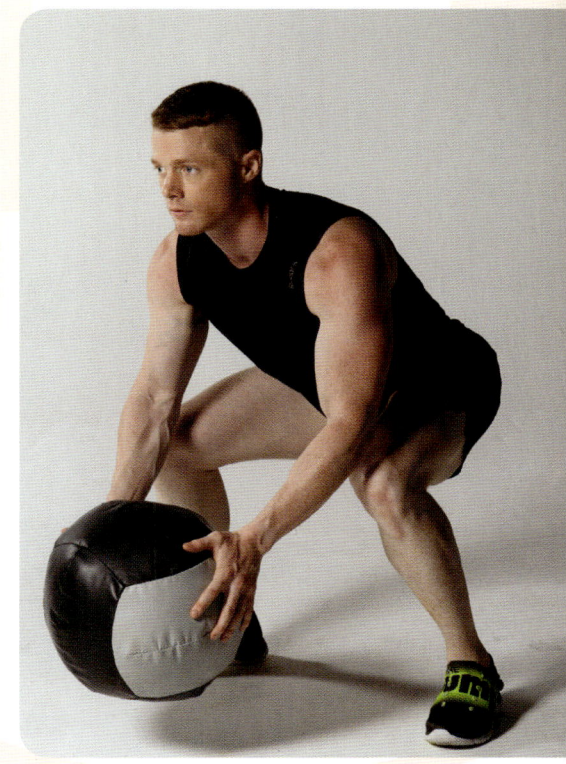

P40 BURPEES – GANZKÖRPER

KRÄFTIGUNG

** Oberschenkel-, Brust-, Schulter-, hintere Ober-
arm-, Rumpf-, Gesäß- und Wadenmuskulatur

SO GEHT´S

>> Du stehst im aufrechten Stand mit leicht
gebeugten Beinen. Vor der Brust hast Du einen
Medizinball, und die Bauch- und die Gesäßmuskulatur sind in Spannung.

>> Beweg Dich zuerst in die Kniebeuge, wobei
Du den Ball nach vorne auf den Boden bringst.

>> Spring mit den Füßen nach hinten und mach
einen Liegestütz.

>> Aus der Liegestütz-Position mit gestreckten
Armen springst Du mit den Füßen wieder vor.

>> Spring aus der Hocke explosiv so hoch wie
möglich gerade in die Luft. Dabei reißt Du den
Ball über den Kopf.

>> Komm kontrolliert auf dem Boden auf und
wiederhol die Übung.

>> Achte auf gleichmäßige Bewegung und dar-
auf, dass die Knie nicht seitlich ausweichen.

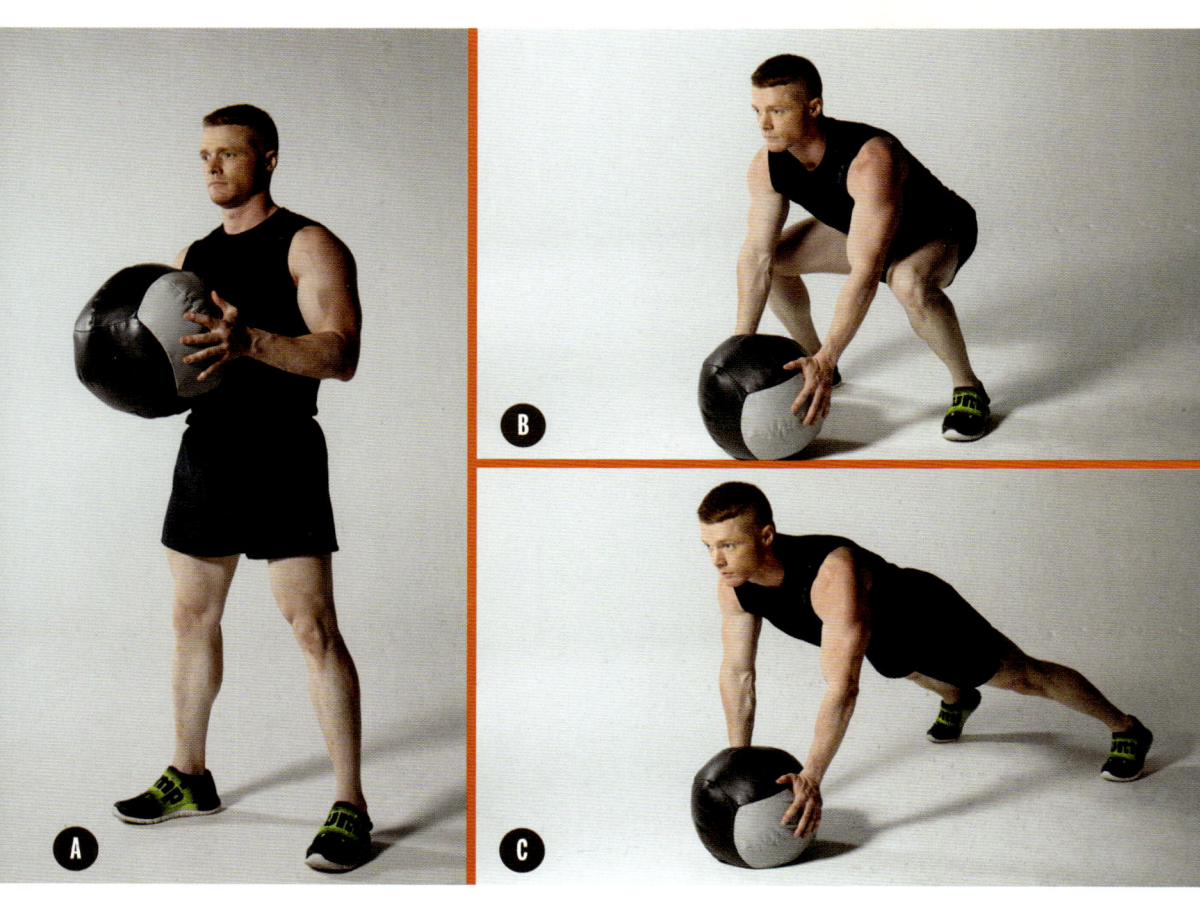

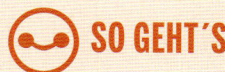

SO GEHT'S LEICHTER!

Du vereinfachst die Übung, indem Du ohne Medizinball übst. Einsteiger können auch vorerst auf den explosiven Sprung nach oben verzichten.

FÜR POWER-KERLE

Fortgeschrittene können durchgehend einen Fuß in der Luft halten. Üb dies zuerst ohne Ball, bevor Du mit dem Zusatzgewicht die Intensität erhöhst.

INFO

Die Übung lässt sich gut im Tabata-Training einsetzen (siehe Seiten 64–67).

A–F: Der Bewegungsablauf.

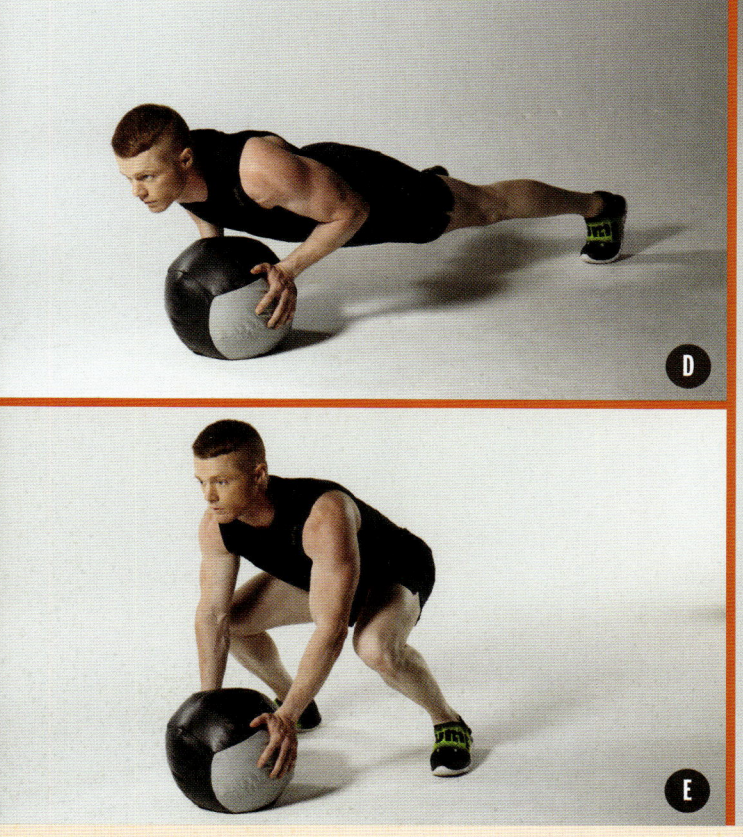

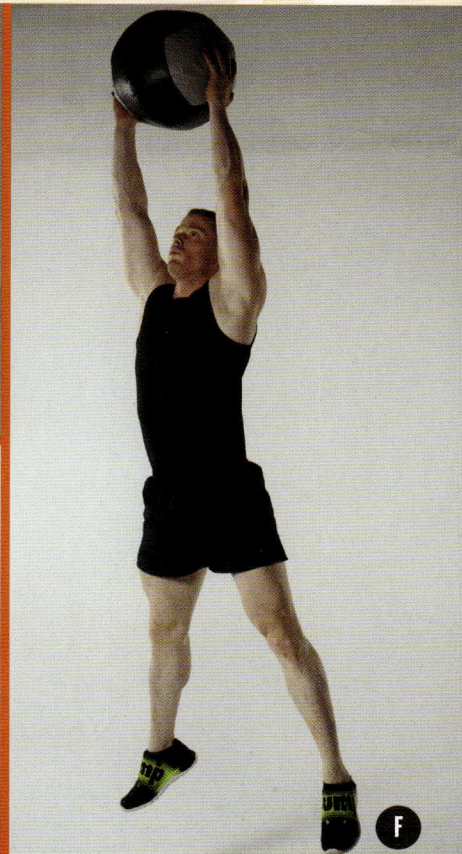

P41 KNIEBEUGE UND SCHULTERPRESSE (THRUSTER) – GANZKÖRPER

KRÄFTIGUNG

✱✱ Oberschenkelmuskulatur, insbesondere vorderer Anteil, Gesäß- und Wadenmuskulatur

✱ Brust-, Schulter- und Rumpfmuskulatur

A–C: Die beidbeinige Bewegungsfolge.

▼

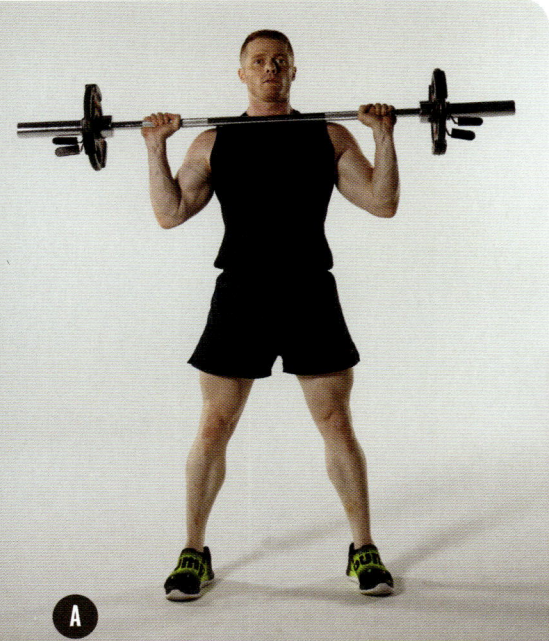

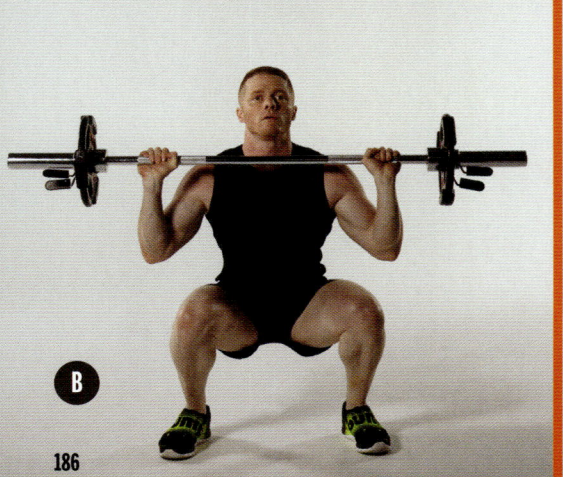

SO GEHT´S

>> In der Ausgangsposition hast Du eine Langhantel in Fronthaltung, die Beine sind schulterbreit auseinandergestellt. Spann die Bauch- und die Gesäßmuskulatur an.

>> Beweg Dich in die Kniebeuge, wozu Du das Gesäß nach hinten schiebst.

>> Drück Dich aus der Kniebeuge hoch und nutz den Schwung, um gleichzeitig die Hantel gerade hoch in die Luft zu drücken. Dabei kannst Du auf die Zehen gehen. Halt kurz die Position.

>> Danach senkst Du das Gewicht zurück zur Brust und bewegst Dich wieder in die Kniebeuge, um die Übung zu wiederholen.

>> Achte auf einen geraden Rücken und vermeide Ausweichbewegungen mit den Knien.

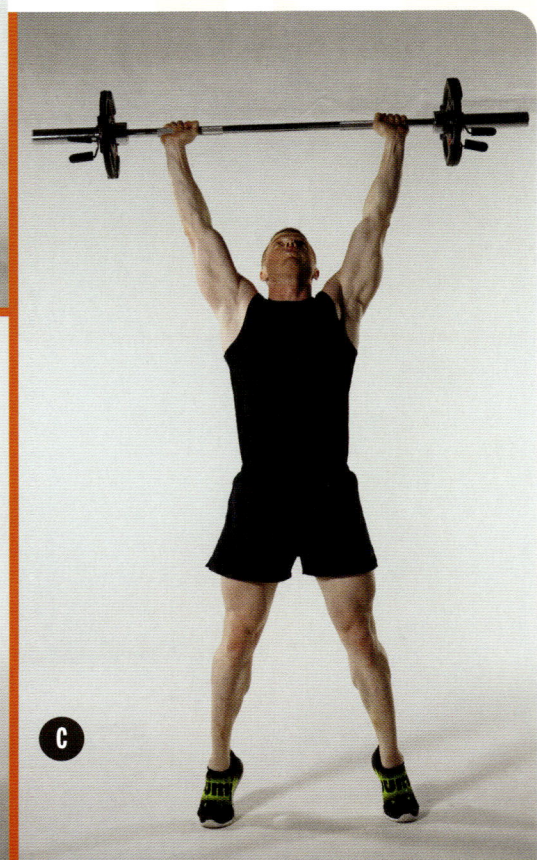

Einsteiger können die Übung mit einem Medizinball ausführen oder leichte Kurzhanteln verwenden sowie den Bewegungsradius bei der Kniebeuge verringern.

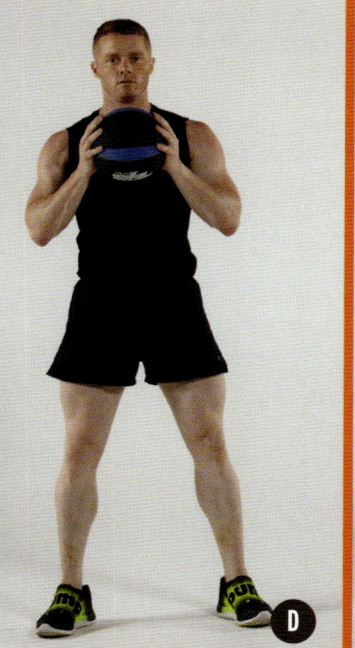
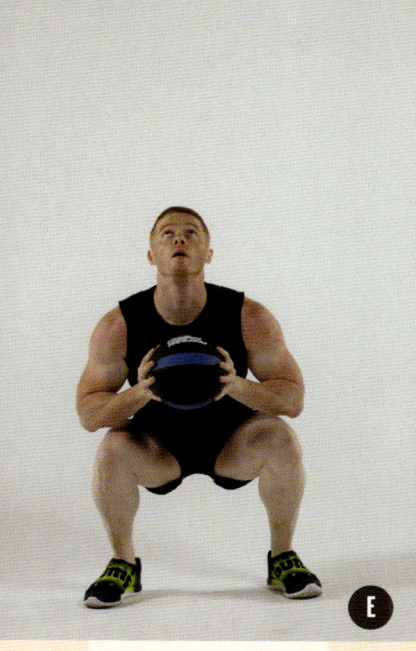
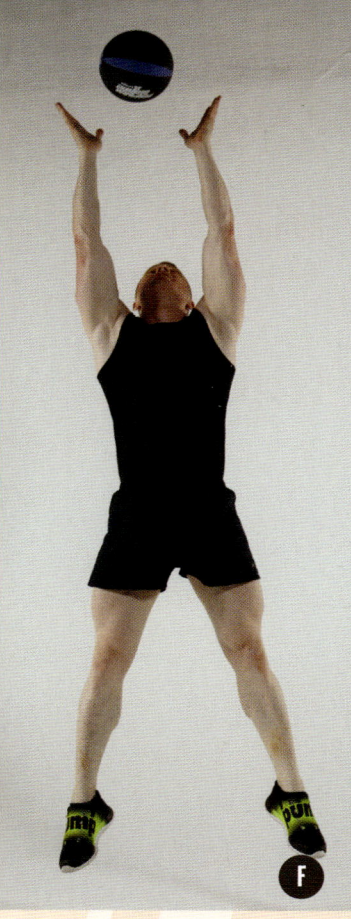

D–F: Die Variante mit Hochstoßen des Medizinballs.

FÜR POWER-KERLE

Fortgeschrittene können einarmig mit einer Kurzhantel üben, was den Rumpf stärker fordert. Weit Fortgeschrittene können auf instabilem Untergrund wie Therapiekreisel oder Leverage Discs® üben. Auch die einbeinige Ausführung ist möglich.

SO GEHT'S AUCH

Du kannst auf das Anheben der Fersen verzichten, wodurch jedoch die Waden weniger intensiv trainiert werden.

Wenn Du einen Medizinball zur Verfügung hast, kannst Du den Ball aus der Kniebeuge heraus nach oben stoßen.

P42. KETTLEBELL-SWING – GANZKÖRPER

KRÄFTIGUNG

✱✱ Rumpf-, Unterarm-, Gesäß- und hintere Oberschenkelmuskulatur

SO GEHT'S

>> Du stehst etwas weiter als schulterbreit, die Kettlebell hängt vor dem Körper mit dem Griff in beiden Händen. Die Arme können leicht gebeugt sein. Spann die Bauch- und die Gesäßmuskulatur an.

>> Schwing die Kettlebell zwischen den Beinen nach hinten, wobei Du die Knie beugst und die Hüften nach hinten bewegst.

>> Drück die Hüften vor und schwing direkt folgend die Kettlebell nach oben bis etwa in Kinnhöhe. Gleichzeitig richtet sich der Körper auf. Halt den Rücken und die Handgelenke gerade und den Rumpf sowie das Gesäß in Spannung.

>> Nimm wieder die Kniebeuge ein, indem Du die Hüften nach hinten schiebst, und schwing dabei die Kettlebell nach unten.

>> Fahr so fort, bis Du die geplante Zeitdauer oder Wiederholungszahl erreicht hast.

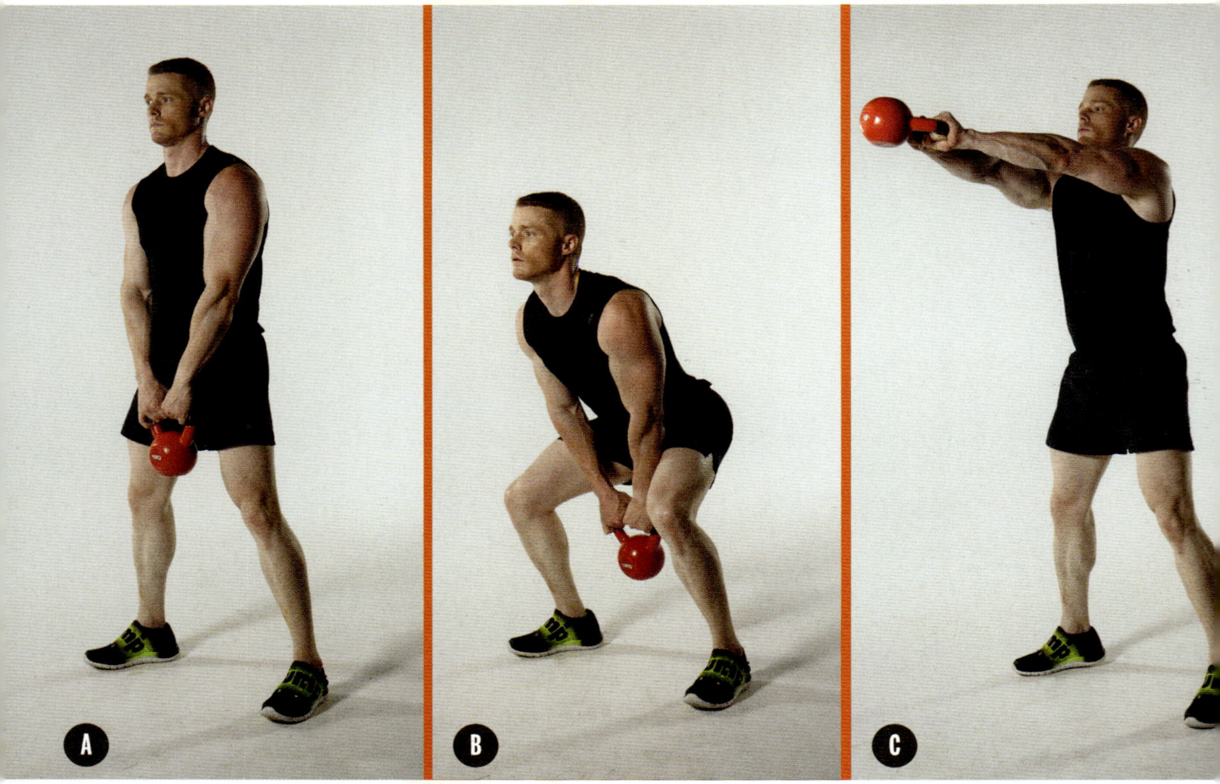

A–C: Der Bewegungsablauf.

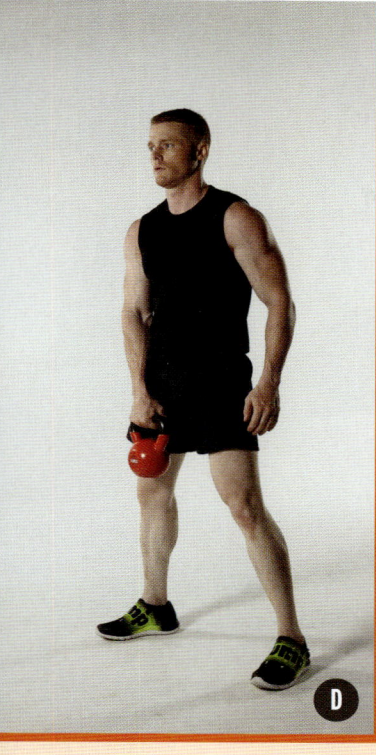

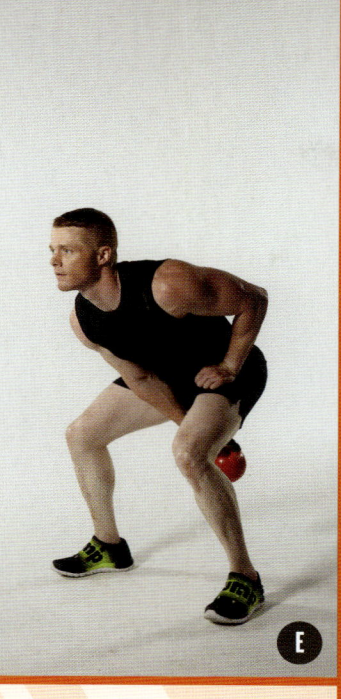

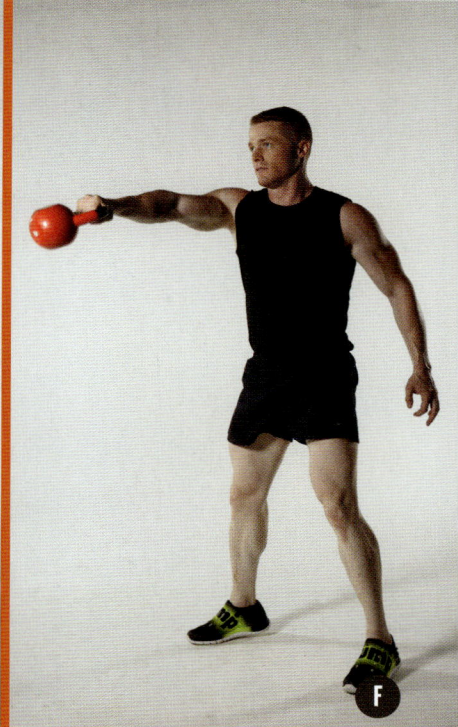

D

E

F

D–G: Das einarmige Schwingen mit Umgreifen.

FÜR POWER-KERLE

Du erhöhst die Schwierigkeit, indem Du zur einarmigen Ausführung übergehst. Dazu hängt in der Ausgangsposition die Kettlebell mit einer Hand gehalten vor dem Körper. Das einarmige Schwingen kannst Du noch intensivieren, indem Du mit Umgreifen übst, was in nach vorne gestreckter Position erfolgt.

SO GEHT´S AUCH

Wenn Du keine Kettlebell zur Verfügung hast, dann kannst Du die Übung mit einer Kurzhantel durchführen. Das Üben mit Umgreifen ist dann jedoch nicht empfehlenswert, da wenig Platz an der Stange vorhanden ist.

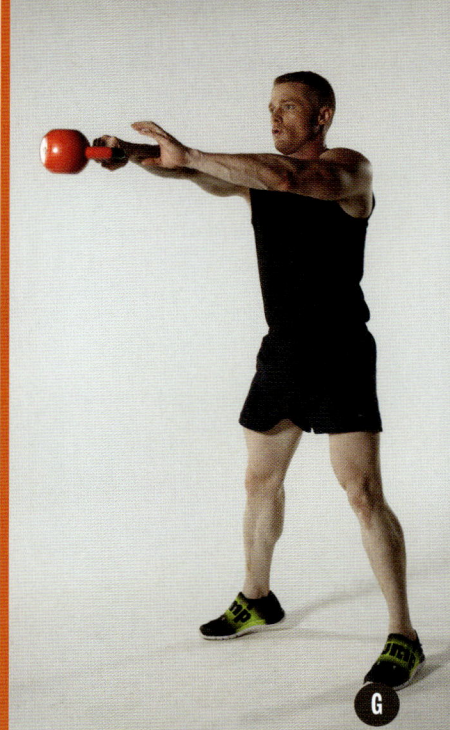

G

P43 BEINANZIEHEN UND LIEGESTÜTZ – GANZKÖRPER

KRÄFTIGUNG

** Brust-, hintere Oberarm-,
vordere Schulter- und Rumpfmuskulatur

* vordere Oberschenkelmuskulatur

SO GEHT'S

>> Du befindest Dich in der
Liegestütz-Position, wobei die
Füße in den Griffen des Schlingentrainers positioniert sind.
Stütz Dich mit den Händen so
ab, dass sich Deine Ellbogen
unter den Schultergelenken
befinden.

>> Spann die Bauch- und die
Gesäßmuskulatur an.

>> Zieh die gestreckten Beine
zur Brust, gleichzeitig hebst Du
das Gesäß an.

>> Streck die Beine zurück und
mach direkt folgend einen Liegestütz. Anschließend wiederholst Du die Übung.

>> Mach das Beinanziehen und
den Liegestütz als gleichmäßige
Bewegung und halt den Rücken
durchgehend gerade oder leicht
nach oben gewölbt.

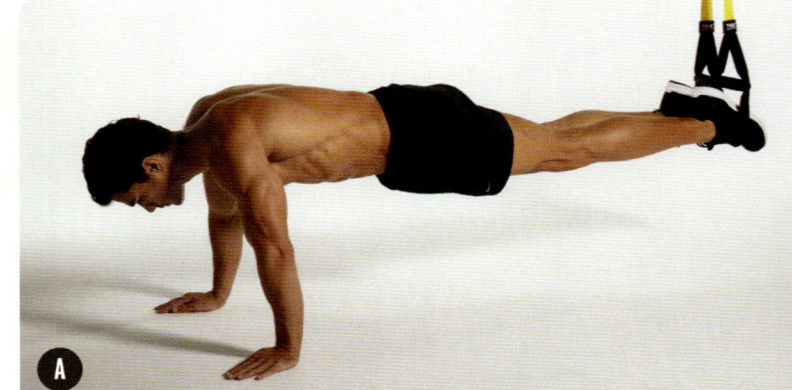

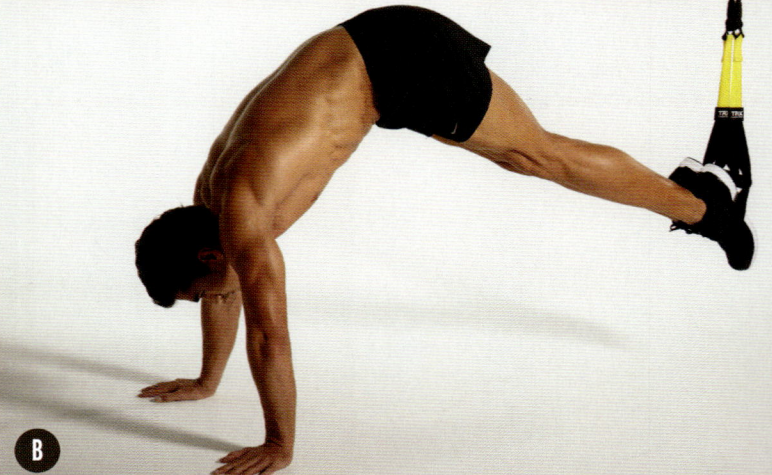

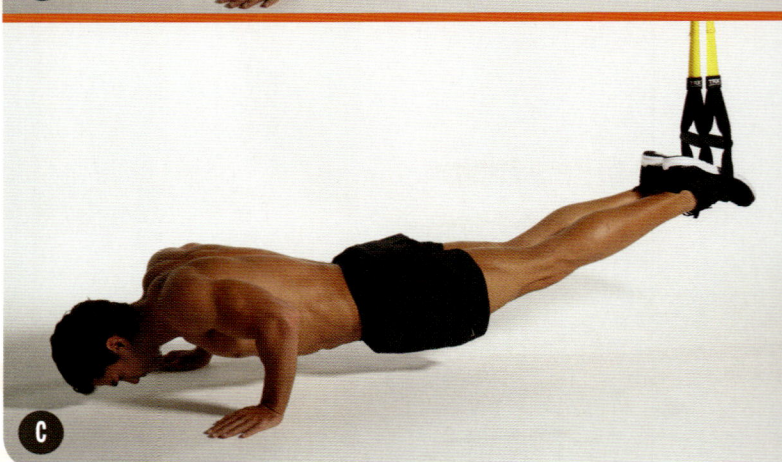

A–C: Der Bewegungsablauf. ▶

SO GEHT´S LEICHTER!

Einsteiger ziehen die Knie an.

FÜR POWER-KERLE

Fortgeschrittene können durchgehend ein Bein angehoben in der Luft halten.

SO GEHT´S AUCH

Die Übung lässt sich auch gut auf einem Gymnastikball ausführen.

Du kannst die Übung auch auf einem glatten Boden mit Slides machen oder, wenn nicht verfügbar, mit den Füßen auf einem zusammengefalteten Handtuch.

D–F: Die Übung auf dem Gymnastikball. ▶

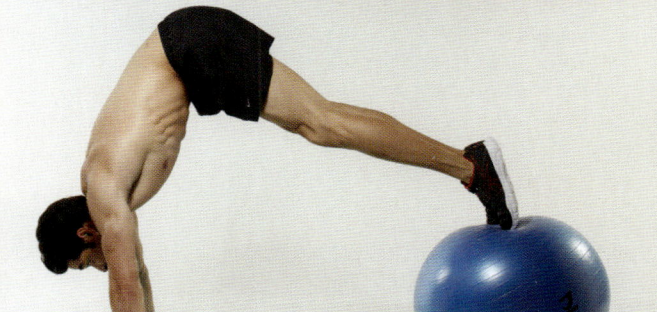

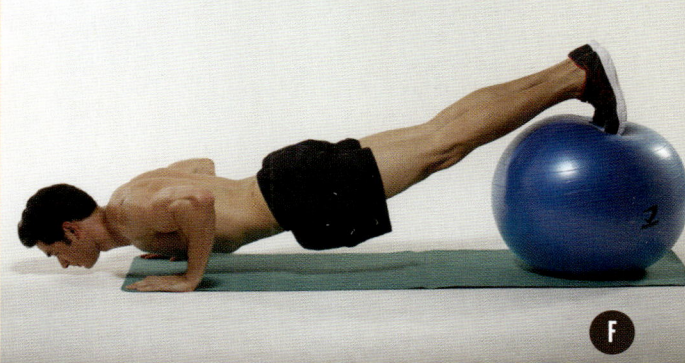

▼
G–H: Das Beinanziehen mit Slides auf glattem Boden. Nach dem Beinstrecken erfolgt der Liegestütz.

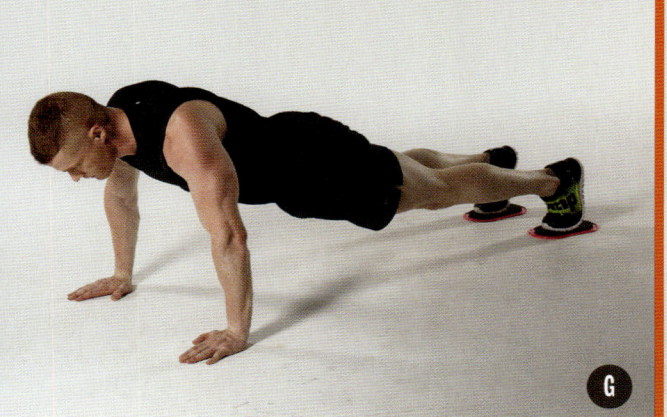

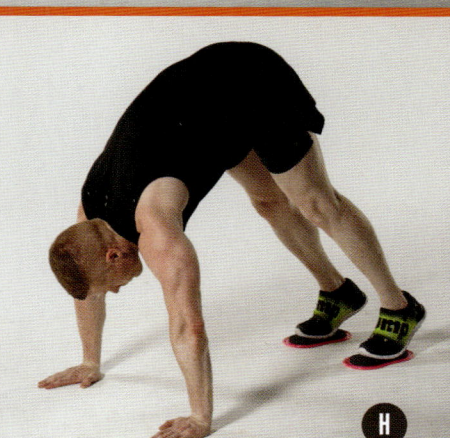

P44 LIEGESTÜTZ UND ROTATION – GANZKÖRPER

KRÄFTIGUNG

** Brust, hintere Oberarm-, Schulter- und Rumpfmuskulatur

* obere Rücken-, vordere und äußere Oberschenkelmuskulatur

SO GEHT'S

>> Begib Dich in Liegestütz-Position, mit den Händen auf Kurzhanteln; empfehlenswert, aber nicht zwingend sind die achteckigen Hanteln. Die Hände sind unter den Schultern, und die Handflächen zeigen nach innen.

>> Spann die Bauch- und die Gesäßmuskulatur an, um den Rumpf zu stabilisieren.

>> Senk den Körper kontrolliert ab, die Ellbogen nahe den Rippen entlang.

>> Streck die Arme und heb dann die linke Hantel in einem Halbkreis gerade nach oben.

>> Dreh Dich zurück und stell die Hantel wieder ab.

>> Mach einen Liegestütz. Nun heb die rechte Hantel an und beweg diese in einem Halbkreis nach oben.

>> Stell die Kurzhantel wieder ab. Führ die nächsten Wiederholung mit jeweils einer Drehung nach rechts und links aus.

A–C: Der Bewegungsablauf: Liegestütz, dann Anheben der linken Hantel. Anschließend wird die Hantel wieder abgestellt und ein Liegestütz ausgeführt, bevor die rechte Hantel angehoben wird.

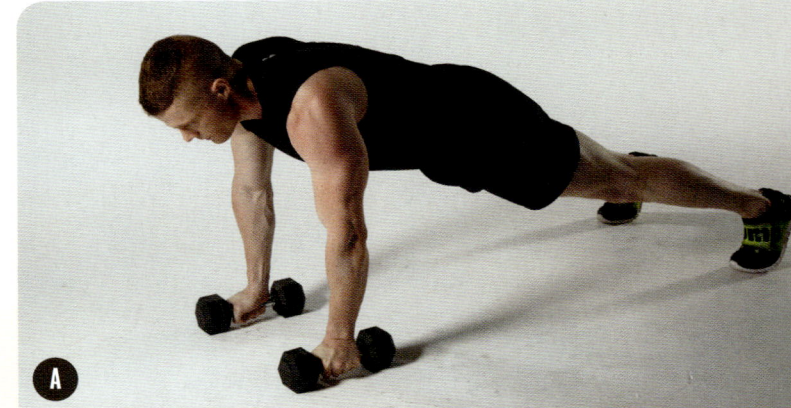

A

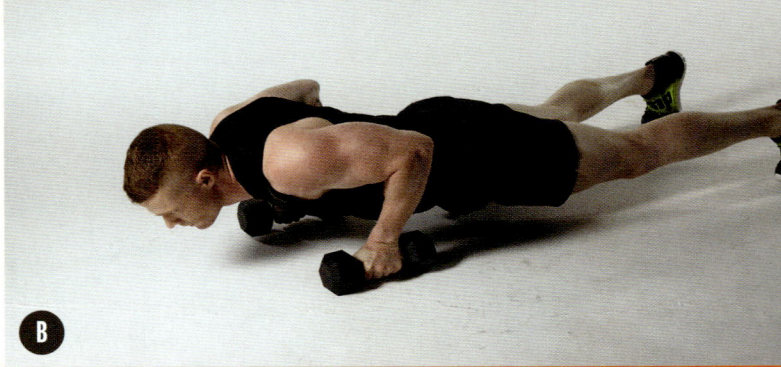

B

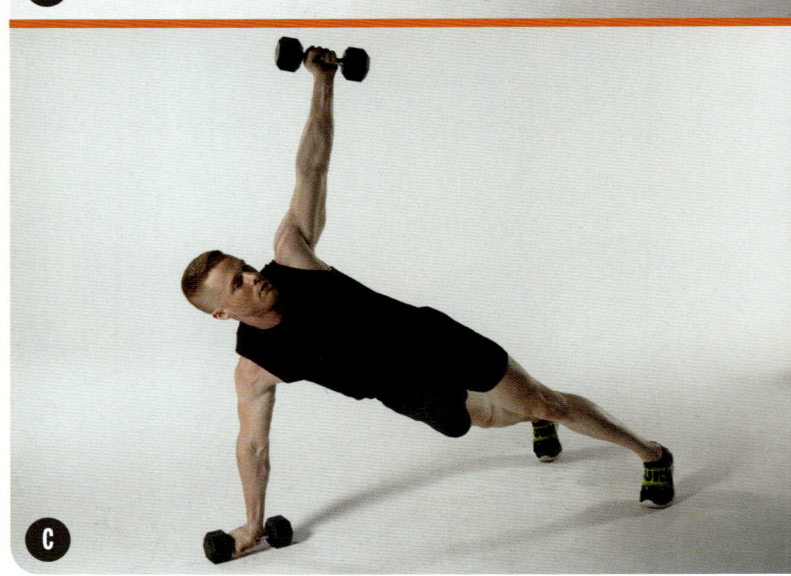

C

SO GEHT´S LEICHTER!

Einsteiger üben zuerst ohne
Hanteln, bis sie gelernt haben,
den Bewegungsablauf vollständig zu stabilisieren.

FÜR POWER-KERLE

Mit einer leichten Erhöhung
des Gewichts wird die Übung
deutlich intensiver.
Weit Fortgeschrittene können
die Füße auf einem instabilen
Untergrund positionieren.

SO GEHT´S AUCH

Du kannst alternativ den
»T-Stütz« üben, wozu die
Bewegung aus der gestreckten
Liegestütz-Position erfolgt,
ohne vorheriges Armbeugen.
So wird die Brustmuskulatur
allerdings weniger intensiv
aktiviert. Einsteiger üben dies
zuerst ohne Hanteln.

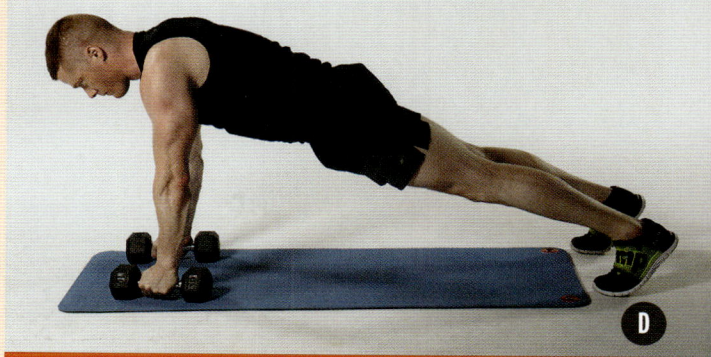

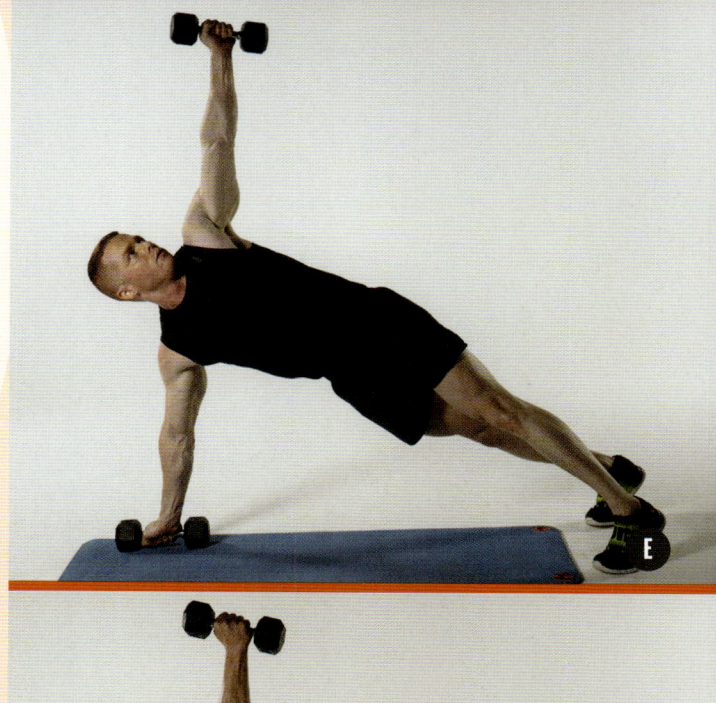

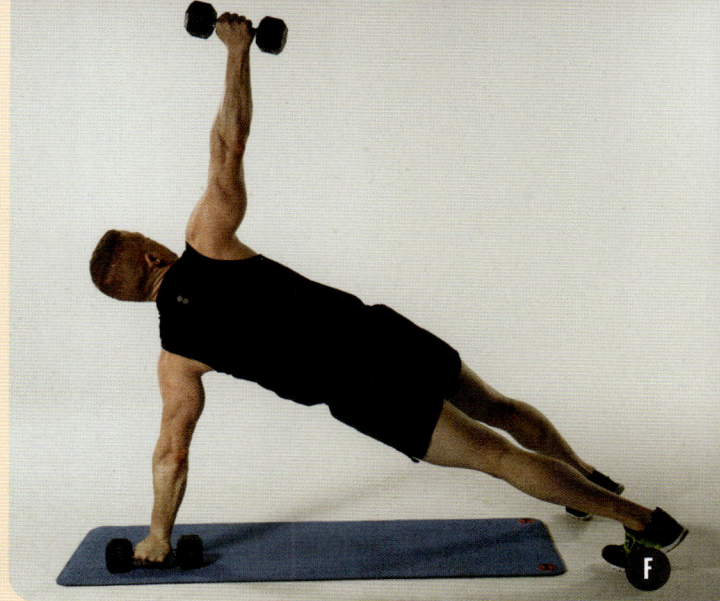

*D–F: Der Bewegungsablauf beim
T-Stütz: Die Ausgangsposition und die
Drehungen nach rechts und links.*

P45 KLIMMZUG MIT BEINANZIEHEN – GANZKÖRPER

KRÄFTIGUNG

** obere Rücken-, vordere Oberarm- und Rumpfmuskulatur

* Unterarm- und hintere Schultermuskulatur

SO GEHT'S

>> Du hängst an einer Stange, die Arme sind mindestens schulterbreit auseinander, und die Handflächen zeigen nach vorne.

>> Spann die Bauch- und die Gesäßmuskulatur an und heb die Knie leicht an.

>> Zieh Dich nach oben, indem Du die Ellbogen zu den Rippen bewegst, und heb gleichzeitig die Knie hoch an. Halt kurz die Position.

>> Beweg Dich kontrolliert in die Ausgangsposition zurück. Die Knie bleiben noch leicht angehoben. Wiederhol dann die Übung.

>> Führ die Bewegung ohne Schwung aus und pass auf, dass Du nicht Nacken und Schultern hochziehst.

A–B: Die Ausgangs- und die Endposition.

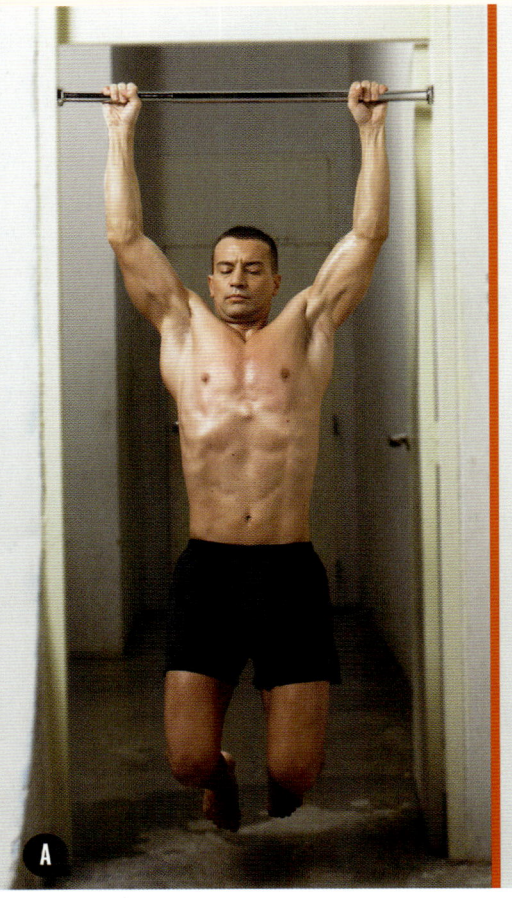

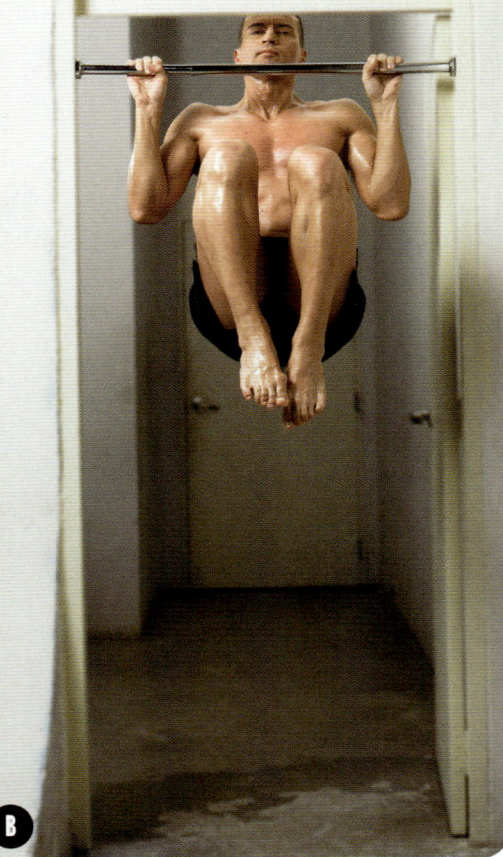

A

B

FÜR POWER-KERLE

Du intensivierst die Übung, insbesondere für die schräge und seitliche Bauchmuskulatur, indem Du die Knie gleichzeitig zum Klimmzug abwechselnd nach links und rechts anziehst.

Fortgeschrittene können die Beine gestreckt anziehen.

C–E: Die Intensivierung mit diagonalem Beinanziehen nach rechts und links.

▼

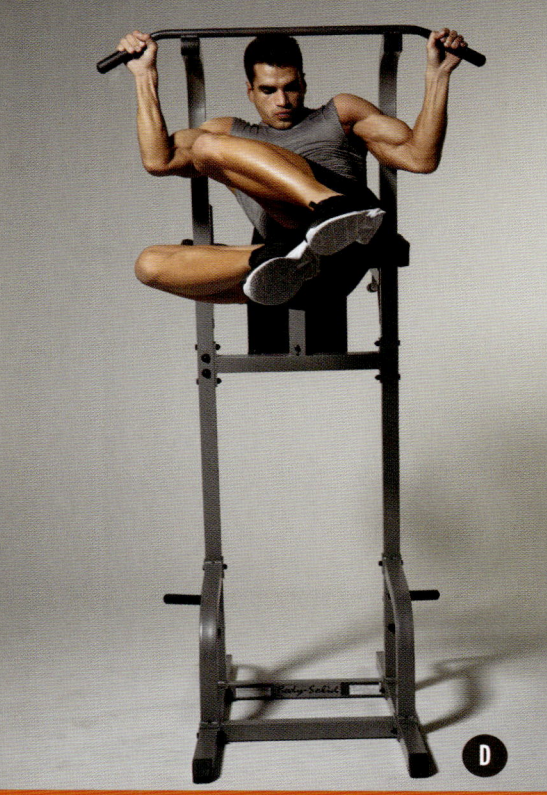

D

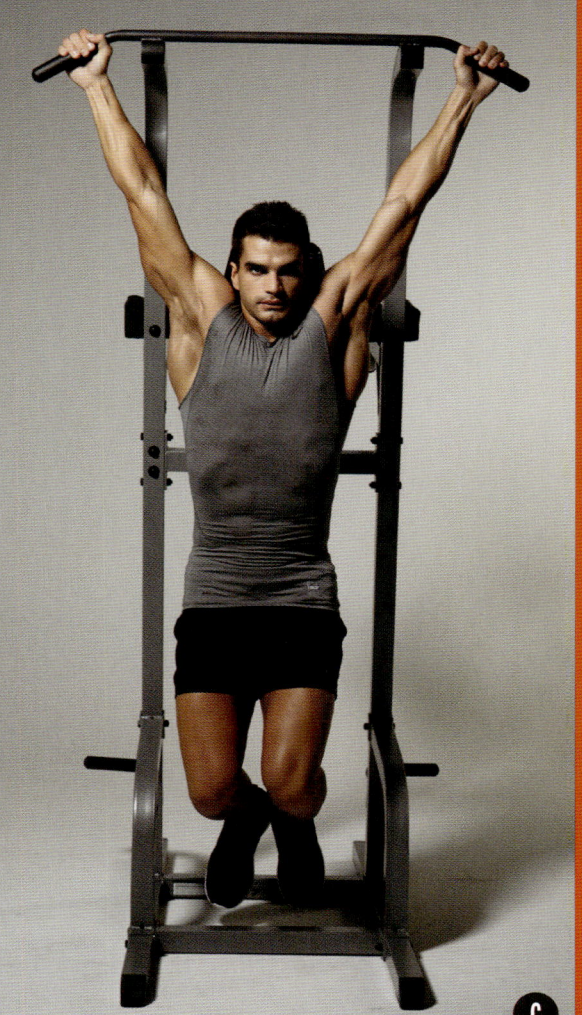

C

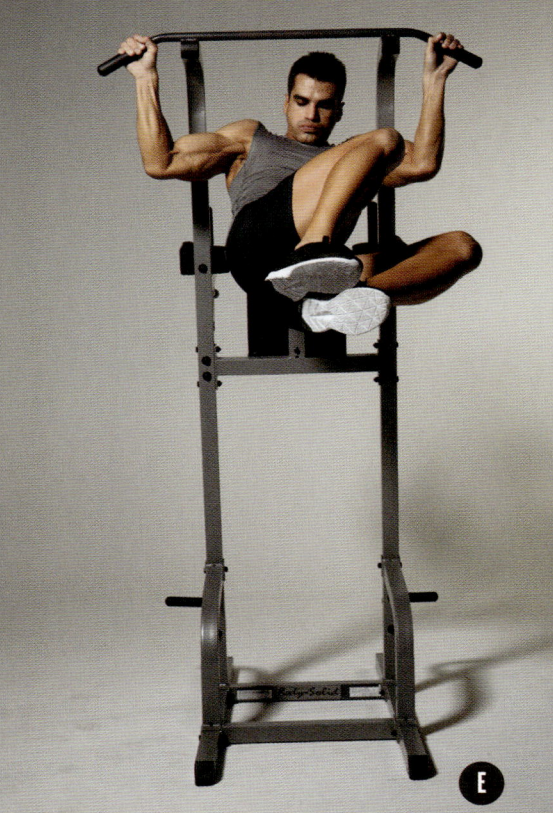

E

P46 BODENWURF (BALL SLAM) – GANZKÖRPER

KRÄFTIGUNG

✱✱ Rumpf-, Bein-, Gesäß- und Oberkörpermuskulatur

SO GEHT'S

>> Du stehst aufrecht im schulterbreiten Stand und hast einen Medizinball vor dem Körper. Die Bauch- und die Gesäßmuskulatur sind in Spannung.

>> Streck Dich hoch in den Zehenstand und heb dabei den Ball hoch.

>> Schleuder den Ball explosiv auf den Boden und geh dabei etwas in die Kniebeuge.

>> Nimm den Ball schnell wieder auf, um die Übung zu wiederholen.

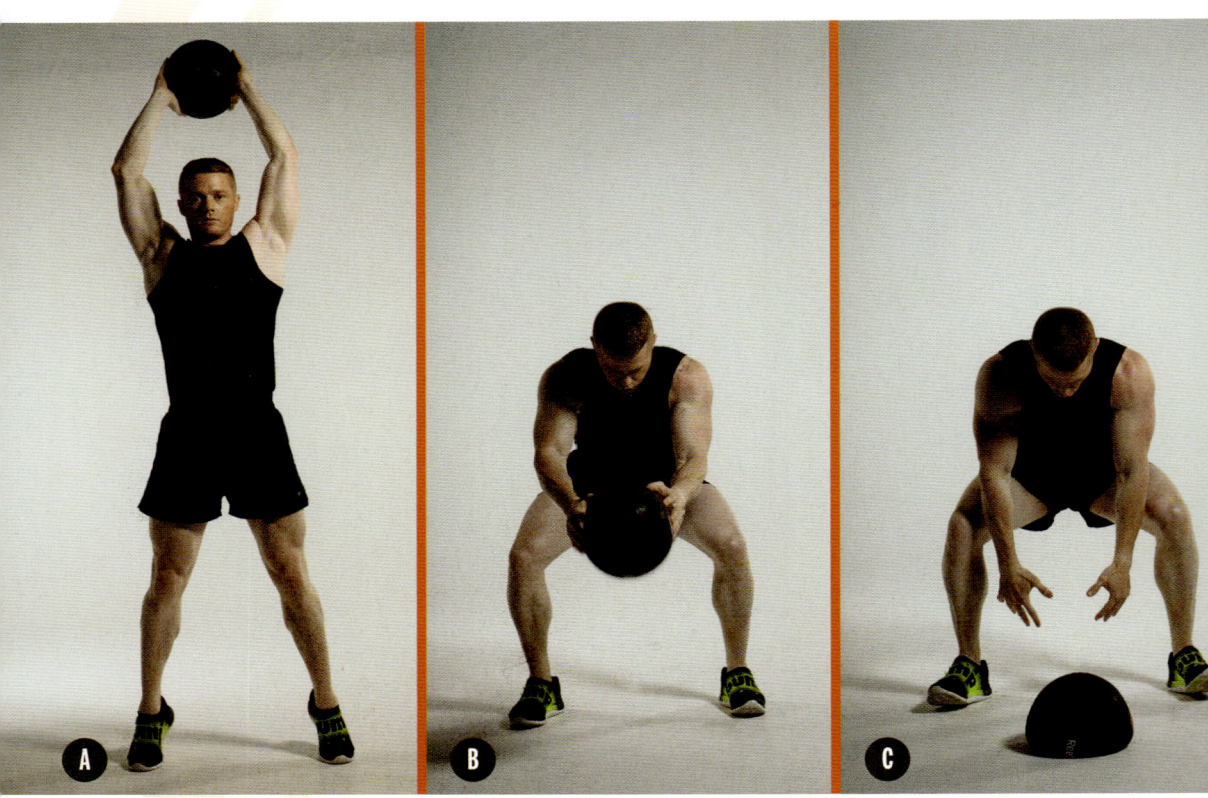

▲ A–C: Der Bewegungsablauf.

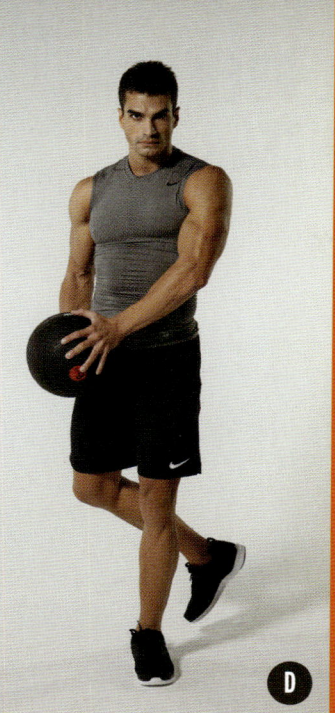

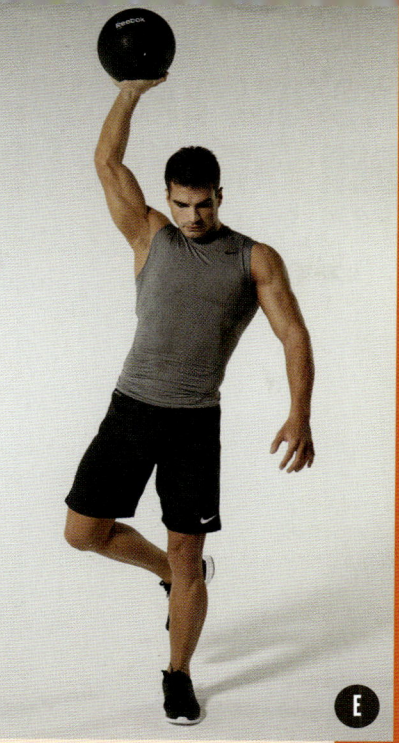

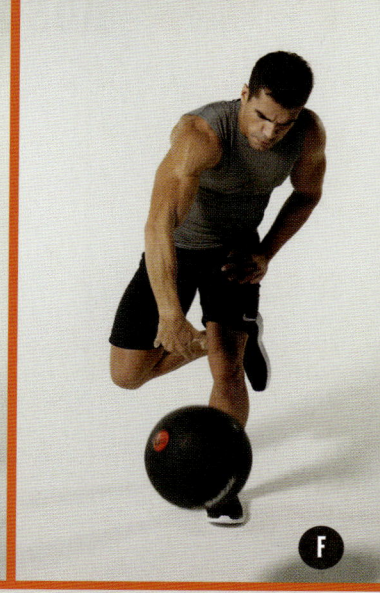

D **E** **F**

INFO

Die Übung gelingt am besten mit einem Slam Ball, auch Jam Ball genannt, wie er auf den Fotos verwendet wird. Dieser hat eine nachgebende Struktur, so dass er nicht zurückprallt und kaum wegrollt. Du kannst die Übung auch mit einem großen weichen Soft Ball durchführen. Bei der Ausführung mit einem normalen Gummiball solltest Du zuerst dessen Sprungeigenschaften testen, damit er nicht gegen Dein Gesicht zurückprallt. Wenn notwendig, schleuderst Du ihn etwas nach vorne oder auf eine dicke Matte, was sich auch empfiehlt, wenn Du das Bodenschleudern in der Wohnung machen willst (sonst wird der Aufprall zu laut). Weitere Informationen zum Training mit dem Medizinball findest Du in meinem Buch *Medizinball-Training*.

 FÜR POWER-KERLE

Du intensivierst die Übung, indem Du den Ball an der Seite entlang nach oben bewegst, wobei Du den Körper mitdrehst, um mehr Schwung zu holen. Fortgeschrittene können den Bodenwurf im Einbeinstand üben. Weit Fortgeschrittenen gelingt dies einarmig und im Einbeinstand.

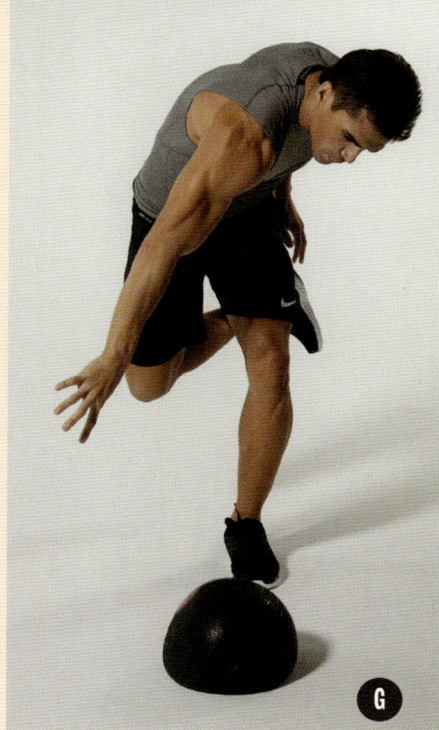

G

▲ *D–G: Der einarmige Bewegungsablauf im Einbeinstand.*

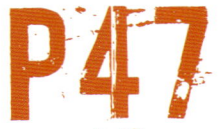

P47 BRUSTSTOSS NACH VORNE OBEN AUS DER KNIEBEUGE – GANZKÖRPER

KRÄFTIGUNG

** Bein-, Gesäß-, Rumpf- und Oberkörpermuskulatur

SO GEHT'S

>> Stell Dich ein bis drei Meter frontal vor eine Wand. Die Füße sind schulterbreit auseinander, und vor der Brust hast Du einen Medizinball.

>> Spann die Bauch- und die Gesäßmuskulatur an und fixier ein hohes Ziel an der Wand. Im

Crossfit® wird das Ziel mindestens drei Meter hoch gewählt.

>> Beweg Dich in eine tiefe Kniebeuge, wozu Du das Gesäß nach hinten bringst.

>> Dann schieb explosiv die Hüfte nach vorne, streck die Beine und stoß gleichzeitig den Ball hoch zum Ziel.

>> Fang den Ball und nimm dann wieder die Kniebeuge ein, um die Übung zu wiederholen.

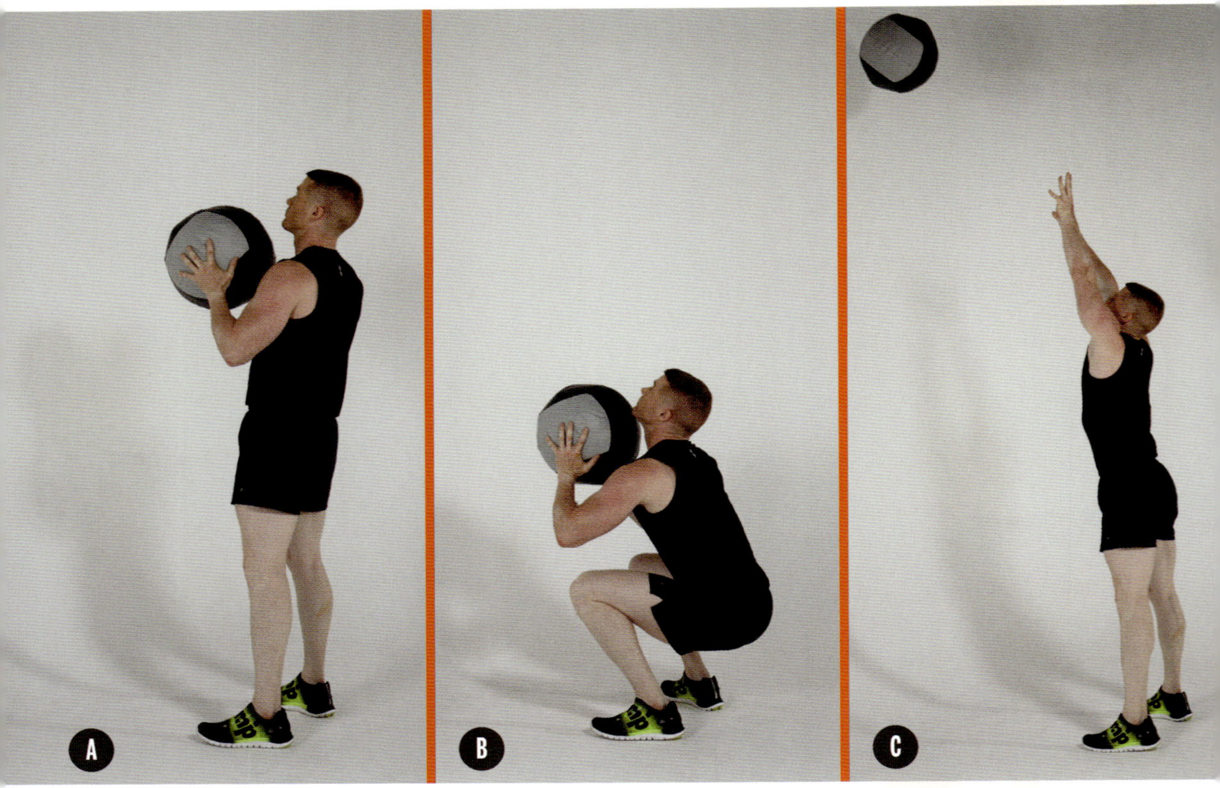

Ⓐ   Ⓑ   Ⓒ

▲ A–C: Der Bewegungsablauf.

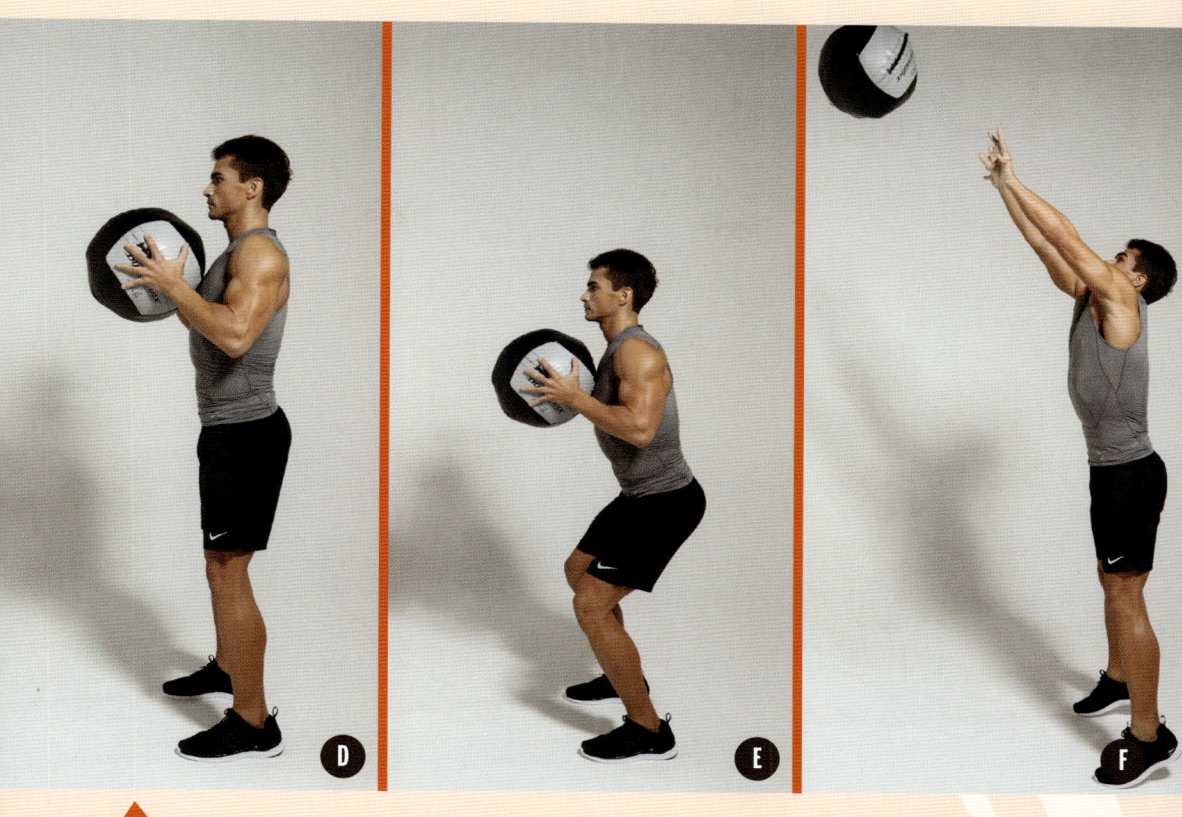

D–F: Der Bewegungsablauf mit Anheben der Fersen und vereinfachter Kniebeuge.

SO GEHT´S LEICHTER!

Du vereinfachst die Übung, indem Du die Kniebeuge weniger tief ausführst und die Stoßhöhe
verringerst.

FÜR POWER-KERLE

Du intensivierst die Übung, indem Du aus der
Kniebeuge hochspringst und dabei den Ball nach
vorne oben stößt.

INFO

Du kannst bei der Übung
die Fersen anheben, um
die Wadenmuskulatur
intensiver zu kräftigen.

P48 HOCHZIEHEN (HIGH-PULL) – GANZKÖRPER

KRÄFTIGUNG

✱✱ Oberschenkel-, Waden-, Rumpf-, obere Rücken- und hintere Schultermuskulatur

✱ vordere Oberarmmuskulatur

SO GEHT'S

>> Du stehst gerade, die Beine sind leicht gebeugt und mindestens schulterbreit auseinander. Vor Dir steht eine Kettlebell auf dem Boden.

>> Beug Dich nach vorne, wobei Du in eine leichte Kniebeuge gehst, und greif die Kettlebell. Spann die Bauch- und die Gesäßmuskulatur an.

>> In einer explosiven Bewegung drückst Du die Hüften vor, ziehst die Kettlebell gerade hoch und gehst auf die Zehenspitzen. Bei der Zugbewegung beugt sich der Arm, so dass der Ellbogen zum höchsten Punkt wird.

>> Beweg Dich wieder kontrolliert in die Ausgangsposition zurück, indem Du Dich vorbeugst und die Kettlebell zum Boden bringst. Wiederhol die Übung.

>> Nachdem Du alle Wiederholungen für eine Seite ausgeführt hast, trainierst Du die andere Seite.

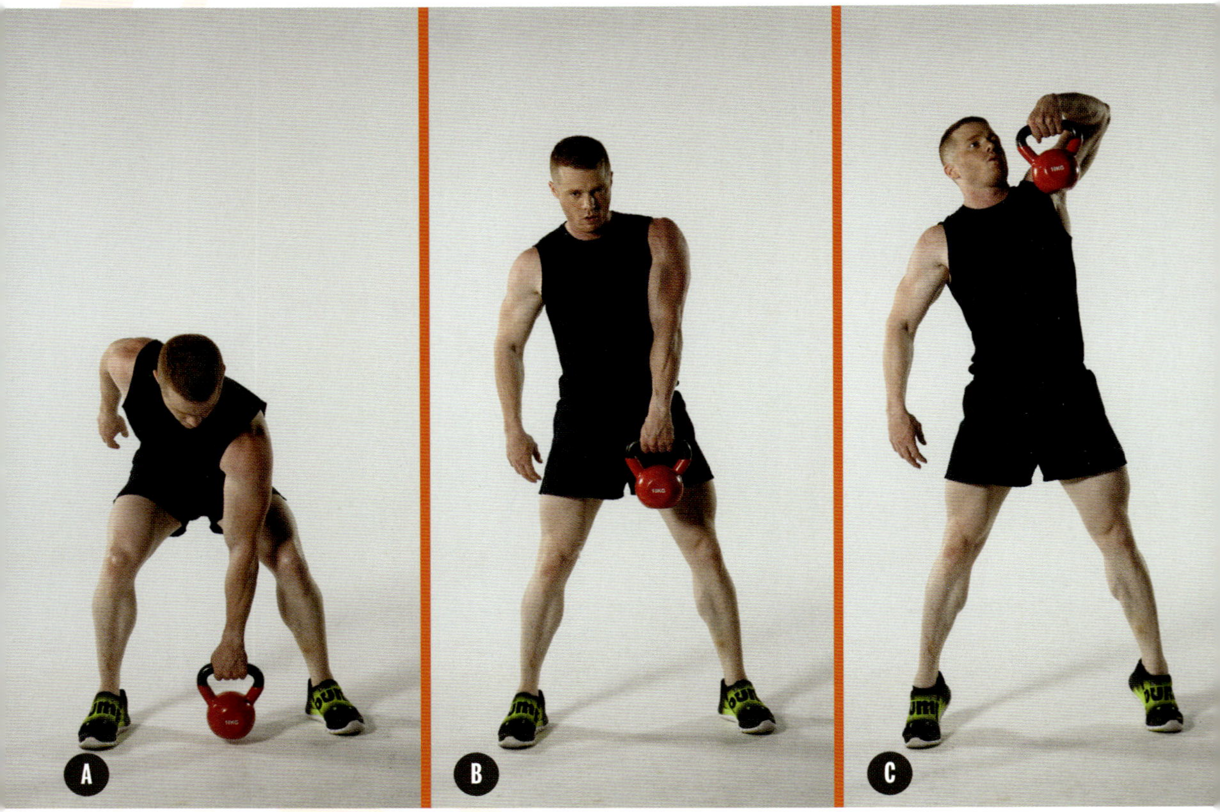

A–C: Der Bewegungsablauf mit Kettlebell.

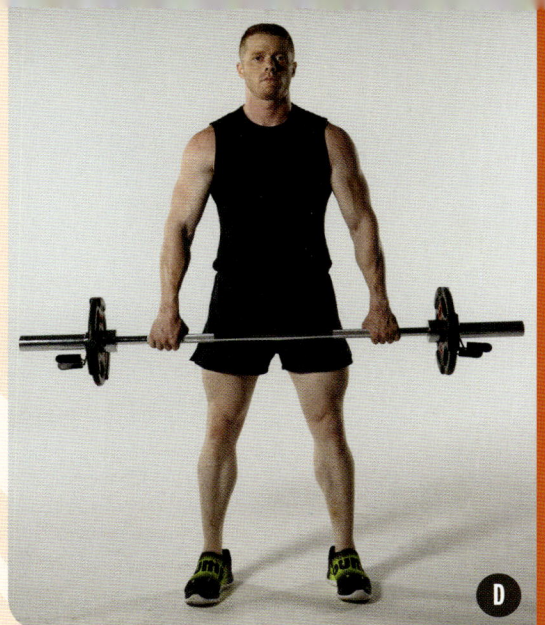

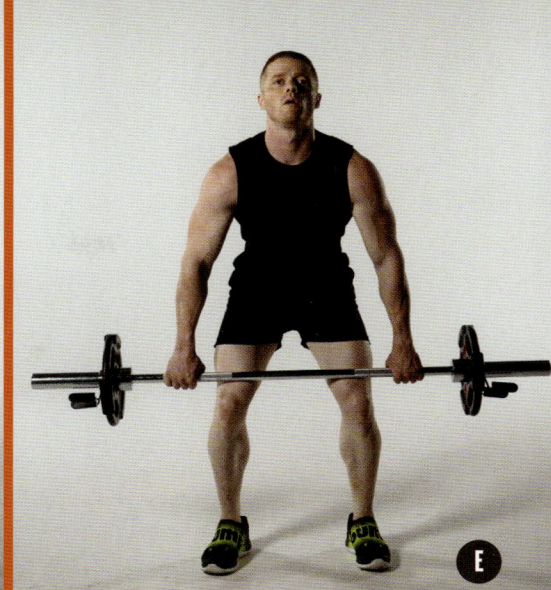

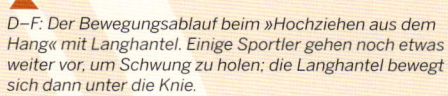
D–F: Der Bewegungsablauf beim »Hochziehen aus dem Hang« mit Langhantel. Einige Sportler gehen noch etwas weiter vor, um Schwung zu holen; die Langhantel bewegt sich dann unter die Knie.

INFO

Mit dieser Ganz-körperübung trainierst Du effektiv die Explosivkraft, wobei viele Muskeln zusammenspielen müssen.

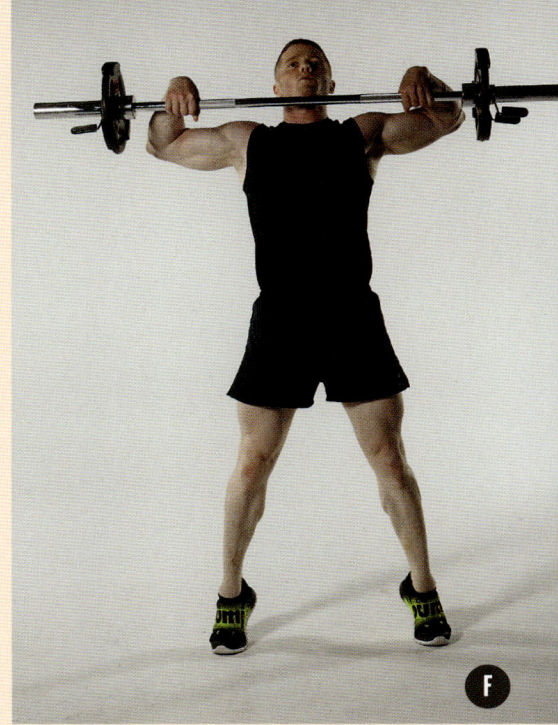

SO GEHT´S LEICHTER!

Du vereinfachst die Kettlebell-Übung, wenn Du sie mit beiden Händen gleichzeitig aus-führst.

SO GEHT´S AUCH

Du kannst die Übung auch mit einer Kurz-hantel oder beidarmig mit einer Langhantel machen.

Alternativ kannst Du »Hochziehen aus dem Hang« üben. Dazu stehst Du in der Aus-gangsposition aufrecht, mit Langhantel,

Kurzhantel oder Kettlebell vor dem Körper. Zuerst bewegst Du Dich mit dem Oberkörper etwas vor, das Übungsgerät eng an den Schien-beinen entlang, um Schwung zu holen. Dann richtest Du Dich schnell auf, wobei Du das Übungsgerät explosiv hochziehst, entsprechend dem Hochziehen vom Boden.

Dieses Kapitel bietet Dir Trainingspläne, mit denen Du kontinuierlich Dein Leistungsvermögen steigern wirst. Trainier mit dem für Dich geeigneten Leistungsniveau.

Falls notwendig, kannst Du die Pläne an Deine individuellen Bedürfnisse anpassen. Beispielsweise lassen sich Übungen in den Workouts ergänzen, um Muskelungleichgewichte zu vermindern, oder man kann die Dauer des Ausdauertrainings verlängern, um schneller Körperfett zu reduzieren.

TRAININGSPLÄNE UND WORKOUTS

KAPITEL 4
TRAININGSPLÄNE UND WORKOUTS

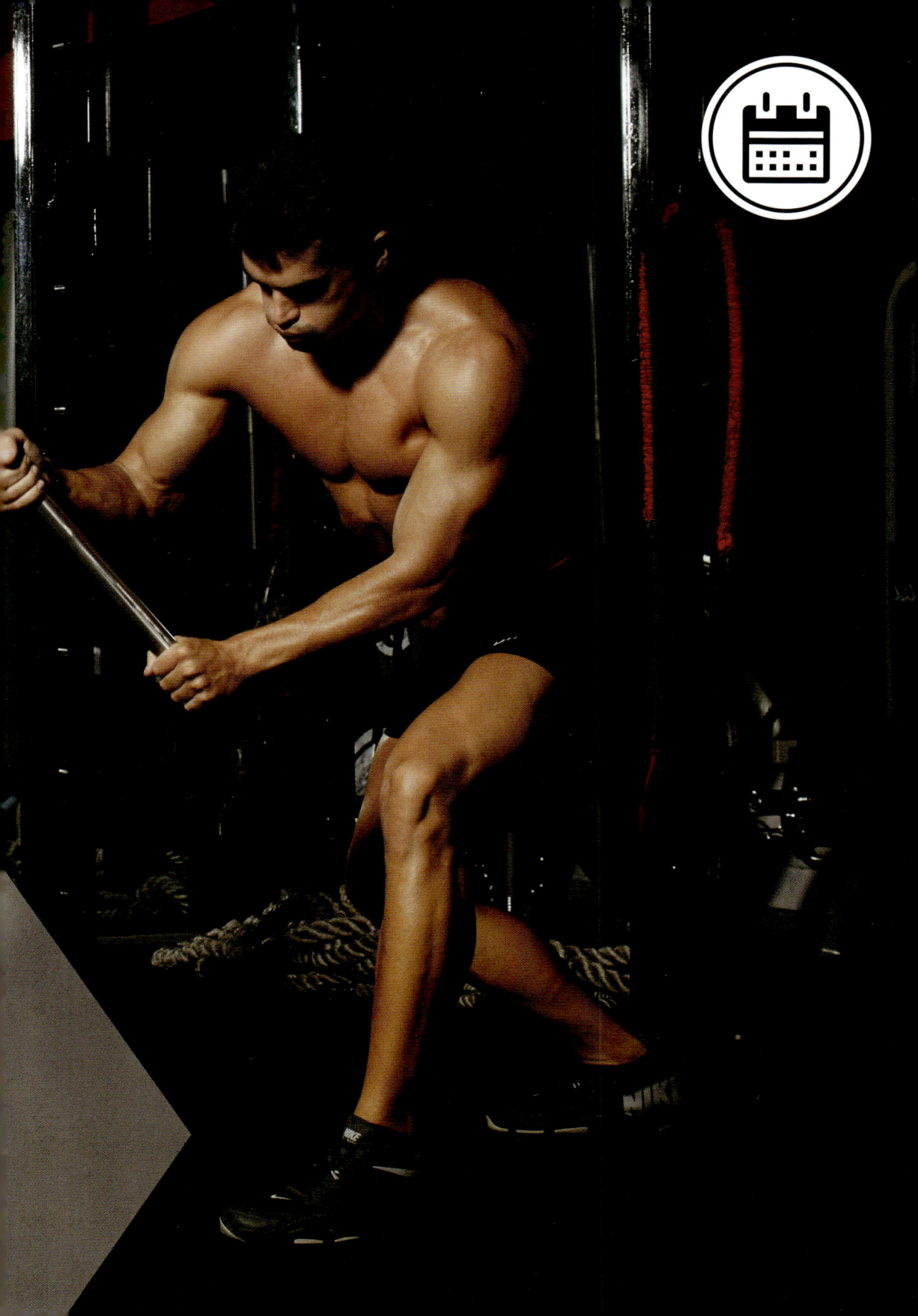

1 TRAININGSPLÄNE

Mit diesem dreistufigen Plan baust Du die Leistungsfähigkeit Deines Körpers in Alltag und Sport kontinuierlich auf. Du verbesserst die Körperhaltung und Dein körperliches Erscheinungsbild und kannst, falls das Dein Trainingsziel sein sollte, bei kontrollierter Ernährung das Körperfett reduzieren.

Du kannst einzelne Zyklen aus dem Programm auswählen oder aber die verschiedenen Level hintereinander ausführen. Wichtig ist, dass Du mit dem für Dich geeigneten Trainingslevel und den passenden Übungsvarianten trainierst. Du kannst Übungen variieren und gegen solche austauschen, die dieselbe Muskelgruppe beziehungsweise Bewegungsrichtung trainieren. Insbesondere als Einsteiger musst Du darauf achten, dass Du das Training nicht übertreibst, um eine Überlastung des Bewegungsapparates zu vermeiden. Ziel des Krafttrainings ist es, einen langfristig leistungsfähigen Körper zu entwickeln. Versuchst Du dagegen, kurzzeitig möglichst intensive Kraftleistungen zu erbringen, riskierst Du, den Körper zu überfordern und Dir Verletzungen einzuhandeln.

Iss gesunde Nahrungsmittel und verzehr genügend Protein, um Regeneration und Wachstum Deiner Muskulatur zu ermöglichen. Als emp-fehlenswert gilt für Fitnesssportler eine Eiweiß-menge von 1,5–2 Gramm pro Kilo Körpergewicht. Nur wenn Du umfangreich Muskelmasse vergrößern willst und dementsprechend intensiv Krafttraining mit hohen Gewichten betreibst, kann die Eiweißmenge noch um 0,5 Gramm pro Kilo Körpergewicht erhöht werden; für das hier angebotene Training wäre das aber überzogen. Es ist wichtig, dass Du viel Gemüse isst, um bei dieser recht großen Eiweißmenge eine Übersäu-erung des Körpers und damit einhergehende Problematiken wie schlechten Leistungsfort-schritt und Verletzungsanfälligkeit an Sehnen und Bändern zu vermeiden.

Achte auch darauf, dass Du genügend Zeit für die Regeneration einplanst. Wenn die Trainings-intensität deutlich intensiver ist, als Du dies bisher gewohnt bist, musst Du länger schlafen als üblich; eine Stunde mehr pro Trainingstag gilt als Faustregel.

TIPPS ZUR MOTIVATION

In jedem Trainingsprogramm können sich Phasen mit nachlassender Motivation einstellen. Typische Gründe hierfür sind, dass scheinbar nur geringe Fortschritte im Training erreicht werden sowie dass das Trainingsprogramm zu intensiv oder eintönig gestaltet ist. Fang des-halb das Trainingsprogramm mit einer klaren Zielsetzung an und mach Dir Deinen Trainingser-folg durch Notizen zu Körpermaßen und Leistungsfähigkeit sowie durch Körperfotos bewusst. Überforder den Körper nicht und achte auf abwechslungsreiches Training. Du kannst auch motivierende Musik nutzen oder mit Trainingspartner üben. Machst Du eine Phase nachlas-sender Motivation durch, dann nutz die Aufzeichnungen in Deinem Trainingsbuch. Erinner Dich an Deine anfänglichen Ziele und mach Dir bewusst, was Du mit dem Training bereits erreicht hast. Dies wird Dich motivieren, mit dem Training fortzufahren.

Die folgenden Trainingspläne sind so gestaltet, dass Du zumindest einen Tag pro Woche pausierst und regenerierst. Wenn Du Dich sehr müde fühlst, kannst Du einen zusätzlichen Regenerationstag einlegen. Fahr dann aber am nächsten Tag wieder motiviert mit dem Trainingsprogramm sowie mit gesunder und bedarfsgerechter Ernährung fort. So kannst Du Dein Training langfristig erfolgreich gestalten.

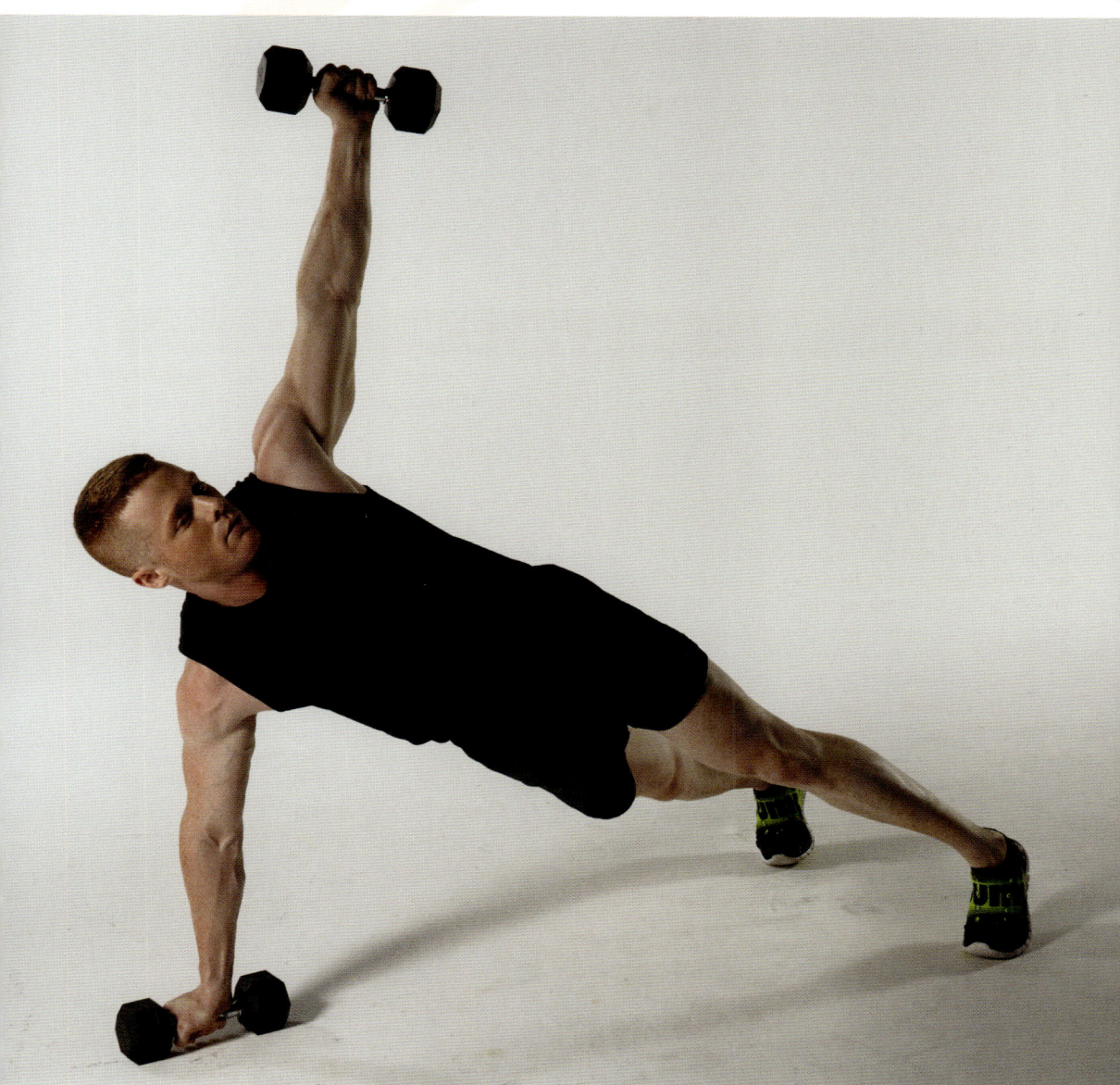

PLAN 1: EINSTIEGSTRAINING

Diesen Trainingsplan über eine Dauer von sechs Wochen kannst Du zum Einstieg nutzen. Wichtig ist, dass Du **kontinuierlich die Intensitäten im Kraft-Workout A steigerst**, gleich ob Du mit Zeitintervallen oder Wiederholungen trainierst. Es ist einmal eine Übungsintensivierung beziehungsweise Gewichtserhöhung bei 60 Sekunden beziehungsweise 15 Wiederholungen geplant (Tag 5 in Woche 5), wo dann die Intervalldauern/Wiederholungen reduziert werden. Möglicherweise kannst Du aber schneller steigern, dann pass die Anforderungen an. Es ist rat-sam, eine Trainingseinheit »Abrollen und Dehnen (A+D)« auszuführen. Außerdem kannst Du eine Ausdauereinheit oder eine andere Sportart im Wochenplan ergänzen. Nachdem Du den Zyklus absolviert hast, kannst Du entscheiden, ob Du weiterhin mit dieser Häufigkeit trainierst oder mit »Zyklus 2« beginnst. Fühlst Du Dich mit den Anforderungen in »Zyklus 1« bereits ausgelastet, dann behalt diese Trainingshäufigkeit bei, aber nimm Veränderungen an den Workouts vor, indem Du Übungen austauschst und die Belastungen steigerst.

WOCHE	TAG 1	TAG 2	TAG 3	TAG 4	TAG 5	TAG 6	TAG 7
1	Kraft A 2 Sätze à 40 Sek./ 10 Wdh.	Pause	Kraft A 2 Sätze à 40 Sek./ 10 Wdh.	Pause	Kraft A 3 Sätze à 40 Sek./ 10 Wdh.	A+D oder Pause	Pause
2	Kraft A 3 Sätze à 40 Sek./ 10 Wdh.	Pause	Kraft A 3 Sätze à 44 Sek./ 11 Wdh.	Pause	Kraft A 3 Sätze à 44 Sek./ 11 Wdh.	A+D oder Pause	Pause
3	Kraft A 3 Sätze à 48 Sek./ 12 Wdh.	Pause	Kraft A 3 Sätze à 48 Sek./ 12 Wdh.	Pause	Kraft A 3 Sätze à 52 Sek./ 13 Wdh.	A+D oder Pause	Pause
4	Kraft A 3 Sätze à 52 Sek./ 13 Wdh.	Pause	Kraft A 3 Sätze à 56 Sek./ 14 Wdh.	Pause	Kraft A 3 Sätze à 56 Sek./ 14 Wdh.	A+D oder Pause	Pause
5	Kraft A 3 Sätze à 60 Sek./ 15 Wdh.	Pause	Kraft A 3 Sätze à 60 Sek./ 15 Wdh.	Pause	Kraft A 3 Sätze à 40 Sek./ 10 Wdh.	A+D oder Pause	Pause
6	Kraft A 3 Sätze à 40 Sek./ 10 Wdh.	Pause	Kraft A 3 Sätze à 44 Sek./ 11 Wdh.	Pause	Kraft A 3 Sätze à 44 Sek./ 11 Wdh	A+D oder Pause	Pause

Kraft A: Mach das Workout »Kraft A« (siehe Seite 215).
Abrollen und Dehnen (A+D) oder Pause: An diesem Tag kannst Du abrollen und dehnen, oder Du pausierst vom Training.
Pause: An diesem Tag verzichtest Du zur Regeneration komplett auf das Training.

PLAN 2: TRAINING FÜR LEICHT-FORTGESCHRITTENE

Hier findest Du einen 12-Wochen-Zyklus, mit dem Du schon auf recht hohem Niveau trainierst. Mit den abwechselnden Kraft-Workouts erreichst Du **kontinuierliche Leistungssteigerungen**. Es sind dreimal Übungsintensivierungen beziehungsweise Gewichtserhöhungen bei 48 Sekunden beziehungsweise 12 Wiederholungen eingeplant, wo es dann gleichzeitig gilt, die Intervalldauern/Wiederholungen zu reduzieren (z.B. Tag 4 in Woche 4). Beachte, dass es auch Trainingstage geben kann, an denen der Körper keine Leistungssteigerung zulässt; pass dann die Daten in Deinem Trainingsbuch an. Wenn Du bereits regelmäßig eine Sportart ausübst, dann sind hierfür ein oder zwei Trainingseinheiten vorgesehen; alternativ kannst Du eine Ausdauereinheit wie Schwimmen für 20–40 Minuten oder Laufen für 30–50 Minuten ausführen. Am »Tag 3« kannst Du aktiv gegen Muskelverspannungen und Defizite in der Beweglichkeit vorgehen. Nach zwölf Trainingswochen kannst Du wählen, ob Du zu »Zyklus 3« übergehst oder mit der bisherigen Wocheneinteilung weiter übst; wähl dann aber aus den Vorschlägen in den Workouts »Kraft C« und »Kraft D« andere Übungsvarianten beziehungsweise andere Übungen.

WOCHE	TAG 1	TAG 2	TAG 3	TAG 4	TAG 5	TAG 6	TAG 7
1	Kraft B 3 Sätze à 32 Sek./ 8 Wdh.	Ausdauer oder Sportart	A+D oder Pause	Kraft C 3 Sätze à 32 Sek./ 8 Wdh.	Pause oder Sportart	Kraft B 3 Sätze à 36 Sek./ 9 Wdh.	Pause
2	Kraft C 3 Sätze à 36 Sek./ 9 Wdh.	Ausdauer oder Sportart	A+D oder Pause	Kraft B 3 Sätze à 40 Sek./ 10 Wdh.	Pause oder Sportart	Kraft C 3 Sätze à 40 Sek./ 10 Wdh.	Pause
3	Kraft B 3 Sätze à 44 Sek./ 11 Wdh.	Ausdauer oder Sportart	A+D oder Pause	Kraft C 3 Sätze à 44 Sek./ 11 Wdh.	Pause oder Sportart	Kraft B 3 Sätze à 48 Sek./ 12 Wdh.	Pause
4	Kraft C 3 Sätze à 48 Sek./ 12 Wdh.	Ausdauer oder Sportart	A+D oder Pause	Kraft B 3 Sätze à 32 Sek./ 8 Wdh.	Pause oder Sportart	Kraft C 3 Sätze à 32 Sek./ 8 Wdh.	Pause
5	Kraft B 3 Sätze à 36 Sek./ 9 Wdh.	Ausdauer oder Sportart	A+D oder Pause	Kraft C 3 Sätze à 36 Sek./ 9 Wdh.	Pause oder Sportart	Kraft B 3 Sätze à 40 Sek./ 10 Wdh.	Pause
6	Kraft C 3 Sätze à 40 Sek./ 10 Wdh.	Ausdauer oder Sportart	A+D oder Pause	Kraft B 3 Sätze à 44 Sek./ 11 Wdh.	Pause oder Sportart	Kraft C 3 Sätze à 44 Sek./ 11 Wdh.	Pause

WOCHE	TAG 1	TAG 2	TAG 3	TAG 4	TAG 5	TAG 6	TAG 7
7	Kraft B 3 Sätze à 48 Sek./ 12 Wdh.	Ausdauer oder Sportart	A+D oder Pause	Kraft C 3 Sätze à 48 Sek./ 12 Wdh.	Pause oder Sportart	Kraft B 3 Sätze à 32 Sek./ 8 Wdh.	Pause
8	Kraft C 3 Sätze à 32 Sek./ 8 Wdh.	Ausdauer oder Sportart	A+D oder Pause	Kraft B 3 Sätze à 36 Sek./ 9 Wdh.	Pause oder Sportart	Kraft C 3 Sätze à 36 Sek./ 9 Wdh.	Pause
9	Kraft B 3 Sätze à 40 Sek./ 10 Wdh.	Ausdauer oder Sportart	A+D oder Pause	Kraft C 3 Sätze à 40 Sek./ 10 Wdh.	Pause oder Sportart	Kraft B 3 Sätze à 44 Sek./ 11 Wdh.	Pause
10	Kraft C 3 Sätze à 44 Sek./ 11 Wdh.	Ausdauer oder Sportart	A+D oder Pause	Kraft B 3 Sätze à 48 Sek./ 12 Wdh.	Pause oder Sportart	Kraft C 3 Sätze à 48 Sek./ 12 Wdh.	Pause
11	Kraft B 3 Sätze à 32 Sek./ 8 Wdh.	Ausdauer oder Sportart	A+D oder Pause	Kraft C 3 Sätze à 32 Sek./ 8 Wdh.	Pause oder Sportart	Kraft B 3 Sätze à 36 Sek./ 9 Wdh.	Pause
12	Kraft C 3 Sätze à 36 Sek./ 9 Wdh.	Ausdauer oder Sportart	A+D oder Pause	Kraft B 3 Sätze à 40 Sek./ 10 Wdh.	Pause oder Sportart	Kraft C 3 Sätze à 40 Sek./ 10 Wdh.	Pause

Kraft B, C: Mach das Workout »Kraft B« oder »Kraft C« (siehe Seiten 216 und 217).
Ausdauer oder Sportart: In dieser Trainingseinheit widmest Du Dich Deiner Ausdauer, z. B. mit Schwimmen, oder Du führst eine andere Sportart aus.
Abrollen und Dehnen (A+D) oder Pause: An diesem Tag kannst Du abrollen und dehnen, oder Du pausierst einen Tag vom Training.
Pause oder Sportart: Mach eine Pause oder trainier eine andere Sportart.
Pause: Verzichte an diesem Tag komplett auf das Training, um zu regenerieren.

PLAN 3: TRAINING INTENSIV

Diesen 8-Wochen-Zyklus kannst Du als Fortgeschrittener nutzen, um einen weiteren Sprung der Kraftleistungsfähigkeit zu erreichen. Wenn Du allerdings noch kein fortgeschrittenes Leistungsniveau erreicht hast, wäre der Umfang zu intensiv, und Du würdest dann Deinen Körper überfordern. In diesem Zyklus führst Du vier Einheiten Krafttraining pro Woche mit intensiven Übungsvarianten aus. Du kannst mit Intervallen oder Wiederholungen trainieren, oder Du nutzt Wiederholungen für dynamische Übungen und Intervalle für statische Übungen. In der dritten, sechsten und achten Woche sind Intensitäts- beziehungsweise Gewichtserhöhungen einge-

plant, so dass Du dann entsprechend die Intervalldauern/Wiederholungsanzahlen reduzieren musst. Stellen sich die Leistungssteigerungen schneller oder langsamer ein als hier geplant, kannst Du die Sprünge anpassen, was Du dann im Trainingsbuch notieren musst. Der Plan sieht auch vor, dass Du ein- bis zweimal wöchentlich Ausdauertraining oder eine andere Sportart ausführst. Nachdem Du den Zyklus absolviert hast, wählst Du ein neues kurzfristiges Trainingsziel und entwickelst einen darauf ausgerichteten Trainingszyklus, wobei Du die Trainingsintensität beibehalten oder etwas reduzieren kannst.

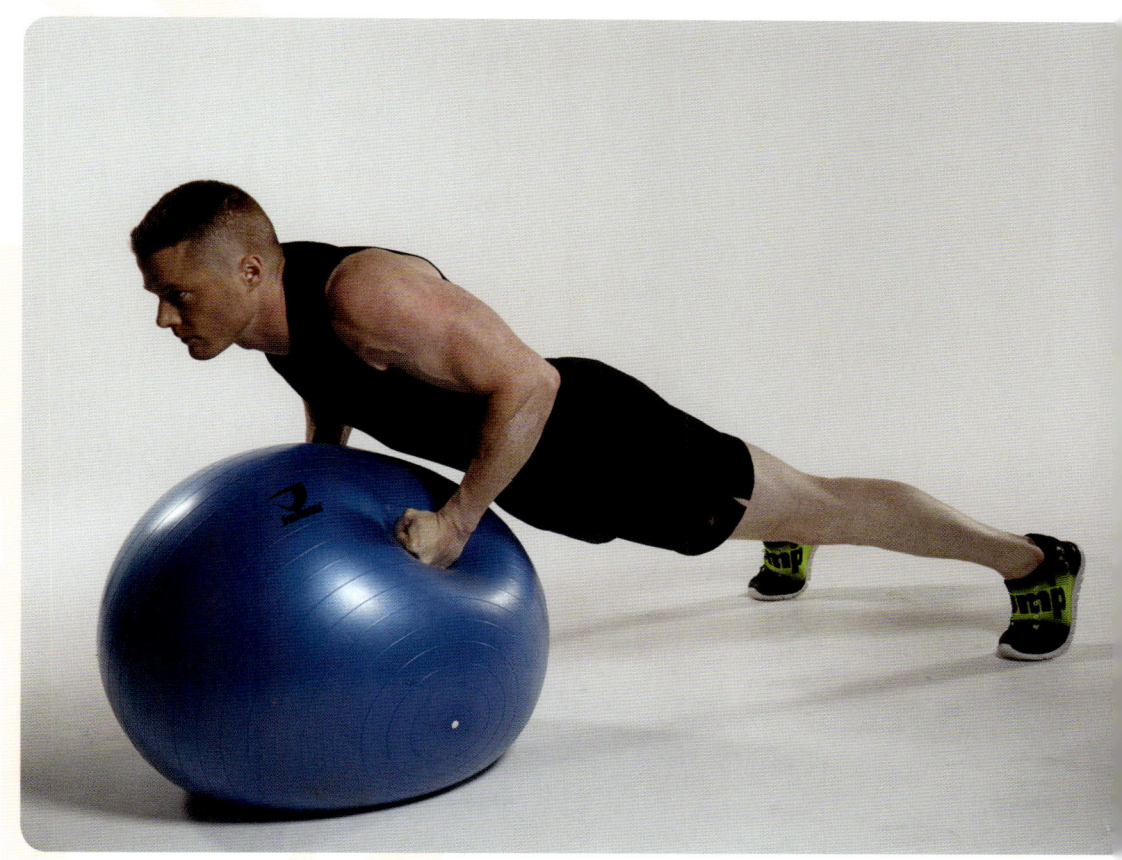

WOCHE	TAG 1	TAG 2	TAG 3	TAG 4	TAG 5	TAG 6	TAG 7
1	Kraft D 3 Sätze à 32 Sek./ 8 Wdh.	Kraft E 3 Sätze à 32 Sek./ 8 Wdh.	A+D, Ausdauer oder Sportart	Kraft D 3 Sätze à 36 Sek./ 9 Wdh.	Ausdauer oder Sportart	Kraft E 3 Sätze à 36 Sek./ 9 Wdh.	Pause oder A+D
2	Kraft D 3 Sätze à 40 Sek./ 10 Wdh.	Kraft E 3 Sätze à 40 Sek./ 10 Wdh.	A+D, Ausdauer oder Sportart	Kraft D 3 Sätze à 44 Sek./ 11 Wdh.	Ausdauer oder Sportart	Kraft E 3 Sätze à 44 Sek./ 11 Wdh.	Pause oder A+D
3	Kraft D 3 Sätze à 48 Sek./ 12 Wdh.	Kraft E 3 Sätze à 48 Sek./ 12 Wdh.	A+D, Ausdauer oder Sportart	Kraft D 3 Sätze à 32 Sek./ 8 Wdh.	Ausdauer oder Sportart	Kraft E 3 Sätze à 32 Sek./ 8 Wdh.	Pause oder A+D
4	Kraft D 3 Sätze à 36 Sek./ 9 Wdh.	Kraft E 3 Sätze à 36 Sek./ 9 Wdh.	A+D, Ausdauer oder Sportart	Kraft D 3 Sätze à 40 Sek./ 10 Wdh.	Ausdauer oder Sportart	Kraft E 3 Sätze à 40 Sek./ 10 Wdh.	Pause oder A+D
5	Kraft D 3 Sätze à 44 Sek./ 11 Wdh.	Kraft E 3 Sätze à 44 Sek./ 11 Wdh.	A+D, Ausdauer oder Sportart	Kraft D 3 Sätze à 48 Sek./ 12 Wdh.	Ausdauer oder Sportart	Kraft E 3 Sätze à 48 Sek./ 12 Wdh.	Pause oder A+D
6	Kraft D 3 Sätze à 32 Sek./ 8 Wdh.	Kraft E 3 Sätze à 32 Sek./ 8 Wdh.	A+D, Ausdauer oder Sportart	Kraft D 3 Sätze à 36 Sek./ 9 Wdh.	Ausdauer oder Sportart	Kraft E 3 Sätze à 36 Sek./ 9 Wdh.	Pause oder A+D
7	Kraft D 3 Sätze à 40 Sek./ 10 Wdh.	Kraft E 3 Sätze à 40 Sek./ 10 Wdh.	A+D, Ausdauer oder Sportart	Kraft D 3 Sätze à 44 Sek./ 11 Wdh.	Ausdauer oder Sportart	Kraft E 3 Sätze à 44 Sek./ 11 Wdh.	Pause oder A+D
8	Kraft D 3 Sätze à 48 Sek./ 12 Wdh.	Kraft E 3 Sätze à 48 Sek./ 12 Wdh.	A+D, Ausdauer oder Sportart	Kraft D 3 Sätze à 32 Sek./ 8 Wdh.	Ausdauer oder Sportart	Kraft E 3 Sätze à 32 Sek./ 8 Wdh.	Pause oder A+D

Kraft D, E: Mach das Workout »Kraft D« oder »Kraft E« (siehe Seiten 218 und 219).
Abrollen und Dehen (A+D), Ausdauer oder Sportart: In dieser Trainingseinheit machst Du eine regenerative Einheit. Alternativ kannst Du die Ausdauer fördern, z. B. mit Schwimmen, oder Du machst eine andere Sportart.
Ausdauer oder Sportart: Mach ein Ausdauertraining oder eine andere Sportart.
Pause oder Abrollen und Dehnen (A+D): An diesem Tag pausierst Du vom Training, oder Du führst Abrollen und Dehnen aus.

2. WORKOUTS

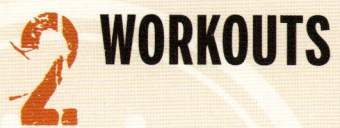

Auf den folgenden Seiten lernst Du Workouts kennen, mit denen Du die Kraftleistungsfähigkeit des gesamten Körpers verbesserst. Die Muskeln werden gekräftigt und gefördert, besser zusammen zu agieren.

Durch die Workouts verringert sich die Gefahr für Verletzungen in Alltag und beim Sport sowie von vorzeitigem körperlichen Verschleiß, weil Schwachstellen wie mögliche Muskelungleichgewichte beseitigt und die Stabilisatoren gekräftigt werden.

Das Workout A trainiert den ganzen Körper, bei den Workouts B, C, D und E sind die Bewegungsrichtungen aufgeteilt. Falls Du das benötigte Gerät für eine bestimmte Übung nicht verfügbar hast, dann kannst Du eine Alternative, z. B. eine Körpergewichtsübung, wählen.

Die Workouts sind so zusammengestellt, dass Du **mit möglichst wenigen Übungen und somit geringer Zeitspanne effektiv trainierst**. Dabei werden die Anforderungen progressiv erhöht. Wenn Du Anpassungen für Dein individuelles Training benötigst, dann kannst Du die Workouts mit Übungen aus diesem Buch variieren beziehungsweise ergänzen. Nutz die Workouts als Grundlage für das Training und pass sie mit wachsender Trainingserfahrung an Deine persönlichen Präferenzen an.

Achte bei der Zusammenstellung von eigenen Workouts darauf, dass Du jede Muskelgruppe beziehungsweise im Buch als wichtig vorgestellte Bewegungsrichtung zumindest einmal pro Woche intensiv kräftigen musst, um das bisher erreichte Leistungsniveau zumindest erhalten zu können. Auch gilt es, dass nicht an zwei Tagen hintereinander das gleiche Workout ausgeführt werden soll. Pausier zumindest an einem Tag pro Woche beziehungsweise bei einem intensiven Zyklus an einem Tag alle zwei Wochen vollständig vom Training, um zu regenerieren. Nach einem Trainingszyklus von sechs bis zwölf Wochen musst Du Umstellungen am Programm vornehmen, damit Dein Körper immer neu gefordert wird und Deine Leistung nicht stagniert.

Die Kraft-Workouts werden in Aufwärmphase, Hauptteil und Abwärmphase unterteilt.

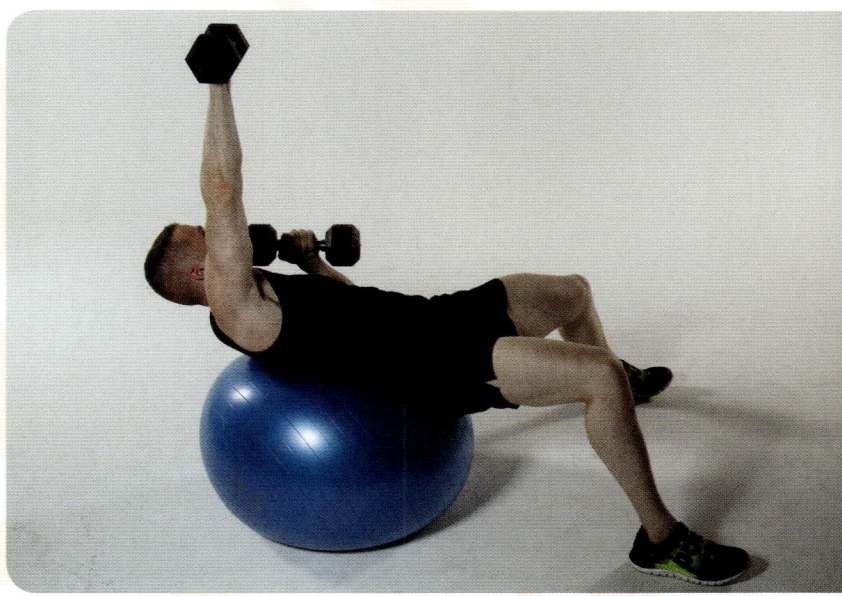

AUFWÄRMPHASE

Du kannst das Workout mit einer Aufwärmübung wie beispielsweise lockerem Seilspringen für 5–10 Minuten beginnen. Du kannst aber auch direkt mit Abrollen mit der Faszienrolle und Andehnen starten. Oder aber Du beginnst direkt mit für Dich einfachen Körpergewichtsübungen. Beim Aufwärmen gibt es viele Methoden – entscheidend ist, was Deinem Körper gut tut und in welcher Verfassung er sich vor der Trainingseinheit befindet.

HAUPTTEIL

Bei den Workouts ist das **Intervalltraining in Zirkelform** zu empfehlen. Mach einen Satz für eine Übung und lass umgehend einen Satz für die nächste Übung folgen. Fahr so fort, bis Du einen Satz für alle Übungen, also einen kompletten Zirkel, durchgeführt hast. Nun pausierst Du zwei bis drei Minuten, bevor Du den Zirkel wiederholst. Alternativ kannst Du das Workout auch in zwei Zirkel aufteilen, was sich beispielsweise anbietet, wenn Du ansonsten mehrfach unterbrechen müsstest, um die Position oder das Gewicht des Trainingsgerätes zu verändern.

Im Timer stellst Du eine Trainingszeit von 30–60 Sekunden pro Übungssatz ein sowie eine Pausenzeit von 10–15 Sekunden. Dabei ist zu beachten, dass bei einigen Übungen die linke und die rechte Seite trainiert werden; im Timer muss dann jeweils eine Übung mehr eingestellt werden. Wenn Du während eines Zeitintervalls feststellst, dass Du eine Übung nicht mehr fortführen kannst, dann wechselst Du zu einer leichteren Variante, um den Übungs-

satz zu beenden. Hast Du keinen Timer, dann kannst Du einen Timer online im Internet nutzen (www.tabatatimer.com und www.beach-fitness.com/Tabata/).

Falls Du keinen Timer verfügbar hast oder generell lieber mit Wiederholungen anstatt mit Intervallen trainierst, dann kannst Du so vorgehen, dass Du mit acht (10 oder 15) Wiederholungen startest und um eine Wiederholung möglichst nach ein bis zwei Trainingseinheiten erhöhst. Wenn Du dann 12 (15 oder 20) Wiederholungen erreichst, erhöhst Du die Intensität, beispielsweise das Zusatzgewicht, aber nur so weit, dass Du noch zumindest acht (10 oder 15) Wiederholungen ausführen kannst. Die Steigerungen notierst Du in Deinem Trainingsbuch, damit diese nicht in Vergessenheit geraten.

Du kannst auch so vorgehen, dass Du die dynamischen Übungen mit Wiederholungen trainierst und die statischen Übungen mit Zeitdauern übst.

ABWÄRMPHASE

Jedes Workout wird mit der Abwärmphase abgeschlossen. Am besten rollst Du mit der großen Rolle über die stark beanspruchten Muskeln, da dies hilft, die Regenerationsprozesse zu beschleunigen. Zumindest aber solltest Du statisch dehnen, insbesondere die intensiv aktivierten Muskeln.

WORKOUT KRAFT A: GANZKÖRPER
(SCHWIERIGKEITSLEVEL 1: EINSTEIGER)

Mit diesem Workout trainierst Du ausgeglichen den gesamten Körper. Wähl aus den Bewegungskategorien solche Übungen aus, für die Du die Trainings-Tools verfügbar hast. Du kannst die Übungen mit Zeitintervallen oder Wiederholungen ausführen oder aber zwischen den Methoden wechseln. Es wird davon ausgegangen, dass eine Wiederholung etwa vier (drei bis fünf) Se-

kunden dauert. Mit den optionalen Rubriken kannst Du bei Bedarf das Workout verlängern. Die »Hüftdominante Übung angewinkelt« trainiert vorrangig die Gesäßmuskulatur, welche schon bei tiefen Kniebeugen sowie bei den Rubriken 3 und 9 mittrainiert wird. Hast Du Defizite in der Gesäßmuskulatur, dann ergänz eine Übung aus dieser Rubrik in dem Workout.

AUFWÄRMPHASE	
1. Druckbewegung nach vorne	P 1: Liegestütz oder P 4: Brustdrücken auf Bank
2. Zugbewegung nach hinten	P 11: Ruderzug vom Boden (falls nötig: aufgestellte Fußsohlen) oder P 12: Ruderzug aus Schräglage oder P 13: Rudern vorgebeugt abgestützt
3. Kniebeuge-Übung	P 31: Beidbeinige Kniebeuge oder P 32: Gerader Ausfallschritt
Optional: Hüftdominante Übung angewinkelt	P 36: Beckenlift beidbeinig
4. Hüftdominante Übung fast gestreckt	P 37: T-Stand oder Beinrückheben oder P 39: Beinanziehen im Beckenlift
5. Druckbewegung nach oben	P 8: Handstand-Liegestütz mit reduziertem Bewegungsumfang oder P 7: Vorgebeugtes Schulterdrücken oder P 9: Schulterpresse
6. Zugbewegung nach unten	P 15: Klimmzug (falls nötig: vereinfacht)
Optional: Ergänzende Oberkörper-Übung	P 18: V-, U-, T-Haltung am Boden ohne Gewicht oder P 17: Kopfspannen gegen Hand
7. Vorrangig vordere Rumpfmuskulatur	P 19: Knieheben im Hang oder P 23: Crunch oder P 25: Unterarmstütz halten ohne Positionswechsel
8. Vorrangig seitliche Rumpfmuskulatur	P 26: Seitlicher Unterarmstütz ohne Gewicht
9. Vorrangig hintere Rumpfmuskulatur	P 29: Körperanheben ohne Gewicht oder P 28: Kreuzheben oder P 30: Rückwärtiger Stütz
ABWÄRMPHASE	

Belastung	2–3 Sätze je Übung	Belastungszeit 40–60 Sek. je Übungssatz/ Wiederholungen: 10–15 Wdh. je Übungssatz

WORKOUT KRAFT B: OBERKÖRPER
(SCHWIERIGKEITSLEVEL 2: LEICHT-FORTGESCHRITTENE)

Das Workout ist vorrangig auf den Oberkörper ausgerichtet; es setzt bereits Trainingserfahrung voraus. Wähl je eine Übung aus den Kategorien für die Bewegungsrichtungen aus. Du kannst auch Übungsvarianten einsetzen, die bereits mit weniger Trainingserfahrung durchführbar sind, indem Du die Intensitäten/Gewichte anpasst.

Du kannst die Übungen mit Zeitintervallen oder Wiederholungen ausführen oder aber zwischen den Methoden wechseln. Es wird davon ausgegangen, dass eine Wiederholung etwa vier (drei bis fünf) Sekunden dauert. Ist Dir das Workout nicht intensiv genug, dann ergänz Übungen aus den optionalen Rubriken.

AUFWÄRMPHASE	
Optional: Schnellkraft-Übung	**P 6**: Liegestütz mit Absprung oder **P 5**: Hantel-Boxen
1. Ganzkörper-Übung	**P 42**: Kettlebell-Swing oder **P 43**: Beinanziehen und Liegestütz oder **P 45**: Klimmzug mit Knieanziehen
2. Druckbewegung nach vorne	**P 3**: Gleiten im Liegestütz oder **P 1**: Liegestütz (intensive Variante) oder **P 2**: Liegestütz mit Schlingentrainer oder **P 4**: Brustdrücken
3. Zugbewegung nach hinten	**P 11**: Ruderzug vom Boden oder **P 12**: Ruderzug aus Schräglage (einarmig) oder **P 13**: Rudern vorgebeugt
4. Druck- und Stoßbewegung nach oben	**P 8**: Handstand-Liegestütz oder **P 10**: Schwungdrücken oder **P 7**: Vorgebeugtes Schulterdrücken oder **P 9**: Schulterpresse
5. Zugbewegung nach unten	**P 15**: Klimmzug oder **P 16**: Hochziehen am Seil
6. Ergänzende Oberkörper-Übung	**P 17**: Kopfspannen gegen Band oder **P 18**: V-, U-, T-Haltung auf Gymnastikball und/oder mit Gewicht oder **P 14**: Reverse Flys vorgebeugt
7. Vorrangig vordere Rumpfmuskulatur	**P 19**: Beinheben im Hang oder **P 24**: Twist mit Gewicht oder **P 23**: Crunch auf Gymnastikball
Optional: Vorrangig seitliche Rumpfmuskulatur	**P 27**: Rumpfdrehen aufrecht oder **P 44**: Liegestütz und Rotation
8. Vorrangig hintere Rumpfmuskulatur	**P 28**: Kreuzheben oder **P 29**: Körperanheben mit Gewicht oder Oberkörperanheben auf Gymnastikball
ABWÄRMPHASE	

Belastung	2–3 Sätze je Übung	Belastungszeit 32–48 Sek. je Übungssatz/ Wiederholungen: 8–12 Wdh. je Übungssatz

WORKOUT KRAFT C: BEINE UND GESÄSS
(SCHWIERIGKEITSLEVEL 2: LEICHT-FORTGESCHRITTENE)

Das Workout ist vorrangig auf den Unterkörper ausgerichtet; es setzt bereits Trainingserfahrung voraus. Wähl je eine Übung aus den Kategorien für die Bewegungsrichtungen aus. Du kannst auch Übungsvarianten einsetzen, die bereits mit weniger Trainingserfahrung durchführbar sind, indem Du die Intensitäten/Gewichte anpasst.

Du kannst die Übungen mit Zeitintervallen oder Wiederholungen ausführen oder aber zwischen den Methoden wechseln. Es wird davon ausgegangen, dass eine Wiederholung etwa vier (drei bis fünf) Sekunden dauert. Möchtest Du das Workout verlängern, dann kannst Du eine Übung aus der optionalen Rubrik ergänzen.

AUFWÄRMPHASE	
Optional: Schnellkraft-Übung	**P 35**: Strecksprung
1. Ganzkörper-Übung	**P 40**: Burpees oder **P 41**: Kniebeuge und Schulterpresse
2. Kniebeuge-Übung beidbeinig	**P 31**: Beidbeinige Kniebeuge intensiv (z. B. angehobene Gewichte)
3. Hüftdominante Übung angewinkelt	**P 36**: Beckenlift einbeinig und/oder mit Gewicht
4. Kniebeuge-Übung einbeinig	**P 34**: Einbeinige Kniebeuge ohne Gewicht oder **P 32**: Gerader Ausfallschritt (mit angehobenem Gewicht) oder **P 33**: Ausfallschritt rückwärts
5. Hüftdominante Übung fast gestreckt	**P 37**: T-Stand mit Gewicht oder **P 38**: Kreuzheben mit fast gestreckten Beinen oder **P 39**: Einbeiniges Beinanziehen im Beckenlift
6. Vorrangig vordere Rumpfmuskulatur	**P 22**: Klappmesser mit Gewicht oder **P 25**: Unterarm- und Handstütz im Wechsel oder **P 21**: Beinanziehen im Frontstütz
7. Vorrangig seitliche Rumpfmuskulatur	**P 26**: Seitlicher Stütz (mit Gewicht auf Hüfte)
8. Vorrangig hintere Rumpfmuskulatur	**P 30**: Rückwärtiger Stütz mit Beinanheben oder **P 38**: (Einarmiges) Kreuzheben
ABWÄRMPHASE	

Belastung	2–3 Sätze je Übung	Belastungszeit 32–48 Sek. je Übungssatz/ Wiederholungen: 8–12 Wdh. je Übungssatz

WORKOUT KRAFT D: DRUCK
(SCHWIERIGKEITSLEVEL 3: FORTGESCHRITTENE)

Fortgeschrittene können dieses intensive Workout nutzen, das vorrangig auf die drückenden Bewegungen ausgerichtet ist. Wähl je eine Übung aus den Kategorien für die Bewegungsrichtungen aus. Du kannst auch Übungsvarianten einsetzen, die bereits mit weniger Trainingserfahrung durchführbar sind, indem Du die Intensitäten/Gewichte anpasst. Du kannst die Übungen mit Zeitintervallen oder Wiederholungen ausführen oder aber zwischen den Methoden wechseln. Es wird davon ausgegangen, dass eine Wiederholung etwa vier (drei bis fünf) Sekunden dauert. Ist Dir das Workout nicht intensiv genug, dann kannst Du eine Übung aus der optionalen Rubrik ergänzen.

AUFWÄRMPHASE	
1. Schnellkraft-Übung	**P 46**: Bodenwurf oder **P 6**: Liegestütz mit Absprung (mit Ball) oder **P 5**: Hantel-Boxen auf Gymnastikball oder **P 35**: Strecksprung mit Gewicht oder einbeinig ohne Gewicht
2. Ganzkörper-Übung	**P 41**: Kniebeuge und Schulterpresse oder **P 47**: Bruststoß nach vorne oben aus der Kniebeuge oder **P 43**: Beinanziehen und Liegestütz
3. Kniedominante Übung beidbeinig	**P 31**: Beidbeinige Kniebeuge intensiv (z. B. mit einem oder beiden Armen hochgestreckt oder auf instabilem Untergrund)
4. Druckbewegung nach vorne	**P 1**: Liegestütz intensiv oder **P 4**: Abwechselndes Brustdrücken (auf Gymnastikball) oder **P 2**: Liegestütz mit Schlingentrainer mit Fuß angehoben
5. Kniedominante Übung einbeinig	**P 34**: Einbeinige Kniebeuge oder **P 33**: Ausfallschritt rückwärts
6. Druckbewegung nach oben	**P 8**: Handstand-Liegestütz mit einem Bein an Wand oder **P 10**: (Einarmiges) Schwungdrücken mit Drehung oder **P 9**: (Einarmige) Schulterpresse mit Drehung
Optional: Ergänzende Oberkörper-Übung	**P 17**: Kopfspannen mit Bewegung
7. Vorrangig vordere Rumpfmuskulatur	**P 20**: Scheibenwischer im Hang oder **P 19**: Gestrecktes Beinheben im Hang (mit Gewicht) oder **P 21**: Beinanziehen im Front-Stütz
8. Vorrangig seitliche Rumpfmuskulatur	**P 26**: Seitlicher Handstütz mit Gewicht oder Seitlicher Handstütz mit Rotation
ABWÄRMPHASE	

Belastung	2–3 Sätze je Übung	Belastungszeit 32–48 Sek. je Übungssatz/ Wiederholungen: 8–12 Wdh. je Übungssatz

WORKOUT KRAFT E: ZUG
(SCHWIERIGKEITSLEVEL 3: FORTGESCHRITTENE)

Fortgeschrittene können dieses intensive Workout nutzen, das vorrangig auf die ziehenden Bewegungen sowie die rückwärtige Bein- und Gesäßmuskulatur ausgerichtet ist. Wähl je eine Übung aus den Kategorien für die Bewegungsrichtungen aus. Du kannst auch Übungsvarianten einsetzen, die bereits mit weniger Trainingserfahrung durchführbar sind, indem Du die Intensitäten/Gewichte anpasst. Du kannst die Übungen mit Zeitintervallen oder Wiederholungen ausführen oder aber zwischen den Methoden wechseln. Es wird davon ausgegangen, dass eine Wiederholung etwa vier (drei bis fünf) Sekunden dauert. Bei Bedarf kannst Du zur Förderung der Schnellkraft das »Hochziehen« ergänzen.

AUFWÄRMPHASE

Optional: Schnellkraft-Übung	**P 48**: Hochziehen (High-Pull)
1. Ganzkörper-Übung	**P 42**: Einarmiger Kettlebell-Swing oder **P 45**: Klimmzug mit Beinanziehen
2. Zugbewegung nach hinten	**P 13**: Rudern vorgebeugt (im Einbeinstand) oder **P 12**: Einarmiger Ruderzug aus Schräglage oder **P 11**: Ruderzug vom Boden (mit angehobenem Bein)
3. Hüftdominante Übung mit angewinkelten Beinen	**P 36**: Einbeiniger Beckenlift mit Gewicht und/oder auf instabilem Untergrund
4. Zugbewegung nach unten	**P 15**: Klimmzug mit Gewicht oder **P 16**: (Einarmiges) Hochziehen am Seil (mit Gewicht)
5. Hüftdominante Übung mit fast gestreckten Beinen	**P 37**: T-Stand mit Kurzhantel und Fußgewicht oder **P 38**: Einarmiges Kreuzheben mit fast gestreckten Beinen
6. Ergänzende Oberkörper-Übung	**P 18**: V-, U-, T-Haltung mit Gewicht (auf Gymnastikball)
7. Vorrangig hintere Rumpfmuskulatur	**P 28**: Einarmiges Kreuzheben oder **P 29**: Körperanheben mit Gewicht in Händen und an Füßen oder **P 30**: Rückwärtiger Stütz mit Beinanheben

ABWÄRMPHASE

Belastung	2–3 Sätze je Übung	Belastungszeit 32–48 Sek. je Übungssatz/ Wiederholungen: 8–12 Wdh. je Übungssatz

Mit der richtigen Ernährung wirst Du optimal leistungsfähig im Alltag und Sport. Defizite bei der Nahrungsaufnahme können den gewünschten Muskelaufbau beeinträchtigen. Je besser Dir die gesunde, bedarfsgerechte Ernährung gelingt, umso größere Erfolge wirst Du mit dem Training erreichen. Achte also immer darauf, was Du zu Dir nimmst.

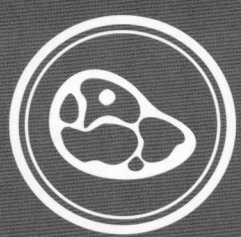

ERNÄHRUNG

KAPITEL 5
ERNÄHRUNG

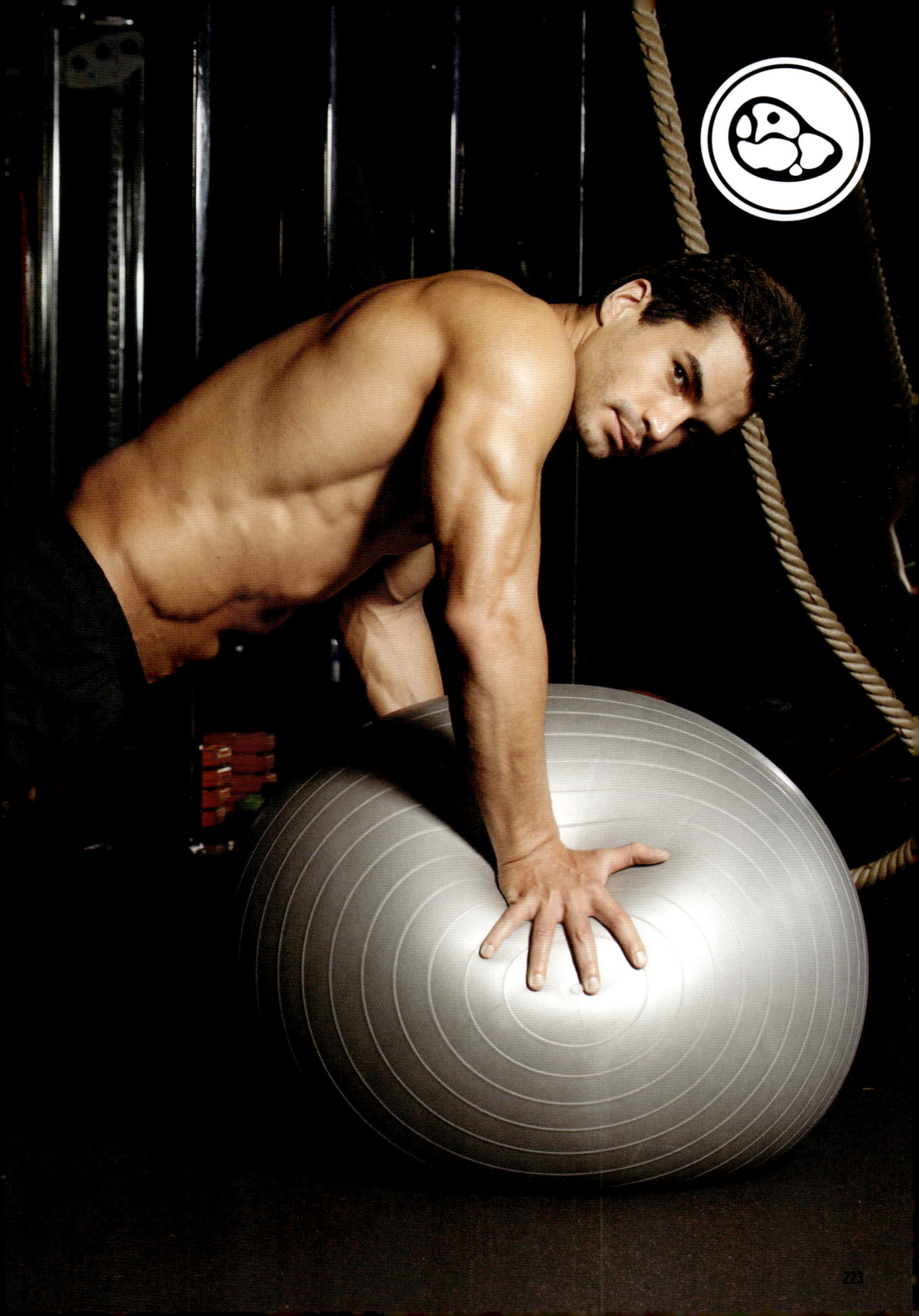

1 BASICS

Als Fitnesssportler musst Du darauf achten, was Du isst, denn eine an die sportlichen Ziele und Trainingsanstrengungen angepasste Ernährung ist die Voraussetzung für die optimale Entwicklung der Leistungsfähigkeit.

Mit der richtigen Ernährung bist Du im Training leistungsbereit und förderst Muskelaufbau sowie schnelle Regeneration. Außerdem hilft sie, möglichen Verletzungen und frühzeitigem Verschleiß vorzubeugen.

Es ist wichtig, dass Du die hier vorgestellten Ernährungsprinzipien verstehst und darauf achtest, Deinem Körper die notwendigen Nährstoffe zuzuführen. Vergleich Deine Ernährung mit den vorgestellten Prinzipien und pass sie, wenn nötig, an, um alle Möglichkeiten zur Leistungsoptimierung zu nutzen. **Mach Dir bewusst, was Du isst, und achte darauf, wie der Körper auf Veränderungen der Ernährung reagiert.**

Als Fitnesssportler solltest Du auch auf eine mögliche Übersäuerung achten; diesem Thema ist ein ausführlicher Abschnitt gewidmet. Auch wenn Du als junger Sportler die Notwendigkeit der gesunden Ernährung vielleicht noch nicht spürst: Versorgst Du den Körper nicht mit den geeigneten Nährstoffen, dann wirst Du ihn schneller verschleißen, und wichtige Leistungspotentiale bleiben ungenutzt.

Es gibt immer wieder neue Erkenntnisse und Nahrungspräparate, die schnellere Erfolge bewirken sollen. Oftmals werden dabei Empfehlungen gegeben, die keine Rücksicht auf die individuellen Besonderheiten nehmen. Doch ist Dein Tagesverbrauch an Nährstoffen von Deinen Aktivitäten und vom Grundverbrauch Deines Körpers abhängig, und jeder Körper reagiert etwas unterschiedlich. Du kannst neue Erkenntnisse und Präparate testen, solange diese den grundlegenden Ernährungsprinzipien nicht deutlich widersprechen – ansonsten verzichte lieber darauf!

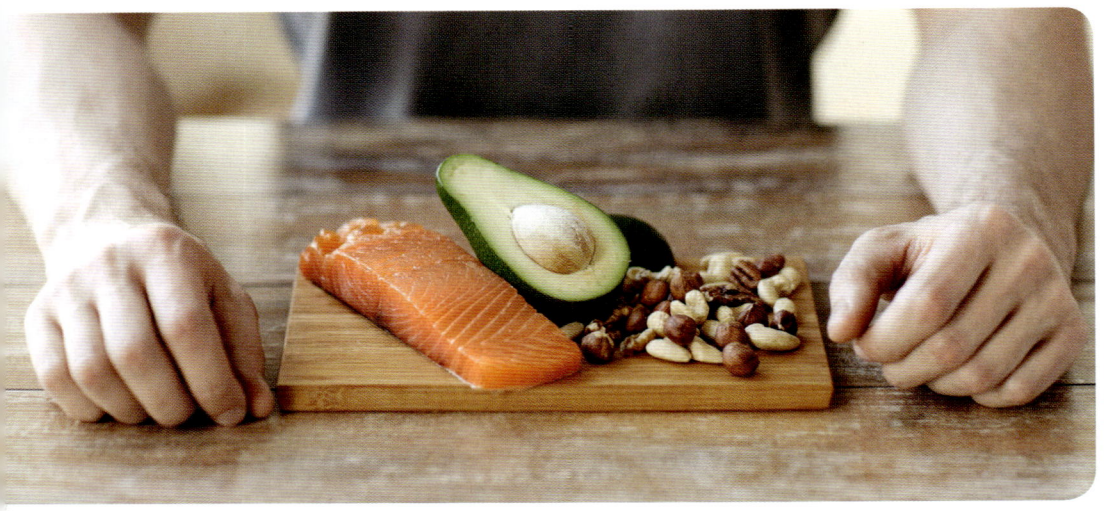

▲
Kraftvoll und leistungsstark – die richtig Ernährung ist grundlegend für den Trainingserfolg.

DIE BESTANDTEILE DER ERNÄHRUNG

Gleich welche Nahrungsmittel wir zu uns nehmen, im Stoffwechselprozess, den Umwandlungsprozessen in unserem Körper, werden die in der Nahrung enthaltenen Nährstoffe umgesetzt. Nährstoffe, die vom Körper verwertet werden können, sind **Kohlenhydrate, Fette, Eiweiße, Vitamine, Mineralstoffe und Wasser.** Die Kohlenhydrate und Fette dienen hauptsächlich als Energielieferanten. Das Eiweiß wird vorwiegend als Baustoff des Körpers genutzt. Hauptfunktion der Vitamine und Mineralstoffe ist die Regulierung des Stoffwechsels. Das Wasser transportiert die Substanzen im Körper und reguliert die Körperwärme.

Der optimale Ernährungsplan fällt für jeden Fitnesssportler etwas unterschiedlich aus. Er ergibt sich aus Deiner körperlichen Aktivität, Deiner Muskelmasse und Deiner Körpergröße.

Auf den Verpackungen der Nahrungsmittel findest Du meistens Infos zur Nährstoffzusammenstellung. Lies hin und wieder die Produktbeschreibungen, um Dir einen Überblick über die eigene Ernährung zu verschaffen. Eine genaue Überprüfung und Auswertung der Ernährung ist dagegen sehr aufwendig und für Fitnesssportler überzogen.

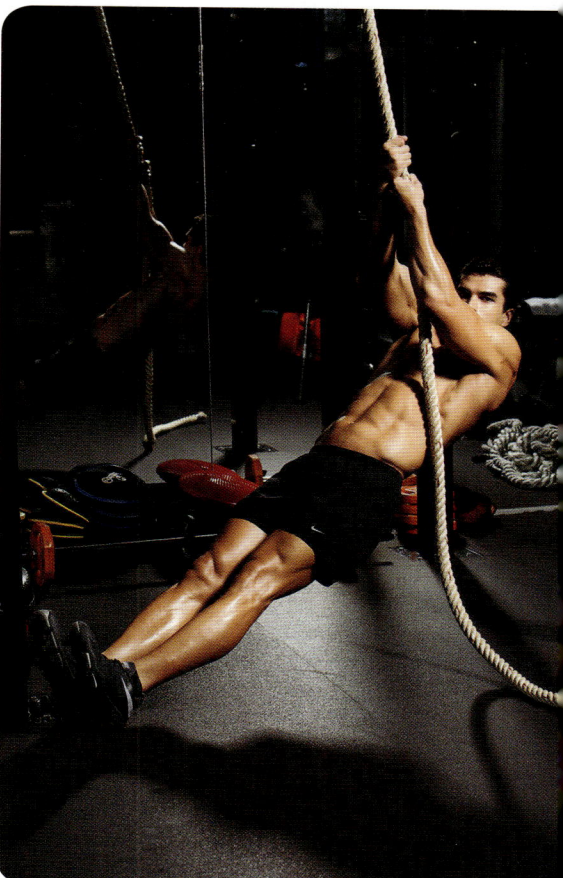

KOHLENHYDRATE

Kohlenhydrate umfassen Zucker und Zuckerverbindungen, die als Grundnährstoffe die wichtigste Energiequelle des Organismus bilden. Man unterscheidet **einfache, kurzkettige und komplexe, langkettige Kohlenhydrate**. Die einfachen Kohlenhydrate werden dem Körper schnell zugeführt. Ebenso schnell werden sie vom Organismus verarbeitet und verbraucht, wodurch Verlangen nach neuer Nahrung entsteht. Für die Umwandlung der komplexen Kohlenhydrate braucht der Organismus mehr Zeit. Die Energie wird dem Körper langsam zugeführt, weshalb die komplexen Kohlenhydrate über einen langen Zeitraum sättigend wirken. Einfache Kohlenhydrate sind beispielsweise in Süßigkeiten und Limonade, komplexe in Nudeln, Brot, Reis und Kartoffeln enthalten.

Empfehlenswert sind komplexe Kohlenhydrate auf vollwertiger Basis, wie Vollkornbrot, -reis und -nudeln, da diese einen höheren Anteil an Vitaminen und Mineralstoffen enthalten. Auch wirst Du feststellen, dass eine vollwertige Ernährung nachhaltiger sättigt. Allerdings solltest Du Deine Essgewohnheiten nur langsam umstellen, da sich der Körper erst an die Verdauung vollwertiger Kohlenhydrate gewöhnen muss.

Wenn die Aufnahme von Kohlenhydraten höher ist als der Verbrauch, werden die überschüssigen Kohlenhydrate als Fettpolster gespeichert. Dabei verbraucht die Umwandlung einen erheblichen Teil der aufgenommenen Kohlenhydrate.

EIWEISSE

Eiweiße oder **Proteine** sind die Grundbausteine unseres Körpers. Haut, Muskeln, Haare, Sehnen und Bänder bestehen aus Proteinverbindungen. Die Proteine werden im Organismus fortlaufend auf-, ab- und umgebaut. Sie sind notwendig für die Reparatur der Körperzellen, für den Muskelaufbau und für das Immunsystem.

Proteine sind aus verschiedenen Aminosäuren zusammengesetzt. Acht essenzielle Aminosäuren müssen dem Körper zugeführt werden; vierzehn Aminosäuren kann er selbst herstellen. Zahlreiche Proteine befinden sich in Fisch und in Milchprodukten. Ebenso ist in Fleisch viel Protein enthalten, jedoch oftmals auch viel Fett. Empfehlenswerte Eiweißträger sind beispielsweise Putenfleisch, Thunfisch und mageres Rindfleisch.

Wenn Du mehr Eiweiß aufnimmst, als Du benötigst, wandelt der Organismus dies in Körperfett oder bei Kohlenhydratmangel in Glucose um. Du musst dem Körper täglich Eiweiß zuführen, da ansonsten der Körper auf Muskeleiweiß zurückgreift und dadurch Muskulatur abbaut.

FETTE

Fette sind **konzentrierte Energielieferanten** und wie alle anderen Nährstoffe für den Körper lebensnotwendig. Die Qualität der Fette lässt sich anhand der enthaltenen Fettsäuren unterscheiden. Es wird gibt gesättigte, einfach ungesättigte und mehrfach ungesättigte Fettsäuren. Du solltest so wenig wie möglich gesättigte Fettsäuren zu Dir nehmen, denn ihr häufiger Verzehr beeinflusst die Blutwerte negativ und kann zu erhöhten Cholesterinwerten führen. Gesättigte Fettsäuren erkennst Du daran, dass sie bei Zimmertemperatur eine feste Konsistenz haben, wie Butter und Speck. Aus Gesundheitsaspekten sind insbesondere Transfette bedenklich, z. B. Frittierfette.

Unentbehrlich sind hingegen einfach ungesättigte sowie mehrfach ungesättigte Fettsäuren. Diese Fette musst Du dem Körper zuführen, da er sie nicht selbst herstellen kann. Einfach ungesättigte Fettsäuren sind z. B. in Olivenöl und Nüssen, mehrfach ungesättigte Fettsäuren sind z. B. in Sonnenblumenöl, Distelöl und Fisch enthalten. Ersetze gesättigte Fettsäuren durch einfach ungesättigte und mehrfach ungesättigte Fettsäuren. Beispielsweise kannst Du Speisen mit hochwertigen Ölen statt mit Margarine und Butter zubereiten.

VITAMINE

Vitamine sind organische Verbindungen, die an den zahlreichen Stoffwech-selprozessen beteiligt sind. Bereits geringe Veränderungen am Vitaminbe-stand im Körper haben weitreichende Auswirkungen. Das Vitamin C stärkt beispielsweise das Immunsystem, weshalb sich bei einer Erkältung oder bei einer deutlichen Steigerung der Trainingsintensität die erhöhte Einnahme von Vitamin C lohnt. Es gibt aber auch Vitamine, deren erhöhte Zufuhr negative Auswirkungen hat. Deshalb solltest Du nicht unbedarft auf die zahlreichen im Handel erhältlichen Vitaminpräparate zurückgreifen.

Besser ist es, wenn Du **täglich frisches Obst** isst; so bist Du mit Vitaminen versorgt und benötigst keine Vitaminpräparate. Wähl so oft wie möglich reif geerntetes Obst aus der Region, da das Obst dann die meisten Vitamine hat. Ausschlaggebend für die Vitaminbilanz ist die Einnahme innerhalb mehrerer Tage. Deshalb ist es nicht problematisch, wenn Du an einem Tag wenige Vita-mine zu Dir nimmst. Iss dann aber am nächsten Tag wieder frisches Obst.

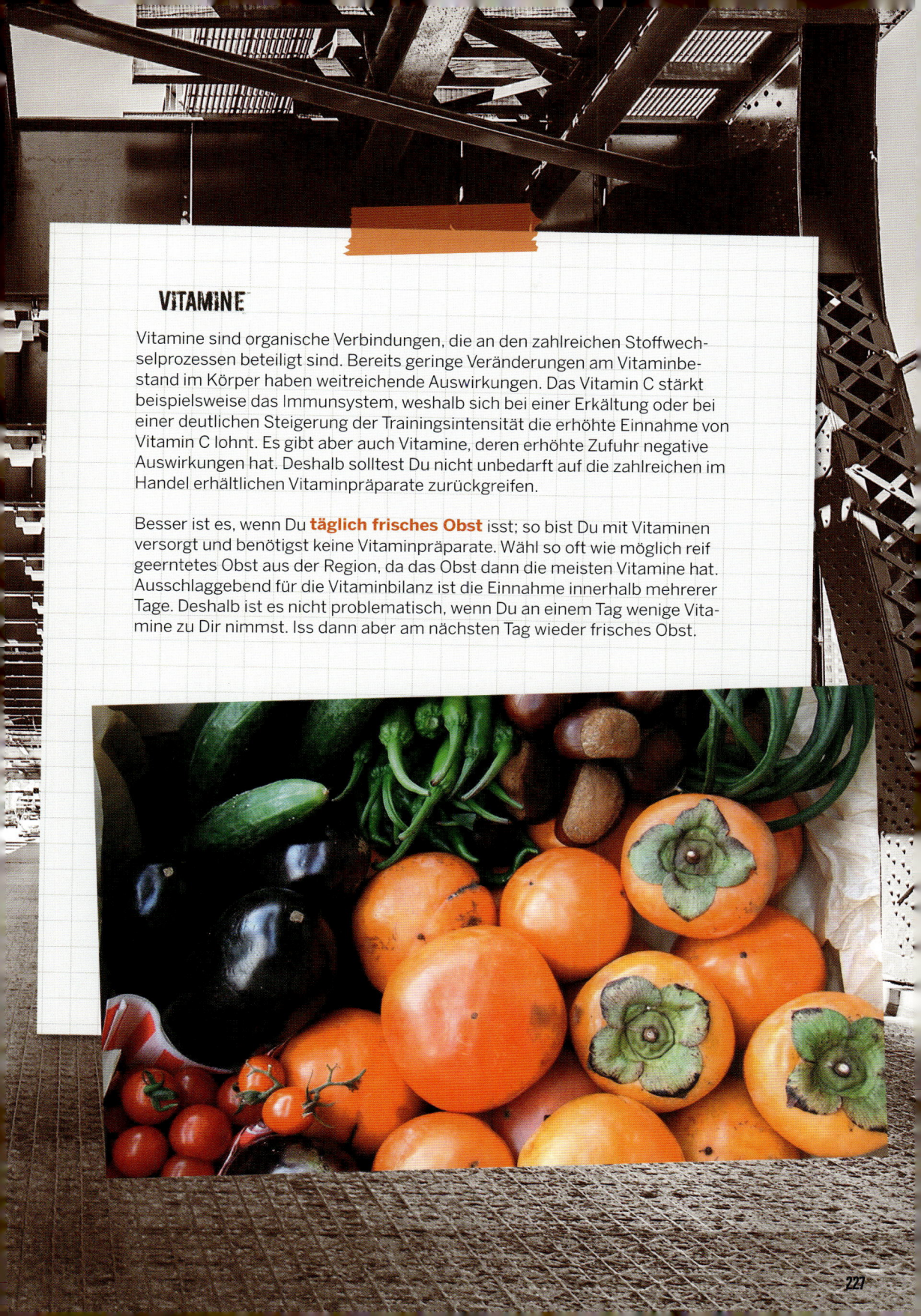

MINERALSTOFFE

Mineralstoffe sind am Aufbau der Knochensubstanz und an zahlreichen Stoffwechselvorgängen im Körper beteiligt, beispielsweise an der Regulierung des Wasserhaushalts. Zu den Mineralstoffen gehören z.B. Natrium, Kalium, Kalzium und Magnesium. Zu den Mineralstoffen mit geringem Vorkommen im Körper – den so genannten Spurenelementen – werden u.a. Eisen, Fluor, Zink, Selen und Jod gerechnet.

Mineralstoffe haben keine leistungsfördernde Wirkung. Deshalb ist es nicht sinnvoll, bei normaler körperlicher Belastung erhöhte Mengen einzunehmen. Zur Deckung des normalen Mineralstoffbedarfs genügt es, wenn Du Dich ausgewogen ernährst.

Wenn Du über einige Wochen sehr intensiv trainierst, können Nahrungsergänzungen sinnvoll sein, da ein Mangel an Mineralstoffen zu körperlichen Beeinträchtigungen führt. Ein Magnesiummangel verursacht beispielsweise Muskelkrämpfe, und ein Zinkmangel führt zu erhöhter Infektanfälligkeit. Achte deshalb bei deutlicher Trainingssteigerung auf eine **ausreichende Versorgung mit Mineralien**.

WASSER

Der menschliche Körper hat einen Wassergehalt von 50–70 Prozent. Wasser ist Transportmittel von Nährstoffen und reguliert die Körpertemperatur durch die Abgabe von Schweiß. Die Wärme wird durch die Schweißverdunstung an der Hautoberfläche freigesetzt. Training erhöht die Körperwärme, wodurch Du mehr Schweiß abgibst. Wie viel Schweiß das wird, ist abhängig von Deiner Trainingsintensität, der Außentemperatur und der Luftfeuchtigkeit.

Am Tag musst Du **mindestens zwei Liter Flüssigkeit** trinken, am besten Wasser. Du kannst jedoch auch deutlich mehr trinken, das hat keine negativen Auswirkungen. Koffein- oder alkoholhaltige Getränke sind aber zum Einhalten der Wasserbilanz ungeeignet, da sie bewirken, dass Du vermehrt Wasser ausscheidest. Bei intensiver Trainingsbelastung schwitzt Du deutlich mehr. Trink deshalb auch beim Training, da ansonsten die Gefahr besteht, dass Dein Körper dehydriert. Beim Schwitzen werden erhöht Mineralstoffe ausgeschieden, weshalb Du mineralhaltiges Wasser wählen musst.

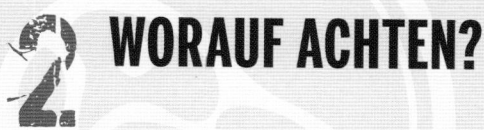

2. WORAUF ACHTEN?

Unsere Leistungsfähigkeit ist nicht nur vom Training abhängig, sondern ebenso von unserer Ernährung.

Als Fitnesssportler wollen wir stark und leistungsfähig sein und einen attraktiven Körper entwickeln. Mit der richtigen Ernährung kannst Du diese Ziele besser erreichen. Ernährst Du Dich richtig, dann fällt es leichter, Muskelmasse aufzubauen und Fettdepots zu verringern; auch wirst Du weniger verletzungsanfällig und verkürzt die Regenerationszeiten.

Es gilt, die **Ernährungsprinzipien zu verstehen**, Dir Deine eigene Ernährung bewusst zu machen und zu versuchen, sie immer besser den Prinzipien anzugleichen. Achte auf die Reaktionen Deines Körpers und geh bei den Anpassungen schrittweise vor, um dem Körper die notwendige Zeit zu geben, sich an die Umstellungen zu gewöhnen.

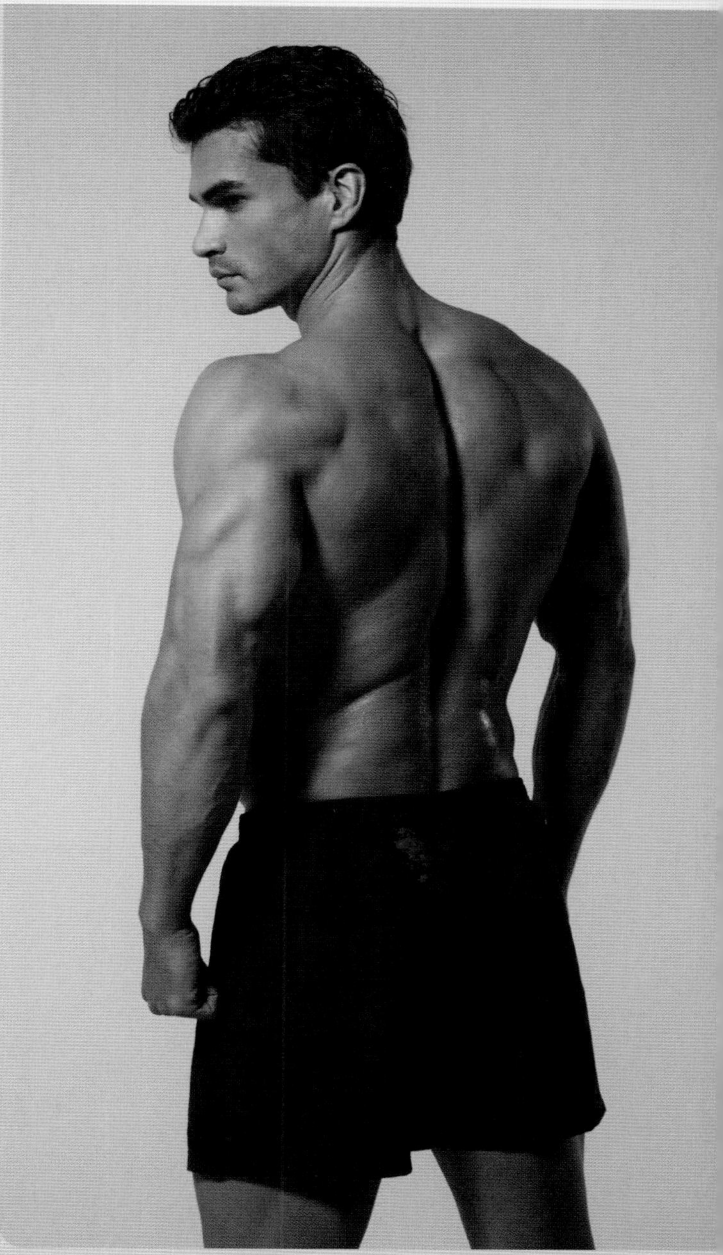

Prinzip 1: Regelmäßige Mahlzeiten

Nimm die Mahlzeiten zu regelmäßigen Zeiten ein, iss langsam und kau gründlich, um die Verdauung zu unterstützen. Es hat sich gezeigt, dass eine Einteilung in drei Hauptmahlzeiten sinnvoll ist: Frühstück, Mittagessen und Abendessen. Das bedeutet aber nicht, dass Du dreimal große Mengen verzehren sollst; die Nahrungsmenge musst Du an Deinen Bedarf anpassen. Außerdem ist es sinnvoll, eine Zwischenmahlzeit zwischen Frühstück und Mittagessen und eine am Nachmittag einzunehmen. Das Abendessen planst Du am besten am frühen Abend ein. Generell solltest Du abends eher wenig essen, vor allem, wenn Du Dein Körperfett reduzieren willst. Du kannst dann zwei bis drei Stunden später noch einen kleinen Snack essen. Hier sind Vorschläge zur Ernährungsplanung, die Du an Deine Bedürfnisse anpassen kannst.

	VORSCHLAG ESSENSPLAN: KEIN TRAINING	VORSCHLAG ESSENSPLAN: TRAINING 6–7:00 UHR	VORSCHLAG ESSENSPLAN: TRAINING 12–13:00 UHR	VORSCHLAG ESSENSPLAN: TRAINING 17–18:30 UHR
FRÜHSTÜCK	7:00 Uhr	7:30/8:00 Uhr	7:00 Uhr	7:00 Uhr
SNACK AM VORMITTAG	10:00 Uhr	10:00 Uhr	10:00 Uhr	10:30 Uhr
MITTAGESSEN	12:30 Uhr	12:30 Uhr	13:30/14:00 Uhr	13:00/13:30 Uhr
SNACK AM NACHMITTAG	15:30 Uhr	15:30 Uhr	15:30/16:00 Uhr	16:00 Uhr
ABENDESSEN	18:00 Uhr	18:00 Uhr	18:00 Uhr	19:00/19:30 Uhr
SNACK AM ABEND	/	20:00 Uhr (optional)	20:00 Uhr (optional)	/

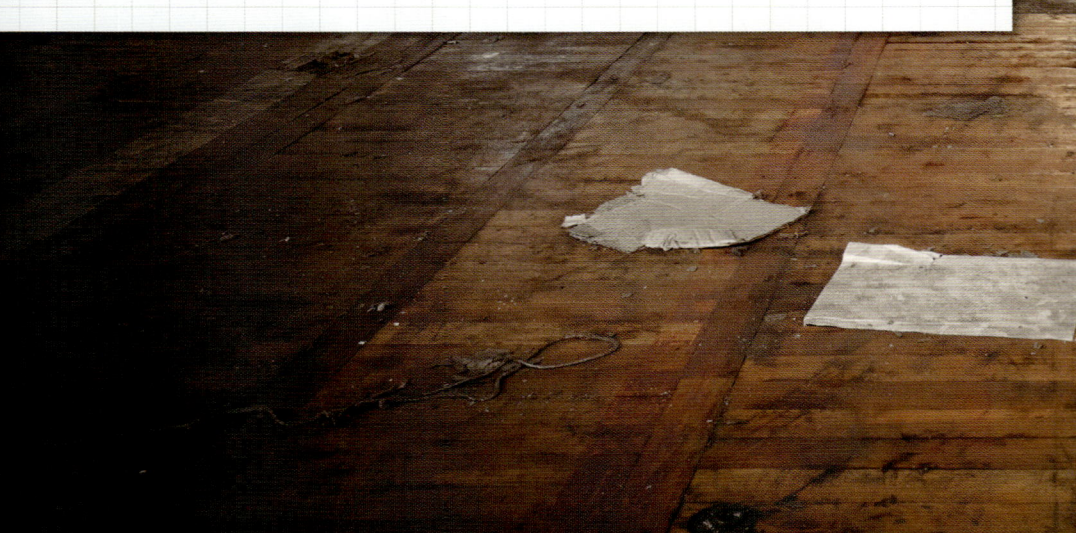

Prinzip 2: Genügend Eiweiß

Als Fitnesssportler musst Du darauf achten, dass Du genügend Eiweiß verzehrst. Als Eiweißlieferanten sind eher **fettarme Eiweißträger** zu empfehlen, beispielsweise mageres Fleisch, Fisch, Eier, fettarme Milchprodukte wie Magerquark und Hüttenkäse sowie Hülsenfrüchte und Tofu. Auch Molkeeiweiß (Whey) hat einen sehr hohen Eiweißanteil und nur einen sehr geringen Fettanteil.

Die Eiweißmenge sollte bei 1,5–2,0 g pro Kilo Körpergewicht liegen. Bei dem Ziel »Muskelaufbau« ebenso wie bei einer Diät sollte die Eiweißmenge eher bei 2 g liegen – aber nicht über 2,5 g. Bei einem Gewicht von 70 kg solltest Du also täglich 105–140 g

Eiweiß einnehmen. Ein Fitnesssportler mit einem Gewicht von 100 kg muss entsprechend 150–200 g Eiweiß verzehren.

Wichtig ist es, dass Du das Eiweiß über den Tag verteilt aufnimmst. Wenn Du hingegen versuchst, Deinen gesamten Eiweißbedarf mit einer Mahlzeit zu decken, ist keine optimale Eiweißversorgung gewährleistet. Außerdem kann Dein Körper darauf so reagieren, dass Du Magenschmerzen bekommst und eine große Menge wieder ausscheidest (das ist beispielsweise häufig nach dem Verzehr von viel Magerquark zu beobachten). Wenn Du die Eiweißaufnahme über den Tag verteilst, ist sichergestellt, dass der Körper das Eiweiß aufnehmen und umwandeln kann und alle benötigten Aminosäuren erhält.

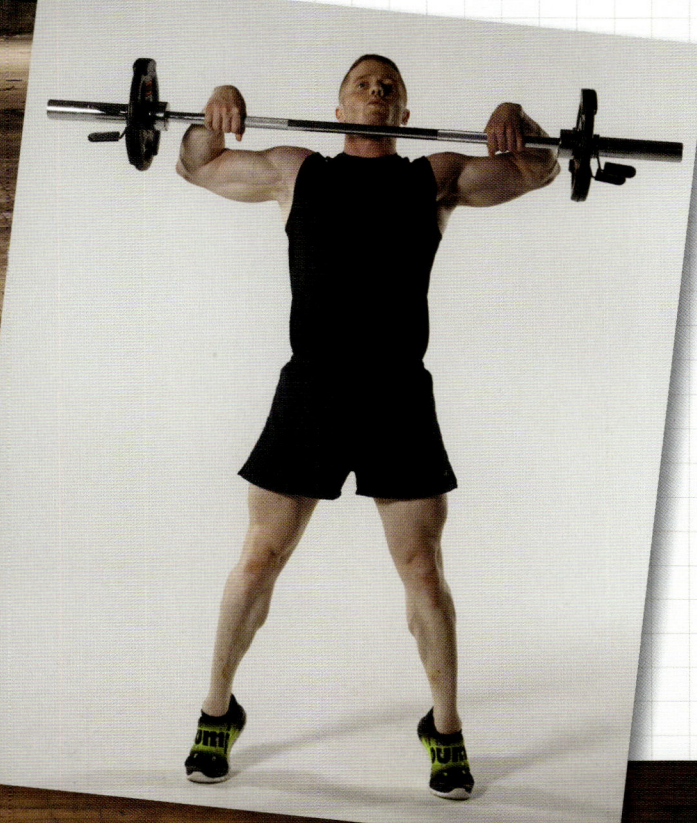

Die Angaben sind Orientierungswerte, deren genaue Überprüfung zu aufwendig wäre. Außerdem enthalten viele Nahrungsmittel, die nicht zu den Eiweißträgern gezählt werden, zumindest eine kleine Menge Eiweiß. Als Faustregel kann deshalb gelten: Achte darauf, dass Du zumindest bei den drei Hauptmahlzeiten jeweils eine große Menge Eiweiß verzehrst. Ist das nicht möglich, dann sind Zwischensnacks wie Eiweiß-Shakes und Eiweißriegel notwendig, um die benötigte Eiweißmenge sicherzustellen.

KALKULATION IN HANDFLÄCHENGRÖSSE

Um die Menge schnell einzuschätzen, kannst Du mit einer durchschnittlich großen Handfläche kalkulieren. Ein Eiweißträger im Umfang einer mittelgroßen Handfläche enthält grob geschätzt etwa 30 g Eiweiß. Diese einfache Regel bietet Dir eine Grundlage um zu kalkulieren: Beispielsweise passen 2 Hühnereier in die Handfläche; die Eier enthalten 32 g Eiweiß. Ein mitteldick geschnittenes Stück Fleisch mit 150–200 g entspricht dem Umfang von 1 ½ –2 Handflächen. Ein dünngeklopftes Schweineschnitzel benötigt entsprechend mehr und ein dickgeschnittenes Rumpsteak entsprechend weniger Umfang, um eine Menge von 30 g Eiweiß zu erreichen.

Nach der **Handflächenregel** benötigt ein Fitnesssportler mit einem Gewicht von 70 kg über den Tag verteilt Eiweißträger in der Menge von 3–4 Handflächen. Zusätzlich nimmt er noch etwas Eiweiß aus anderen Nahrungsmitteln ein, so dass die benötigte Menge erreicht wird. Wenn er allerdings die Gesamtmenge von 3–4 Handflächen in den Hauptmahlzeiten nicht erreicht, dann muss er eiweißhaltige Zwischensnacks ergänzen. Ein Fitnesssportler mit 100 kg Gewicht benötigt an vorrangig eiweißhaltigen Nahrungsmitteln eine Menge von 4 ½–6 Handflächen.

WICHTIGE EIWEISSQUELLEN PRO 100 G

Die Angaben zu den Eiweißträgern sind pro 100 g dargestellt (sie sind in der Literatur nicht immer einheitlich, liegen jedoch recht nah beieinander). Kalkulier so, dass ein Hühnerei 16 g Eiweiß enthält. Mandeln besitzen viele wertvolle Fette und sind deshalb auch aufgeführt. Die Angaben beim Whey-Pulver sind abhängig vom Produkt etwas unterschiedlich.

PRO 100 G	EIWEISS (G)	KOHLENHYDRATE (G)	FETT (G)
Garnelen	18,6	0	1,4
Harzer Käse	30,0	0	0,7
Hähnchenbrust	22,0	0	1,0
Hühnerei	12,9	1	11,2
Hüttenkäse (Magerstufe)	13,3	1,4	3,3
Lachsfilet	23,0	0	7,0
Linsen rot	25,5	50,0	1,5
Mandeln	19,0	4	54,0
Parmesan	38,5	0	25,8
Putenfleisch	23,0	0	2
Quark (Magerstufe)	13,5	4	0,2
Rindfleischsteak	28,6	0,3	12,6
Schinken (gekocht)	23,0	0	4
Schweineschnitzel	22,0	0	1,9
Thunfisch	25,0	0	0,8
Tofu	15,5	2,8	5,6
Whey-Pulver	78,5	5,8	3,8

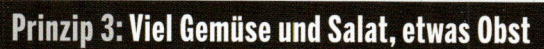

Prinzip 3: Viel Gemüse und Salat, etwas Obst

Achte auf eine abwechslungsreiche Ernährung mit viel Gemüse, denn dieses liefert **wichtige Nährstoffe** und ist **kalorienarm**. Außerdem ist es als Basenträger wichtig, um die säurebildende, eiweißhaltige Nahrung auszugleichen. Besonders wertvoll sind Brokkoli, Blumenkohl, Kraut und Spinat, wovon Du möglichst oft und viel essen kannst. Die Gemüsemenge in einer Mahlzeit sollte möglichst die dreifache Menge dessen betragen, was Du an eiweißhaltiger Nahrung verzehrst. Entscheid Dich für frisches Gemüse; falls nicht verfügbar, dann lieber Tiefkühl- als Dosengemüse. Rohkost solltest Du besser bis zum frühen Nachmittag verzehren, da sie sich schwerer verdauen lässt; abends kannst Du leicht gedünstetes Gemüse wählen.

Auch mit gesundem Öl (beispielsweise Olivenöl) zubereitete Salate solltest Du oft essen. Es ist empfehlenswert, Salate mit Kräutern und Sprossen anzureichern, auch Pilze und Nüsse können zugefügt werden. Wenn Du Rohkost gut verträgst, dann kannst Du auch noch abends einen Salat essen, ansonsten zum Mittagessen.

Eine gute Aufteilung eines Mittagessens sieht so aus: ein Viertel Eiweißträger wie Fleisch oder Fisch, mindestens zwei Viertel Gemüse und Salat und höchstens ein Viertel Kohlenhydrate wie Reis oder Nudeln. Wenn Du Dich daran orientierst, stellst Du sicher, dass Du Dich ausgeglichen ernährst und den Körper nicht übersäuerst.

Auch Obst ist ein wichtiges Nahrungsmittel, denn es enthält viele Vitamine, Mineralstoffe und Ballaststoffe und ist somit basenreich. Wähl frisches Obst, da es viel mehr Vitamine enthält als frühzeitig geerntetes, und wechsle möglichst oft die Sorte. Allerdings solltest Du aufgrund des hohen Fruchtzuckergehalts nicht zu viel Obst essen (und wenn Du abnehmen willst, so wenig wie möglich). Ein bis zwei Portionen in der Größe einer Faust sind pro Tag empfehlenswert, beispielsweise beim Frühstück oder als Zwischenmahlzeit.

Ist eine solche Zusammenstellung der Nahrung nicht möglich, beispielsweise weil Du nicht gerne große Mengen Rohkost isst, dann empfiehlt sich eine Nahrungsergänzung mit Vitamin- und Mineralienprodukten. Das gilt auch bei sehr intensivem Trainingspensum und einer deutliche Gewichtsreduktion.

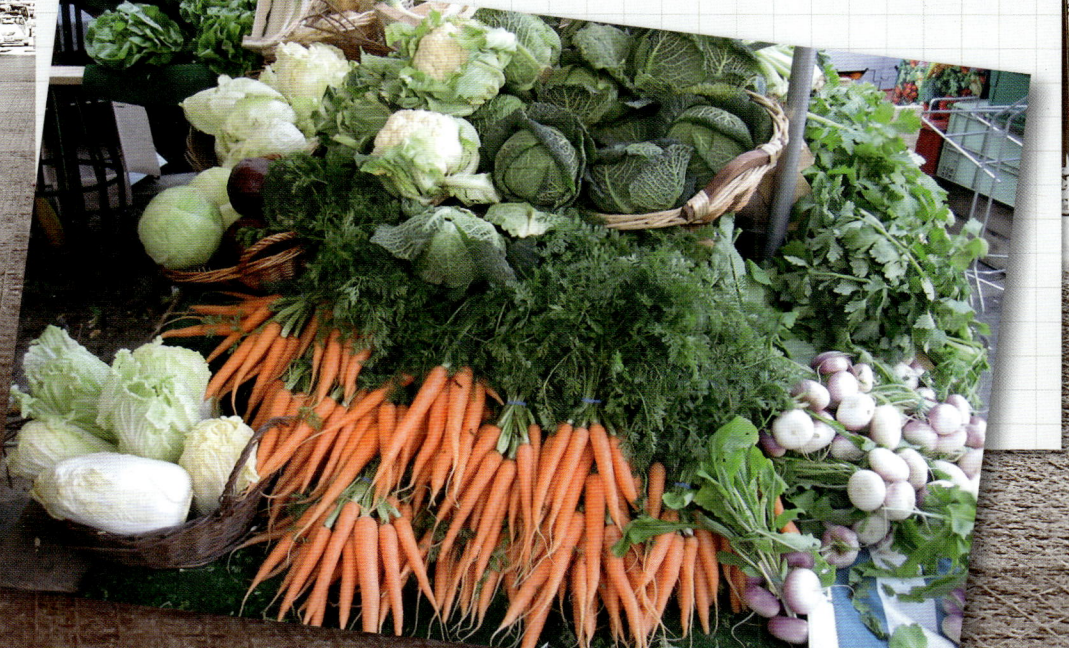

Prinzip 4: Hochwertige Fette, aber nicht zu viel

Fette enthalten eine hohe Kalorienmenge, und wenn Du zu viel davon isst, steigt Dein Körperfett. Achte deshalb darauf, den Fettanteil in Deiner Ernährung relativ gering zu halten. Nimm beispielsweise fettarme Milch zum Müsli. Die Frühstückseier kannst Du kochen oder mit möglichst wenig Öl in der Pfanne zubereiten. Wenn Du nicht auf die Butter auf dem Frühstücksbrötchen verzichten willst, dann halt die Menge möglichst gering. Besser ist Hüttenkäse als Aufstrich, darüber kannst Du etwas Marmelade oder Honig streichen.

Du darfst allerdings **nicht auf wertvolle Fette verzichten**, denn einige essenzielle Fette wie Omega-3-Fettsäuren kann der Körper nicht selbst herstellen; diese Fette musst Du Deinem Körper über die Nahrung zuführen. Fette sind für viele Aktivitäten in unserem Stoffwechsel wichtig. Außerdem ist zu beachten, dass einige Vitamine nur in Verbindung mit Fett gelöst werden können. Die gesunden Fette befinden sich beispielsweise in wertvollen Ölen wie Olivenöl und Leinöl, in Avocados, Nüssen und Samen sowie in fetten Fischen, die sich von Algen ernähren. Iss diese Nahrungsmittel – jedoch nicht zu viel davon. Verzehr generell mehr Fette aus pflanzlichen als aus tierischen Nahrungsmitteln.

Nüsse als Lieferanten von wertvollen Fetten bieten sich für Zwischenmahlzeiten an, insbesondere in Verbindung mit Trockenobst. Als besonders wertvolle Nüsse gelten Mandeln. Die geeignete Menge an Nüssen lässt sich anhand von zwei Fingern vorstellen; zwei- bis dreimal täglich eine kleine Menge, dann bist Du bereits gut versorgt.

Reduzieren sollst Du Produkte wie fette Wurst, fettreichen Käse, fettes Fleisch, Butter und Margarine, da in ihnen ein hoher Anteil gesättigter Fettsäuren enthalten ist; insbesondere gilt es, die Transfette zu minimieren, die oft in industriell gefertigten Lebensmitteln wie Fertiggerichten, Kuchen und Gebäck enthalten sind. Außerdem solltest Du möglichst keine Frittierfette zu Dir nehmen.

Prinzip 5: Kohlenhydratmenge kontrollieren

Kohlenhydratreiche Nahrungsmittel musst Du verzehren – allerdings nicht zu viel davon. Die richtige Menge hängt von Intensität und Zielen Deines Trainings ab. Wenn Du mit Deinem Körperfettanteil zufrieden und im Training leistungsbereit bist, dann hast Du ein geeignetes Ernährungsmaß gefunden. Willst Du hingegen Gewicht beziehungsweise Körperfett reduzieren, dann solltest Du die Menge an Kohlenhydraten (sowie an gesättigten Fettsäuren) einschränken. Vorrangig solltest Du den Verzehr von kurzkettigen Kohlenhydraten reduzieren, die sich in Weißbrot, Nudeln, geschältem Reis und Süßigkeiten finden. Generell solltest Du möglichst oft vollwertige Kohlenhydrate essen wie Vollkornreis, Vollkornnudeln und Vollkornbrot. Empfehlenswert sind als kohlenhydratreiches Nahrungsmittel auch Kartoffeln.

Morgens solltest Du eine eher große Menge Kohlenhydrate wählen (aus möglichst vollwertigen Nahrungsmitteln), damit Du Dich fit fühlst und Energie und Kraft für die Tagesaufgaben hast. Auch mittags kannst Du noch Kohlenhydrate verzehren, z. B. aus Getreideerzeugnissen, wogegen Du abends die Kohlenhydrate möglichst streichen solltest. Außerdem ist zu beachten, dass Du **nach dem Training Kohlenhydrate** essen musst; falls Du abends trainierst, auch danach noch eine kleine Menge.

Prinzip 6: Viel trinken

Damit Du Deine sportliche Leistung erbringen kannst, musst Du darauf achten, genügend zu trinken. Denn bereits der Verlust von 5 % Prozent Körperflüssigkeit führt zu einer deutlich geringeren Leistungsfähigkeit. Schon wenig aktive Menschen sollten mindestens 2–2,5 Liter Flüssigkeit aufnehmen, um den täglichen Flüssigkeitsverlust zu ersetzen. Wenn Du intensiv trainierst und viel schwitzt, erhöht sich die notwendige Flüssigkeitsmenge deutlich. Wir nehmen zwar durch den Verzehr von Obst und Gemüse auch Wasser auf, doch sollten wir zusätzlich mindestens 2 Liter Mineralwasser trinken.

An einem Trainingstag solltest Du 2,5–3,0 Liter trinken, bei hohem Flüssigkeitsverlust noch mehr, ebenso bei gezielter Körperfettreduktion. Überprüf hin und wieder, ob Du tatsächlich genügend trinkst, indem Du die Flüssigkeitsmenge über den Tag hinweg notierst. Achte darauf, dass Du ein **Mineralwasser** wählst, das **reich an Magnesium, Kalium und Natrium** ist. Außerdem sollte das Mineralwasser keine oder wenig Kohlensäure haben, da auch viel Kohlensäure zu vermehrter Säurebildung führt.

Alkohol und koffeinhaltige Getränke sind zum Einhalten der Wasserbilanz nicht geeignet, da sie stark harntreibend wirken und somit zu verstärkter Wasserausscheidung führen. Deshalb empfiehlt es sich, Kaffee und Bier mit einer jeweils größeren Menge an Mineralwasser auszugleichen.

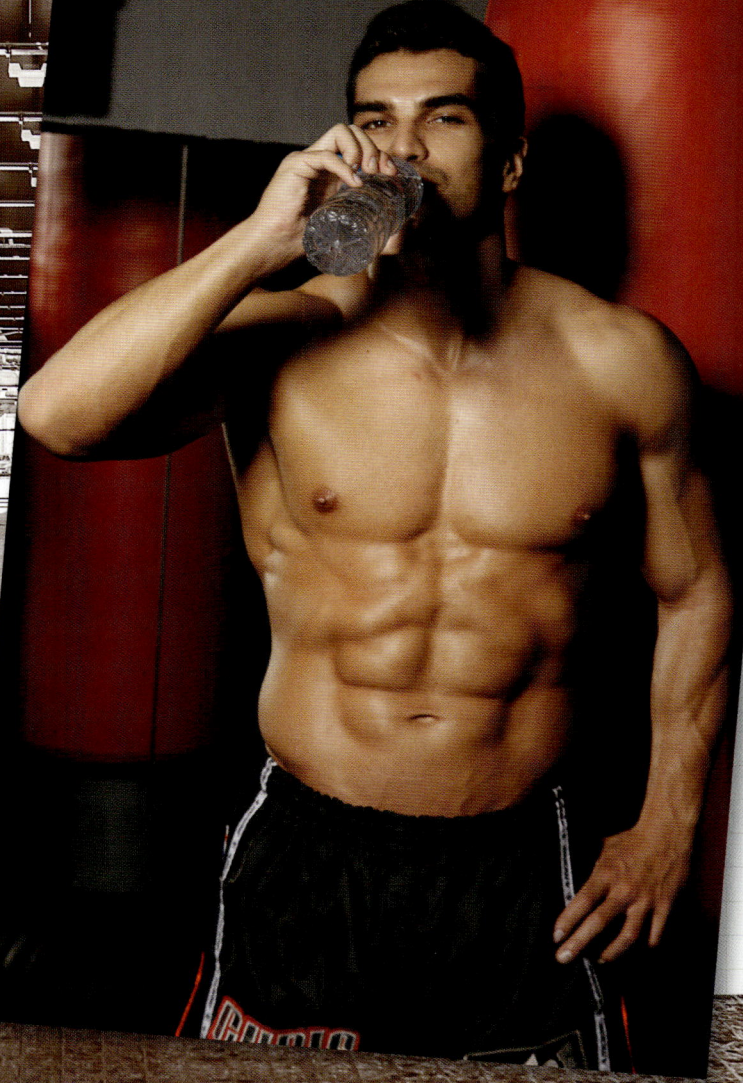

Prinzip 7: Iss natürlich und wähl Freilandhaltung

Kauf **Gemüse, Salat, Obst und Kräuter möglichst frisch**, anstatt Produkte mit Konservierungsstoffen zu essen. Greif möglichst oft zu Produkten, die Saison haben und reif geerntet werden – empfehlenswert sind Produkte aus regionalem Anbaugebiet. Verarbeitete Lebensmittel wie Fertig- und Dosengerichte haben viel weniger essenzielle Nährstoffe und mehr Kalorien. Lager frische Nahrungsmittel richtig und iss sie oft roh. Gemüse, das Du nicht roh verzehrst, solltest Du mit möglichst wenig Hitze und in geringer Flüssigkeit dünsten. Nutz den entstehenden Gemüsesaft für die Zubereitung einer Gemüsebrühe, damit wenig Nährstoffe verloren gehen. Am besten kochst Du oft selbst, um die optimale Zusammenstellung und Zubereitung der Mahlzeiten sicherzustellen.

Kauf Fleisch möglichst aus Freilandhaltung. Freilaufende Tiere bekommen eine bessere Ernährung und können durch die Bewegung mehr Muskulatur aufbauen, wodurch ihr Fleisch eine größere Menge an Aminosäuren, Mineralstoffen und Vitaminen enthält. Ebenso ist Wildfisch empfehlenswert, da Fische in Zuchtbetrieben oft minderwertig gefüttert werden. Fleisch aus Freilandhaltung und wild gefangener Fisch sind zwar deutlich teurer, doch ist ihr Nährwert so viel besser, dass man diese Eiweißträger kaum mit Fleisch aus dem Stall und Fisch aus Zuchthaltung vergleichen kann.

Prinzip 8: Iss kontrolliert und bewusst

Iss zu regelmäßigen Zeiten, nimm Dir dazu Zeit und kau gründlich, um die Verdauung zu unterstützen. Verzehr die geeignete Menge und bedenk, dass sich das Sättigungsgefühl erst etwas später einstellt. Iss nicht, bis der Topf und der Teller leer sind! Wie Du die Mahlzeiten optimal zusammensetzt, hängt von Deinem Lebensstil, den Trainingszielen und der Trainingsuhrzeit ab. Durch bewusste Nahrungsaufnahme kannst Du herausfinden, was sich für Deinen Körper eignet.

Eiweißhaltige Nahrungsmittel sollten in allen drei Mahlzeiten enthalten sein. Am besten isst Du auch morgens Gemüse, um eine mögliche Übersäuerung zu vermeiden. Wenn Dir dies nicht schmeckt, dann gleich die säurebildenden Eiweißträger mit Obst aus.

Generell solltest Du Kohlenhydrate eher wenig und vorrangig morgens und mittags verzehren. Empfehlenswert sind vollwertige Kohlenhydrate, beispielsweise ein vollwertiges Müsli zum Frühstück. Trainierst Du allerdings abends, dann benötigst Du danach noch eine kleine Menge an Kohlenhydraten.

Zwischen den Hauptmahlzeiten empfehlen sich zwei kleine Zwischensnacks. Empfehlenswert sind Nüsse, Obst- und Gemüsesnacks, Eiweißdrinks und Eiweißriegel; auf Süßigkeiten solltest Du dagegen verzichten. Iss jedoch nicht zu viel als Zwischensnack! Rohkost solltest Du besser bis zum frühen Nachmittag verzehren, da sie sich schwerer verdauen lässt und der Verdauungsprozess während des Schlafens nicht erschwert werden sollte. Am Abend kannst Du leicht gedünstetes Gemüse wählen.

Es ist wichtig, dass Du die Nahrungsmittel richtig miteinander kombinierst. Tierische Eiweißträger sind stark säurehaltig, was aber nicht bedeutet, dass man als Fitness-sportler darauf verzichten soll, denn an-sonsten ist die Einhaltung der notwendigen Eiweißmenge schwierig. Vielmehr solltest Du darauf achten, dass Du möglichst in der gleichen Mahlzeit **säurebildende Nahrung mit basenbildender Nahrung** wie Gemü-se, Salat und Obst **ausgleichst**. Ein Stück Fleisch oder Fisch ist mit der dreifachen Menge an Basenbildnern vorrangig aus Gemüse auszugleichen. Wenn Deine Zwi-schenmahlzeiten basisch sind, dann kann

die Menge etwas kleiner sein. Generell kannst Du immer viel Gemüse und Salat essen, solange die Soße beziehungsweise das Dressing gesund ist.

Du kannst Dir das Vorgehen bildlich so vorstellen: Wenn Du ein Stück Fleisch oder Fisch in der Größe einer Handfläche verzehrst, dann solltest Du Gemüse im Umfang von mindestens 2 Fäusten essen und am besten etwas Salat dazu. Ist der Umfang des Eiweißträgers größer, dann steigerst Du entsprechend auch die Menge der Basenträger.

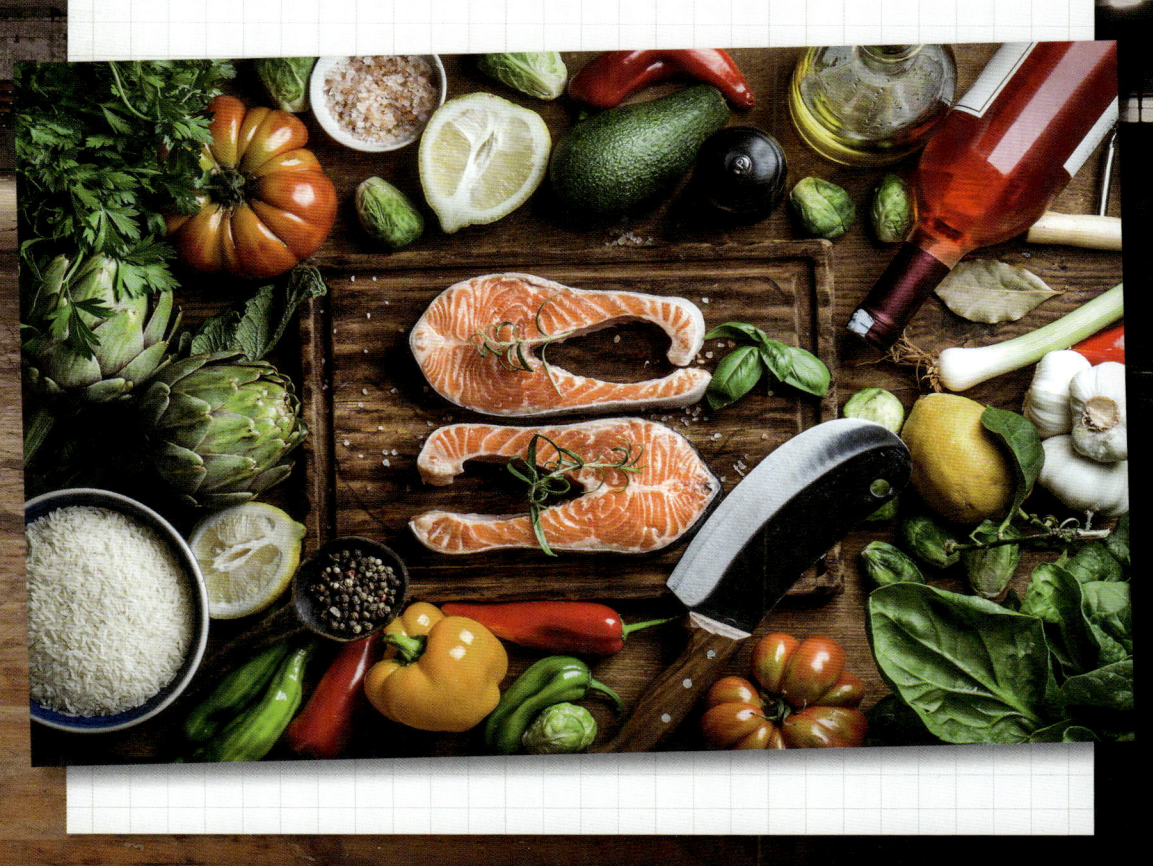

Prinzip 10: Ernährung und Training abstimmen

Nach einer Hauptmahlzeit ist es ratsam, zwei bis drei Stunden zu warten, bevor Du mit einer Trainingseinheit beginnst. Vor einer langen Trainingseinheit kannst Du einen kleinen kohlenhydrathaltigen Snack verzehren, um mehr Energie verfügbar zu haben, beispielsweise eine Banane oder eine Scheibe Brot mit Honig. Auf fetthaltige Nahrung musst Du jedoch vor dem Training verzichten.

Während eines langen und intensiven Trainings musst Du **viel trinken**; mindestens ein halber Liter je Trainingsstunde ist empfehlenswert. Am besten trinkst Du Mineralwasser oder Schorle aus zwei Dritteln Mineralwasser und einem Drittel reinem Apfelsaft ohne Zuckerzusatz. Die zusätzliche Aufnahme einer geringen Menge Kohlenhydrate ist sinnvoll, wenn Du ein eher langes intensives Krafttraining ausführst.

Nach dem Training solltest Du innerhalb von 30 Minuten zumindest einen Snack einnehmen, der Kohlenhydrate enthält. Ist es allerdings Dein wichtigstes Ziel, Dein Körperfett zu reduzieren, dann solltest Du nur eine geringe Menge Kohlenhydrate verzehren. Außerdem musst Du Deinem Körper Eiweiß zuführen. Falls Du nicht spätestens eine Stunde nach dem Training eine vollwertige Mahlzeit einnimmst, dann verzehr am besten gleich nach dem Training einen Eiweißdrink oder Eiweißriegel.

An den trainingsfreien Wochentagen musst Du weiterhin die Eiweißmenge beibehalten und diese mit Gemüse ausgleichen, damit der Körper regenerieren und die Muskulatur wachsen kann; die Kohlenhydratmenge kannst Du an trainingsfreien Tagen etwas reduzieren.

Vergrößerst Du die Nahrungsmenge, weil Dein Ziel die Zunahme von Muskelmasse ist, dann musst Du auf einen geringen Fettanteil der Nahrung achten. Ansonsten besteht die Gefahr, dass Du nicht nur an Muskelmasse zunimmst, sondern auch Deinen Fettanteil erhöhst.

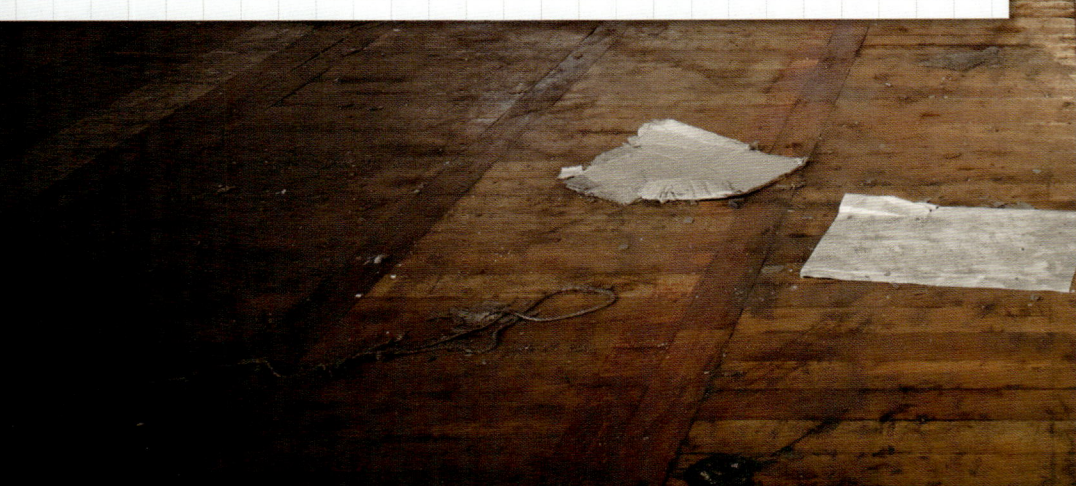

NAHRUNGSERGÄNZUNGSMITTEL

Wenn Du Dich gesund und bedarfsgerecht ernährst, Dich fit und leistungsbereit fühlst und außerdem keine Schwierigkeiten hast, die benötigte Eiweißmenge zu erreichen, dann sind Nahrungsergänzungspräparate nicht notwendig. Du kannst sie nutzen, wenn Du hohem Stress ausgesetzt bist, wie er sich aus einer kurzfristig deutlich intensivierten Trainingsbelastung, einer Diät, einer Verletzung sowie einer erhöhten Belastung in Alltag oder Berufsleben ergeben kann. Besondere Beachtung verdienen die folgenden Substanzen.

FISCHÖL ALS NAHRUNGSERGÄNZUNGSMITTEL

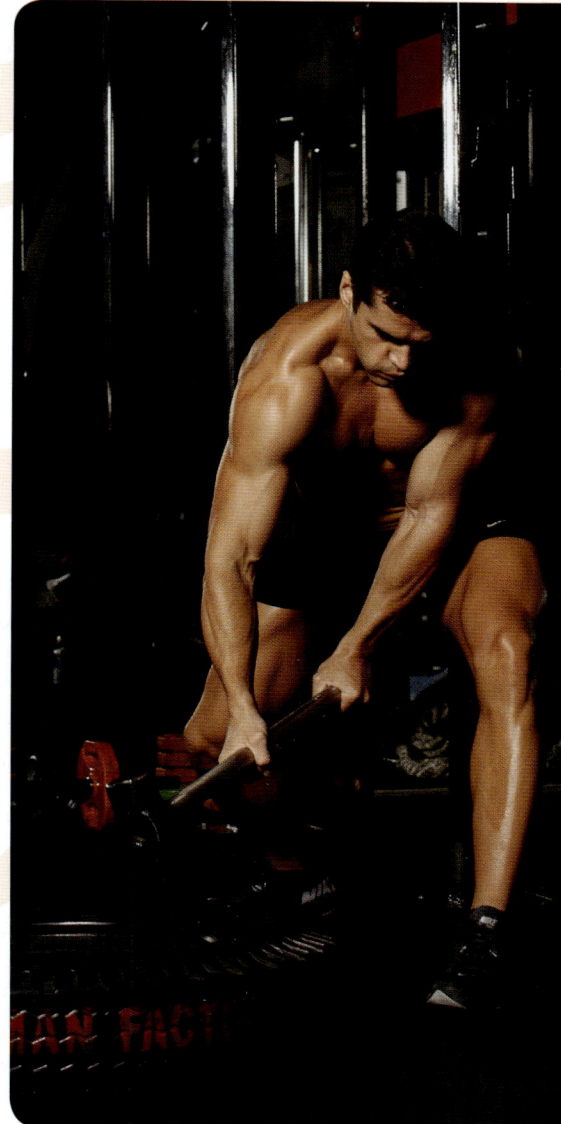

Das flüssige Fett von Fischen, als Fischöl bezeichnet, enthält u.a. die wichtigen Omega-3-Fettsäuren und Vitamin D. Der Einnahme von Fischöl werden viele positive Effekte zugeschrieben, wie schnelle Regeneration, rasche Heilung nach einer Verletzung und bessere Konzentrationsfähigkeit.

OMEGA-3-FETTSÄUREN UND VITAMIN D

Deshalb nutzen mittlerweile viele Fitnesssportler Fischöl als Nahrungsergänzung, entweder als Flüssigkeit oder in Form von Kapseln.

Wenn Du regelmäßig fetten Fisch wie Lachs, Hering und Aal sowie Nüsse und wertvolle Öle verzehrst, dann sollte Dein Bedarf gedeckt sein. Wenn nicht, empfiehlt es sich, dass Du Deine Ernährung mit der Einnahme von Fischöl ergänzt. Eine Menge von 2 g pro Tag gilt allgemein als empfehlenswert, wobei es auch Leistungssportler gibt, die deutlich mehr einnehmen, insbesondere in einer Verletzungsphase. Allerdings sind die positiven Effekte von mehr als 2 g pro Tag nicht gesichert. Beachte außerdem, wenn Du bereits kombinierte Nahrungsergänzungspräparate einnimmst, dass in diesen oftmals Fischöl enthalten ist.

KREATIN

Beabsichtigst Du, in einem Trainingszyklus Deine Muskelkraft deutlich zu steigern, dann kann sich für diesen Zeitraum die Einnahme von Kreatin lohnen. Kreatin ermöglicht der Muskulatur, eine größere Leistung abzurufen, und beschleunigt außerdem die Regenerationsphase. In der Einnahmephase von Kreatin lagert der Körper mehr Wasser ein, wodurch sich das Gewicht auf der Waage schnell um 2–3 kg erhöht. Dieser Pumpeffekt verschwindet nach dem Ende der Einnahmephase wieder; der Kraftgewinn bleibt zum größten Teil erhalten. Die **Zuführung von Kreatin** solltest Du **nach einem Zyklus wieder stoppen**, da der Körper sonst seine eigene Produktion verringert.

Achtung! Nicht jeder Fitnesssportler erzielt mit der Einnahme von Kreatin gleich gute Effekte. Weiterhin werden durch einen schnellen Leistungsgewinn die Sehnen und die Bänder stark belastet, was zu einer Überlastungsverletzung führen kann. Achte in einer intensiven Aufbauphase besonders auf die Regeneration sowie auf nährstoffreiche Mahlzeiten.

MINERALSTOFF- UND VITAMINPRÄPARATE

Wenn Du Dich in einer sehr intensiven Trainingsphase befindest oder deutlich Gewicht reduzierst, beziehungsweise wenn Du generell wenig Obst und Gemüse verzehrst, kann die Einnahme von Nahrungsergänzungsmitteln lohnen. Achte besonders auf die Versorgung mit Vitamin C, Magnesium, Calcium, Zink und Selen. Ein Apotheker kann Dir die geeigneten Produkte empfehlen. Die Einnahme sollte zeitlich begrenzt sein, denn **normalerweise sollte die Aufnahme durch eine gesunde Ernährung mit frischen Produkten sichergestellt werden**.

PROTEINPULVER

Gelingt es Dir nicht, die benötigte Eiweißmenge mit den drei Hauptmahlzeiten einzunehmen, dann kannst Du ergänzend Eiweißpräparate wie Molkeprotein (Whey) einnehmen. Das Pulver lohnt auch dann, wenn Du nicht die Zeit hast, um eine proteinhaltige Mahlzeit zuzubereiten. Ein **Eiweiß-Shake** wird von vielen Fitnesssportlern als Zwischenmahlzeit genutzt und damit die benötigte Eiweißmenge sichergestellt.

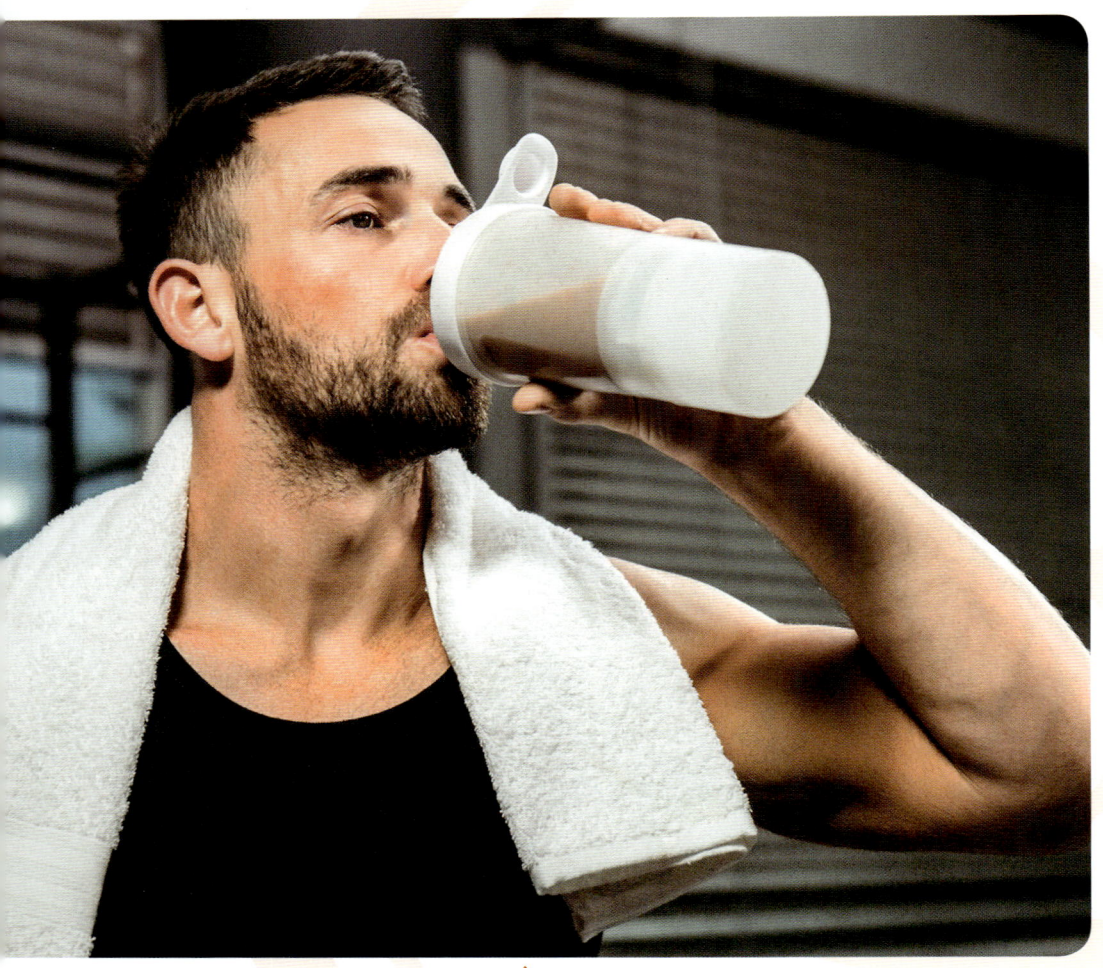

▲
Eiweiß-Shakes können die Ernährung mit frischen Produkten ergänzen.

3 ÜBERSÄUERUNG VERMEIDEN

Viele Fitnesssportler ernähren sich mit einer zu großen Menge an säurebildenden Lebensmitteln und einer zu kleinen Menge an Nahrungsmitteln mit basischen Mineralstoffverbindungen. Die basenbildenden Lebensmittel sind jedoch sehr wichtig, weil sie Verbindungen mit den Säuren eingehen und so dem Körper ermöglichen, die Säuren zu neutralisieren und auszuscheiden.

Auch Stress, Umweltgifte und intensive Belastung bei Arbeit und Training erhöhen die Säurebelastung des Körpers. Als Fitnesssportler mit intensiven Trainingseinheiten und eiweißhaltiger Ernährung erhöht sich Dein Risiko, den Körper zu übersäuern. Eine kurzzeitige Übersäuerung kann der Körper ausgleichen; eine anhaltende Übersäuerung führt zu vielen gesundheitlichen Problemen. Wenn wir unseren Körper über viele Jahre hinweg übersäuern, dann können sich schwerwiegende Krankheitsbilder entwickeln.

Du kannst eine Übersäuerung verhindern, indem Du Dich richtig ernährst und Deine Lebensweise anpasst. Auch bereits bestehende gesundheitliche Probleme, die sich aus einer langfristigen Übersäuerung entwickelt haben, lassen sich mit einer Ernährungs- und Lebensumstellung deutlich verbessern und oftmals auch beheben. **Achte darauf, dass Du Deinen Körper nicht übersäuerst, damit Du Deine Fitnessziele langfristig verwirklichen kannst.**

INFO: ZEICHEN EINER ÜBERSÄUERUNG

Wenn Du bei Dir einige der folgenden Zeichen feststellst, kann dies auf eine Übersäuerung hindeuten:
— *Müdigkeit*
— *Konzentrationsschwäche*
— *Unwohlsein und Stressgefühl*
— *Magen-Darm-Probleme*
— *häufig kalte Hände und Füße*
— *abbauende Leistungsfähigkeit in Beruf, Alltag und Sport*
— *mangelnde Spannkraft der Haut*
— *Verletzungsanfälligkeit an Muskeln, Sehnen und Bändern*
— *Muskel- und Gelenkschmerzen*
— *anhaltende Entzündungen und Infektanfälligkeit*
— *lange Regenerationszeit nach dem Training*
— *keine beziehungsweise schlechte Fortschritte beim Muskelaufbau.*

WAS IST EINE ÜBERSÄUERUNG?

Die Flüssigkeiten in unserem Körper enthalten Säuren und Basen, die aus den aufgenommenen Nahrungs- und Genussmitteln sowie aus den Stoffwechselvorgängen entstehen. Damit die Prozesse im Körper reibungslos ablaufen, müssen die Säuren und Basen im richtigen Verhältnis zueinander stehen; ansonsten nimmt der Körper Schaden. Es müssen genügend Basen vorhanden sein, damit die Säuren neutralisiert werden können. Ist dies nicht gegeben, dann spricht man von einer Übersäuerung.

Weil das **Säure-Basen-Verhältnis elementar wichtig** ist, hat der Körper mehrere Möglichkeiten, dieses zu regulieren. Liegt jedoch eine andauernde Übersäuerung vor, dann erschöpft sich die Leistungsfähigkeit der Schutzvorrichtungen, und Du kannst gesundheitliche Probleme bekommen.

FOLGEN EINER CHRONISCHEN ÜBERSÄUERUNG

Säuren muss der Körper beim täglichen Stoffwechsel durch eine Verwendung der über die Nahrung aufgenommenen basenbildenden Mineralstoffe neutralisieren, da sie ansonsten die Eingeweide verätzen würden. Führst Du Dir nicht genügend Basenträger zu, dann muss Dein Körper die eigenen Mineralstoffdepots nutzen. Die neutralisierten Säuren werden zu Salzen, auch Schlacken genannt. Allerdings setzen wir unseren Körper einer so großen Menge an Säuren aus, dass unsere Ausscheidungsorgane diese nicht mehr vollständig entsorgen können. Der Körper muss gebildete Schlacken zwischen- beziehungsweise einlagern. Aus dem Überschuss an Säurebildnern können eine Vielzahl von gesundheitlichen Problemen entstehen.

ÜBERSÄUERUNG MACHT KRANK

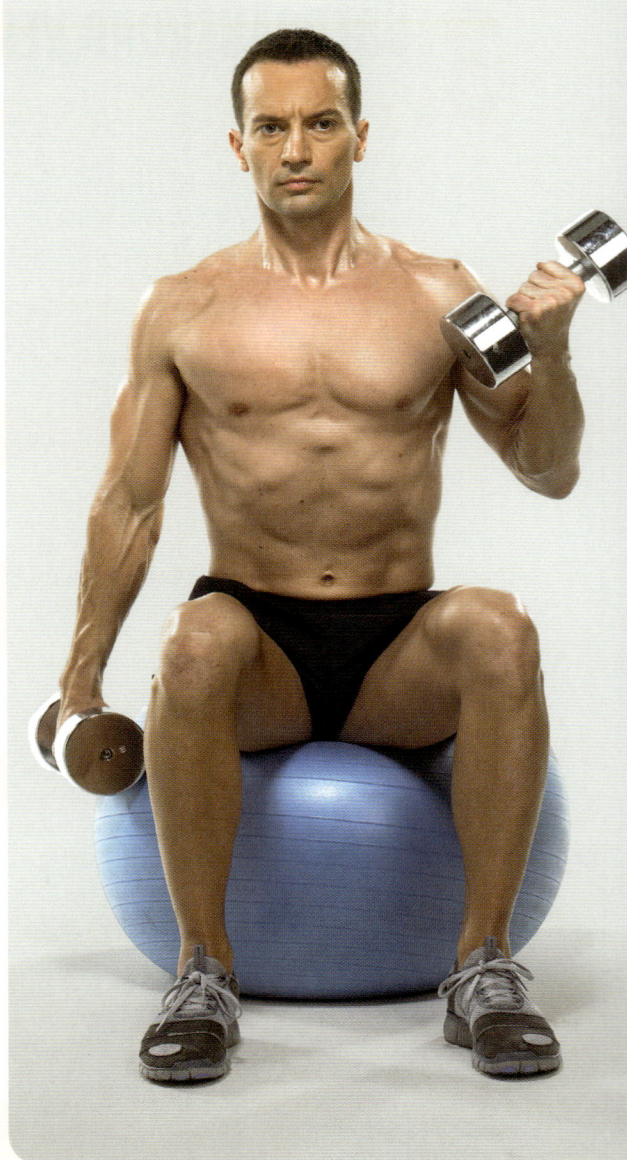

Erste **Symptome** können darin bestehen, dass Du Dich oft müde und energielos fühlst, infektanfällig bist und schnell beim Training übersäuerst. Dies resultiert daraus, dass der Körper ständig Schwerstarbeit leisten muss, um die überschüssige Säure abzubauen, wobei Organe wie der Darm übermäßig belastet werden. Außerdem werden Körperdepots angezapft und aufgebraucht, was zu Muskelverhärtungen, Krämpfen, Infektanfälligkeit, Blähungen und Kopfschmerzen führen kann. Auch unreine Haut, brüchige Nägel, Cellulitis, Mundgeruch und Schuppenbildung können aus einer Übersäuerung resultieren. Die überschüssige Säure wird abgelagert, beispielsweise an den Nerven, und führt so zu Schmerzen und Unwohlsein.

Langfristig, das bedeutet über Jahre hinweg, macht eine andauernde Übersäuerung den Körper krank, beispielsweise können starke Muskel- und Gelenkschmerzen und eine

Magen-Darm-Erkrankung auftreten. Auch kann dies die Entstehung von Krankheiten wie Arthritis, Osteoporose, Gicht sowie chronische Schmerzen an den unterschiedlichsten Stellen begünstigen. Die körperliche Leistungsfähigkeit vermindert sich, die Muskeln verlieren an Masse, die Knochen werden brüchig, und die Ablagerungen in Muskeln und Sehnenansätzen verursachen chronische Schmerzen und Entzündungen.

Trainingsspezifische Problematiken mit dem Bindegewebe, Verletzungsanfälligkeiten an Sehnen und Bändern und Muskelverletzungen resultieren oft ebenfalls aus einer lange anhaltenden Übersäuerung; diese Übersäuerung als Ursache wird aber selten von Ärzten erkannt und diagnostiziert. Für Sportler stellt eine anhaltende Übersäuerung ein sehr erstzunehmendes Problem dar; Du solltest unbedingt darauf achten, eine solche zu vermeiden!

ENTMINERALISIERUNG

Wenn unser Organismus nicht genügend Mineralstoffe aus der Nahrung erhält, um die Säuren zu neutralisieren, muss er die körpereigenen basischen Mineralstoffdepots nutzen. Nach Bedarf werden basische Mineralstoffe aus Knochen, Muskeln, Knorpeln, Sehnen, Binde-

gewebe, Haaren, Zähnen, Nägeln und anderen mineralstoffreichen Geweben gelöst und zur Neutralisierung der Säuren verwendet. Deshalb werden beispielsweise bei einer anhaltenden Übersäuerung die Sehnen verletzungsanfällig, und es entstehen leicht Muskelkrämpfe. Aus den Knochen werden Knochenmineralien wie Kalzium herausgelöst, was bei lange anhaltender Übersäuerung dazu führen kann, dass ein Knochen schneller bricht und sich sogar Osteoporose entwickeln kann. Außerdem nutzt der Körper Eiweiße wie Glutamin, was aus der Muskulatur abgebaut wird. So **kann bei einer anhaltenden starken Übersäuerung Muskulatur nicht aufgebaut werden**, sondern die Muskelmasse verringert sich sogar.

OHNE MINERAL-STOFFE KEIN SPORT-LICHER ERFOLG

Unsere Ernährung ist zumeist mineralstoffarm, so dass es dem Körper nicht gelingt, seine Depots wieder aufzufüllen. Werden die Puffersysteme des Körpers über einen langen Zeitraum mit einer zu großen Säurelast überlastet, erschöpfen sie sich allmählich. Unser Körper wird in einem fortlaufenden Prozess geschwächt und Depots entleert. Es entsteht ein mineralstoffarmer und ausgelaugter Körper, was wir dann im alltäglichen Leben ebenso wie beim Training spüren.

ÜBERSÄUERTES BINDEGEWEBE

Wenn Säuren nicht mehr abgegeben werden können, da eine zu große Säuremenge entstanden ist, werden sie unter Verbrauch von Basen gepuffert und verbleiben in einer lagerfähigen Form im Bindegewebe. Das Bindegewebe verliert Wasser, da die Teilchen, die das Wasser binden, nun für den Säureausgleich genutzt werden. Ebenso werden Nährstoffe, die Wasser in den Knorpeln binden und Schutz und Mobilität von Gelenken sichern, im Prozess bei den Säurebindungen genutzt. In der Folge wird Wasser aus den Knorpeln gezogen und die Knorpel verletzungsanfällig.

SCHLACKEN MACHEN VERLET-ZUNGSANFÄLLIG

Bei zunehmender Einlagerung verschlackt das Bindegewebe immer mehr, was insbesondere bei einer Überernährung mit Eiweißen auftritt. Das Bindegewebe verliert seine Elastizität, wodurch Du verletzungsanfällig wirst, beispielsweise für Zerrungen. Auch verlangsamen die Ablagerungen die Fließfähigkeit des Blutes, woraus eine schlechte Nährstofflieferung zu den Zellen resultiert. Ist das Bindegewebe überlastet, dann werden Säuren auch anderen Stellen abgelagert.

SCHMERZEN UND RHEUMATISCHE BESCHWERDEN

Steigt die Menge der eingelagerten Schlacken an, bewirkt das eine Reizung der Nervenenden im Muskel- und Bindegewebe. Mit anhaltender Säurebelastung werden immer mehr Schlacken in Sehnen, Muskelgeweben und Gelenken abgelagert und somit deren Funktionen eingeschränkt – es entwickeln sich Schmerzzustände. Auch kann sich aus Ablagerungen in Gelenken Arthritis und Arthrose entwickeln. Eine lange anhaltende Übersäuerung verursacht einen entzündlichen Körper mit Gelenkbeschwerden.

Auch in Nieren, Galle und Blase werden Schlacken gelagert und wachsen dort zu Nieren-, Gallen- beziehungsweise Blasensteinen. Schlacken werden sogar in Blutgefäßen gelagert, weshalb sich die Blutleitfähigkeit durch Verengungen verringert, was zu Bluthochdruck, Herzinfarkt oder Schlaganfall führen kann.

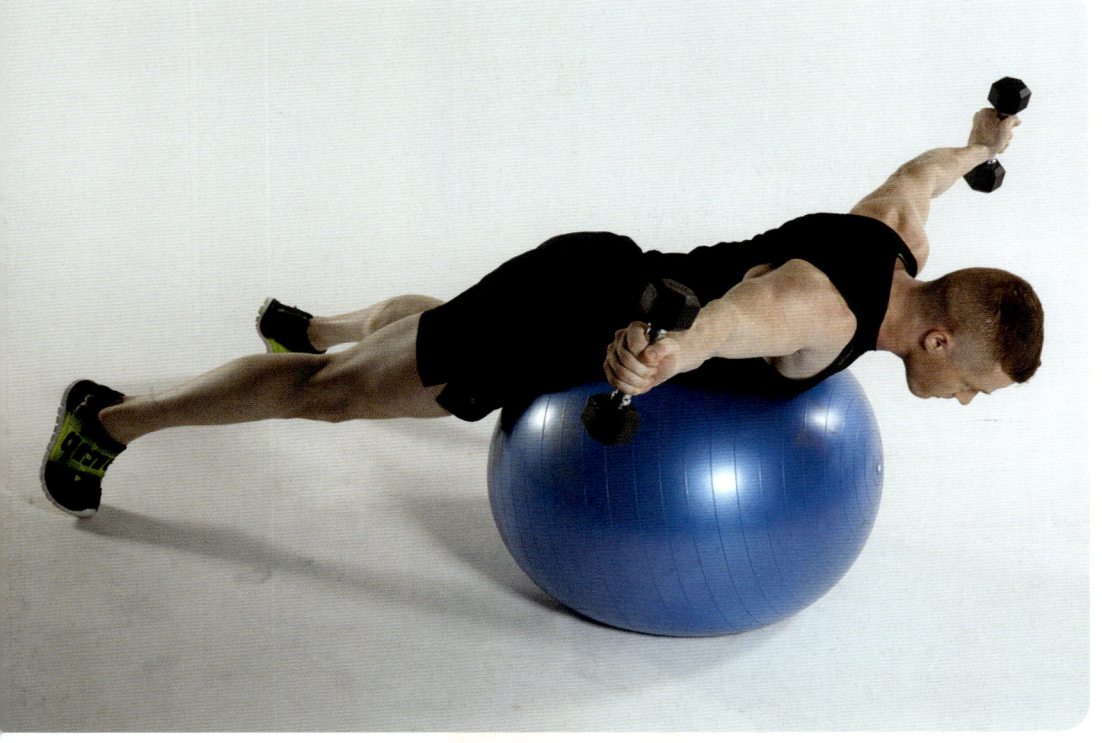

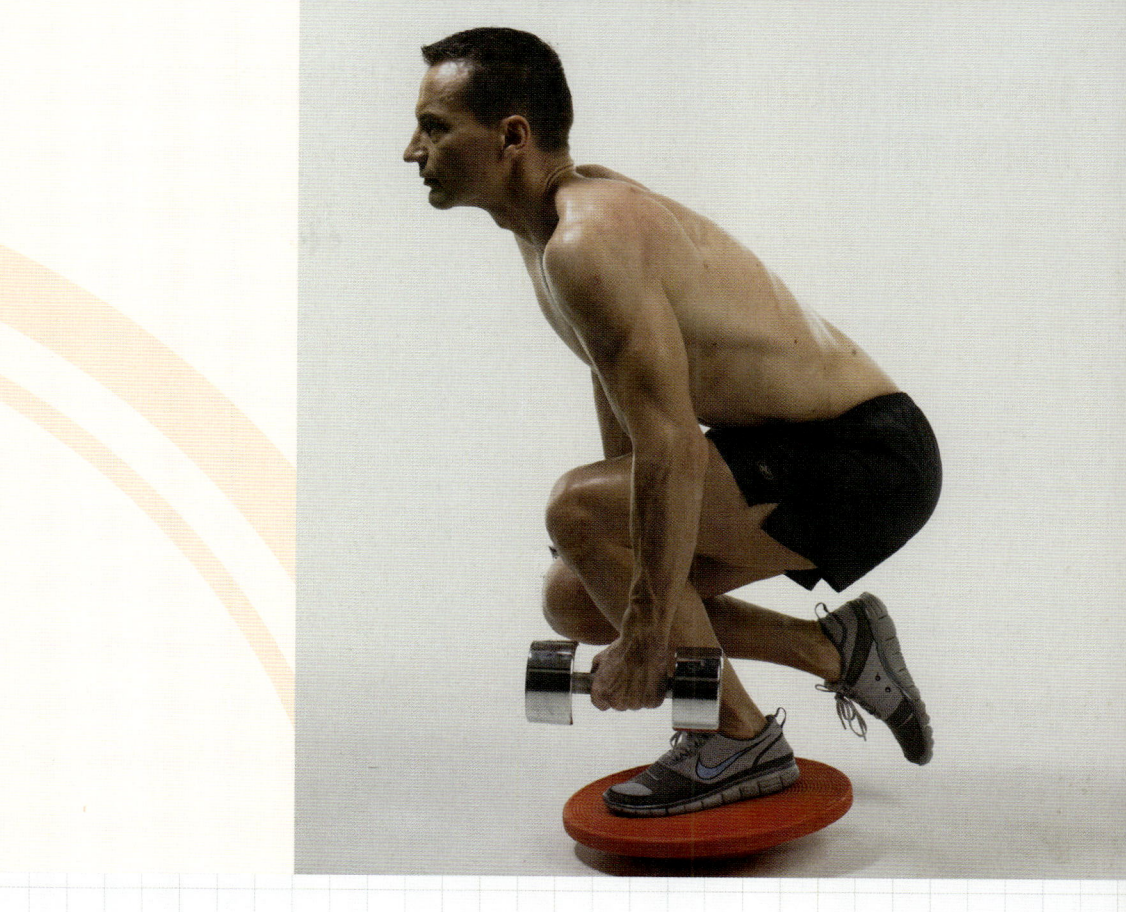

WIE ENTSTEHT EINE ÜBERSÄUERUNG?

Es gibt zahlreiche Quellen, über die wir dem Körper säurebildende Stoffe zuführen. Die entstehenden Säuren ebenso wie Gifte versucht der Körper zu neutralisieren beziehungsweise auszuscheiden. Die überschüssige Menge wird als Schlacken abgelagert.

>> Oftmals werden **zu viele Säurebildner** und zu wenig Basenbildner verzehrt.

>> Ein starker Verzehr von **Alkohol und Kaffee** führt über die vermehrte Wasserausscheidung zu einem Verlust von basischen Mineralstoffen.

>> Große **Anspannung** und seelische **Belastungen** wie Stress, Ärger und Angst führen dazu, dass der Organismus mit einer erhöhten Säurebelastung kämpfen muss.

>> **Intensives Training** bewirkt, dass eine zusätzliche Säurebelastung entsteht.

>> Die Einnahme von **Medikamenten** kann eine Übersäuerung des Körpers bewirken.

>> Bei einer **Diät** werden Fettdepots abgebaut, und dabei entwickelt sich Säure als Stoffwechselprodukt.

>> Eine starke Belastung des Organismus entwickelt sich durch Vergiftungen durch **Rauchen** sowie Umweltgifte.

>> Mit fortschreitendem **Alter** verringert sich die Fähigkeit des Körpers, Säuren zu neutralisieren und über die Nieren auszuscheiden.

MASSNAHMEN GEGEN ÜBERSÄUERUNG

Wenn bei Dir Symptome bestehen, die auf eine Übersäuerung hindeuten, dann lohnt es sich, den pH-Wert im Urin für einige Tage zu überprüfen und zu notieren. Für den Urin-pH-Test brauchst Du ein pH-Indikatorpapier, das Du in der Apotheke günstig kaufen kannst. Der optimale Urin-pH-Wert liegt bei 7,4. Allerdings ist der Urin-pH über den Tag hinweg Schwankungen unterworfen, weswegen einzelne Werte wenig aussagekräftig sind. Morgens ist der pH-Wert auf dem niedrigsten Niveau; er ist sauer und liegt zwischen 5 und 6. Nach den Mahlzeiten steigt der Wert deutlich an, da der Körper verstärkt Basen bereitstellt, um die Säure der Nahrung auszugleichen. Einige Zeit nach einer Mahlzeit fällt er dann wieder etwas ab. Abends vor dem Schlafengehen ist der Urin-pH wieder etwas im sauren Bereich.

Als erste Maßnahmen zur Beseitigung einer Übersäuerung solltest Du **Deine Ernährung umstellen, die Säureausscheidung intensivieren und für mehr Regeneration sorgen**. Beachte dabei, dass der Körper umso mehr Schlacken ausscheiden kann, je höher die Temperatur des Blutes ist. Die Temperatur steigt mit jeder Form von Bewegung, ebenso in der Sonne sowie mit Sauna, Massagen und Baden im warmen Wasser.

Bei gesundheitlichen Problemen, die aus einer latenten Übersäuerung resultieren, kommt es langfristig auf eine basenreiche Ernährung sowie regelmäßige Maßnahmen zur Säureausscheidung und Entspannung an. Um eine schnelle erste Verbesserung zu erzielen, kann eine Woche Basenfasten helfen; gegebenenfalls ist davor eine Darmsanierung sinnvoll. Auch kannst Du Procain-Basen-Infusionen nutzen. Außerdem gibt es Methoden wie Heilfasten und Kuren zur Entsäuerung und Entschlackung des Körpers, die helfen können, die körperliche Verfassung zu verbessern.

Sprich bei einem bestehenden Krankheitsbild mit Deinem Arzt über die Vermutung, dass die Beschwerden aus einer Übersäuerung resultieren könnten (einige Ärzte sind aber leider über diese Problematik nicht ausreichend informiert). Auch der Besuch eines Ernährungsberaters kann Dir helfen. Informationen im Internet findest Du unter den Stichworten »Basenfasten« und »Darmsanierung«.

ERNÄHRUNGSUMSTELLUNG

Damit Du solchen Beschwerden vorbeugen oder bestehende Beschwerden verbessern kannst, gilt es, Deine Ernährung umzustellen. Achte darauf, viele basische Lebensmittel zu verzehren, möglichst viel frisches oder leicht gedünstetes Gemüse sowie Obst und Salate. Außerdem musst Du viel Mineralwasser trinken, damit Du viel Säure über Urin und Schweiß abgeben kannst. Als Sportler musst Du darauf achten, den hohen Säuregehalt der eiweißhaltigen Ernährung möglichst bei jeder Mahlzeit auszugleichen. Wenn Dir dies anfangs noch schwer fällt, dann notiere einige Male, welche Menge an säurebildender Nahrung Du verzehrst, und wie Du diese mit basischen Nahrungsmitteln ausgleichst. Verzichte auf Genussmittel wie Süßigkeiten, koffeinhaltige Getränke und Alkohol, oder halt die Mengen zumindest gering.

BASENFASTEN HILFT

SÄUREAUSSCHEIDUNG INTENSIVIEREN

Mach leichte sportliche Tätigkeiten an der frischen Luft, auch Spazierengehen und Wandern sind hilfreich, da dies ermöglicht, mehr Säure auszuatmen. Auch ein Sauna-Besuch ist empfehlenswert, da dieser entspannt und ermöglicht, viel Säure über den Schweiß auszuscheiden. Trink viel Mineralwasser ohne Kohlensäure sowie Frucht- und Gemüsesäfte, was den Körper unterstützt, mehr Säure abzugeben. Auch ein wöchentliches Säurebad kann die Säureausscheidung erhöhen.

ENTSPANNUNG

Vermeide Stress so gut wie möglich und entspann Dich bewusst, um Stresshormone und sich daraus entwickelnde Säurebildung zu reduzieren. Du solltest gezielt alle Möglichkeiten nutzen, um von den Belastungen abzuschalten. Regelmäßige Regenerationstage zumindest einmal pro Woche sind empfehlenswert, wozu auch eine Massage sehr unterstützend wirkt, insbesondere die thailändische Heilmassage Nuat. Außerdem kannst Du Entspannungsmethoden und meditative Verfahren nutzen sowie eine wenig anstrengende Yoga-Methode oder Tai-Chi praktizieren.

REGELMÄSSIG REGENERIEREN

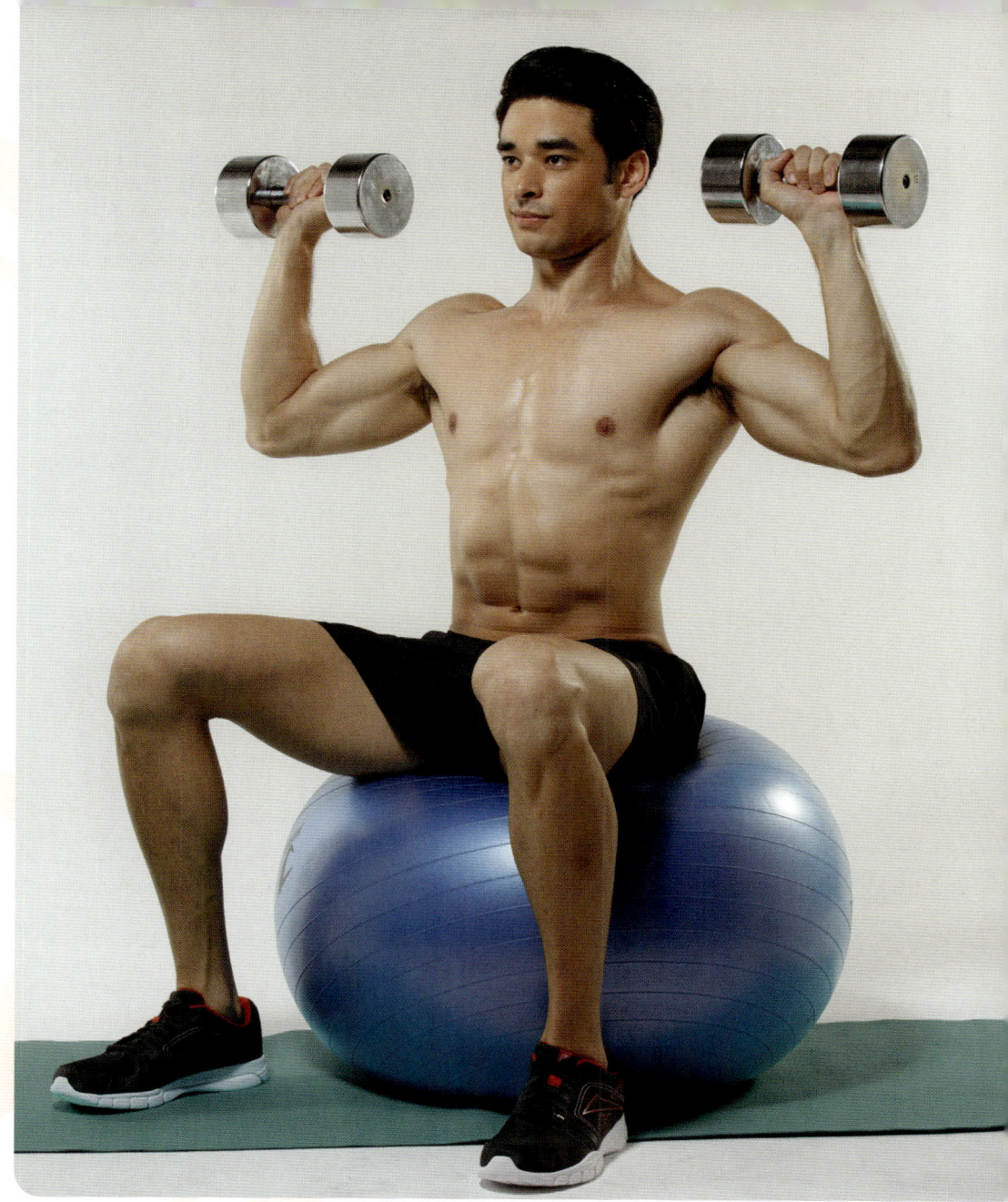

BASENPRÄPARAT

Für einen stressigen Zeitraum über einige Wochen kann ein Basenpräparat hilfreich sein, das den Ausgleich des Säure-Basen-Verhältnisses unterstützt. Ebenso kann das Präparat beim Essen außer Haus und auf Reisen ergänzend eingesetzt werden, falls Du die Ernährungszusammenstellung schlecht kontrollieren kannst. Ein solches Präparat kann allerdings in der falschen

Dosierung zu Magenproblemen führen und auch andere gesundheitliche Probleme hervorrufen. Es darf deshalb **nur gemäß Absprache mit dem Arzt** eingenommen werden und in einer Dosierung, die Deinen individuellen Anforderungen entspricht. Auch darf ein Säure-Basen-Präparat nicht langfristig eingenommen werden. Ziel muss es stattdessen sein, den Säure-Basen-Haushalt durch eine gesunde Ernährung mit genügend Basenspendern auszugleichen.

LEBENSMITTELÜBERSICHT

Bei der Einteilung von Lebensmitteln in sauer, neutral und basisch ist zu beachten, dass nicht einheitlich ist, zu welchem Zeitpunkt des Umwandlungsprozesses die Nahrungsmittel getestet werden. Und so gibt es verschiedene Einteilungen und Wertangaben. Oft wird die Einteilung gemäß dem PRAL-Modell empfohlen, bei dem die potentielle Säurebelastung der Niere gemessen wird. Außerdem ist zu beachten, dass es bei den Lebensmitteln deutliche Schwankungen gibt: Frische, Sorte und Zubereitung der Lebensmittel können ihren Säure- und Basengehalt deutlich verändern. Deshalb werden hier zahlreiche oft verzehrte Nahrungsmittel ohne genaue Werte eingeteilt in: basisch, eher neutral und sauer.

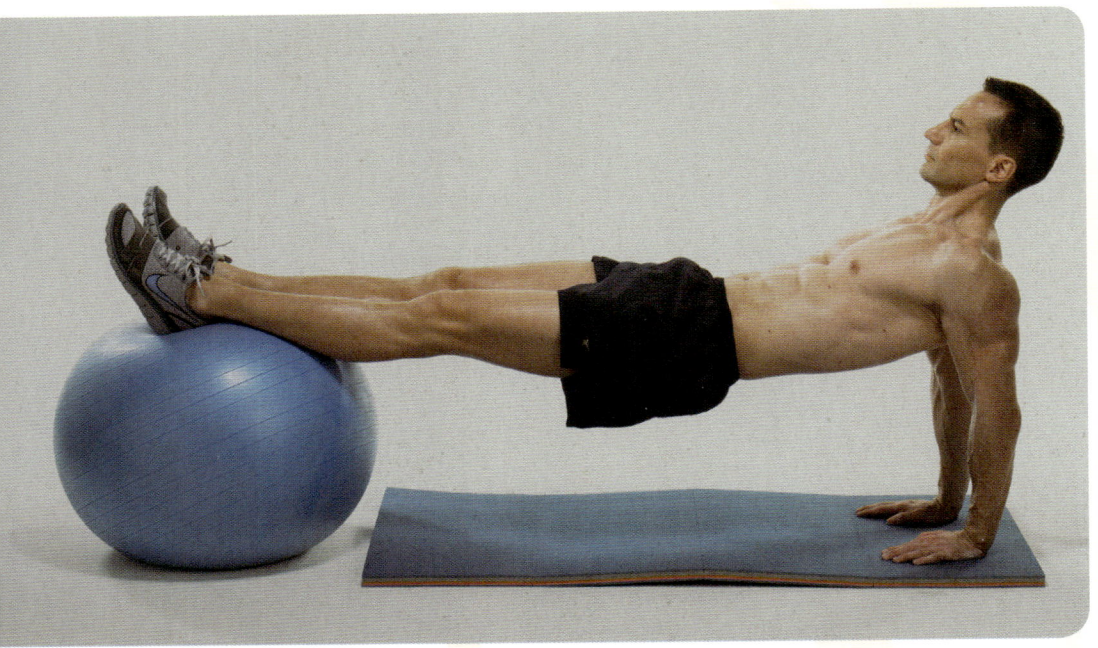

INFO: KAFFEE UND ALKOHOL

Über Kaffee und alkoholische Getränke gibt es unterschiedliche Meinungen. In sehr geringem Maß sind sie neutral und einige Getränke sogar gering basenbildend. Werden solche Getränke allerdings in etwas größerem Umfang konsumiert, dann müssen sie den Säurebildnern zugeordnet werden. Sie wirken nämlich harntreibend, entziehen dem Körper also Flüssigkeit. Dabei werden basische Mineralstoffe ausgeschwemmt und so die Säure-Basen-Balance in den negativen Bereich verschoben. Es ist deshalb empfehlenswert, gleichzeitig zu Kaffee und Alkohol ein mineralstoffhaltiges Wasser zu trinken, was den Mineralstoffverlust und somit den Effekt verringert, die Menge an Basenbildnern im Körper zu reduzieren.

	BASISCH	EHER NEUTRAL	SAUER
EIER			Hühnerei
FLEISCH, WURST UND FISCH			alle
FRÜCHTE	alle		
GEMÜSE, HÜLSENFRÜCHTE	Auberginen, Blumenkohl, Brokkoli, Karotten, Kartoffeln, Kohlrabi, Spinat, Zucchini	Grünkohl, Paprika, Rotkohl, Tomaten, Wirsing, Zwiebel, Mais, Artischocken	Rosenkohl, Spargel, Erbsen getrocknet
GETRÄNKE	reine Obstsäfte (ohne Zuckerzusatz), Gemüsesäfte, Mineralwasser ohne Kohlensäure, Kräutertee	grüner Tee, Früchtetee, Trinkwasser, Mineralwasser mit Kohlensäure	Colagetränke, Limonaden, alkoholische Getränke, Kaffee, Getränke mit viel Kohlensäure
GETREIDEPRODUKTE UND ÄHNLICHES	Sojabrot	Rosinenbrot, Vollkornreis, Vollkornbrot	alle Teigwaren und Nudeln, Brot, besonders Laugengebäck, Reis
MILCH, MILCHPRODUKTE	Sojadrink, Molke	Joghurt, Sahne, Süßrahmbutter, Buttermilch, Frischmilch	H-Milch, Quark, Käse (besonders Schmelzkäse, Parmesan, Scheiblettenkäse)
NÜSSE	Haselnüsse, Kokosnüsse, Kastanien	Cashewnüsse, Pistazien, Mandeln, Walnüsse	Erdnüsse
PILZE	alle, besonders Pfifferlinge		
SALATE	alle		
SÜSSSPEISEN UND SÜSSIGKEITEN	Apfelmus, Kompott, Obstsalat, Rote Grütze	Apfelstrudel, Apfelpfannkuchen, Vanillepudding, Fruchteis	Fruchtgummis, Schokolade, Pfannkuchen, Schokopudding, Schokoeis
FERTIGSPEISEN	Auberginen-Gericht, Rahmspinat, Brokkoli-Gericht, Pfifferlinge, Kartoffelbrei, Kartoffelgratin, Bratkartoffeln, Gemüsereis		Fertigpizza, Zwiebelkuchen, Nudeln mit Fleischfüllung, Nudeln mit Käsesauce, Nudelauflauf, Maultaschen, Nasi Goreng, Hamburger, Bockwurst, Paella

Anmerkung zur Tabelle

Bei einigen Nahrungsmitteln gibt es keine einheitliche Einteilung. Der Rosenkohl beispielsweise wird gemäß unterschiedlichen Quellen den sauren oder den neutralen und selten sogar den basischen Nahrungsmitteln zugeteilt. Die Einteilungen in dieser Tabelle entsprechen den gebräuchlichsten Einteilungen.

EINIGE NÜTZLICHE INFOS

1 Die **3-zu-1-Regel**: Als Fitnesssportler musst Du viel Eiweiß verzehren, was Säure bildet und somit mit basischen Nahrungsmitteln ausgeglichen werden muss. In einer Mahlzeit solltest Du möglichst dreimal soviel Gemüse wie tierische Eiweißträger verzehren. Dies bedeutet: Wenn Du ein 150-g-Steak isst, solltest Du dazu 450 g Gemüse essen. Einige Ernährungsberater empfehlen sogar die vierfache Menge an Gemüse.

2 **Tierische Eiweißträger** wie Fleisch, Fisch und Eier sind grundsätzlich **säurehaltig**.

3 **Früchte** sind **basenhaltig**; auch aus diesem Grund ist beispielsweise eine Banane oder ein Apfel eine geeignete Zwischenmahlzeit. Zu den reichen Basenträgern werden getrocknete Früchte wie Aprikosen, Feigen und Pflaumen gezählt. Auch die Avocado ist ein guter Basenträger und enthält außerdem wertvolle Fette. Von einigen Ernährungsberatern wird für den Säureabbau ein Spritzer Zitrone ins Wasser empfohlen.

4 **Gemüse** ist zumeist **basisch**. Getrocknete Erbsen sind allerdings als hoher Eiweißlieferant eher säurebildend. Zum Rosenkohl gibt es unterschiedliche Angaben. Achte darauf, dass Du frisches, reifes Gemüse und Obst isst.

5 Empfehlenswert als **Getränke** sind Saftschorlen aus Säften ohne Zuckerzusatz und Mineralwasser mit einem hohen Gehalt an Mineralien und möglichst wenig Kohlensäure sowie Kräutertees, da sie zumindest leicht basisch sind. Cola-Getränke, Limonaden und andere Getränke mit starkem Zuckerzusatz sowie Mineralwasser mit viel Kohlensäure sind hingegen weitestgehend zu meiden, da sie Säure bilden.

6 **Getreideprodukte** wie Brot und Nudeln sind meistens **Säureträger**. Vollkornprodukte sind bessere Nährstoffträger und deshalb eher als neutral einzustufen.

7 **Milch** und **Milchprodukte** befinden sich im eher **neutralen Bereich**. Eine Ausnahme stellt Molke dar, die zu den Basenträgern gezählt wird. Joghurts lassen sich als eher neutral einstufen, und Quarks werden zu den Säurebildnern gezählt. Käse ist zu den Säureträgern zu zählen: Emmentaler, Parmesan, Scheiblettenkäse, Schmelzkäse und Tilsiter werden sogar als sehr sauer eingestuft.

8 Zu **Nüssen** gibt es recht unterschiedliche Angaben, wobei Erdnüsse als wenig empfehlenswert und Mandeln als empfehlenswert eingeschätzt werden.

9 **Pilze** sind eher **basisch**, solange sie frisch sind und nicht aus einer Konserve stammen.

10 **Salate** sind alle **basisch** und demnach immer als Beilage oder auch als eigenständige Speise empfehlenswert. Am besten wählst Du in der Region geerntete Salate.

11 **Süßspeisen** sind normalerweise **säurebildende** Nahrungsmittel. Wenn diese Speisen jedoch mit Obst in Verbindung stehen, dann können sie neutral oder sogar zu basischen Nahrungsmitteln werden. Süßigkeiten sind zumeist säurehaltig, beispielsweise Gummibärchen besonders stark.

12 Wenn Du oft **Fertiggerichte** verzehrst, dann beachte, dass Teigwaren wie Nudelgerichte und Pizzen säurebildend sind (eine Extra-Käse-Pizza besonders stark). Auch Fleischgerichte sind häufig stark säurebildend, da die Gemüsebeilage recht klein ist und wenige Nährstoffe enthält und das Gericht außerdem noch Soßen und Teigwarenbeilagen enthält. Fertiggemüsegerichte wie Rahmspinat und Kartoffeln können basenhaltig sein; jedoch nicht alle, ebenfalls enthalten sie weniger Mineralstoffe, als wenn Du das Gericht in gesunder Art und Weise selbst zubereitest.

13 Generell solltest Du darauf achten, die **Menge an Kochsalz zu reduzieren**, da das Salz die Regulationsfunktion beim Säureausgleich der Nieren negativ belastet.

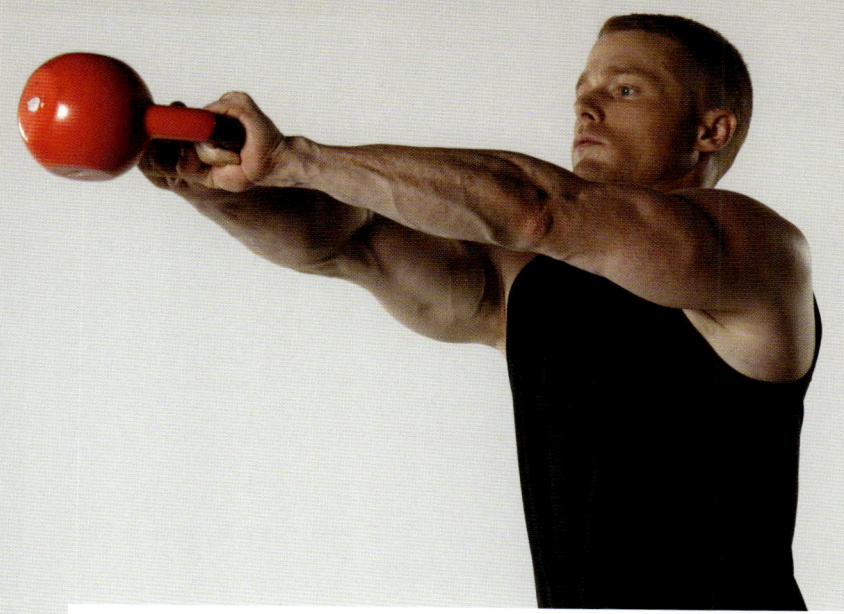
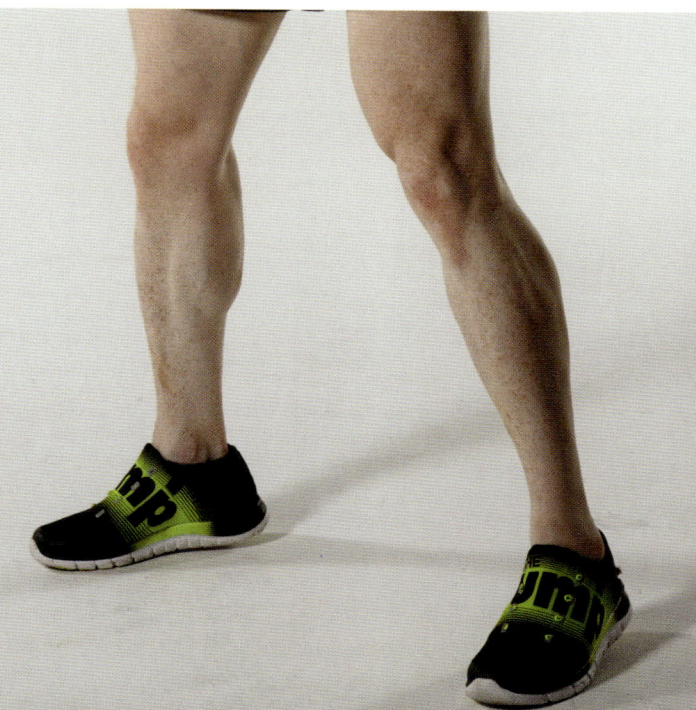

ANHANG

LITERATURVERZEICHNIS

Delp, Christoph: Muay Thai DVD – Grundtechniken, 3. Aufl., Lampertheim 2016.
Delp, Christoph: Funktionelles Hanteltraining, München 2016.
Delp, Christoph: Krafttraining für Kampfsportler, Stuttgart 2016.
Delp, Christoph: Medizinball-Training, München 2015.
Delp, Christoph: Perfektes Hanteltraining, 5. Aufl., Stuttgart 2015.
Delp, Christoph: Kickboxen Basics, 2. Aufl., Stuttgart 2014.
Delp, Christoph: Dehnen für Kampfsportler, 2. Aufl., Stuttgart 2014.
Delp, Christoph: Muay Thai DVD – Training und Technik, 2. Aufl., Lampertheim 2013.
Delp, Christoph: Perfektes Training für Bauch und Rücken, Stuttgart 2013.
Delp, Christoph: Fitness für Kampfsportler, 3. Aufl., Stuttgart 2013.
Delp, Christoph: Muay Thai DVD – Training mit Weltmeistern, Lampertheim 2013.
Delp, Christoph: Thai-Boxen Training, Stuttgart 2012.
Delp, Christoph: Thai-Boxen basics, 2. Aufl., Stuttgart 2011.
Delp, Christoph: Das große Fitnessbuch, Stuttgart 2011.
Delp, Christoph: Best Stretching. Dehn-Übungen für alle Sportarten, 2. Aufl., Stuttgart 2008.
Kraske, Eva-Maria: Säure-Basen-Balance, 3. Aufl., München 2013.
Verstegen, Mark: Jeder Tag zählt, München 2014.
Vormann, Jürgen: Säure-Basen-Balance, 7. Aufl., München 2013.

INTERNETADRESSEN

www.saeure-basen-ratgeber.de (Zugriff 26.04.2016)
www.zentrum-der-gesundheit.de (Zugriff 26.04.2016)
http://www.zentrum-der-gesundheit.de/uebersaeuerung.html (Zugriff 26.04.2016)
http://www.eiweisshaltige-lebensmittel.info/liste/ (Zugriff 26.04.2016)
http://gesuender-abnehmen.com/abnehmen/naehrwerttabelle-eier.html (Zugriff 26.04.2016)

BILDNACHWEISE

S. 24: Klimmzugstange: Lex Quinta – Functional Fitness (www.lexquinta.de); Timer: GYM-BOSS (www.gymboss.com); Blackroll und Blackroll Ball: © Blackroll/Sebastian Schöffel (www.blackroll.com); S. 25: Lex Quinta – Functional Fitness; S. 28: Gymnastikball: Ledra-gomma (www.ledragomma.com); Kettlebell, Medizinball, Kurzhanteln: Lex Quinta – Functional Fitness; Schlingentrainer: aerobis – Fitness-Equipment (www.aerobis.com); S. 29: Stretchband: Ludwig Artzt GmbH (www.artzt.eu); Therapiekreisel: www.sport-thieme.de; S. 53: Garmin Deutschland GmbH (www.GARMIN.de); S. 55, S. 58: Polar® (www.polar.com); S. 66f: Lukafunduck/Fotolia; S. 224: Syda Productions/Fotolia; S. 227: Wikimedia Commons/Sakurai Midori; S. 233: Wikimedia Commons/Arnaud 25; S. 237: sonyakamoz/Fotolia; S. 240: WavebreakmediaMicro/Fotolia; Hintergrundbild Fabrikhalle: momente/Shutterstock; Hintergrundbild Brücke: MaxyM/Shutterstock
Die Firma Transatlantic Fitness GmbH (www.transatlanticfitness.com) hat dankenswerterweise Produkte für das Fotoshooting zur Verfügung gestellt.

ÜBER DEN AUTOR

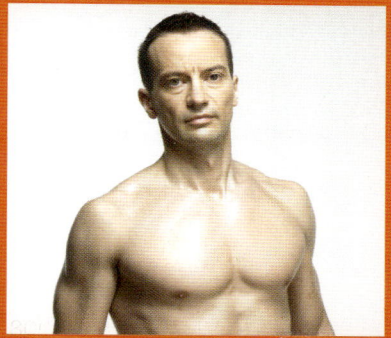

Christoph Delp ist Diplom-Betriebswirt, Trainer für Functional Fitness und Muay Thai, Autor und DVD-Produzent. Seine Fitness- und Kampfsportbücher sind in zahlreichen Sprachen erhältlich. Er hat eine Muay-Thai-DVD- und App-Serie mit zehn Weltmeistern und thailändischen Champions über die Techniken und das Training von Muay Thai (Thai-Boxen) produziert.

Als Jugendlicher hat er mehrere Kampfsportarten trainiert und ging dann nach Nord-Ost-Thailand, um die thailändische Kampfkunst Muay Thai von Grund auf zu erlernen. Dort ließ er sich über mehrere Jahre zum Muay-Thai-Trainer ausbilden und bestritt im Rahmen dieser Ausbildung erfolgreich Vergleichskämpfe gegen professionelle thailändische Sportler. Er leitete ein Muay-Thai-Gym im Süden Thailands und lebt mittlerweile in Bangkok. Dort unterrichtet er Functional Training und Muay Thai und gibt seine Erfahrungen in Fitness- und Kampfsportbüchern, DVDs und Apps weiter.

Das Bewusstsein für gesundheitsorientierten Fitnesssport wurde ihm bereits als Kind in der Krankengymnastik-Praxis seiner Mutter vermittelt. Über effektives Fitnesstraining als grundlegendem Bestandteil für erfolgreichen Wettkampfsport bildet er sich fortlaufend weiter und hält seine Erfahrungen als Trainer in seinen Büchern fest.

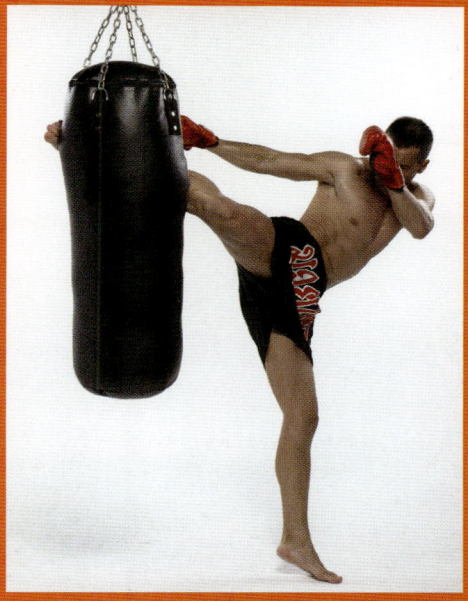

Mehr über Christoph und seine Arbeit erfährst Du unter:
www.christophdelp.de,
www.muaythai-dvd.com,
www.youtube.com/muaythaidvd und
www.medizinball-training.de.

WEITERE BÜCHER VON CHRISTOPH DELP

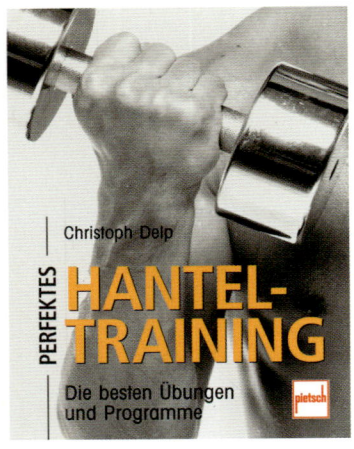

Perfektes Hanteltraining

Dieses Buch enthält die effektivsten Übungen für alle, die mit Hanteltraining ihre Kondition und Kraft verbessern wollen. Nach den wichtigsten zu trainierenden Muskelgruppen gegliedert, werden Dehn- und Aufwärm-Übungen, Kraft- und Ausdauer-Übungen sowie Übungen zum Cool-Down beschrieben. Abschließend werden diese Übungen in sinnvollen Trainingseinheiten zu Programmen zusammengefasst. Wie ein persönlicher Trainer gibt dieses Buch zusätzliche Tipps, z.B. zur Ernährung und zur Bestimmung der individuellen Belastungsgrenze. Damit geht die Lust am Trainieren mit Sicherheit nicht verloren.

Verlag pietsch 96 Seiten,
Preis 14,95 EUR,
ISBN 978-3-613-50483-7

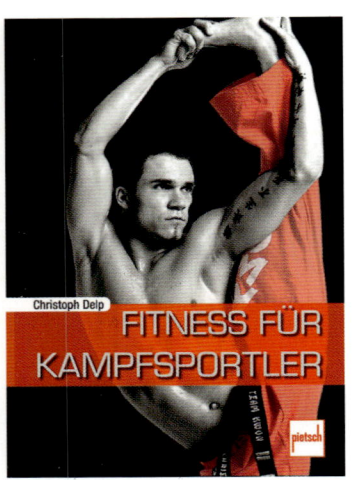

Fitness für Kampfsportler

Wie bei allen Sportlern ist auch im Kampfsport die körperliche Fitness Grundlage des Erfolgs. Kampfsportspezifisches Fitnesstraining ist daher unerlässlich. In diesem Buch werden die effektivsten Übungen zur systematischen Entwicklung aller körperlichen Voraussetzungen vorgestellt. Übungen zu den Bereichen Ausdauer, Beweglichkeit und Kraft werden beschrieben sowie die Trainingsplanung erläutert. Für den optimalen Erfolg werden auch komplette Trainingsprogramme vorgestellt.

Verlag pietsch, 144 Seiten,
Preis 14,95 EUR,
ISBN 978-3-613-50733-3

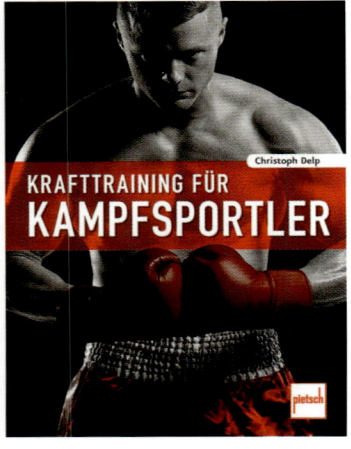

Krafttraining für Kampfsportler

Kampfsportler, die ihre Kampfsporttechniken mit großer Wirkung ausführen, Körpertreffer absorbieren und die Verletzungsanfälligkeit reduzieren wollen, sollten zusätzlich zu ihrem Kampfsport eigenständige Trainingseinheiten ausführen, die darauf abzielen, ihre Körperkraft zu entwickeln und körperliche Schwachstellen zu beseitigen. Dieser Ratgeber zeigt alles Wichtige zum Krafttraining für Kampfsportler. Er enthält ein umfassendes Übungsrepertoire mit und ohne Geräte. Es werden Pläne für unterschiedliche Trainingsziele angeboten und auch Informationen zur Ernährung und Regenerationsgestaltung.

Verlag pietsch, 192 Seiten,
Preis 19,95 EUR,
ISBN 978-3-613-50797-5